D1726772

Kremer

Städtebaurecht für Architekten und Stadtplaner

Städtebaurecht für Architekten und Stadtplaner

von

Peter Kremer
Rechtsanwalt
Berlin

Zeichnungen von

Andreas Grill
Uwe Hempfling
Architekten
Rostock

C. H. Beck'sche Verlagsbuchhandlung
München 1999

ISBN 3 406 45273 6

Wilhelmstraße 9, 80801 München
Druck: C.H. Beck'sche Buchdruckerei Nördlingen
(Adresse wie Verlag)
Gedruckt auf säurefreiem, alterungsbeständigem Papier
(hergestellt aus chlorfrei gebleichtem Zellstoff)

Vorwort

Der vorliegende Band wendet sich an Architekten, Stadtplanerinnen und Kommunalpolitiker. Ihnen, die die Planung von Städten und die Entwicklung von Gemeinden im Großen oder im Detail umsetzen, möchte ich mit diesem Buch eine Orientierung zum Baurecht an die Hand geben. Für Studierende der Rechtswissenschaft mag der Text als eine erste Grundlage zum Verständnis dieses manchmal sperrigen Rechtsgebiets dienen.

Im Studium der Architektur und der Stadtplanung wird häufig (öffentliches) Baurecht gelehrt, ohne daß speziell auf die Bedürfnisse der Studierenden zugeschnittene Literatur – abgesehen von dem lehrreichen, aber anspruchsvollen Werk von Schmidt-Eichstaedt – existiert. Für die Praxis – sei es im Beruf oder in der Politik – gibt es zwar einige Nachschlagewerke, die sich nicht speziell an Juristen wenden. Mein Eindruck – den mir viele Praktiker bestätigt haben – ist aber, daß auch diese Bücher zu viel voraussetzen.

Der vorliegende Band erhebt den Anspruch, voraussetzungslos verständlich zu sein. Man soll das Buch verstehen, ohne auf besondere Vorkenntnisse oder das Studium einschlägiger Gesetze angewiesen zu sein. Juristische Kenntnisse werden nicht vorausgesetzt, wichtige Normen sind im Text wörtlich aufgeführt, juristische Grundbegriffe werden in einem Glossar erläutert, zahlreiche Fragestellungen werden in Grafiken veranschaulicht.

Das Buch bleibt bei den Grundzügen; es bringt ja wenig, das Recht in seinen Verzweigungen und Verästelungen darzustellen, wenn der Inhalt genauso schnell vergessen wird, wie er gelesen worden ist. Besser ist es, die grundlegenden Strukturen und Inhalte tatsächlich zu kennen, aber auch zu erkennen, wann es an der Zeit ist, einen Juristen zu konsultieren.

Daß bei einer solchen Konzeption vieles auf der Strecke bleiben muß, liegt auf der Hand. Aber: Wer sich weiterbilden will, hat ausreichend Literatur zur Verfügung, vom Rechtsratgeber bis zu hochwissenschaftlichen Monographien. An einigen Stellen werde ich auf weiterführende Literatur und Gerichtsentscheidungen hinweisen.

Das Buch soll Architektinnen und Bauherren in die Lage versetzen, die Genehmigungsfähigkeit eines konkreten Bauvorhabens anhand der öffentlich-rechtlichen Bestimmungen einschätzen zu können. Stadtplaner und Kommunalpolitikerinnen bekommen eine Grundlage für die Aufstellung von Flächennutzungsplänen und Bebauungsplänen an die Hand und werden vor juristischen Stolpersteinen in diesem Prozeß gewarnt.

Architekten gehören einer Berufsgruppe an, die ständig mit dem öffentlichen Baurecht in Berührung kommt. Die Architektur wird gelegentlich als „Mutter aller Künste“ bezeichnet. Man mag das übertrieben finden, die blumige Formulierung hat jedoch zumindest in einem Punkt recht: Das Berufsbild der Architekten ist umfassend, die Anforderungen an das Kennen- und Könnenmüssen sind hoch.

Das gilt nicht zuletzt für das (Bau-)Recht. Architektinnen sind einerseits keine Juristen, müssen andererseits aber die Rechtsbeziehungen am und um den Bau gut kennen. Quasi anwaltliche Rechtsberatung dürfen sie einerseits nicht leisten, sonst kommen sie mit dem Gesetz in Konflikt; andererseits müssen sie den Bauherrn umfassend auf die rechtlichen Grundlagen und Risiken beim Bauen aufmerksam machen.

Architekten müssen prüfen, ob ein Bauvorhaben den öffentlich-rechtlichen Vorschriften entspricht. Es gehört zu ihren Berufspflichten, einen genehmigungsfähigen Bau zu planen. Wird das geplante Bauvorhaben nicht genehmigt, haften sie für die daraus entstehenden Schäden. Architekten müssen außerdem in der Lage sein, eine Baugenehmigung zu beantragen, dafür müssen sie das Genehmigungsverfahren kennen. Droht ein Rechtsstreit, müssen sie den Bauherrn innerhalb der oftmals recht kurzen Fristen auf die nächsten Schritte hinweisen.

Auf Kenntnisse im öffentlichen Baurecht sind aber nicht nur Architektinnen angewiesen, die ein einzelnes Haus planen und bauen lassen. Oftmals werden Architekten mit Planungsaufgaben der öffentlichen Hand im Rahmen der Bauleitplanung beauftragt.

Neben den Architekten gibt es eine Reihe weiterer Berufsgruppen, die intensiv mit dem öffentlichen Baurecht zu tun haben. Stadtplaner müssen die politischen Vorstellungen der Gemeindevertretung in rechtlich zulässige Bauleitpläne umsetzen; Kommunalpolitiker müssen wissen, was sie im Baurecht überhaupt beschließen können. Sie alle brauchen eine allgemeinverständliche Einführung in dieses Rechtsgebiet, ohne sich allzusehr in juristische Feinheiten verstricken zu müssen.

Natürlich ist nicht alles, was den Kommunalpolitiker interessiert, auch für die Architektin von Belang, etwa das Verfahren der Planaufstellung im Gemeinderat. Man möge – je nach Interesse – beherzt weiterblättern. Sollte der eine oder andere Bauwillige das Buch in die Hand nehmen, um sich über seine Rechte zu informieren, würde mich das natürlich ebenfalls freuen.

Architekten und Stadtplaner verstehen und lernen visuell. Aus diesem Grund habe ich zwei Architekten – Andreas Grill und Uwe Hempfling aus Rostock – gebeten, das Recht an vielen Stellen in Zeichnungen umzusetzen. Beide standen mir als Fachleute auch immer wieder zur Verfügung, wenn es um die Frage ging, was Architekten und Planer im Baurecht interessiert.

Thematisch behandelt der Band die öffentlich-rechtlichen, also vom Staat geschaffenen Rahmenbedingungen für die bauliche Nutzung des Bodens. Nach einer kurzen Einführung in das bundesdeutsche Rechtssystem wird die Bauleitplanung auf der Ebene der Städte und Gemeinden und die Bedeutung derartiger Pläne für das einzelne Bauvorhaben dargestellt. Zwei Kapitel erläutern die Möglichkeiten des Bauens ohne Bebauungsplan sowie das Bauen außerhalb der Ortslage. Ein weiterer Teil widmet sich dem Recht der Erschließung, also insbesondere der Herstellung und Bezahlung von Straßen, Stromleitungen, Wasseranschlüssen und Abwasserkanälen. Städtebauliche Sanierungs- und Erhaltungsmaßnahmen als ein Instrument des „Milieuschutzes" werden anschließend erklärt. Vor allem bautechnische und baukonstruktive Aussagen trifft das Bauordnungsrecht, das anhand der Musterbauordnung so weit erläutert wird, wie es für die Bauleitplanung eine Rolle spielt.

Ein zentrales Thema ist der (durchsetzbare) Anspruch auf die Baugenehmigung, das Verfahren und der damit zusammenhängende Rechtsschutz. Das Verhältnis der Nachbarn zueinander spielt im Baurecht eine große Rolle; ein Kapitel beschäftigt sich deshalb mit diesen Zusammenhängen. Das Buch schließt ab mit einem verwaltungsrechtlichen Glossar; die wichtigsten Begriffe aus dem Verwaltungsrecht – Bauantrag, Baugenehmigung, Verwaltungsakt, Widerspruch und mehr – werden in alphabetischer Reihenfolge aufgelistet und erklärt.

Bevor Sie mit dem Lesen anfangen - eine Bitte: Recht kann eine gefährliche Angelegenheit sein. Ein Architekt, der einen nicht genehmigungsfähigen Bauantrag einreicht, riskiert – neben der Haftung für die daraus entstandenen Schäden – angesichts der Marktsituation schnell, ins berufliche Abseits zu geraten. Eine Gemeinde, die einen rechtsfehlerhaften Bebauungsplan aufstellt, kann sich Schadensersatzforderungen in Millionenhöhe ausgesetzt sehen. Deshalb: Dieses Buch ist kein Rechtsanwendungsbuch. Das ist Sache der Fachleute. Gerade im Baubereich, wo es meistens um viel Geld geht, wird die erforderliche juristische Beratung in oft fahrlässiger Weise als Einsparungsposten gestrichen.

Wer bis hierher gelesen hat, wird festgestellt haben, daß männliche und weibliche Berufsbezeichnungen (nahezu) gleichberechtigt nebeneinander verwendet werden. Das mag gelegentlich holprig wirken, aber es scheint mir an der Zeit, die Dominanz der Männer in der deutschen Sprache vorsichtig zurückzudrängen.

Das Buch ist – auch – ein Experiment. Lesbarkeit und Verständlichkeit stehen im Vordergrund, die Beschränkung auf die Grundzüge des Baurechts ist die notwendige Konsequenz daraus. Wenn etwas fehlt oder doch nicht verständlich ist: Kritik wird dankbar angenommen.

Juristen können – manchmal – ganz gut für Juristen schreiben; für Nichtjuristen ist das nicht so leicht, da werden oft Begriffe und Denkweisen vorausgesetzt, die „normale" Menschen nicht kennen oder haben. Ich war daher in besonderem Maß darauf angewiesen, daß der Text kritisch von Praktikern durchgesehen wird. Ein herzlicher Dank daher an meine Korrektoren. In erster Linie gilt mein Dank Uwe Hempfling und Andreas Grill, die die Zeichnungen erstellt haben und den Text mehrfach kritisch aus der Sicht der Architekten abgeklopft haben. Dank auch an Bauassesorin Anja Epper aus Rostock und an Susanne Jahn aus Berlin, die den Text als Stadtplanerinnen durchgesehen haben. Dr. Birgit Dahlke rezensiert hauptberuflich schöngeistige Literatur; ihr verdanke ich wertvolle Anregungen zu meinem Versuch, einen flüssig lesbaren Text zu schreiben. Mein Kollege, Rechtsanwalt Karsten Sommer, hat sich um den juristischen Inhalt gekümmert, Rechtsanwalt Holger Schmitz hat die Kapitel zur Erschließung und zum besonderen Städtebaurecht durchgesehen. Katrin Brockmann hat sich fachkundig um die Endfassung und den Zusammenhang der Einzelteile gekümmert. Unsere Sekretärin, Kathrin Winkler, hat das Manuskript gründlich und zuverlässig betreut. Daß man an solchen Stellen gelegentlich seinen Eltern dankt, ist für mich nicht Ritual, sondern Bedürfnis.

Berlin, im März 1999

Inhaltsverzeichnis

Abkürzungsverzeichnis XV
Literaturverzeichnis XIX

1. Kapitel
Das öffentliche Baurecht – eingebettet in das bundesdeutsche Rechtssystem

1. Einführung in das (Bau-)Recht 1
1.1 Recht: Begriff und Inhalt 1
1.2 Rechtsquellen 1
1.3 Die Hierarchie der Normen 2
Exkurs: Die Bedeutung technischer Normen im Baurecht 5
1.4 Die drei Teilrechtsgebiete 7
1.5 Das Baurecht 9
1.6 Die wichtigsten Regelungsinstrumentarien des Baurechts 12
1.7 Der Aufbau der Verwaltung im Baurecht 14
1.7.1 Bundesebene 15
1.7.2 Länderebene 15
1.7.3 Kommunale Ebene 15
1.7.3.1 Kommunale Selbstverwaltung 16
1.7.3.2 Landesverwaltung auf kommunaler Ebene 16
1.8 Zusammenfassung 17

2. Kapitel
Die zentralen Instrumente der Bauleitplanung Flächennutzungsplan und verbindlicher Bebauungsplan Die Raumordnung als Teil des mehrstufigen Planungsprozesses

2.1 Flächenplanung: Ein mehrstufiger Prozeß von oben nach unten 19
2.2 Die erste Planungsstufe: Raumordnung und Landesplanung . 22
2.3 Die zweite Planungsstufe: Der Flächennutzungsplan 24
2.4 Die dritte Planungsstufe: Der Bebauungsplan 28
2.4.1 Der rechtlich zulässige Inhalt eines Bebauungsplans 29
2.4.2 Rechtmäßiger Plan nur bei „gerechter" Abwägung 29
2.4.3 Konsequenzen aus einer fehlerhaften Abwägung 33

2.4.4 Umweltschutz in der Bauleitplanung ... 34
2.4.4.1 Anwendbarkeit der Eingriffsregelung aus dem Naturschutzrecht ... 34
2.4.4.2 Umsetzung europäischen Naturschutzrechts ... 36
2.4.5 Das Verfahren der Planaufstellung und die Beteiligung der Öffentlichkeit an der Bauleitplanung ... 38
2.4.5.1 Frühzeitige Bürgerbeteiligung ... 39
2.4.5.2 Förmliche Bürgerbeteiligung ... 40
2.4.5.3 Beteiligung der Träger öffentlicher Belange ... 41
2.4.5.4 Behandlung der Anregungen ... 41
2.4.5.5 Satzungsbeschluß ... 42
2.5 Instrumente zur Sicherung der Planung ... 44
2.6 Bebauungspläne mit privater Beteiligung ... 44
2.6.1 Der vorhabenbezogene Bebauungsplan ... 44
2.6.2 Städtebaulicher Vertrag ... 46
2.7 Haftung der Gemeinde und Entschädigung ... 47
2.8 Rechtsschutz gegen Bebauungspläne ... 48
2.9 Zusammenfassung ... 49

3. Kapitel
Der Inhalt des Bebauungsplans
Festsetzungsmöglichkeiten nach dem BauGB und der BauNVO
Darstellungsvorgaben der Planzeichenverordnung

3.1 Der zulässige Inhalt eines B-Plans ... 51
3.2 Die Baunutzungsverordnung ... 55
3.2.1 Die Gebietstypen der Baunutzungsverordnung ... 55
3.2.1.1 Gebiete mit überwiegender Wohnnutzung ... 58
3.2.1.1.1 Das reine Wohngebiet – WR (§ 3 BauNVO) ... 58
3.2.1.1.2 Das allgemeine Wohngebiet – WA (§ 4 BauNVO) ... 58
3.2.1.2 Gebiete mit gemischter Nutzung ... 59
3.2.1.2.1 Das Mischgebiet – MI (§ 6 BauNVO) ... 59
3.2.1.2.2 Das Dorfgebiet – MD (§ 5 BauNVO) ... 59
3.2.1.3 Gebiete mit überwiegend gewerblicher Nutzung ... 60
3.2.1.3.1 Das Kerngebiet – MK (§ 7 BauNVO) ... 60
3.2.1.3.2 Das Gewerbegebiet – GE (§ 8 BauNVO) ... 62
3.2.1.3.3 Das Industriegebiet – GI (§ 9 BauNVO) ... 63
3.2.1.4 Gebiete für besondere Nutzungen ... 63
3.2.1.4.1 Das Kleinsiedlungsgebiet – WS (§ 2 BauNVO) ... 63
3.2.1.4.2 Das Erholungsgebiet – SO (§ 10 BauNVO) ... 64
3.2.1.4.3 Das sonstige Sondergebiet – SO (§ 11 BauNVO) ... 64
3.2.2 Die Regelungstechnik der BauNVO – Das System von Ausnahmen und Befreiungen ... 65
3.2.3 Das Rücksichtnahmegebot ... 66

3.2.4 Festlegungen zum Maß der baulichen Nutzung 68
3.2.5 Festlegungen zur Bauweise 71
3.3 Funktion und Bedeutung der Planzeichenverordnung 74
3.4 Zusammenfassung 75

4. Kapitel
Bauen ohne Bebauungsplan

4.1 Voraussetzungen für eine Baugenehmigung ohne Bebauungsplan nach § 34 BauGB 78
4.1.1 Im Zusammenhang bebaute Ortsteile 78
4.1.2 Der Begriff des „Einfügens" 81
4.1.3 Gesicherte Erschließung 86
4.1.4 Gesunde Wohn- und Arbeitsverhältnisse 86
4.1.5 Keine Beeinträchtigung des Ortsbilds 86
4.2 Anwendbarkeit der Baunutzungsverordnung im unbeplanten Innenbereich 87
4.3 Zusammenfassung 88

5. Kapitel
Bauen im Außenbereich

5.1 Die Regelungstechnik von § 35 BauGB 89
5.2 Die Abgrenzung des Außenbereichs vom beplanten Bereich und vom Innenbereich 90
5.3 Privilegierte Vorhaben. 91
5.3.1 Übersicht über einige privilegierte Vorhaben 91
5.3.2 Entgegenstehende öffentliche Belange 93
5.3.3 Ausreichende Erschließung 94
5.4 Nicht privilegierte Vorhaben im Außenbereich 94
5.4.1 Zulassung nicht privilegierter Vorhaben 95
5.4.2 Beeinträchtigung öffentlicher Belange 96
5.5 Bestandsgeschützte Erweiterungen und Neuerrichtungen 99
5.6 Zusammenfassung 100

6. Kapitel
Die Erschließung der Baugrundstücke

6.1 Der Begriff der Erschließung 101
6.1.1 Erschließung im weiteren Sinn 101
6.1.2 Erschließung als Genehmigungsvoraussetzung 102
6.1.3 Der Erschließungsbegriff des Beitragsrechts 102

6.2 Erschließung – eine Aufgabe der Gemeinde 103
6.2.1 Rechtsanspruch auf Erschließung? 103
6.2.2 Der Erschließungsvertrag 104
6.2.3 Herstellung der Erschließungsanlagen 105
6.3 Die Kostentragung bei der Erschließung 105
6.3.1 Die Begrenzung auf die beitragsfähigen Erschließungsanlagen 106
6.3.2 Der beitragsfähige Erschließungsaufwand 109
6.3.3 Die Erschließungsbeitragssatzung 110
6.3.4 Der Verteilungsmaßstab für die einzelnen Grundstücke 110
6.3.5 Entstehung der Beitragspflicht, Zahlungsverpflichtete, Zahlungsmodalitäten 113
6.4 Zusammenfassung 113

7. Kapitel
Städtebauliche Sanierungs- und Entwicklungsmaßnahmen Erhaltungsmaßnahmen und städtebauliche Gebote

7.1 Städtebauliche Sanierungsmaßnahmen 116
7.1.1 Die Vorbereitung der Sanierung 116
7.1.2 Die förmliche Festlegung des Sanierungsgebiets 120
7.1.3 Die Rechtswirkungen der Sanierungssatzung 121
7.1.4 Die konkrete Umsetzung der Sanierungsziele 125
7.1.4.1 Ordnungsmaßnahmen 125
7.1.4.2 Baumaßnahmen 126
7.1.5 Die Finanzierung der Sanierung 127
7.1.6 Sozialplan und Härteausgleich 127
7.2 Städtebauliche Entwicklungsmaßnahmen 129
7.3 Die Erhaltungssatzung 129
7.4 Städtebauliche Gebote 132
7.5 Zusammenfassung 133

8. Kapitel
Bauordnungsrecht

8.1 Überblick über bauordnungsrechtliche Bestimmungen 135
8.2 Gebäude geringer Höhe, Hochhäuser, Vollgeschosse, oberirdische Geschosse 139
8.3 Verkehrswegeanbindung 145
8.4 Abstandflächen 145
8.4.1 Die Pflicht zur Einhaltung des Abstands – und die Ausnahmen von dieser Pflicht 146
8.4.2 Die Berechnung der Abstandflächen 148

8.4.3 Das Schmalseitenprivileg ... 152
8.4.4 Die Lage der Abstandflächen ... 154
8.4.5 Zulässige Bauten in den Abstandflächen ... 157
8.5 Freiflächen und Kinderspielplätze ... 157
8.6 Aufenthaltsräume und Wohnungen ... 159
8.7 Stellplätze und Garagen ... 163
8.8 Bauherr(in), Entwurfsverfasser, Unternehmer, Bauleiter ... 164
8.8.1 Die Verantwortung des Bauherrn ... 164
8.8.2 Die Verantwortung des Entwurfsverfassers ... 166
8.8.3 Die Verantwortung des Unternehmers ... 168
8.8.4 Die Verantwortung des Bauleiters ... 169
8.8.5 Sicherheitsanforderungen aus dem Zivil- und Strafrecht ... 170
8.9 Zusammenfassung ... 171

9. Kapitel
Nachbarrecht

9.1 Der Nachbarschutz in der Rechtsordnung ... 173
9.2 Der Unterschied zwischen objektivem und subjektivem Recht ... 175
9.3 Nachbarschützende Normen des öffentlichen Baurechts ... 177
9.3.1 Bauplanungsrecht ... 177
9.3.2 Das allgemeine Rücksichtnahmegebot als Grundnorm des Nachbarschutzes ... 179
9.3.3 Nachbarschützende Normen des Bauordnungsrechts ... 180
9.3.3.1 Abstandflächen ... 180
9.3.3.2 Sonstige nachbarschützende Vorschriften des Bauordnungsrechts ... 182
9.3.4 Sonstige nachbarschützende Normen ... 183
9.4 Der Rechtsschutz der Nachbarin ... 184
9.5 Zusammenfassung ... 188

10. Kapitel
Die Baugenehmigung

10.1 Die Funktion des baurechtlichen Genehmigungsverfahrens .. 190
10.2 Genehmigungsbedürftige und genehmigungsfreie Vorhaben . 191
10.2.1 Grundsatz: Genehmigungsbedürftigkeit ... 192
10.2.2 Ausnahme: Genehmigungsfreiheit ... 192
10.2.3 Ausnahme: Genehmigungsfreie Wohngebäude ... 193
10.2.4 Ausnahme: Genehmigungsfreistellung ... 193
10.2.5 Ausnahme: Vereinfachtes Genehmigungsverfahren ... 193

10.2.6 Rechtliche Konsequenzen aus der Einschränkung der Prüfung durch die Behörde 194
10.3 Die Erteilung der Baugenehmigung 195
10.3.1 Der übliche Verfahrensweg 195
10.3.1.1 Zuständige Genehmigungsbehörden 195
10.3.1.2 Der Bauantrag 195
10.3.1.3 Das behördliche Verfahren bis zur Entscheidung 197
10.3.1.4 Die Entscheidung über die Baugenehmigung 198
10.3.1.5 Nebenbestimmungen 199
10.4 Rechtswirkungen der Baugenehmigung 200
10.4.1 Feststellende Wirkung 200
10.4.2 Verfügende Wirkung: Baubeginn 200
10.4.3 Bindungswirkung 200
10.4.4 Nachbarrechtliche Wirkungen 201
10.5 Der Bauvorbescheid 202
10.6 Rechtsanspruch und Ermessen 203
10.6.1 Ermessen bei ausdrücklich vorgesehenen Ausnahmen 203
10.6.2 Ermessen bei Befreiungen von an sich zwingenden Vorschriften 205
10.6.3 Kein Antrag auf Ermessensentscheidung erforderlich 206
10.7 Zusammenfassung 206

Anhang: Verwaltungsrechtliche Grundbegriffe, Aufbau der Gerichtsbarkeit, Umgang mit juristischer Literatur 207

Übersicht über die im Text wörtlich zitierten Normen 215

Stichwortverzeichnis 217

Abkürzungsverzeichnis

Abs.	Absatz
AG	Amtsgericht
ArbStättV	Arbeitsstättenverordnung
ARGEBAU	Arbeitsgemeinschaft der für das Bau-, Wohnungs- und Siedlungswesen zuständigen Minister der Länder
Art.	Artikel
BauGB	Baugesetzbuch
BauGB-MaßnG	Baugesetzbuch-Maßnahmengesetz
BauNVO	Baunutzungsverordnung
BauO	Bauordnung
BauO BY	Bayerische Bauordnung
BauprüfVO	Bauprüfverordnung
BauR	Zeitschrift für Baurecht
BauROG	Gesetz zur Änderung des Baugesetzbuchs und zur Neuregelung der Raumordnung
BauVorlVO	Bauvorlagenverordnung
BayBO	Bayerische Bauordnung
BayVBl.	Bayerische Verwaltungsblätter
BayVGH	Bayerischer Verwaltungsgerichtshof
BBauG	Bundesbaugesetz
BGB	Bürgerliches Gesetzbuch
BGBl.	Bundesgesetzblatt
BGH	Bundesgerichtshof
BImSchG	Bundes-Immissionsschutzgesetz
Bln	Berlin
BNatSchG	Bundes-Naturschutzgesetz
B-Plan	Bebauungsplan
BRS	Baurechtsammlung
BVerfG	Bundesverfassungsgericht
BVerfGE	Entscheidungen des Bundesverfassungsgerichts
BVerwG	Bundesverwaltungsgericht
BVerwGE	Entscheidungen des Bundesverwaltungsgerichts
B-W	Baden-Württemberg
bzw.	beziehungsweise
dB(A)	dezibel
difu	Deutsches Institut für Urbanistik
DIN	Deutsches Institut für Normung
dtv	Deutscher Taschenbuch-Verlag

Abkürzungen

DVBl.	Deutsches Verwaltungsblatt
DVGW	Deutscher Verein des Gas- und Wasserfaches
e.V.	eingetragener Verein
EG	Europäische Gemeinschaften
ETB	Einheitliche Technische Baubestimmungen
etc.	et cetera
EU	Europäische Union
f.	folgende
ff.	fortfolgende
FFH	Flora-Fauna-Habitat
Fn.	Fußnote
FNP	Flächennutzungsplan
GE	Gewerbegebiet
GFZ	Geschoßflächenzahl
GG	Grundgesetz
ggf.	gegebenenfalls
GI	Industriegebiete
GmbH	Gesellschaft mit beschränkter Haftung
GmSOGB	Gemeinsamer Senat der obersten Gerichtshöfe des Bundes
GRZ	Grundflächenzahl
HessVGH	Hessischer Verwaltungsgerichtshof
HOAI	Honorarordnung für Architekten und Ingenieure
i.w.S.	im weiteren Sinne
JZ	Juristenzeitung
LG	Landgericht
MBO	Musterbauordnung
MD	Dorfgebiet
MI	Mischgebiet
MK	Kerngebiet
M-V	Mecklenburg-Vorpommern
NJW	Neue Juristische Wochenschrift
NJW-RR	Neue Juristische Wochenschrift – Rechtsprechungsreport Zivilrecht
Nr.	Nummer
NRW	Nordrhein-Westfalen
NVwZ	Neue Zeitschrift für Verwaltungsrecht
NVwZ-RR	Neue Zeitschrift für Verwaltungsrecht – Rechtsprechungsreport
o.ä.	oder ähnliche
OLG	Oberlandesgericht
OVGE	Entscheidungssammlung der Oberverwaltungsgerichte für das Land Nordrhein-Westfalen sowie für die Länder Niedersachsen und Schleswig-Holstein

OVG	Oberverwaltungsgericht
PlanzV	Planzeichenverordnung
ROG	Raumordnungsgesetz
RoV	Raumordnungsverordnung
Rz.	Randziffer
S.	Seite, Satz
SO	Sondergebiet
StGB	Strafgesetzbuch
TA Lärm	Technische Anleitung Lärm
TÖB	Träger öffentlicher Belange
u.a.	und andere
u.ä.	und ähnliche
UPR	Umwelt- und Planungsrecht
VA	Verwaltungsakt
VDE	Verein Deutscher Elektrotechniker
VDI	Verein Deutscher Ingenieure
VG	Verwaltungsgericht
VGH	Verwaltungsgerichtshof
vgl.	vergleiche
VOB	Verdingungsordnung für Bauleistungen
VwGO	Verwaltungsgerichtsordnung
VwVfG	Verwaltungsverfahrensgesetz
WA	Allgemeines Wohngebiet
WB	Besonderes Wohngebiet
WR	Reines Wohngebiet
WS	Kleinsiedlungsgebiet
z.B.	zum Beispiel
ZfBR	Zeitschrift für deutsches und internationales Baurecht
ZMR	Zeitschrift für Miet- und Raumrecht

Literaturverzeichnis

Battis/Krautzberger/Löhr, BauGB, 7. Auflage 1999

Ernst/Zinkahn/Bielenberg, BauGB, Stand 1. Februar 1999

Finkelnburg/Ortloff, Öffentliches Baurecht, Band I, Bauplanungsrecht, 5. Auflage 1998; Band II, Bauordnungsrecht, Nachbarschutz, Rechtsschutz, 4. Auflage 1998

Hahn/Radeisen, Bauordnung für Berlin, 1. Auflage 1998

Koch, Grenzen der Rechtsverbindlichkeit technischer Regeln im öffentlichen Baurecht, 1986

Locher, Das private Baurecht, 6. Auflage 1996

Maurer, Allgemeines Verwaltungsrecht, 12. Auflage 1999

Werner/Pastor, Der Bauprozeß, 9. Auflage 1998

1. Kapitel
Das öffentliche Baurecht – eingebettet in das bundesdeutsche Rechtssystem

1. Einführung in das (Bau-)Recht

1 Wer sich mit Baurecht auseinandersetzen will, braucht vorab eine grundsätzliche Vorstellung davon, wie Recht überhaupt funktioniert und in welchem Verhältnis die verschiedenartigen Rechtsnormen zueinander stehen. Daher soll am Anfang eine kurze Einführung in das Recht der Bundesrepublik Deutschland stehen, bevor es dann speziell ins Baurecht geht.

1.1 Recht: Begriff und Inhalt

2 Recht läßt sich schwer beschreiben. Mit der Gerechtigkeit als Grundlage des Rechts ist das so eine Sache, da hat doch jeder eine andere Vorstellung. Recht in erster Linie als Gleichheit zu begreifen ist etwas kurz gegriffen. Ein kluger Jurist hat Recht einmal als „Seinsordnung mit dem Wesensmerkmal der Durchsetzbarkeit" bezeichnet. Das klingt geschraubt, trifft aber zumindest die Funktion des Rechts im Kern: Recht ist die Zusammenfassung ordnender Sätze oder Anweisungen, die mit staatlicher Macht durchgesetzt werden können.

1.2 Rechtsquellen

3 Wie entsteht Recht und wo ist es zu finden? Die Lehre vom Naturrecht sagt, Recht sei bereits vorhanden, man müsse es nur – etwa in der Ordnung der natürlichen Wirklichkeit – erkennen. Realitätsnähere Zeitgenossen haben sich dagegen auf die Suche nach Quellen des Rechts gemacht und sind auch umfassend fündig geworden.

Da gibt es zunächst und in erster Linie das geschriebene Recht. Bei uns sind das die Gesetze, Rechtsverordnungen und Satzungen, in anderen Ländern findet sich Recht in religiösen Schriften wie dem Koran oder in Fallsammlungen der Gerichte. Neben dem geschriebenen Recht gibt es als weitere Rechtsquellen das Gewohnheitsrecht (in einem derart reglementierten Staat wie Deutschland nur noch selten), die Analogie oder die Rechtsprechung.

In Deutschland steht das geschriebene Recht im Vordergrund. Geschriebene Rechtsnormen leiten ihren Geltungsanspruch daraus ab, daß sie von einem demokratisch gewählten Parlament erlassen wurden und somit – jedenfalls indirekt – den Willen der Mehrheit der Bevölkerung wiedergeben.

1.3 Die Hierarchie der Normen

4 Da der ordnende Gedanke im Recht eine große Rolle spielt, ist die Hierarchie ein wichtiger Begriff. Der Grundsatz lautet: Höherrangiges Recht geht vor. Verstößt ein Rechtssatz gegen einen höherrangigen Rechtssatz, ist er unwirksam.

In der Gesetzeshierarchie (siehe Abbildung 1 a) steht die **Verfassung**, die in Deutschland Grundgesetz (GG) heißt, ganz oben. Bemerkenswert daran ist: Gerade die Verfassung ist nicht durch eine Abstimmung demokratisch legitimiert, denn der Verfassungsrat kann sich nicht auf vorangegangene freie und geheime Wahlen berufen.

5 Seit der Gründung der Europäischen Gemeinschaften (heute: Europäische Union) muß zusätzlich das **Europarecht** einbezogen werden. Im Grundsatz gilt dabei: Europäisches Recht geht nationalem Recht vor. Die Einzelheiten sind allerdings komplizierter. In der Regel müssen die Richtlinien der EU erst in nationales Recht umgesetzt werden, damit sie in den einzelnen Mitgliedstaaten wirksam werden. Nur wenn die europäischen Richtlinien nicht oder nicht rechtzeitig umgesetzt werden – in Deutschland ein nicht so seltener Fall –, können sich die Bürger direkt auf das Europarecht beziehen. Daneben gibt es – in selteneren Fällen – auch unmittelbar anwendbares Recht der Europäischen Union in Form von Verordnungen und Einzelentscheidungen.

Noch nicht ganz geklärt ist außerdem, in welchem Verhältnis die Verfassung zum **europäischen Recht** steht.[1] Das Bundesverfassungsgericht hat sich salomonisch aus der Affäre gezogen, indem es urteilte: Solange die europäischen Rechtsnormen mit dem deutschen Grundgesetz in Einklang stehen, mischt sich das deutsche Verfassungsgericht nicht in die Rechtsprechung des Europäischen Gerichtshofs ein.[2]

6 Im Rang unterhalb der deutschen Verfassung stehen die **Parlamentsgesetze des Bundes**. Das sind alle Gesetze, die vom Bundestag erlassen wurden. Gesetze, die vom gewählten Parlament verabschiedet werden, heißen „formelle“ Gesetze (dagegen sind „materielle“ Gesetze auch alle anderen verbindlichen Rechtsnormen, z. B. Rechtsverordnungen oder Satzungen).

---

[1] Siehe zum Ganzen: Maurer, Allgemeines Verwaltungsrecht, 12. Auflage 1999, S. 27 ff.

[2] BVerfGE 37, 271 ff. („Solange I“), BVerfGE 73, 339 ff. („Solange II“).

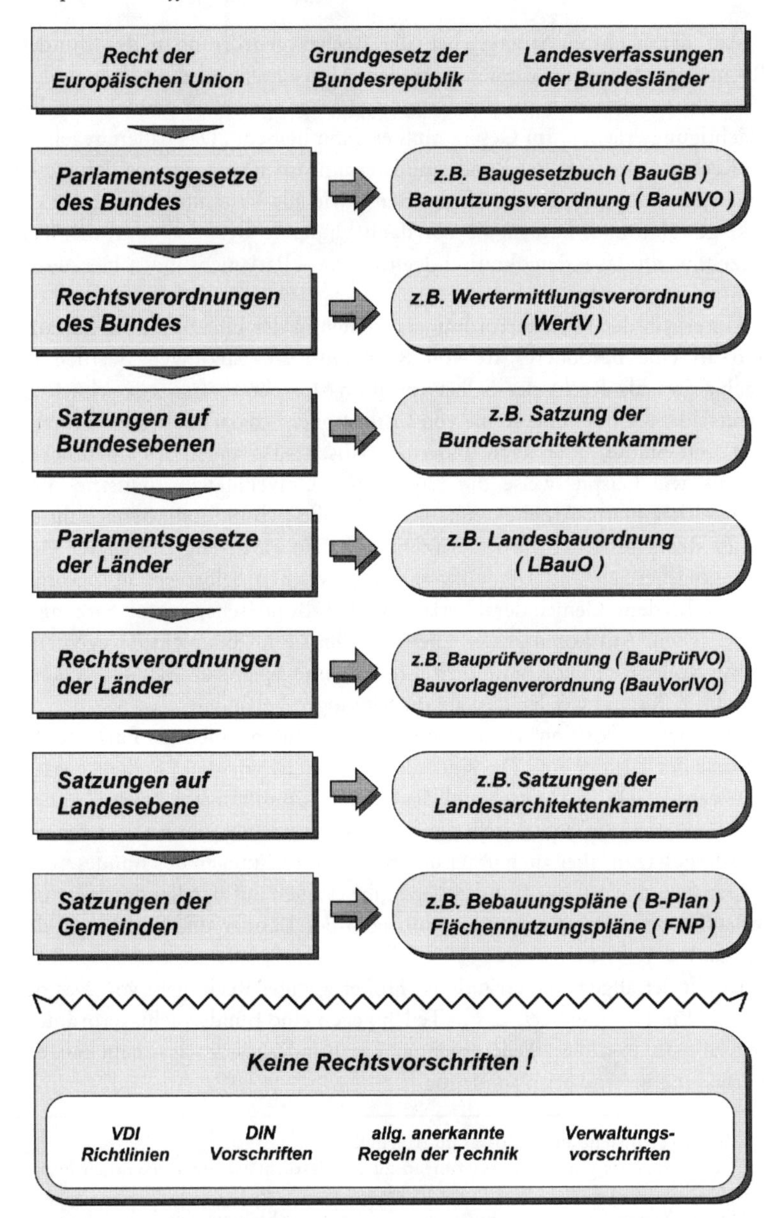

Abbildung 1a: Im Konfliktfall geht höherrangiges Recht vor. Im öffentlichen Recht ist es daher immer erforderlich, die Übereinstimmung einer Rechtsnorm mit dem höherrangigen Recht zu prüfen. Die Abbildung zeigt die Hierarchie der Normen in Deutschland. In keinem eindeutigen Rangverhältnis stehen das Recht der Europäischen Union, das Grundgesetz und die Landesverfassungen. Für alle übrigen Rechtsnormen gilt eine klare Rangordnung. Die ganz unten aufgeführten Regelwerke sind keine Rechtsvorschriften und haben deshalb auch keinen Platz in der Hierarchie.

7 Auf der nächsten Stufe stehen die **Rechtsverordnungen des Bundes.** Rechtsverordnungen[3] werden von den Ministerien oder anderen hohen Verwaltungsinstanzen auf der Grundlage einer speziellen gesetzlichen Ermächtigung erlassen. Im Gesetz muß es dann heißen: „Das nähere regelt eine Rechtsverordnung des Bundesministeriums für Raumordnung, Bauwesen und Städtebau" o.ä. Da die Ministerien – wie alle Verwaltungen – nicht direkt gewählt sind, können sie nur dann bindende Rechtssätze in die Welt setzen, wenn das – demokratisch legitimierte – Parlament ihnen hierzu den Auftrag gegeben hat.

8 Unterhalb der Rechtsverordnungen stehen in der Hierarchie die **Satzungen** als eine besondere Art von Rechtsnormen. Satzungen[3] werden im Fachjargon als Recht der Selbstverwaltungskörperschaften bezeichnet. In Deutschland gibt es eine Reihe von Institutionen – dazu zählen die Gemeinden und Städte, aber auch andere juristische Personen des öffentlichen Rechts wie beispielsweise die Landkreise, Universitäten, Industrie- und Handelskammern, Architektenkammern –, die sich in ihrem Bereich ihr eigenes Recht schaffen dürfen. Satzungen haben einen eng begrenzten Anwendungsbereich und werden von den gewählten Selbstverwaltungsorganen, z.B. dem Gemeinderat, erlassen. Auf Bundesebene sind Satzungen recht selten. Auf kommunaler Ebene spielen sie im Baurecht dagegen eine große Rolle, weil die Kommunen ihre Bebauungspläne als Satzungen erlassen. Im 2. Kapitel werden deshalb die Satzungen behandelt.

9 Die nächste Position[4] in der Gesetzeshierarchie nehmen die **Parlamentsgesetze der Länder** ein.[5] Das sind alle Gesetze, die von den Landtagen erlassen werden. Da in Deutschland das Prinzip „Bundesrecht bricht Landesrecht" (Art. 31 GG) gilt, stehen die Landesgesetze also im Rang unter den Bundesgesetzen, aber auch unter den Rechtsverordnungen des Bundes.[6]

Genauso wie auf der Bundesebene gibt es auch auf der Landesebene unterhalb der Gesetze **Rechtsverordnungen der Länder** und **Satzungen der Länder.**

10 Es gilt der allgemeine Grundsatz: Höherrangiges Recht geht vor. Das bedeutet: Ein Landesgesetz, das in Teilen gegen eine Bundesrechtsverordnung verstößt, ist in diesen Teilen nichtig. Ein Bundesgesetz, das nicht mit der Verfassung vereinbar ist, ist nichtig.[7]

---

[3] Zum Begriff siehe auch Glossar im Anhang.

[4] Das Verhältnis von Bundessatzungen zu Landesrecht ist nicht eigentlich hierarchisch; in der Praxis spielt diese Frage aber kaum eine Rolle.

[5] Die Landesverfassungen nehmen eine eigenständige Stellung ein; das soll hier aber nicht vertieft werden.

[6] Kollisionen zwischen Satzungen auf Bundesebene und Landesrecht sind wegen des begrenzten Anwendungsbereichs der Satzungen nicht von Bedeutung.

[7] Zum Ganzen: Maurer, Allgemeines Verwaltungsrecht, S. 75ff.

Exkurs: Die Bedeutung technischer Normen im Baurecht

11 Eine große praktische Rolle spielen die unterschiedlichen **technischen Regelwerke** wie DIN-Vorschriften oder VDI-Richtlinien. Sie werden oft fälschlicherweise als „Rechtsnormen" bezeichnet. Das ist nicht richtig. Nur die unter 1.3 genannten Rechtsnormen sind auch solche, also verbindlich und durchsetzbar. Denn nur diese Normen sind zumindest im Ansatz demokratisch legitimiert. Alles andere, insbesondere DIN-Normen, Verwaltungsvorschriften und technische Regelwerke, sind rechtlich nicht bindend.

Nun wird man sich zu Recht fragen: Was haben diese „Normen" dann für eine Funktion?

Eine einheitliche Antwort darauf gibt es nicht. In vielen Fällen konkretisieren sie den unbestimmten Rechtsbegriff[8] der **„anerkannten Regeln der Baukunst/Bautechnik"**.[9]

Die anerkannten Regeln der Baukunst/Bautechnik stellen eine Art Mindestqualitätsanforderung für alle Tätigkeiten am und um den Bau dar. Das bedeutet: Planerinnen, Handwerker, Statikerinnen, Objektüberwacher sind grundsätzlich verpflichtet, diese Regeln zu beachten.

Das Problem hierbei ist: Es gibt kein kompaktes Handbuch, in dem diese Regeln festgelegt sind. Der Begriff ist vielmehr von Gerichten und juristischer Literatur wie folgt konkretisiert worden:

> „Die allgemein anerkannten Regeln der Baukunst stellen die Summe der im Bauwesen anerkannten wissenschaftlichen, technischen und handwerklichen Erfahrungen dar, die durchweg bekannt und als richtig und notwendig anerkannt sind."[10]

Das bedeutet zunächst: Die Regeln der Baukunst müssen überhaupt nicht festgelegt oder niedergeschrieben sein. Es reicht grundsätzlich aus, wenn alle Handwerker oder Architekten eine bestimmte Tätigkeit weitgehend gleich ausführen.

Allerdings sind die meisten Regeln der Baukunst in Deutschland irgendwo schriftlich festgehalten. Fündig wird man vor allem in den DIN-Normen des Deutschen Instituts für Normung e. V., den Einheitlichen Technischen Baubestimmungen (ETB), den Unfallverhütungsvorschriften der Berufsgenossenschaften und den Festlegungen des Deutschen Vereins des Gas- und Wasserfaches (DVGW), des Verbands Deutscher Elektrotechniker (VDE), des Verbands Deutscher Ingenieure (VDI) oder des Deutschen Ausschusses für Stahlbeton.

12 Die Planung einer Architektin, aber auch die Bauausführung eines Unternehmers ist fehlerhaft, wenn sie nicht den Regeln der Baukunst oder Bau-

---

[8] Siehe Glossar im Anhang.

[9] Grundlegend: Koch, Grenzen der Rechtsverbindlichkeit technischer Regeln im öffentlichen Baurecht, 1986.

[10] Formulierung nach Werner/Pastor, Der Bauprozeß, 9. Auflage 1998, Rz. 1459.

technik entspricht.[11] In den meisten Fällen befindet man sich daher auf der sicheren Seite, wenn man sich an den technischen Regelwerken orientiert (es sei denn, es ist im Vertrag etwas anderes vereinbart).

Da es sich bei diesen technischen Regelwerken nicht um rechtliche Normen handelt, gelten jedoch einige Besonderheiten, die im Einzelfall gravierende Konsequenzen haben können. Technische Regelwerke unterliegen einem quasi immanenten Dynamisierungsvorbehalt. Anders ausgedrückt: Jede neue technische Entwicklung, die sich in der Praxis über einen gewissen Zeitraum als brauchbar und besser herausstellt, überholt automatisch das bisher Dagewesene. Niemand kann sich auf eine drei Jahre alte DIN-Norm berufen, wenn es inzwischen Besseres und Erprobtes auf dem Markt gibt.

Ein Beispiel für die Schwierigkeiten bei der Anwendung einer überholten technischen Regel ist die lange Geschichte der DIN 4109 „Schallschutz im Hochbau". Bereits in den 70er Jahren war man sich einig, daß die Anforderungen der DIN aus dem Jahr 1962 nicht mehr den aktuellen technischen Stand wiedergeben. Trotzdem hat es bis zum Jahr 1989 gedauert, bis eine neue DIN herausgegeben wurde. In der Zwischenzeit waren Architekten und Bauunternehmerinnen verpflichtet, eigenständig über die Qualitätsstandards zu entscheiden.

Und ein weiteres: Die Einhaltung einer DIN-Norm oder einer sonstigen technischen Bestimmung reicht im Zweifelsfall nicht aus, damit die Planung oder der Bau als einwandfrei beurteilt werden. Im Ergebnis sind alle am Bau Beteiligten verpflichtet, ein mangelfreies Werk abzuliefern. Stellt sich beispielsweise heraus, daß der Wärmeschutz nicht ausreicht, obwohl die Anforderungen der DIN 4108 „Wärmeschutz im Hochbau" eingehalten sind, dann können sich Architektin und Unternehmer nicht auf die DIN berufen. Ist das Ergebnis mangelhaft, sind sie zur Nachbesserung oder zum Schadensersatz verpflichtet.[12]

13 In den Landesbauordnungen werden die Bauministerien ermächtigt, technische Regeln als sogenannte „Technische Baubestimmungen"[13] einzuführen. Auch dies führt aber nicht dazu, daß die derart eingeführten Regelwerke dann als „echte" Normen anzusehen sind. Das sieht man zum einen daran, daß die Landesbauordnungen selbst Abweichungen zulassen; zum anderen handelt es sich nicht um eine Ermächtigung an die Ministerien zur Rechtsetzung.[14]

Insgesamt ist dieses Thema schwierig und umstritten. Es gibt Juristen und auch einige Gerichtsentscheidungen, die – mal generell, mal in Einzelfällen – derartigen Normen quasi Rechtsverbindlichkeit zuerkennen wollen. Sie argumentieren: Die DIN „Schallschutz im Hochbau" – als Beispiel – konkre-

---

[11] BGH, NJW-RR 1989, 849/850.
[12] BGH, BauR 1985, 567 = ZfBR 1985, 276.
[13] Vgl. § 3 Abs. 3 MBO.
[14] Vgl. OVG Schleswig-Holstein, 11. 9. 1996, 1 L 162/95.

tisiert die allgemein anerkannten Regeln der Bautechnik in diesem Bereich und ist deshalb eine bindende Umsetzung der gesetzlichen Anforderung des ausreichenden Lärmschutzes.[15] Das ist in dieser Verallgemeinerung nicht richtig, es kann eben sowohl im Einzelfall eine Abweichung geboten sein als auch die Entwicklung weiter gegangen sein. Meistens schließt sich dann ein hochjuristischer Streit um die Legitimation des Normungsausschusses des DIN oder sonstiger Gremien, um die herrschende Meinung unter Technikern etc. an. Diesen sollte man am besten den Juristen überlassen.

Die Botschaft sei zusammengefaßt daher nur die folgende: Zwar ist die praktische Bedeutung der technischen Regelwerke groß, bei der unbedingten Anwendung dieser Regeln ist aber Vorsicht angebracht, ihre Verläßlichkeit ist begrenzt, und verbindliche Rechtsnormen sind sie nicht.

1.4 Die drei Teilrechtsgebiete

14 Das deutsche Recht wird traditionell in drei Teilbereiche eingeordnet: **Privates Recht, öffentliches Recht und Strafrecht** (siehe Abbildung 1b). Diese drei Teilrechtsordnungen folgen ihren jeweils eigenen Regeln, die Zugehörigkeit zu einer der drei Teilrechtsordnungen spielt eine erhebliche Rolle.[16]

15 Das **private oder Zivilrecht** regelt die Rechtsbeziehungen der Privatleute untereinander. Damit sind einerseits Privatpersonen gemeint, andererseits aber auch alle juristischen Personen des Privatrechts wie beispielsweise GmbH, Aktiengesellschaft oder die Gesellschaft des bürgerlichen Rechts (BGB-Gesellschaft).

Kennzeichnend für das Zivilrecht ist einerseits, daß sich die Partner auf der gleichen Ebene gegenüberstehen, daß also keiner von vornherein weitergehende Rechte als der andere hat. Und außerdem gilt der Grundsatz der Privatautonomie, was bedeutet, daß man innerhalb bestimmter Grenzen regeln und vereinbaren kann, was man will. Im Baurecht stehen sich beispielsweise die Architektin und der Bauherr, die Bauherrin und der Bauunternehmer, der Grundstücksverkäufer und die Erwerberin auf privatrechtlicher Basis gegenüber.[17]

16 Das **öffentliche** oder **Verwaltungsrecht** regelt demgegenüber die Rechtsbeziehungen zwischen Privatperson und Staat. Hier herrscht in aller Regel das Prinzip der Über- und Unterordnung. Das bedeutet: Der Staat hat oftmals die rechtliche Befugnis, Privatleuten einseitig Pflichten aufzuerlegen.

---

[15] Ein Begründungsansatz hierfür ist die Rechtsfigur des „antezipierten Sachverständigengutachtens“; damit ist gemeint, daß es sich um ein vorweggenommenes Gutachten handelt, das andernfalls im Prozeß eingeholt werden müßte, aber wohl auch zu keinem anderen Ergebnis kommen würde.

[16] Zum Ganzen: Maurer, Allgemeines Verwaltungsrecht, S. 36ff.

[17] Instruktiv: Locher, Das private Baurecht, 6. Auflage 1996, § 1 Rz. 7.

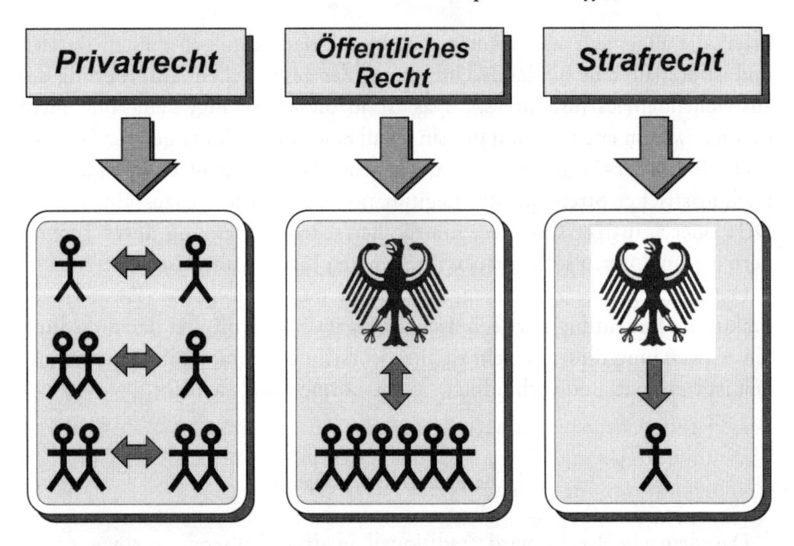

Abbildung 1 b: Das Recht der Bundesrepublik Deutschland wird in drei Teilrechtsgebiete untergliedert. Im Privatrecht (auch: Zivilrecht) stehen sich Privatpersonen gleichberechtigt gegenüber. Im Öffentlichen Recht (auch: Verwaltungsrecht) stehen sich Staat und Bürger gegenüber, oftmals in einem Über-, Unterordnungsverhältnis. Im Strafrecht setzt der Staat seinen Strafanspruch gegenüber den Bürgern durch.

Im Baurecht gilt öffentliches Recht beispielsweise, wenn Bauherr oder Architektin bei der Behörde eine Genehmigung beantragen, wenn die Kommune einen Bebauungsplan erläßt oder wenn die Bauaufsicht den Abriß eines Hauses verfügt.

Im öffentlichen Recht muß immer auf mindestens einer Seite eine Behörde beteiligt sein. Öffentliches Recht zwischen Privatpersonen gibt es nicht.

Aber Vorsicht: Nicht in jedem Fall, in dem eine Behörde beteiligt ist, liegt öffentliches Recht vor. Handelt eine Behörde wie eine Privatperson – also nicht aufgrund ihres besonderen Status –, dann gilt Privatrecht. Kauft die Bauverwaltung beispielsweise Büromaterial ein, dann ist dies kein öffentlich-rechtlicher Akt, der Kaufvertrag mit dem Bürogeschäft ist rein privatrechtlicher Natur, weil die Behörde genauso handelt wie eine Privatperson. Die Abgrenzung zwischen Privatrecht und öffentlichem Recht ist im Grenzbereich oft schwierig.

17 Das **Strafrecht** schließlich erfaßt – wie der Name schon sagt – das Recht der strafbaren Handlungen. Dieses Rechtsgebiet hat seine völlig eigenen Regeln, es gibt keine Vertragsparteien, sondern Strafgericht, Staatsanwalt und Angeklagte. Es existieren nur ein paar wenige auf das Baurecht zugeschnittene Strafnormen – beispielsweise die strafbare Gefährdung anderer bei sorgfaltswidrigem Bauen in § 319 StGB.

1.5 Das Baurecht

18 Unter dem Oberbegriff Baurecht wird eine Vielzahl von Rechtsgebieten und Rechtssätzen zusammengefaßt. Gemeinsamer Bezugspunkt für die meisten dieser Rechtsgebiete ist die Nutzung des Bodens durch bauliche Anlagen sowie deren Errichtung.[18]

Das Baurecht läßt sich – wie allgemein unter 1.4 gezeigt – zunächst in zwei Teile aufgliedern: das öffentliche und das private Baurecht.

19 Das **private Baurecht** befaßt sich mit den Rechtsbeziehungen zwischen Privatpersonen, also beispielsweise mit den Bestimmungen über den Erwerb von Grundstücken, den Verträgen der Handwerker oder den gerade für Architekten besonders wichtigen Honorar- und Haftungsfragen. Wichtige Regelungen für das private Baurecht sind das Bürgerliche Gesetzbuch (BGB), die Honorarordnung für Architekten und Ingenieure (HOAI) sowie die Verdingungsordnung für Bauleistungen[19] (VOB).

20 Das **öffentliche Baurecht** wird dagegen dadurch charakterisiert, daß eine staatliche Instanz Einfluß auf die Bautätigkeit nimmt, also die Kommune, das Land oder der Bund.[20] Sowohl nach der Zuständigkeit als auch nach der Regelungsmaterie wird dabei das öffentliche Baurecht – von dem in dem hier vorliegenden Band ausschließlich die Rede sein soll – aufgeteilt in zwei große Bereiche: Das Bauplanungsrecht und das Bauordnungsrecht.

21 Im **Bauplanungsrecht** geht es in erster Linie um die Nutzung des Bodens. In der Bauleitplanung wird darüber entschieden, wie der Boden wo, von wem und in welcher Art bzw. Intensität genutzt werden kann. Im weitesten Sinne regelt das Bauplanungsrecht das Verhältnis konkurrierender Bodennutzungen zueinander, von der Landwirtschaft bis zum Industriegebiet, von der Wohnanlage bis zum Freibad. Viele der Normen des Bauplanungsrechts befassen sich mit der Tatsache, daß es sich beim Boden um ein begrenzt verfügbares Gut handelt, das nicht vermehrt und deshalb vorausschauend bewirtschaftet werden muß.

Für das **Bauplanungsrecht** sind in erster Linie der Bund und die Gemeinden bzw. Städte zuständig (siehe auch Abbildung 1c). Die Länder nehmen hier Aufgaben im Rahmen der übergeordneten Landesplanung wahr, die die großflächige Nutzung des Raums steuert.

Die Arbeitsteilung zwischen Bund und Kommunen kann man grob so charakterisieren: Der Bund erläßt die abstrakten gesetzlichen Bestimmungen, die Kommunen füllen diese durch konkrete, auf den Ort bezogene Pläne aus.

---

[18] Locher, Das private Baurecht, 6. Auflage 1996, § 1 Rz. 1, formuliert wie folgt: „Unter ‚Baurecht' i. w. S. versteht man die Summe derjenigen Rechtsvorschriften, die sich auf die Ordnung der Bebauung und die Rechtsverhältnisse der an der Erstellung eines Bauwerks Beteiligten beziehen."

[19] Die VOB ist eine Art Vertragsmuster, dessen Geltung zwischen Privatpersonen ausdrücklich vereinbart werden muß.

[20] Finkelnburg/Ortloff, Öffentliches Baurecht, Band I, §§ 1 und 2.

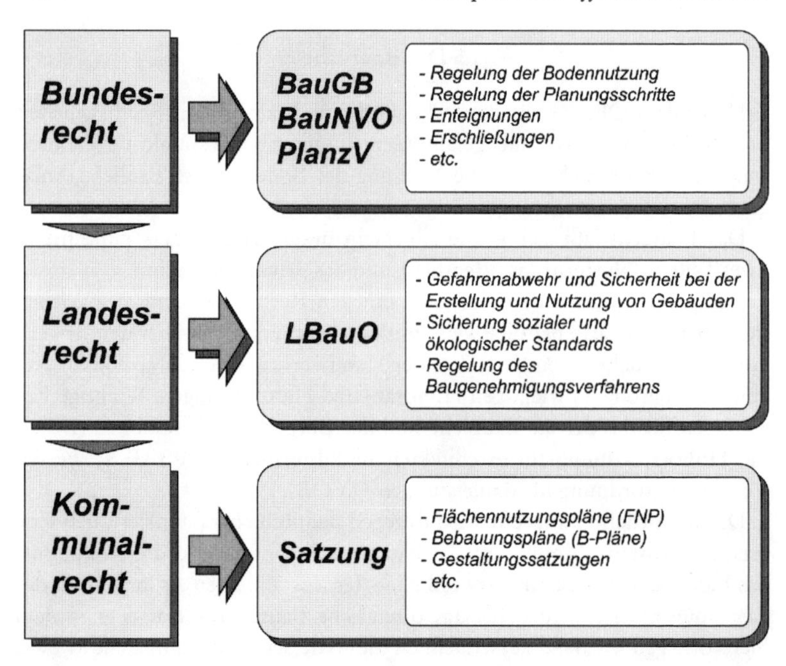

Abbildung 1c: Das Grundgesetz regelt die Gesetzgebungskompetenz in Deutschland. Baurechtliche Regelungen gibt es auf der Ebene des Bundes, der Länder und der Gemeinden.

In Artikel 74 GG ist dem Bund die Kompetenz für die Gesetzgebung des Bodenrechts zugewiesen.[21] Von dieser Kompetenz hat er durch den Erlaß des Bundesbaugesetzes (BBauG) im Jahr 1960 und nachfolgend mit dem Baugesetzbuch (BauGB) im Jahr 1986 Gebrauch gemacht. Zum 1. Januar 1998 wurde das BauGB noch einmal überarbeitet.[22]

22 Die Rolle der Kommunen im Bauplanungsrecht ergibt sich aus § 2 Abs. 1 S. 1 BauGB.

§ 2 Aufstellung der Bauleitpläne

(1) **Satz 1:** Die Bauleitpläne sind von der Gemeinde in eigener Verantwortung aufzustellen.

23 Das Recht, für das Gebiet der Kommune über den Bauleitplan selbst zu entscheiden, steht außerdem schon in der Verfassung.

---

[21] Die Reichweite der Bundeskompetenz war zunächst umstritten. Das Bundesverfassungsgericht (BVerfG) hat in einem Gutachten im Jahr 1954 dann die Abgrenzung verbindlich vorgenommen, siehe BVerfGE 3, 407 = NJW 1954, 1474.

[22] Gesetz zur Änderung des Baugesetzbuchs und zur Neuregelung des Rechts der Raumordnung (BauROG), BGBl. 1997 I, S. 2081; gleichzeitig wurde das Baugesetzbuch-Maßnahmengesetz (BauGB-MaßnG) aufgehoben bzw. in das BauGB integriert.

Art. 28 GG. Verfassung der Länder

(2) **Satz 1:** Den Gemeinden muß das Recht gewährleistet sein, alle Angelegenheiten der örtlichen Gemeinschaft im Rahmen der Gesetze in eigener Verantwortung zu regeln.

Die Bauleitplanung wird dabei als ein Kernstück der verfassungsrechtlich gewährleisteten Selbstverwaltungsgarantie[23] angesehen. Die Pläne werden von den Kommunalvertretungen[24] als Satzungen verabschiedet, sind also eine Art kommunale Gesetzgebung.

24 Der Bund hat im BauGB festgelegt, wie die Bauleitpläne von der Kommune aufgestellt werden, also das (formelle) Verfahren. Darüberhinaus enthält das BauGB Vorgaben über inhaltliche (die Juristen würden sagen: materielle) Aspekte, die bei der gemeindlichen Planung zu beachten sind.[25] Weil es sich aber bei der Planung um einen überaus komplexen und auch schwer zu vereinheitlichenden Vorgang handelt, setzen die Normen des BauGB nur den äußeren Rahmen; der Schwerpunkt der Entscheidungsbefugnis liegt bei den Kommunen.

Das BauGB enthält Regelungen über die Art und Weise, wie und mit welchem Inhalt die Bebauungspläne und die Flächennutzungspläne in den Kommunen unter Beteiligung der Bürger aufgestellt werden. Geregelt ist auch, unter welchen Voraussetzungen ein Bauherr bauen kann, wenn es noch keinen Bebauungsplan gibt, oder wenn außerhalb der Ortslage gebaut werden soll. Wichtig für Bauwillige ist daneben das Recht der Erschließung, also des Anschlusses an die öffentliche Versorgung (Strom, Wasser, Zufahrten). Außerdem enthält das BauGB Vorschriften über besondere Maßnahmen im Städtebau, zum Beispiel über Sanierungsgebiete oder über den Erlaß sogenannter Erhaltungssatzungen. Von Bedeutung sind schließlich die Normen über die Möglichkeiten der Enteignung bzw. Entschädigung und über die Wertermittlung eines Grundstücks oder einer Immobilie. Es empfiehlt sich, einmal das Inhaltsverzeichnis des BauGB durchzugehen.

25 Das **Bauordnungsrecht**[26] ist dagegen Sache der Bundesländer.[27] Inhaltlich geht es im Bauordnungsrecht in erster Linie um die sogenannte Gefahrenabwehr (da die Gefahrenabwehr der typische Inhalt des Polizeirechts ist, wird gelegentlich auch der Begriff „Baupolizeirecht“ verwendet). Es stehen also Aspekte der Sicherheit im Vordergrund, sowohl bei der Bauausführung als auch bei der Nutzung des Gebäudes. Hierzu finden sich viele baukonstruktive und bautechnische Normen, daneben auch Vorgaben über die Sicherheit und die Qualitätsanforderungen an die zu verwendenden Baumaterialien.

---

[23] Zum Begriff siehe Glossar im Anhang.

[24] In den Stadtstaaten Berlin, Bremen und Hamburg gelten Sonderregelungen für die Zuständigkeit zum Erlaß von B-Plänen.

[25] Beispielsweise in § 9 BauGB einen Katalog derjenigen Festsetzungsmöglichkeiten, die in einem Bebauungsplan zulässig sind.

[26] Das Bauordnungsrecht wird ausführlich in Kapitel 8 dargestellt.

[27] Finkelnburg/Ortloff, Öffentliches Baurecht, Band I, S. 14.

Ein weiterer und wichtiger Teil des Bauordnungsrechts ist die Sicherung sozialer und ökologischer Standards, zum Beispiel Bestimmungen über Kinderspielplätze oder Grünanlagen.

Das Bauordnungsrecht enthält darüberhinaus einen formellen Teil, der Fragen des Verfahrens bei der Erteilung von Genehmigungen für die Errichtung, die Nutzung oder den Abbruch eines Gebäudes sowie für die Bauaufsicht regelt.

Gesetzliche Grundlage des Bauordnungsrechts sind die **Landesbauordnungen**, die es in allen 16 Bundesländern gibt.[28] Die Landesbauordnungen der meisten Länder lehnen sich weitgehend an eine Musterbauordnung an, die von einer Kommission aus dem Bundesbauministerium und den Landesministerien erstellt wurde und auch fortgeschrieben wird.[29] Auch hier empfiehlt es sich, einmal das Inhaltsverzeichnis einer Bauordnung durchzugehen.

26 Es gibt außerdem eine Reihe weiterer wichtiger Grundlagen für das öffentliche Baurecht:

In der **Baunutzungsverordnung** (BauNVO) wird der Inhalt der gemeindlichen Bauleitpläne konkretisiert, insbesondere hinsichtlich Art und Maß der Nutzung der einzelnen Grundstücke.[30]

In der **Planzeichenverordnung** (PlanzV) sind die immer wiederkehrenden Symbole und Darstellungsarten (Zeichnung, Farbe, Schrift, Text) in den Bauleitplänen einheitlich festgelegt.[31]

In der **Wertermittlungsverordnung** (WertV) ist ein Verfahren zur Ermittlung des Verkehrswerts von Grundstücken mit den dabei zu beachtenden wertbildenden Faktoren festgelegt.

In den Landesbauordnungen werden die Kommunen außerdem ermächtigt, Satzungen zum Beispiel über die Anzahl erforderlicher Stellplätze oder über Kinderspielplätze zu erlassen; existieren solche Satzungen, müssen sie bei der Beurteilung eines Bauvorhabens ebenfalls herangezogen werden.

1.6 Die wichtigsten Regelungsinstrumentarien des Baurechts

27 Ein großer Teil des öffentlichen Baurechts ist davon geprägt, daß der Staat dem (bauwilligen) Bürger Vorgaben für sein Verhalten macht. Die beiden wichtigsten Instrumente hierfür sind zum einen der Erlaß einer abstrakten, für viele oder alle Bürger geltenden Norm, zum anderen die Anordnung im Einzelfall (siehe Abbildung 1 d).

---

[28] Eine Übersicht über die Landesbauordnungen und sonstige baurechtliche Bestimmungen der Länder enthält der Band „BauGB" – Beck-Texte im dtv Nr. 5018, 30. Auflage 1999, Abschnitt 8.

[29] Die Fassung Juni 1996 ist zu finden bei Böckenförde/Temme/Krebs, Musterbauordnung, 5. Auflage 1996.

[30] Zur BauNVO siehe unten Rz. 97 ff.

[31] Zur PlanzV siehe unten Rz. 145.

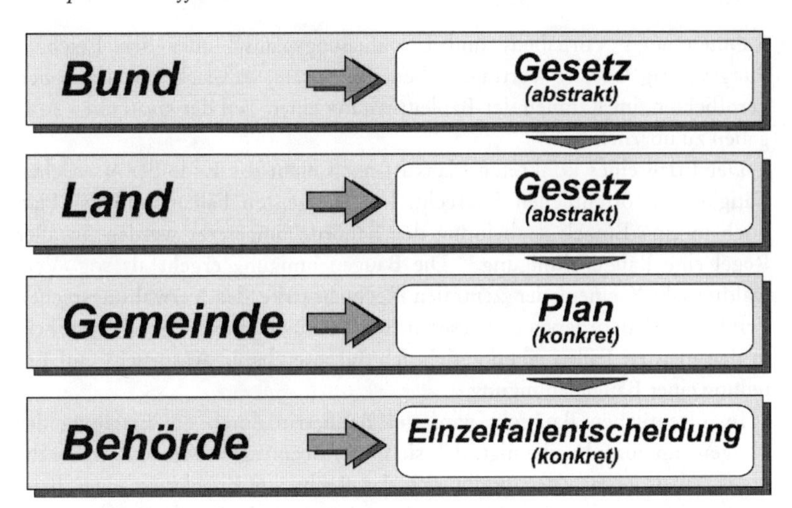

Abbildung 1d: Die wichtigsten rechtlichen Regelungsinstrumentarien im Baurecht sind die abstrakten Gesetze, die konkreten Pläne und die konkrete Einzelfallentscheidung. Bund und Land schaffen mit abstrakten (also nicht auf den Einzelfall bezogenen) Normen den rechtlichen Rahmen. Die Gemeinden erlassen in diesem Rahmen konkrete planerische Vorgaben für das Gemeindegebiet in Form von Flächennutzungsplänen und Bebauungsplänen. Für das einzelne Bauvorhaben ist eine konkrete Einzelfallentscheidung der Baugenehmigungsbehörde (Landkreise/kreisfreie Städte) erforderlich. Daneben spielen im Baurecht zunehmend auch Verträge eine Rolle, etwa die Verpflichtung eines Investors, die Planungsvorbereitungen oder die Erschließung zu übernehmen.

Ein Überblick über die wichtigsten, für alle geltenden Normen im Baurecht wurde in Abschnitt 1.5 gegeben. Diese Normen geben aber in den meisten Fällen nur einen Rahmen vor, der noch einmal auf der Ebene der Gemeinde oder Stadt konkret ausgefüllt werden muß. Im Baurecht geschieht das klassischerweise durch den Erlaß eines Plans.

28 Eine rechtlich einheitliche und verbindliche Definition des Begriffs „Plan" gibt es nicht. Im Baurecht stehen im Vordergrund der Bebauungsplan sowie der Flächennutzungsplan.[32] Bei diesen Plänen handelt es sich um eine auf ein konkretes Gebiet bezogene Planung, die die Nutzung des Bodens in diesem Bereich festlegt. Funktion und mögliche Inhalte von Flächennutzungsplan und Bebauungsplan werden im nächsten Kapitel eingehend erläutert.

29 Zunehmende Bedeutung haben in den letzten Jahren Verträge zwischen Privatpersonen und öffentlicher Hand gewonnen. Das BauGB regelt beispielsweise den städtebaulichen Vertrag,[33] den Durchführungsvertrag im

[32] Daneben gibt es eine Reihe informeller Pläne, zum Beispiel städtebauliche Rahmenpläne, die aber nur behördenintern wirken.
[33] Siehe § 11 BauGB.

Rahmen eines Vorhaben- und Erschließungsplans[34] oder den Erschließungsvertrag[35]. Diese Verträge haben gemeinsam, daß sich Privatpersonen verpflichten, im Rahmen der Bauleitplanung einen Teil der staatlichen Aufgaben zu übernehmen.[36]

30 Der Erlaß eines konkreten Plans ist noch nicht das Ende der staatlichen Tätigkeit im öffentlichen Baurecht. In den meisten Fällen muß der Plan noch in eine Einzelentscheidung der Behörde umgesetzt werden, in aller Regel eine Baugenehmigung.[37] Die Baugenehmigung ergeht als sog. Verwaltungsakt,[37] einem der zentralen Rechtsbegriffe des Verwaltungsrechts. Erfüllt das Bauvorhaben alle gesetzlichen Voraussetzungen, hat der Bauherr in den meisten Fällen einen gerichtlich durchsetzbaren Anspruch[37] auf Erteilung einer Baugenehmigung.

Im öffentlichen Baurecht wird der Bauherrin durch die Erteilung der Baugenehmigung bescheinigt, daß sie in der beantragten Art und Weise ihr Haus bauen kann. Zwar ergibt sich das Recht zur Errichtung eines Bauwerks schon aus dem Eigentum am Grundstück, da in Art. 14 GG festgelegt ist, daß jedermann in Deutschland sein Eigentum innerhalb der gesetzlichen Ordnung frei nutzen kann.[38] Allerdings konkretisiert die Baugenehmigung zum einen auf verbindliche Weise das Recht zum Bauen im Einzelfall, und sie verschafft auf der anderen Seite dem Bauherrn eine starke Rechtsposition, die ihm nach Erlaß der Baugenehmigung so leicht nicht mehr entzogen werden kann.

Die wichtigsten Regelungsinstrumentarien im Baurecht sind also: Die abstrakte Norm (Gesetz, Rechtsverordnung), der Plan auf der Ebene der Kommune, der Vertrag und die Einzelfallentscheidung.[39]

1.7. Der Aufbau der Verwaltung im Baurecht

31 Baurecht wird von Behörden[37] umgesetzt. Je nach dem, worum es geht, sind unterschiedliche Behörden zuständig. Daher soll im folgenden ein Überblick über den Behördenaufbau in Deutschland allgemein sowie über die speziell für das Baurecht zuständigen Behörden gegeben werden.

Die Bundesrepublik Deutschland ist ein föderaler Staat. Das bedeutet u.a., daß die staatliche Tätigkeit auf mehrere Ebenen mit jeweils eigenen Kompetenzen verteilt ist. Verwaltungen gibt es auf der Ebene des Bundes, der Länder und der Kommunen (bzw. Landkreise).

---

[34] Siehe § 12 BauGB.
[35] Siehe § 124 BauGB.
[36] Siehe hierzu unten Rz. 82ff.
[37] Zum Begriff siehe Glossar im Anhang.
[38] Vgl. Finkelnburg/Ortloff, Öffentliches Baurecht, Band I, § 4.
[39] Siehe allgemein zu den Instrumenten im öffentlichen Recht Maurer, Allgemeines Verwaltungsrecht, §§ 9–17.

1.7.1 Bundesebene

32 Der Bund nimmt seine Verwaltungsaufgaben in erster Linie über die Bundesregierung und die einzelnen Bundesministerien wahr. Daneben gibt es einige bundesunmittelbare Behörden auf der Ebene unterhalb der Ministerien (Beispiele: Bundesamt für Bauwesen und Raumordnung; Bundesamt für Naturschutz; Bundesanstalt für Materialforschung und -prüfung; Bundesbaudirektion.).

1.7.2 Länderebene

33 Der Kern der Verwaltungsaufgaben liegt bei den Ländern. Dies bestimmt Art. 30 GG:

Art. 30 GG. Funktion der Länder

Die Ausübung der staatlichen Befugnisse und die Erfüllung der staatlichen Aufgaben ist Sache der Länder, soweit dieses Grundgesetz keine andere Regelung trifft oder zuläßt.

Die Länder führen in allen Fällen, in denen nicht ausnahmsweise etwas anderes bestimmt ist, die Gesetze des Bundes (und ihre eigenen Gesetze) aus.

34 Die Verwaltung in den Ländern ist wie folgt organisiert: Die Verwaltungsspitze sind wiederum die Landesregierung und die Landesministerien.[40] In manchen Flächenländern gibt es daneben eine mittlere Verwaltungsebene, das sind die sogenannten Regierungspräsidien, die jeweils für einen Bezirk zuständig sind. Die untere Verwaltungsebene stellen die Landkreise und kreisfreien Städte dar.[41]

In einigen Ländern ohne Regierungspräsidien gibt es eine Reihe von Fachbehörden, die auf mittlerer Ebene angesiedelt sind (beispielsweise Staatliche Ämter für Natur).

1.7.3 Kommunale Ebene

35 Die dritte staatliche Verwaltungsebene sind die Kommunen.[42] Das sind zum einen die Gemeinden und kreisfreien Städte, zum anderen die Landkreise als kommunale Gebietskörperschaften.[43]

---

[40] Auf Landesebene existieren außerdem einige Landesoberbehörden.

[41] Nur in einigen Fällen, etwa bei der Sozialhilfe, übernehmen kreisangehörige Gemeinden Aufgaben der Landesverwaltung.

[42] Zum Begriff siehe Glossar im Anhang.

[43] Im folgenden werden nur die Gemeinden und Städte als Kommunen bezeichnet.

Zuständigkeiten im Baurecht

Bauleitplanung	**Baugenehmigungen Bauaufsicht**
Art. 28 Abs. 2 GG: Kommunen (Städte und Gemeinden)	Nach Landesbauordnung: Untere Landesbehörden (Landkreise/kreisfreie Städte)

Vorsicht: Doppelfunktion kreisfreier Städte

Bauleitplanung als eigene kommunale Aufgabe
Baugenehmigung/Bauaufsicht als untere Landesbehörden

Abbildung 1 e: Zuständigkeiten im Baurecht

Für die Frage, wer wofür im Baurecht zuständig ist, muß zwischen den Selbstverwaltungsangelegenheiten der Kommunen und den Aufgaben der Bauaufsichtsbehörden unterschieden werden (siehe Abbildung 1 e).

1.7.3.1 Kommunale Selbstverwaltung

36 Zu den Selbstverwaltungsangelegenheiten der Kommunen gehört die Bauleitplanung. Die Flächennutzungspläne und die Bebauungspläne werden von den Gemeinden und kreisfreien Städten im Rahmen ihrer Selbstverwaltung aufgestellt. Zuständiges Organ für alle grundlegenden Entscheidungen ist der Gemeinde- bzw. Stadtrat. Daneben sind die Kommunen im Rahmen ihrer Selbstverwaltung zuständig für die Erteilung des Einvernehmens, wenn Baugenehmigungen im unbeplanten Innenbereich oder im Außenbereich erteilt werden sollen, weil dies ihre Planungshoheit berührt.[44]

1.7.3.2 Landesverwaltung auf kommunaler Ebene

37 Das Verfahren zur Erteilung der Baugenehmigung sowie die Aufsicht über die Bautätigkeit und die Einhaltung der bauordnungsrechtlichen Bestimmungen ist dagegen Sache der Landesverwaltung, die von den sogenannten Bauaufsichtsbehörden wahrgenommen wird.[45] Der Aufbau der Bauaufsichtsbehörden ist in den Landesbauordnungen näher geregelt.

[44] Siehe § 36 BauGB.
[45] Vgl. Finkelnburg/Ortloff, Öffentliches Baurecht, Band II, S. 65.

Untere Bauaufsichtsbehörde (zuständig für Genehmigungen und für die allgemeine Bauaufsicht) sind in der Regel die Landkreise und kreisfreien Städte. Die Landkreise und kreisfreien Städte nehmen hier Staatsaufgaben des Landes wahr, sind also quasi der verlängerte Arm der Landesverwaltung. Da es sich hierbei nicht um Selbstverwaltungsangelegenheiten handelt, haben weder Kreistag noch Stadtrat Einfluß darauf. Vielmehr handelt es sich um sog. Aufgaben im übertragenen Wirkungskreis.

Insbesondere bei den kreisfreien Städten führt dies immer wieder zu Verwirrung. Die kreisfreien Städte sind auf der einen Seite Kommunen wie die Gemeinden auch, auf der anderen Seite nehmen sie Aufgaben der Landesverwaltung wahr. Wegen dieser Doppelfunktion ist es erforderlich, genau einzuordnen, ob die kreisfreie Stadt im Rahmen ihrer kommunalen Selbstverwaltung oder im Rahmen der Wahrnehmung von Verwaltungsaufgaben des Landes handelt, da jeweils unterschiedliche Regelungen gelten.[46]

Zusammengefaßt: Die Kommunen (Gemeinden und Städte) sind im Rahmen ihrer Selbstverwaltung insbesondere für die konkreten Planungen zuständig. Dagegen ist es Aufgabe der Kreisverwaltungen (und der kreisfreien Städte in ihrer Doppelfunktion), Baugenehmigungen zu erteilen und die Bauaufsicht auszuüben.

1.8 Zusammenfassung

38

- Recht: Ordnende Regelungen eines Staates, die bei Nichtbefolgung durchgesetzt werden können.
- Rechtsquellen: Das geschriebene Recht regelt (fast) alles.
- Normenhierarchie: Übergeordnetes Recht geht vor. Bundesrecht bricht Landesrecht, Gesetze stehen über Rechtsverordnungen und Satzungen. Technische Regelwerke sind keine Rechtsnormen.
- Drei Teilrechtsgebiete: Privatrecht (zwischen Privatpersonen), Öffentliches Recht (Privatperson und Staat), Strafrecht (strafbare Handlungen).
- Baurecht: Privates Baurecht (Kaufverträge, Werkverträge mit Handwerkern, Architektenverträge etc.). Öffentliches Baurecht (Bebauungsplan, Baugenehmigung etc.).
- Regelungsinstrumentarien im öffentlichen Baurecht: Abstrakte Normen, Pläne, Einzelfallentscheidungen, Verträge.
- Behördenaufbau: Bauleitplanung als Selbstverwaltungsangelegenheit der Kommunen; Bauaufsicht als staatliche Aufgabe, in der Regel wahrgenommen von Landkreisen und kreisfreien Städten.

---

[46] Beispielsweise hinsichtlich der Aufsicht durch höhere Behörden.

2. Kapitel
Die zentralen Instrumente der Bauleitplanung: Flächennutzungsplan und verbindlicher Bebauungsplan Die Raumordnung als Teil des mehrstufigen Planungsprozesses

Boden und Fläche sind in einem so dicht besiedelten Land wie der Bundesrepublik Deutschland ein knappes Gut. Ihre Nutzung will gut bedacht sein. Im Kern des öffentlichen Baurechts steht daher die Aufstellung von Plänen, die die Nutzung des Bodens regeln. Die Aufgabe der Bauleitplanung ist es, eine sinnvolle Nutzung des Bodens überhaupt erst zu ermöglichen und Konflikte zwischen verschiedenen untereinander nicht verträglichen Nutzungen möglichst zu verhindern.[1]

2.1 Flächenplanung: Ein mehrstufiger Prozeß von oben nach unten

Um die Ziele der Bauleitplanung zu erreichen, darf die Planung nicht erst auf der Ebene der Stadt oder Gemeinde beginnen. Planung hat sich vielmehr von oben nach unten zu entwickeln, also angefangen beim Gesamtraum der Bundesrepublik Deutschland (gelegentlich sogar in Abstimmung mit den Nachbarländern) bis hinunter zur Planung einzelner Ortsteile oder sogar nur einzelner Bauten. **39**

Das zentrale Instrument, die konkurrierende Nutzung des Bodens zu ordnen, ist – auf der untersten Ebene der Planung – der Bauleitplan. Es gibt zwei Arten von Bauleitplänen: Einen vorbereitenden, großflächigen und für die Bürger noch nicht verbindlichen Plan, den Flächennutzungsplan (FNP); und einen detailreichen, kleinräumigen, abschließenden und verbindlichen Plan, den Bebauungsplan (B-Plan). Diese Pläne werden von der Gemeinde aufgestellt. **40**

Die Aufgabe der gemeindlichen Bauleitplanung beschreibt § 1 BauGB:

§ 1 BauGB. Aufgabe, Begriff und Grundsätze der Bauleitplanung

(1) Aufgabe der Bauleitplanung ist es, die bauliche und sonstige Nutzung der Grundstücke in der Gemeinde nach Maßgabe dieses Gesetzbuchs vorzubereiten und zu leiten.

(2) Bauleitpläne sind der Flächennutzungsplan (vorbereitender Bauleitplan) und der Bebauungsplan (verbindlicher Bauleitplan).

(3) Die Gemeinden haben die Bauleitpläne aufzustellen, sobald und soweit es für die städtebauliche Entwicklung und Ordnung erforderlich ist.

---

[1] Finkelnburg/Ortloff, Öffentliches Baurecht, Band I, S. 26.

(4) Die Bauleitpläne sind den Zielen der Raumordnung anzupassen.

(5) Die Bauleitpläne sollen eine nachhaltige städtebauliche Entwicklung und eine dem Wohl der Allgemeinheit entsprechende sozialgerechte Bodennutzung gewährleisten und dazu beitragen, eine menschenwürdige Umwelt zu sichern und die natürlichen Lebensgrundlagen zu schützen und zu entwickeln. Bei der Aufstellung der Bauleitpläne sind insbesondere zu berücksichtigen

1. die allgemeinen Anforderungen an gesunde Wohn- und Arbeitsverhältnisse und die Sicherheit der Wohn- und Arbeitsbevölkerung,
2. die Wohnbedürfnisse der Bevölkerung bei Vermeidung einseitiger Bevölkerungsstrukturen, die Eigentumsbildung weiter Kreise der Bevölkerung insbesondere durch die Förderung kostensparenden Bauens und die Bevölkerungsentwicklung,
3. die sozialen und kulturellen Bedürfnisse der Bevölkerung, insbesondere die Bedürfnisse der Familien, der jungen und alten Menschen und der Behinderten, die Belange des Bildungswesens und von Sport, Freizeit und Erholung,
4. die Erhaltung, Erneuerung und Fortentwicklung vorhandener Ortsteile sowie die Gestaltung des Orts- und Landschaftsbilds,
5. die Belange des Denkmalschutzes und der Denkmalpflege sowie die erhaltenswerten Ortsteile, Straßen und Plätze von geschichtlicher, künstlerischer oder städtebaulicher Bedeutung,
6. die von den Kirchen und Religionsgesellschaften des öffentlichen Rechts festgestellten Erfordernisse für Gottesdienst und Seelsorge,
7. gemäß § 1a die Belange des Umweltschutzes, auch durch die Nutzung erneuerbarer Energien, des Naturschutzes und der Landschaftspflege, insbesondere des Naturhaushalts, des Wassers, der Luft und des Bodens einschließlich seiner Rohstoffvorkommen, sowie das Klima,
8. die Belange der Wirtschaft, auch ihrer mittelständischen Struktur im Interesse einer verbrauchernahen Versorgung der Bevölkerung, der Land- und Forstwirtschaft, des Verkehrs einschließlich des öffentlichen Personennahverkehrs, des Post- und Fernmeldewesens, der Versorgung, insbesondere mit Energie und Wasser, der Abfallentsorgung und der Abwasserbeseitigung sowie die Sicherung von Rohstoffvorkommen und die Erhaltung, Sicherung und Schaffung von Arbeitsplätzen,
9. die Belange der Verteidigung und des Zivilschutzes,
10. die Ergebnisse einer von der Gemeinde beschlossenen sonstigen städtebaulichen Planung.

Landwirtschaftlich, als Wald oder für Wohnzwecke genutzte Flächen sollen nur im notwendigen Umfang für andere Nutzungsarten vorgesehen und in Anspruch genommen werden.

(6) Bei der Aufstellung der Bauleitpläne sind die öffentlichen und privaten Belange gegeneinander und untereinander gerecht abzuwägen.

41 In der Regel beginnt die gemeindliche Bauleitplanung nicht in einem vorher gänzlich unbeplanten Bereich. Vielmehr gibt es räumlich übergeordnete Pläne, in denen weitflächig für Regionen oder sogar ganze Bundesländer die groben Planungslinien entwickelt werden.

Die Planung des Raums ist demnach mehrstufig: Auf der Ebene der Landesplanung – also für die Fläche eines ganzen Bundeslandes – werden die wichtigsten planerischen Vorgaben dargestellt; diese werden in Regionalplänen weiter konkretisiert und müssen dann von der Gemeinde im FNP und im B-Plan beachtet werden (siehe Abbildung 2a).

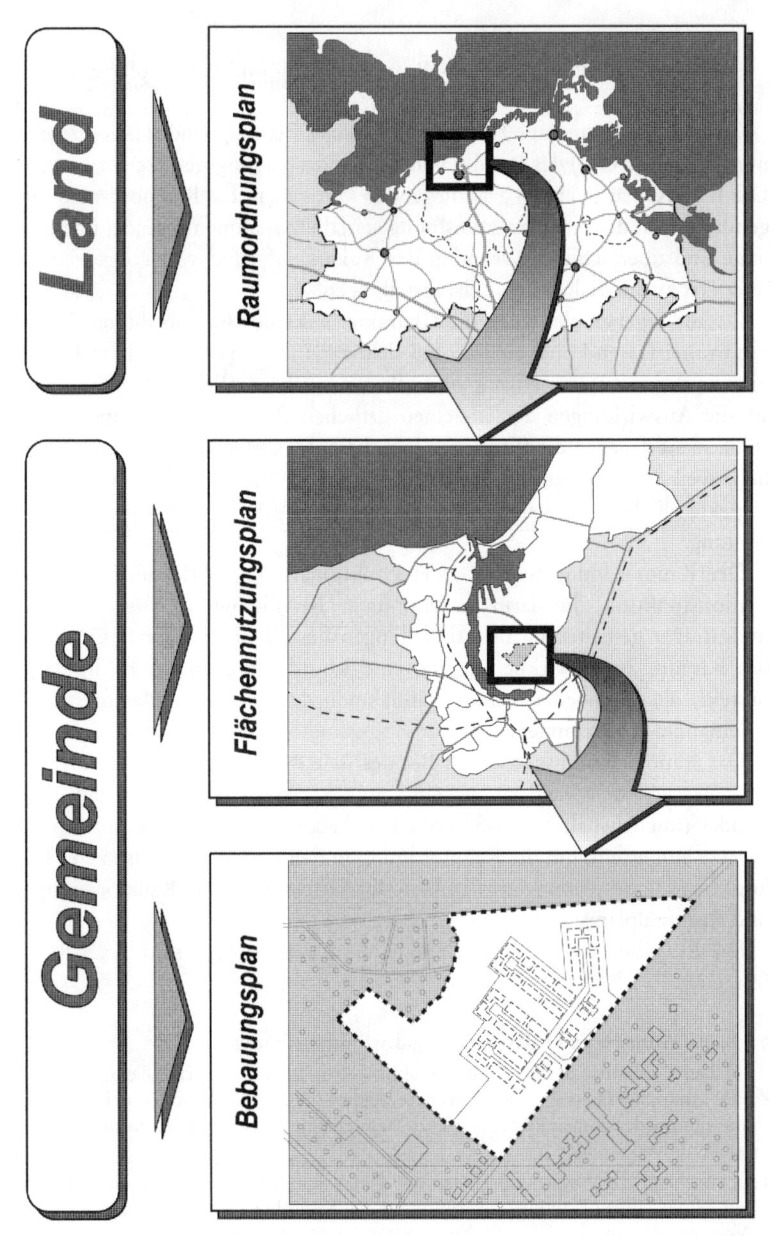

Abbildung 2a: Die Planung in Deutschland erfolgt im Idealfall von oben nach unten. Die Bundesländer legen im Rahmen der Raumordnung die groben Züge der landesweiten Entwicklung fest. Die Gemeinden bestimmen in Übereinstimmung mit den Zielen der Raumordnung die Entwicklung des gesamten Gemeindegebiets im Flächennutzungsplan und die detaillierte Entwicklung einzelner Teile der Gemeinde im Bebauungsplan.

2.2 Die erste Planungsstufe: Raumordnung und Landesplanung

42 Gesetzliche Grundlage für die überörtliche Planung sind das Raumordnungsgesetz (ROG) des Bundes und die Landesplanungsgesetze der Länder. Das BVerfG hat in einem grundlegenden Gutachten[2] die Raumordnung folgendermaßen definiert: Raumordnung sei „die zusammenfassende, überörtliche und überfachliche Ordnung des Raums aufgrund von vorgegebenen oder erst zu entwickelnden Leitvorstellungen".

Daraus ergeben sich auch die Charakteristika der Raumordnung: Sie ist **zusammenfassend** in dem Sinn, daß sie die Planungen der einzelnen Teilgebiete in deren Zusammenhang darstellt; sie ist **überörtlich** in dem Sinn, daß sie die Auswirkungen der einzelnen örtlichen Planungen zueinander darstellt, nicht dagegen die Planungen innerhalb der Orte; und sie ist **überfachlich**, weil sie alle raumbedeutsamen Vorhaben erfaßt, nicht nur einzelne Aspekte wie beispielsweise die Verkehrsplanung oder die Abfallwirtschaftsplanung.

Der Raumordnung werden zwei Funktionen zugeschrieben: Eine Integrationsfunktion, die darin besteht, unter Beteiligung der örtlichen Planungsträger gemeinsame Leitvorstellungen für die übergreifende Ordnung des Raumes zu verwirklichen; und eine Koordinationsfunktion, die darin besteht, die raumbedeutsamen Maßnahmen der einzelnen Planungsträger aufeinander abzustimmen.[3]

Das Raumordnungsgesetz des Bundes ist dabei lediglich ein Rahmengesetz, das von den Ländern ausgefüllt und konkretisiert werden muß. Die Länder (mit Ausnahme der Stadtstaaten) haben ihrerseits Landesplanungsgesetze aufgestellt, um die Raumordnung in den Ländern umzusetzen.[4] Die konkrete Landesplanung erfolgt dann durch übergeordnete Raumordnungs- und Regionalpläne.

44 Die Aufgaben und Leitvorstellungen der Raumordnung sind in § 1 ROG festgelegt:

§ 1 ROG. Aufgabe und Leitvorstellung der Raumordnung

(1) Der Gesamtraum der Bundesrepublik Deutschland und seine Teilräume sind durch zusammenfassende, übergeordnete Raumordnungspläne und durch Abstimmung raumbedeutsamer Planungen und Maßnahmen zu entwickeln, zu ordnen und zu sichern. Dabei sind

1. unterschiedliche Anforderungen an den Raum aufeinander abzustimmen und die auf der jeweiligen Planungsebene auftretenden Konflikte auszugleichen,
2. Vorsorge für einzelne Raumfunktionen und Raumnutzungen zu treffen.

(2) Leitvorstellung bei der Erfüllung der Aufgabe nach Absatz 1 ist eine nachhaltige Raumentwicklung, die die sozialen und wirtschaftlichen Ansprüche an den Raum mit

---

[2] BVerfGE 3, 407/425 = NJW 1954, 1454 ff.

[3] Finkelnburg/Ortloff, Öffentliches Baurecht, Band I, § 22.

[4] Siehe §§ 6 ff. ROG.

seinen ökologischen Funktionen in Einklang bringt und zu einer dauerhaften, großräumig ausgewogenen Ordnung führt. Dabei sind

1. die freie Entfaltung der Persönlichkeit in der Gemeinschaft und in der Verantwortung gegenüber künftigen Generationen zu gewährleisten,
2. die natürlichen Lebensgrundlagen zu schützen und zu entwickeln,
3. die Standortvoraussetzungen für wirtschaftliche Entwicklungen zu schaffen,
4. Gestaltungsmöglichkeiten der Raumnutzung langfristig offen zu halten,
5. die prägende Vielfalt der Teilräume zu stärken,
6. gleichwertige Lebensverhältnisse in allen Teilräumen herzustellen,
7. die räumlichen und strukturellen Ungleichgewichte zwischen den bis zu Herstellung der Einheit Deutschlands getrennten Gebiete auszugleichen,
8. die räumlichen Voraussetzungen für den Zusammenhalt in der Europäischen Gemeinschaft und im größeren europäischen Raum zu schaffen.

(3) Die Entwicklung, Ordnung und Sicherung der Teilräume soll sich in die Gegebenheiten und Erfordernisse des Gesamtraums einfügen; die Entwicklung, Ordnung und Sicherung des Gesamtraums soll die Gegebenheiten und Erfordernisse seiner Teilräume berücksichtigen (Gegenstromprinzip).

Zusammengefaßt geht es also darum, die Nutzung des Raums so zu steuern, daß das Zusammenleben der Menschen, deren freie Entfaltung und die Herstellung gleichwertiger Lebensverhältnisse in Deutschland gewährleistet werden.

45 In § 2 ROG sind dann die Grundsätze der Raumordnung in insgesamt 13 Punkten festgehalten. Diese Grundsätze bilden den inhaltlichen Rahmen der Raumordnung. Sie enthalten beispielsweise Leitlinien zur Herstellung gesunder Lebensbedingungen, zur Förderung strukturschwacher Regionen, zur Bevölkerungsdichte, zur land- und forstwirtschaftlichen Nutzung, zum Naturschutz, zur Freizeitnutzung und nicht zuletzt zum Wohnen.

Es stellt sich die Frage, welche Rolle die im ROG enthaltenen Grundsätze bzw. die in den Raumordnungs- und Regionalplänen festgelegten Vorgaben für die gemeindliche Bauleitplanung und für das einzelne Vorhaben spielen.

Hierfür ist zu unterscheiden zwischen Grundsätzen und Zielen der Raumordnung.

46 **Grundsätze** der Raumordnung sind nach § 3 Nr. 3 ROG

(...) allgemeine Aussagen zur Entwicklung, Ordnung und Sicherung des Raums in oder auf Grund von § 2 als Vorgaben für nachfolgende Abwägungs- und Ermessensentscheidungen.

Die Bindungswirkung der Grundsätze ergibt sich dann aus § 4 Abs. 2 ROG:

§ 4 ROG. Bindungswirkungen der Erfordernisse der Raumordnung

(2) Die Grundsätze und sonstigen Erfordernisse der Raumordnung sind von öffentlichen Stellen bei raumbedeutsamen Planungen und Maßnahmen nach Abs. 1 in der Erwägung oder bei der Ermessensausübung nach Maßgabe der dafür geltenden Vorschriften zu berücksichtigen.

Das bedeutet: Die Grundsätze sind Abwägungsmaterial, sie müssen in die kommunale Planung einbezogen werden, können aber im Einzelfall bei entsprechender Sachlage „überwunden" werden.

47 **Ziele** der Raumordnung sind nach § 3 Nr. 2 ROG dagegen

(...) verbindliche Vorgaben in Form von räumlich und sachlich bestimmten oder bestimmbaren, vom Träger der Landes- oder Regionalplanung abschließend abgewogenen textlichen oder zeichnerischen Festlegungen in Raumordnungsplänen zur Entwicklung, Ordnung und Sicherung des Raums.

Zur Bindungswirkung der Ziele der Raumordnung bestimmt § 4 Abs. 1 Satz 1 ROG:

§ 4 ROG. Bindungswirkungen der Erfordernisse der Raumordnung

(1) **Satz 1:** Ziele der Raumordnung sind von öffentlichen Stellen bei ihren raumbedeutsamen Planungen und Maßnahmen zu beachten.

Handelt es sich also um ausreichend konkrete Ziele, dann sind die Gemeinden verpflichtet, diese in ihrer Planung zu berücksichtigen; die Vorgaben der Raumordnung sind dann verbindlich.[5]

48 Bei der Landesplanung ist außerdem zwingend vorgeschrieben, daß die Gemeinden beteiligt werden, damit schon in einem frühen Stadium deutlich wird, ob die Landesplanung der gemeindlichen Planung widerspricht.

49 Für größere Bauvorhaben ist, um die Abstimmung mit den Zielen der Raumordnung zu gewährleisten, ein Raumordnungsverfahren bei der zuständigen Behörde vorgeschrieben. In einer Raumordnungsverordnung (RoV) sind diejenigen Vorhaben aufgelistet, für die in der Regel ein Raumordnungsverfahren durchzuführen ist.[6] In diesem Verfahren wird die Übereinstimmung des konkreten Projekts oder Plans mit den raumbedeutsamen Zielen und Festlegungen geprüft. Allerdings spielen hier auch nur raumbedeutsame Gesichtspunkte eine Rolle; Auswirkungen des Bauvorhabens oder der Planung, die sich innerhalb der örtlichen Grenzen halten, werden nicht geprüft.

50 Widerspricht ein Bauleitplan den Zielen der Raumordnung bzw. Landesplanung, ist er nichtig.[7] Vorhandene Bauleitpläne müssen den Zielen der Raumordnung angepaßt werden.[8] Eine Baugenehmigung, die unter Verstoß gegen die Ziele der Raumordnung erteilt wird, ist rechtswidrig und kann deshalb gerichtlich angegriffen werden.

2.3 Die zweite Planungsstufe: Der Flächennutzungsplan

51 Die eigentliche Bauleitplanung findet dann auf der Ebene der Gemeinde statt.

Das BauGB sieht vor, daß zunächst für das gesamte Gemeindegebiet ein großräumiger, vorbereitender Plan erlassen wird – das ist der Flächennut-

---

[5] Battis/Krautzberger/Löhr, BauGB, 7. Aufl. 1999, § 1 Rz. 39.

[6] Zum Beispiel Mülldeponien, Fernstraßen oder Eisenbahnlinien, aber auch größere Freizeitanlagen.

[7] Battis/Krautzberger/Löhr, BauGB, § 1 Rz. 42.

[8] Siehe § 1 Abs. 4 BauGB.

zungsplan –, um danach die Bebauung einzelner Teile des Gemeindegebiets mit konkreten und abschließenden B-Plänen zu ordnen.

Aufgabe und Inhalt des FNP ergeben sich aus § 5 BauGB: **52**

§ 5 BauGB. Inhalt des Flächennutzungsplans

(1) Im Flächennutzungsplan ist für das ganze Gemeindegebiet die sich aus der beabsichtigten städtebaulichen Entwicklung ergebende Art der Bodennutzung nach den voraussehbaren Bedürfnissen der Gemeinde in den Grundzügen darzustellen. Aus dem Flächennutzungsplan können Flächen und sonstige Darstellungen ausgenommen werden, wenn dadurch die nach Satz 1 darzustellenden Grundzüge nicht berührt werden und die Gemeinde beabsichtigt, die Darstellung zu einem späteren Zeitpunkt vorzunehmen; im Erläuterungsbericht sind die Gründe hierfür darzulegen.

(2) Im Flächennutzungsplan können insbesondere dargestellt werden:

1. die für die Bebauung vorgesehenen Fläche nach der allgemeinen Art ihrer baulichen Nutzung (Bauflächen), nach der besonderen Art ihrer baulichen Nutzung (Baugebiete) sowie nach dem allgemeinen Maß der baulichen Nutzung; Bauflächen, für die eine zentrale Abwasserbeseitigung nicht vorgesehen ist, sind zu kennzeichnen;
2. die Ausstattung des Gemeindegebiets mit Einrichtungen und Anlagen zur Versorgung mit Gütern und Dienstleistungen des öffentlichen und privaten Bereichs, insbesondere mit den der Allgemeinheit dienenden baulichen Anlagen und Einrichtungen des Gemeinbedarfs, wie mit Schulen und Kirchen sowie mit sonstigen kirchlichen und sozialen, gesundheitlichen und kulturellen Zwecken dienenden Gebäuden und Einrichtungen, sowie die Flächen für Sport und Spielanlagen;
3. die Flächen für den überörtlichen Verkehr und für die örtlichen Hauptverkehrszüge;
4. die Flächen für Versorgungsanlagen, für die Abfallentsorgung und Abwasserbeseitigung, für Ablagerungen sowie für Hauptversorgungs- und Hauptabwasserleitungen;
5. die Grünflächen, wie Parkanlagen, Dauerkleingärten, Sport-, Spiel-, Zelt- und Badeplätze, Friedhöfe;
6. die Flächen für Nutzungsbeschränkungen oder für Vorkehrungen zum Schutz gegen schädliche Umwelteinwirkungen im Sinne des Bundes-Immissionsschutzgesetzes;
7. die Wasserflächen, Häfen und die für die Wasserwirtschaft vorgesehenen Flächen sowie die Flächen, die im Interesse des Hochwasserschutzes und der Regelung des Wasserabflusses freizuhalten sind;
8. die Flächen für Aufschüttungen, Abgrabungen oder für die Gewinnung von Steinen, Erden und anderen Bodenschätzen;
9. a) die Flächen für die Landwirtschaft und
   b) Wald;
10. die Flächen für Maßnahmen zum Schutz, zur Pflege und zur Entwicklung von Boden, Natur und Landschaft.

(2 a) Flächen zum Ausgleich im Sinne des § 1 a Abs. 3 im Geltungsbereich des Flächennutzungsplans können den Flächen, auf denen Eingriffe in Natur und Landschaft zu erwarten sind, ganz oder teilweise zugeordnet werden.

(3) Im Flächennutzungsplan sollen gekennzeichnet werden:

1. Flächen, bei deren Bebauung besondere bauliche Vorkehrungen gegen äußere Einwirkungen oder bei denen besondere bauliche Sicherungsmaßnahmen gegen Naturgewalten erforderlich sind;

2. Flächen, unter denen der Bergbau umgeht oder die für den Abbau von Mineralien bestimmt sind;
3. für bauliche Nutzungen vorgesehene Flächen, deren Böden erheblich mit umweltgefährdenden Stoffen belastet sind.

(4) Planungen und sonstige Nutzungsregelungen, die nach anderen gesetzlichen Vorschriften festgesetzt sind, sowie nach Landesrecht denkmalgeschützte Mehrheiten von baulichen Anlagen sollen nachrichtlich übernommen werden. Sind derartige Festsetzungen in Aussicht genommen, sollen sie im Flächennutzungsplan vermerkt werden.

(5) Dem Flächennutzungsplan ist ein Erläuterungsbericht beizufügen.

53 An der Aufgabenstellung im Rahmen der Flächennutzungsplanung sind vor allem zwei Punkte wichtig: Der FNP soll für das gesamte Gemeindegebiet aufgestellt werden, er soll andererseits aber nur Grundzüge der Bodennutzung enthalten. Damit wird deutlich, daß es sich beim FNP um eine vorausschauende Gesamtplanung handelt, die eine andere Funktion hat als die nachfolgende konkrete Bebauungsplanung. Mit dem FNP sollen diejenigen Probleme gelöst werden, die sich auf der Ebene des gesamten Gemeindegebiets stellen, nicht dagegen die Konflikte, die sich aus dem kleinräumigen Nebeneinander der Bodennutzung ergeben. Juristen haben dafür den Begriff der „abschichtenden Konfliktlösung“ erfunden.[9]

Ein Beispiel: Im FNP werden die bebaubaren Flächen dargestellt, daneben die von der Bebauung freizuhaltenden Flächen und die für den Verkehr benötigten Flächen (siehe Abbildung 2b). Damit wird die Frage nach den jeweiligen Schwerpunkten für Wohn- oder Gewerbebauung, nach den Hauptverkehrssachen oder nach dem innerstädtischen Klima beantwortet (durch den Wechsel von Bau- und Grünflächen). Dagegen gibt der FNP keine Antwort auf die Frage, wie hoch an einer bestimmten Stelle gebaut werden darf, ob die Zufahrtstraße begrünt wird oder ob im Wohngebiet Tankstellen errichtet werden dürfen.

§ 5 BauGB enthält einen Katalog derjenigen Festlegungen, die auf der Ebene der vorausschauenden Gesamtplanung sinnvoll sein können; dieser Katalog ist nicht abschließend.

54 Die Rechtsnatur des FNP läßt sich nicht in traditionellen Rechtsbegriffen beschreiben. Der FNP ist weder Verwaltungsakt noch rechtsverbindlicher Plan, er ergeht auch nicht in der Form einer Satzung. Daraus ergibt sich, daß sich die Bürger grundsätzlich nicht auf den FNP berufen können. Das bedeutet: Wenn im FNP ein Gelände für Wohnbebauung ausgewiesen ist, hat ein Bauwilliger daraus noch keinen Anspruch auf Baugenehmigung.

55 Der FNP ist allerdings nicht nur eine unverbindliche Absichtserklärung der Gemeinde. Rechtswirkungen hat er vor allem in drei Fällen:

Nach § 8 Abs. 2 Satz 1 BauGB sind die B-Pläne aus den Flächennutzungsplänen heraus zu entwickeln. Das bedeutet im Prinzip, daß die B-Pläne mit dem FNP übereinstimmen müssen, daß also nicht im B-Plan ein

---

[9] Zum Ganzen Finkelnburg/Ortloff, Öffentliches Baurecht, Band I, § 7.

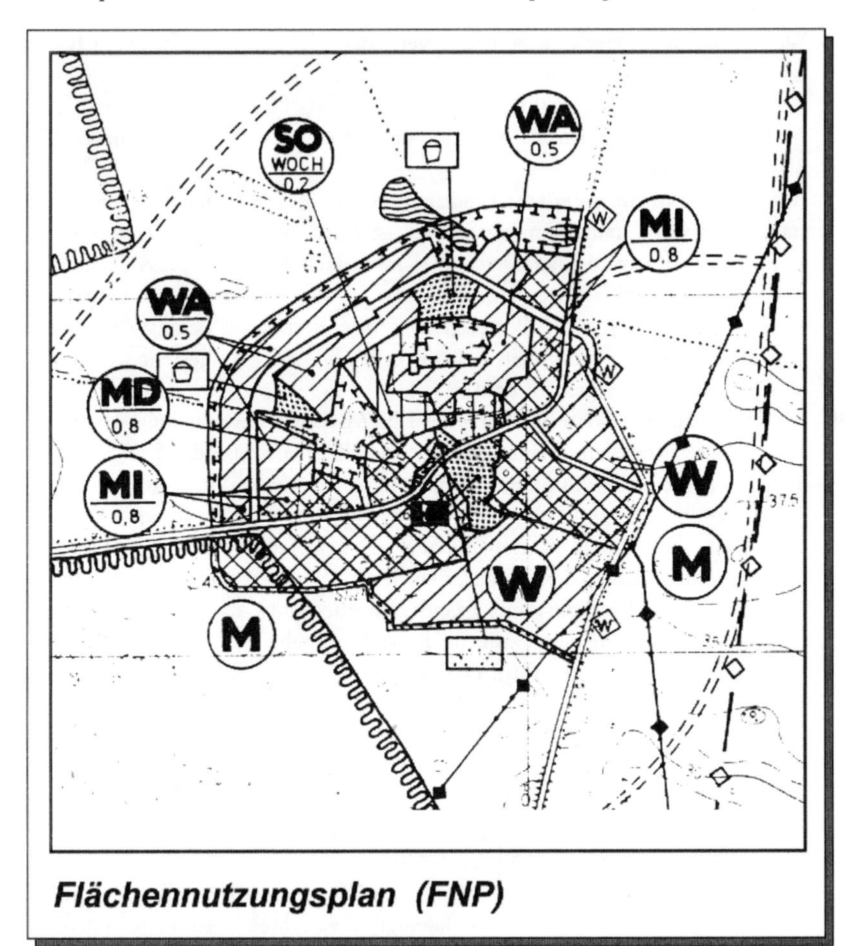

Abbildung 2b: Beispiel für einen Flächennutzungsplan, in dem die Aufteilung des Gemeindegebiets nach unterschiedlichen Nutzungen festgelegt ist. Bei den mit „W" bezeichneten Gebieten handelt es sich nach der Anlage zur Planzeichenverordnung um Wohnbauflächen, „M" steht für gemischte Bauflächen, „WA" steht für allgemeine Wohngebiete, „MD" für Dorfgebiete, „MI" für Mischgebiete und „SO Woch" für ein Sondergebiet Wochenmarkt. Die Ziffern in den Kreisen bezeichnen die Geschoßflächenzahl, der in dem Kästchen stilisierte Eimer weist auf einen Spielplatz hin. Diese und alle sonstigen Zeichen auf dem Plan sind in der Planzeichenverordnung erläutert. *(Entwurf des FNP für Niendorf bei Rostock, Planverfasser Architekt Eckhart Mumm, mit freundlicher Genehmigung der Gemeinde Papendorf)*

Wohngebiet festgelegt werden kann, wenn der FNP an dieser Stelle ein Industriegebiet vorsieht.[10] Mit der Aufstellung eines FNP bindet sich die Gemeinde an die darin enthaltenen Festlegungen. Richtig gehandhabt ist der FNP ein wichtiges Instrumentarium, um langfristig und vorausschauend planen zu können.

Allerdings ist die rechtliche Bindungswirkung des FNP nicht besonders stark. Der FNP kann nämlich wieder geändert werden, und dies auch gleichzeitig mit dem B-Plan. Der B-Plan kann auch schon vor der Änderung des FNP verabschiedet werden, wenn klar ist, daß er sich an den Festsetzungen im geänderten FNP weitgehend orientiert. Und beim Vorliegen „dringender Gründe" kann ein B-Plan sogar ohne FNP aufgestellt werden. Das Nähere hierzu regelt § 8 BauGB.

56 Wichtig ist eine zweite Wirkung des FNP: Bei seiner Aufstellung werden auch andere öffentliche Planungsträger, also beispielsweise der Bund oder das Land, beteiligt. Wenn diese Planungsträger bezüglich ihrer übergeordneten Planungen – etwa Fernstraßen oder Abfallentsorgungsanlagen – keine Einwände erheben, sind sie erst einmal an die gemeindliche Planung gebunden. Stellt sich dann später heraus, daß der FNP wegen entgegenstehender Planung anderer Planungsträger geändert werden muß, dann müssen diese Planungsträger die Gemeinde für die dadurch entstehenden Kosten entschädigen (siehe § 7 Satz 6 BauGB). Daran zeigt sich als wichtige Funktion des FNP: Er dient der frühzeitigen Abstimmung der gemeindlichen mit der überörtlichen Planung anderer Planungsträger.

57 Ganz konkrete Auswirkungen auf das einzelne Bauvorhaben hat der FNP, wenn jemand im Außenbereich der Gemeinde bauen will; ein Bauvorhaben im Außenbereich ist in der Regel unzulässig, wenn es dem FNP widerspricht (siehe § 35 Abs. 3 Nr. 1 BauGB).

Bei der Aufstellung des FNP werden die Bürger ebenso beteiligt wie bei der Aufstellung der B-Pläne. Das Beteiligungsverfahren wird weiter unten erläutert. Der FNP muß außerdem von der höheren Verwaltungsbehörde genehmigt werden (siehe § 6 BauGB)

2.4 Die dritte Planungsstufe: Der Bebauungsplan

58 Ob ein Grundstück Bauland ist oder nicht – das hängt nicht nur davon ab, wie der Untergrund beschaffen ist oder ob es sich in der Nähe von bereits vorhandener Bebauung befindet. In erster Linie entscheiden Rechtsnormen darüber, wann aus einer Wiese oder einem Acker Bauland wird. Das wichtigste Instrument: Der Bebauungsplan.

Der B-Plan ist in der Regel wesentlich kleinräumiger als der FNP. Dies liegt zum einen daran, daß ein B-Plan sehr detaillierte Regelungen darüber

[10] Finkelnburg/Ortloff, Öffentliches Baurecht, Band I, S. 72: „planungsbindender Plan".

enthält, welche Art der Bodennutzung zulässig ist (siehe Abbildung 2c). Zum anderen legt ein B-Plan einen gewissen Gebietstypus fest, zum Beispiel ein Wohngebiet oder ein Industriegebiet; die Fläche einer Gemeinde oder einer Stadt besteht eben aus vielen unterschiedlichen Gebietstypen, sodaß es im Regelfall auch mehrerer B-Pläne bedarf.

Der B-Plan wird von der Gemeinde- oder Stadtvertretung erlassen. Diese Befugnis ergibt sich schon aus dem Grundgesetz, wo es in Artikel 28 Abs. 2 heißt, daß die Kommunen ihre eigenen Angelegenheiten selbst regeln sollen. Da die Kommunalvertretung kein „Gesetzgeber" im eigentlichen Sinn ist (gesetzgebende Organe sind nur die Landtage und der Bundestag), spricht man bei den B-Plänen von kommunalem Selbstverwaltungsrecht.

Trotzdem sind die B-Pläne echte Rechtsnormen. Im BauGB ist geregelt, daß B-Pläne als Satzungen ergehen. Satzungen[11] sind die typische Form der Rechtsetzung in der Kommune und in ihrem Anwendungsbereich für den Einzelnen verbindlich.

2.4.1 Der rechtlich zulässige Inhalt eines Bebauungsplans

59 Der B-Plan ist das zentrale Gestaltungsmittel der Städte und Gemeinden im Baurecht. Bauvorhaben, die im Gebiet eines B-Plans errichtet werden sollen, sind grundsätzlich nur zulässig, wenn sie mit den Festsetzungen des Plans übereinstimmen. Umso wichtiger ist es, zu wissen, was im B-Plan festgelegt werden darf. Näheres hierzu unten Kapitel 3.1.

2.4.2 Rechtmäßiger Plan nur bei „gerechter" Abwägung

60 Planung ist eine komplexe Angelegenheit. Die Kommune muß oftmals die verschiedensten Interessen unter einen Hut bringen. Die Rechtsprechung gibt den Städten und Gemeinden hierbei einen weiten Spielraum, verlangt aber, daß die berührten Interessen gegeneinander abgewogen werden, und zwar in einem nachvollziehbaren Verfahren. Deshalb lautet:

§ 1 Abs. 6 BauGB. Bei der Aufstellung der Bauleitpläne sind die öffentlichen und privaten Belange gegeneinander und untereinander abzuwägen.

61 Zu der Frage, wie diese Abwägung[12] genau funktioniert, schweigt das Gesetz. Die Gerichte haben hierzu in jahrzehntelanger Rechtsprechung Grundsätze entwickelt, die im folgenden kurz vorgestellt werden sollen.[13]

Ausgangspunkt der Überlegungen der Richter war die Tatsache, daß es eine objektiv „richtige" Planung kaum gibt. Nahezu jede Art von Planung ist im Ergebnis entweder ein Kompromiß oder eine Bevorzugung bestimm-

---

[11] Zum Begriff siehe Glossar im Anhang.
[12] Zum Begriff siehe Glossar im Anhang.
[13] Grundlegende Entscheidungen: BVerwGE 34, 301/308ff.; 45, 309/312ff.; 47, 144/146; 59, 87/98.

ter Interessen. Als rechtmäßig oder rechtswidrig (im Sinne von richtig oder falsch) läßt sich eine solche Entscheidung nicht qualifizieren, weil es eher um politische, wirtschaftliche oder gesellschaftliche Fragen geht und weniger um rechtliche.

Diese Haltung der Gerichte leuchtet dann ein, wenn man sich vor Augen führt, wer in unserem System der Gewaltenteilung wofür zuständig ist. Aufgabe der gewählten Politiker ist es, inhaltliche Entscheidungen als Ergebnis eines öffentlichen Diskussionsprozesses zu treffen und diese Entscheidungen dann wiederum vor den Wählern zu vertreten. Aufgabe der Gerichte ist es (unter anderem), die Übereinstimmung dieser Entscheidungen mit dem Recht zu überprüfen. Wenn sich aber aufgrund der Besonderheiten der Materie überhaupt keine **rechtlichen** Maßstäbe finden lassen, dann können die Gerichte auch nicht die **Rechtmäßigkeit** dieser Entscheidungen überprüfen.

Aus diesem Grund sagen die Richter: Die Gemeinden haben bei der Bauleitplanung einen Abwägungsspielraum.[14] Innerhalb dieses Abwägungsspielraums sind mehrere Entscheidungen denkbar, die alle mit dem Gesetz übereinstimmen können. Aufgabe der Gerichte ist es hier lediglich, die Einhaltung eines bestimmten Verfahrens und den äußeren inhaltlichen Rahmen zu überwachen. Dieses Verfahren soll weitgehend gewährleisten, daß sich die Entscheidungsträger nachvollziehbar bemühen, die bestmögliche Entscheidung zu finden.

Abbildung 2 c: Ein Beispiel für einen Bebauungsplan. In einem derartigen Plan wird detailliert die zulässige Nutzung festgelegt. Es empfiehlt sich zu Übungszwecken, den Plan anhand der Planzeichenverordnung zu entschlüsseln. Im „Ernstfall" ist der Plan farbig, was eine bessere Abgrenzung der unterschiedlichen Gebiete und Festsetzungen zuläßt. Anhand eines solchen Plans läßt sich ohne weiteres die planungsrechtliche Zulässigkeit eines Bauvorhabens erkennen. Die Festsetzung im Planquadrat 2 c enthält beispielsweise folgende Vorgaben:

- WA = Allgemeines Wohngebiet; die in einem solchen Gebiet zulässigen Gebäude und Nutzungen ergeben sich aus der BauNVO.
- III im Kreis = zwingende Festsetzung der Zahl der Vollgeschosse
- GGa = Gemeinschaftsgaragen
- GRZ 0,4 = Grundflächenzahl 0,4
- GFZ 1,2 = Geschoßflächenzahl 1,2
- Gestrichelte Linie (zwei Striche auf einen Punkt) = Baulinie

Zu den einzelnen Festsetzungen und deren Bedeutung siehe Rz. 97.
(Auszug aus dem Vorentwurf eines Bebauungsplans für einen Ortsteil der Hansestadt Rostock, Planverfasser „bauatelier nord", mit freundlicher Genehmigung des Stadtplanungsamtes Rostock)

---

[14] Finkelnburg/Ortloff, Öffentliches Baurecht, Band I, S. 31; zum Begriff siehe Glossar im Anhang.

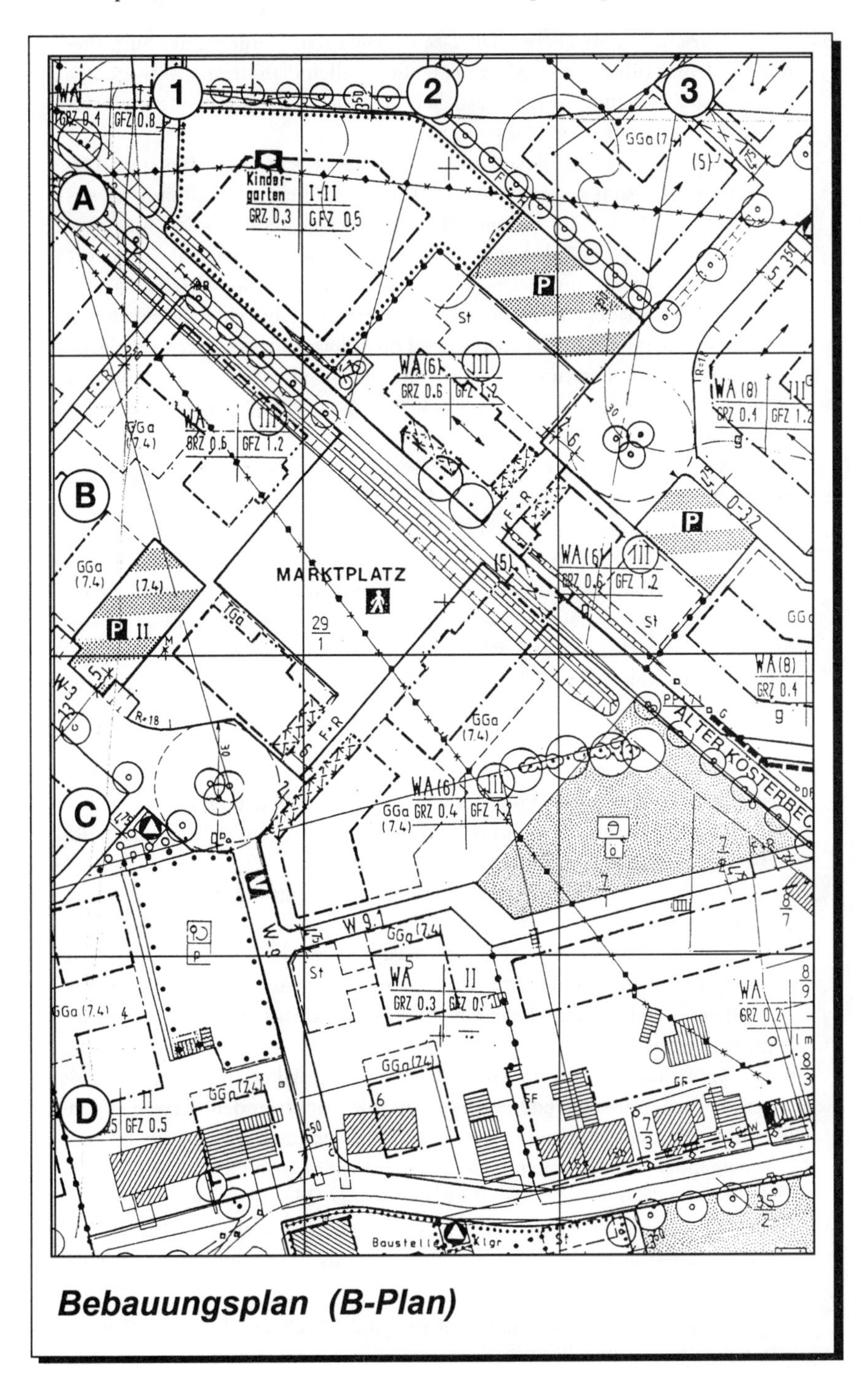

Bebauungsplan (B-Plan)

62 Die Gerichte kontrollieren daher sehr genau den Vorgang, der zum Planungsergebnis führt. Dieser Vorgang heißt bei allen Planungen „Abwägung". Ziel dieser Abwägung ist der Ausgleich zwischen widerstreitenden Interessen (die Juristen sprechen hier von „Belangen").

Starre Regeln, welcher Belang der wichtigere ist, kann es nicht geben. Dazu müßte man zum einen Äpfel mit Birnen vergleichen (häufiges, wenngleich oft unzutreffendes Beispiel: Arbeitsplätze gegen Umweltschutz); außerdem kann in der jeweils konkreten Situation mal der eine, mal der andere Belang überwiegen (zum Beispiel kann der Lärm von einer Sportanlage in einem Gebiet, in dem es noch keinen Sportplatz gibt, eher hinzunehmen sein als in einem Gebiet, das ausreichend über Sportmöglichkeiten verfügt).

Es kann auch nicht von vorneherein festgelegt werden, was alles bei der Abwägung berücksichtigt werden muß. Allerdings enthält das BauGB in § 1 Abs. 5 einen Katalog an Belangen, die regelmäßig eine Rolle spielen und abgearbeitet werden müssen, sofern sie in der konkreten Planung überhaupt betroffen sein können (siehe § 1 Abs. 5 BauGB, oben Rz. 40).

Es ist kaum möglich, in einer Planung alle Belange (von denen das Gesetz nur eine beispielhafte Aufzählung enthält) gleichwertig zu ihrem Recht kommen zu lassen. Deshalb gibt es – von wenigen Ausnahmen abgesehen – auch keinen Vorrang zwischen den einzelnen Belangen, jeder der Punkte kann (wie es in der Fachsprache heißt) „überwunden" werden. Allerdings muß die Überwindung, also die Nichtberücksichtigung eines Belangs, von der Gemeinde gut begründet werden. Oftmals stellt sich hier die Frage, wie Einzelinteressen und das Allgemeinwohl in das richtige Verhältnis gesetzt werden.

63 Und genau hier setzt die gerichtliche Überprüfung an. Die Gerichte nehmen eine sogenannte Abwägungskontrolle vor. Das bedeutet, daß sie genau prüfen, ob die Gemeinde sich über alle Punkte hinreichende und nachvollziehbare Gedanken gemacht hat.

Diese sogenannte Abwägungsfehlerlehre überprüft mindestens die folgenden vier Schritte:

- Die Gemeindevertreter müssen **überhaupt** abgewogen haben. Das tun sie nicht, wenn sie irrtümlich der Ansicht sind, sie hätten gar keinen Abwägungsspielraum. Dieser Fehler heißt in der Fachterminologie[15] **„Abwägungsausfall"**.
- Die Gemeindevertreter müssen **alle relevanten Überlegungen** einbezogen haben, müssen andererseits aber **alle sachfremden Erwägungen** fernhalten. Bei der Planung eines Mischgebiets (geprägt von einem Nebeneinander von Arbeiten und Wohnen) müssen zum Beispiel Fragen der Lärmbelästigung für die dort wohnenden Menschen immer geprüft und berücksichtigt werden; dagegen wäre es sachfremd, die Planung an der wirtschaftlichen Situation einzelner Grundstückseigentümer zu orien-

---

[15] Eine ganz einheitliche Terminologie hat sich bisher noch nicht herausgebildet; wir verwenden die gängigsten Begriffe.

tieren. Den Verstoß gegen diesen Grundsatz nennt man **„Abwägungsdefizit“**.

- Die einzelnen Belange dürfen nicht **objektiv falsch gewichtet** worden sein. Es wäre zum Beispiel objektiv falsch festzustellen, daß Denkmalschutz immer wichtiger als Verkehr ist. Der Fehler liegt hier darin, daß abstrakt ein bestimmter Vorrang angenommen wurde; im konkreten Fall und nach reiflicher Überlegung mag es dagegen durchaus rechtmäßig sein, dem Denkmalschutz die größere Bedeutung beizumessen. Bei einem Verstoß gegen diesen Grundsatz liegt eine **„Abwägungsfehleinschätzung“** vor.
- Und schließlich dürfen die einzelnen Belange zueinander nicht in ein **objektiv falsches Verhältnis** gesetzt werden. Kein vernünftiger Mensch würde es nachvollziehen, wenn beispielsweise an einem einzigen, ökologisch nicht einmal besonders wertvollen Baum eine sichere Straßenführung scheitern würde. Ein solcher Fehler heißt in der Fachsprache **„Abwägungsdisproportionalität“**.

Die Gemeindevertretung muß diesen Vorgang (und damit letztendlich den Vorgang des eigenen Nachdenkens) in der Planbegründung darstellen. Wenn die Gemeinde in den genannten Punkten keine Fehler macht und das nachvollziehbar ist, dann ist der Plan rechtmäßig, und zwar weitgehend unabhängig vom Ergebnis. Dahinter steckt die Idee, daß eine korrekte Abwägung immer zu einem vertretbaren Ergebnis führt.

2.4.3 Konsequenzen aus einer fehlerhaften Abwägung

64 Konsequent wäre es nun, zu sagen, daß Fehler im Abwägungsvorgang immer zu einem falschen Ergebnis führen müssen, der Plan somit aufgehoben werden müßte. Dem ist aber nicht so, denn dies hieße, daß schon bei kleinen Fehlern der ganze Planungsvorgang erneut losgehen müßte, obwohl nicht zu erwarten ist, daß ein anderes Ergebnis dabei herauskäme.[16] In § 214 Abs. 3 Satz 2 BauGB heißt es daher:

§ 214 Abs. 3 Satz 2 BauGB. Mängel im Abwägungsvorgang sind nur erheblich, wenn sie offensichtlich und auf das Abwägungsergebnis von Einfluß gewesen sind.

Bei der gerichtlichen Überprüfung muß in diesem Fall also eine Art hypothetische Betrachtung angestellt werden, ob sich die Gemeindevertretung voraussichtlich anders entschieden hätte, wenn sie korrekt abgewogen hätte.

Zusätzlich verlangt das Gesetz, daß die Mängel offensichtlich sein mußten. An dieser Stelle wird die besondere Bedeutung der Bürgerbeteiligung klar: Wer Einwendungen erhebt, macht die Inhalte seiner Einwendungen damit „offensichtlich“, die Nichtbeachtung führt dann ggf. zur Aufhebung des Plans. Wer keine Einwendungen erhebt, kann sich auf Abwägungsmängel nur berufen, wenn sich der nicht berücksichtigte Belang den Gemeindevertretern trotzdem aufdrängen mußte.

---

[16] Im einzelnen: Finkelnburg/Ortloff, Öffentliches Baurecht, Band I, S. 185ff.

Zusammenfassend ist also festzuhalten: Die Bauleitplanung wird von den Gerichten nur in gewissen Grenzen rechtlich kontrolliert. Umso wichtiger ist es daher, daß Bürger ihren Sachverstand bei der Bürgerbeteiligung einbringen und ihre Anliegen konkret formulieren (hierzu Rz. 71 ff.).

2.4.4 Umweltschutz in der Bauleitplanung

65 Seit der umfangreichen Änderung des BauGB zum 1. Januar 1998 enthält das Gesetz in § 1 a auch eine eigene Norm über umweltschützende Belange in der Abwägung[17]:

§ 1 a BauGB. Umweltschützende Belange in der Abwägung

(1) Mit Grund und Boden soll sparsam und schonend umgegangen werden, dabei sind Bodenversiegelungen auf das notwendige Maß zu begrenzen.

(2) In der Abwägung nach § 1 Abs. 6 sind auch zu berücksichtigen

1. die Darstellungen von Landschaftsplänen und sonstigen Plänen, insbesondere des Wasser-, Abfall- und Immissionsschutzrechts,
2. die Vermeidung und der Ausgleich der zu erwartenden Eingriffe in Natur und Landschaft (Eingriffsregelung nach dem Bundesnaturschutzgesetz)
3. die Bewertung der ermittelten und beschriebenen Auswirkungen eines Vorhabens auf die Umwelt entsprechend dem Planungsstand (Umweltverträglichkeitsprüfung), soweit im Bebauungsplanverfahren die bauplanungsrechtliche Zulässigkeit von bestimmten Vorhaben im Sinne der Anlage zu § 3 des Gesetzes über die Umweltverträglichkeitsprüfung begründet werden soll, und
4. die Erhaltungsziele oder der Schutzzweck der Gebiete von gemeinschaftlicher Bedeutung und der Europäischen Vogelschutzgebiete im Sinne des Bundesnaturschutzgesetzes; soweit diese erheblich beeinträchtigt werden können, sind die Vorschriften des Bundesnaturschutzgesetzes über die Zulässigkeit oder Durchführung von derartigen Eingriffen sowie die Einholung der Stellungnahme der Kommission anzuwenden (Prüfung nach der Fauna-Flora-Habitat-Richtlinie).

(3) Der Ausgleich der zu erwartenden Eingriffe in Natur und Landschaft erfolgt durch geeignete Darstellungen nach § 5 als Flächen zum Ausgleich und Festsetzungen nach § 9 als Flächen oder Maßnahmen zum Ausgleich. Soweit dies mit einer geordneten städtebaulichen Entwicklung und den Zielen der Raumordnung sowie des Naturschutzes und der Landschaftspflege vereinbar ist, können die Darstellungen und Festsetzungen nach Satz 1 auch an anderer Stelle als am Ort des Eingriffs erfolgen. Anstelle von Darstellungen und Festsetzungen nach Satz 1 oder 2 können auch vertragliche Vereinbarungen gem. § 11 oder sonstige geeignete Maßnahmen zum Ausgleich auf von der Gemeinde bereitgestellten Flächen getroffen werden. Ein Ausgleich ist nicht erforderlich, soweit die Eingriffe bereits vor der planerischen Entscheidung erfolgt sind oder zulässig waren.

2.4.4.1 Anwendbarkeit der Eingriffsregelung aus dem Naturschutzrecht

66 Nach § 1 a Abs. 2 Nr. 2, Abs. 3 BauGB ist die Eingriffsregelung nach dem Bundesnaturschutzgesetz (BNatSchG) Teil der Abwägung im Rahmen der Planung.

---

[17] Siehe auch §§ 135 a ff. BauGB.

Die Grundzüge der Eingriffsregelung enthält § 8 Abs. 1, 3 BNatSchG:

§ 8 BNatSchG. Eingriffe in Natur und Landschaft

(1) Eingriffe in Natur und Landschaft im Sinne dieses Gesetzes sind Veränderungen der Gestalt oder Nutzung von Grundflächen, die die Leistungsfähigkeit des Naturhaushalts oder das Landschaftsbild erheblich oder nachhaltig beeinträchtigen können.

(3) Der Eingriff ist zu untersagen, wenn die Beeinträchtigungen nicht zu vermeiden oder nicht im erforderlichen Maße auszugleichen sind und die Belange des Naturschutzes und der Landschaftspflege bei der Abwägung aller Anforderungen an Natur und Landschaft im Range vorgehen.

Aus dem BNatSchG ergibt sich somit eine Art abgestuftes Prüfprogramm:

Eingriffe sind zunächst zu **vermeiden**. Vermeidbar sind Eingriffe dann, wenn sie für die Ausführung des Bauvorhabens nicht erforderlich sind, etwa durch andere Flächengestaltungen o. ä.

Nicht vermeidbare Eingriffe sind auszugleichen. Hierzu sagt § 8 Abs. 2 Satz 4 BNatSchG:

§ 8 Abs. 2 Satz 4 BNatSchG. Ausgeglichen ist ein Eingriff, wenn nach seiner Beendigung keine erhebliche oder nachhaltige Beeinträchtigung des Naturhaushalts zurückbleibt und das Landschaftsbild landschaftsgerecht wiederhergestellt ist.

Nicht vermeidbare und nicht ausgleichbare Eingriffe unterliegen schließlich der Abwägung nach dem **Naturschutzrecht**; bei Vorrang des Vorhabens vor den Belangen von Naturschutz und Landschaftspflege ist es zulässig, sonst ist es zu untersagen.

67 Für die **Bauleitplanung** gilt nun aber nicht direkt die naturschutzrechtliche Eingriffsregelung, sondern § 1a BauGB. § 8a Abs. 1 BNatSchG stellt ausdrücklich klar, daß für Eingriffe, die durch die Bauleitplanung verursacht werden, die Vorschriften des BauGB gelten.

Das bedeutet: Gemäß § 1a Abs. 2 Nr. 2 BauGB unterliegen Eingriffe der planerischen Abwägung, sie sind also nur ein Belang unter vielen und haben keinen Vorrang.[18]

Gegenüber der bis Ende 1997 geltenden Regelung wurde außerdem klargestellt, daß die Gemeinde die Möglichkeit hat, bei der Ausweisung eines Baugebiets den dadurch zu erwartenden Eingriff in Natur und Landschaft auch an anderer Stelle auszugleichen (§ 1a Abs. 3 Satz 2 BauGB; siehe auch § 200a BauGB). Der Ausgleich muß also nicht innerhalb des Gebiets desjenigen B-Plans erfolgen, in dessen Geltungsbereich der Eingriff stattfindet.[19]

In der Fachwelt wurde intensiv diskutiert, ob dies aus ökologischer Sicht eher ein Fortschritt oder ein Rückschritt ist. In manchen Fällen ist es völlig

[18] Battis/Krautzberger/Löhr, BauGB, § 1a Rz. 29.
[19] Ob dies auch nach alter Rechtslage zulässig war, war umstritten.

unsinnig, den Ausgleich an Flächen im Plangebiet selbst vorzunehmen; die neue Regelung gibt aber andererseits der Gemeinde jetzt die Möglichkeit, den Ausgleich da vorzunehmen, wo es niemandem weh tut, was insgesamt zu einer Verringerung der Bedeutung des Naturschutzes führen kann. Eine abschließende Beurteilung der Neuregelung wird wohl erst in einigen Jahren möglich sein.

Über den Eingriff in Natur und Landschaft wird also nicht erst bei der Genehmigung des einzelnen Vorhabens entscheiden, sondern bereits im Rahmen der Aufstellung der Bauleitpläne. Konsequent heißt es daher nunmehr in § 8a Abs. 2 BNatschG, daß bei der Genehmigung (einzelner) Vorhaben im Gebiet eines B-Plans die Eingriffsregelung des BNatschG nicht anwendbar ist (die Eingriffe wurden ja schon im Rahmen der planerischen Abwägung berücksichtigt und ggf. ausgeglichen).

Aus ökologischer Sicht problematisch ist allerdings die Bestimmung in § 8a Abs. 2 BNatSchG, daß die Eingriffsregelung auch bei Vorhaben im unbeplanten Innenbereich nicht angewendet wird.[20] Das bedeutet: Gibt es keinen Plan, dann spielen die Belange des Naturschutzes bei der Genehmigung von Vorhaben keine oder nur eine untergeordnete Rolle.

2.4.4.2 Umsetzung europäischen Naturschutzrechts

68 Eine wirkliche Zäsur bringt die Umsetzung der europäischen Flora-Fauna-Habitat- und Vogelschutz-Richtlinie in § 1a Abs. 2 Nr. 4 BauGB. Die Umsetzung erfolgte erst zum 1. 1. 1998 mit dem sogenannten BauROG. Sie ist daher einerseits neu in das Baurecht gekommen, setzt andererseits Planungen **und** Vorhaben bisher im Baurecht nicht bekannte strikte Grenzen.

Inhaltlich geht es bei der sogenannten FFH-Richtlinie darum, europaweit möglichst große und unberührte Lebensräume für Pflanzen und Tiere zu erhalten; die Vogelschutz-Richtlinie bezweckt den Schutz von Vogelarten, die gefährdet oder vom Aussterben bedroht sind.

Bei der Anwendung der Regelungen des BauGB und BNatSchG sowie teilweise auch der Richtlinien gibt es derzeit noch so erhebliche Unsicherheiten, daß ein Abarbeiten auch der rechtlichen Fragestellungen von Architektinnen und Ingenieuren nicht verlangt werden kann.

Als Grundsatz sollte man sich merken: Die Beeinträchtigung von Erhaltungszielen von Schutzgebieten von europäischer Bedeutung macht eine Planung bzw. ein Vorhaben grundsätzlich unzulässig.

Dies gilt sowohl für bereits von den Bundesländern gemeldete als auch für potentielle Schutzgebiete.[21] In der baurechtlichen Literatur findet sich teil-

---

[20] Siehe zum unbeplanten Innenbereich Kapitel 4.

[21] Das Bundesamt für Naturschutz hat ein Handbuch zur Umsetzung der Richtlinien herausgegeben, dem auch Hinweise zu entnehmen sind, welche Gebiete potentielle Schutzgebiete sind: „Das europäische Schutzgebietesystem NATURA 2000", Bundesamt für Naturschutz, Bonn-Bad Godesberg 1998.

weise die Aussage, daß die derzeit noch fehlende Meldung vieler Schutzgebiete dazu führe, daß dort die Flora-Fauna-Habitat- und die Vogelschutz-Richtlinie noch nicht zur Anwendung kämen.[22] Diese Auffassung widerspricht allerdings der Rechtsprechung sowohl des Europäischen Gerichtshofs wie auch des BVerwG.[23] Vor ihr ist zu warnen.

69 Wird die Beeinträchtigung der Erhaltungsziele potentieller oder gemeldeter Schutzgebiete festgestellt, kann eine **Planung** allenfalls dann zulässig sein, wenn es keine zumutbaren Alternativen gibt und – nach den Maßstäben der Richtlinien, die hier nicht im einzelnen ausgeführt werden können – hinreichend öffentliche Interessen für die Planung sprechen. Bei Beeinträchtigungen solcher Lebensräume und/oder Arten, die von den Richtlinien als prioritär[24] eingestuft werden, muß die Europäische Kommission vorab konsultiert werden.

Wenn durch ein **Vorhaben** im unbeplanten Innenbereich[25] Erhaltungsziele von (bereits festgelegten oder potentiellen) Schutzgebieten nach der sogenannten Flora-Fauna-Habitat-Richtlinie oder der Vogelschutzrichtlinie beeinträchtigt werden können, verlangt § 29 Abs. 3 BauGB die Anwendung der entsprechenden Regelungen des BNatSchG zu den europäischen Schutzgebieten.[26] Es ist danach eine vollständige Prüfung nach der FFH-Richtlinie bzw. der Vogelschutz-Richtlinie durchzuführen. Die Untersuchung umfaßt – stark verkürzt – die Prüfung der erheblichen Beeinträchtigung der Erhaltungsziele eines Schutzgebiets nach der Richtlinie, eine Prüfung zumutbarer Alternativen und – bei fehlenden Alternativen – eine Prüfung, ob ausreichende öffentliche Interessen für das Vorhaben sprechen.

70 Verkürzt gilt auch hier der Grundsatz, daß die Beeinträchtigung von Erhaltungszielen im genannten Sinne ein Vorhaben zunächst grundsätzlich unzulässig macht. Eine Genehmigung kommt nur in Ausnahmefällen in Betracht. Ein Problem besteht auch hier in der bisher mangelhaften Umsetzung der Richtlinien und der daher erforderlichen Berücksichtigung auch potentieller Schutzgebiete.

Für Vorhaben im Außenbereich[27] bleibt dagegen die Eingriffsregelung des BNatSchG voll anwendbar.[28]

---

[22] Schink, „Auswirkungen der Fauna-Flora-Habitat-Richtlinie (EG) auf die Bauleitplanung", siehe Fn. 26.

[23] Vgl. nur BVerwG vom 19. 5. 1998, NVwZ 1998, 961.

[24] Als prioritäre Arten gelten beispielsweise Vögel, die vom Aussterben bedroht sind.

[25] Siehe zum unbeplanten Innenbereich Kapitel 4.

[26] Allgemein zur Bedeutung der sog. FFH-Richtlinie auf die Bauleitplanung: Schink, „Auswirkungen der Fauna-Flora-Habitat-Richtlinie (EG) auf die Bauleitplanung", Vortragsmanuskript September 1998, Institut für Städtebau Berlin, Stresemannstraße 90, 10963 Berlin.

[27] Siehe zum Außenbereich Kapitel 5.

[28] Siehe § 8 a Abs. 2 Satz 2 BNatSchG.

2.4.5 Das Verfahren der Planaufstellung und die Beteiligung der Öffentlichkeit an der Bauleitplanung

71 Die Aufstellung eines B-Plans erfolgt im Normalfall in folgenden Schritten: Die Gemeinde erkennt die Notwendigkeit der Planung und beschließt in der Gemeindevertretung die Aufstellung eines B-Plans. Nach der frühzeitigen Bürgerbeteiligung wird ein Entwurf gefertigt, oft von einem Planungsbüro, manchmal auch von der Gemeinde selbst. Dieser Entwurf geht dann in die formelle Bürgerbeteiligung und wird außerdem den Trägern öffentlicher Belange[29] zur Stellungnahme zugeleitet.[30] Die Anregungen der Bürger und der beteiligten öffentlichen Stellen werden entweder in den Planentwurf eingearbeitet oder ablehnend beschieden. Wird der Plan gegenüber dem ersten Entwurf erheblich geändert, muß die formelle Bürgerbeteiligung erneut durchgeführt werden.

Hat man sich am Ende auf einen endgültigen Plan geeinigt, wird dieser als Satzung durch Beschluß der Gemeindevertretung verabschiedet. Wenn der B-Plan nicht aus dem FNP heraus entwickelt wurde, ist die Genehmigung der höheren Verwaltungsbehörde erforderlich. Der Beschluß über den B-Plan – im Falle der Notwendigkeit einer Genehmigung durch die höhere Verwaltungsbehörde die Erteilung dieser Genehmigung – werden ortsüblich bekanntgemacht. Damit ist der Plan verbindlich in Kraft gesetzt (siehe Abbildung 2d).

72 Die Aufstellung eines B-Plans hat gravierende Folgen für die Allgemeinheit wie auch für Einzelne. Damit diese Folgen rechtzeitig erkannt und nicht an den Interessen der Menschen vor Ort vorbeigeplant wird, müssen die Bürger am Planungsprozeß beteiligt werden. Die Anforderungen hierzu sind in § 3 BauGB geregelt (sie gelten einheitlich für B-Pläne und Flächennutzungspläne):

§ 3 BauGB. Beteiligung der Bürger

(1) Die Bürger sind möglichst frühzeitig über die allgemeinen Ziele und Zwecke der Planung, sich wesentlich unterscheidende Lösungen, die für die Neugestaltung oder Entwicklung eines Gebiets in Betracht kommen, und die voraussichtlichen Auswirkungen der Planung öffentlich zu unterrichten; ihnen ist Gelegenheit zur Äußerung und Erörterung zu geben. Von der Unterrichtung und Erörterung kann abgesehen werden, wenn

1. ein Bebauungsplan aufgestellt oder aufgehoben wird und sich dies auf das Plangebiet und die Nachbargebiete nicht oder nur unwesentlich auswirkt oder
2. die Unterrichtung und Erörterung bereits zuvor auf anderer Grundlage erfolgt sind.

An die Unterrichtung und Erörterung schließt sich das Verfahren nach Absatz 2 auch an, wenn die Erörterung zu einer Änderung der Planung führt.

---

[29] Zum Begriff siehe Glossar im Anhang.

[30] Die Träger öffentlicher Belange können auch schon zu einem früheren Zeitpunkt beteiligt werden.

(2) Die Entwürfe der Bauleitpläne sind mit dem Erläuterungsbericht oder der Begründung auf die Dauer eines Monats öffentlich auszulegen. Ort und Dauer der Auslegung sind mindestens eine Woche vorher ortsüblich bekanntzumachen mit dem Hinweis darauf, daß Anregungen während der Auslegungsfrist vorgebracht werden können. Die nach § 4 Abs. 1 Beteiligten sollen von der Auslegung benachrichtigt werden. Die fristgemäß vorgebrachten Anregungen sind zu prüfen; das Ergebnis ist mitzuteilen. Haben mehr als fünfzig Personen Anregungen mit im wesentlichen gleichem Inhalt vorgebracht, kann die Mitteilung des Ergebnisses der Prüfung dadurch ersetzt werden, daß diesen Personen die Einsicht in das Ergebnis ermöglicht wird; die Stelle, bei der das Ergebnis zur Prüfung während der Dienststunden eingesehen werden kann, ist ortsüblich bekanntzumachen. Bei der Vorlage der Bauleitpläne nach § 6 oder § 10 Abs. 2 sind die nicht berücksichtigten Anregungen mit einer Stellungnahme der Gemeinde beizufügen.

(3) Wird der Entwurf des Bauleitplans nach der Auslegung geändert oder ergänzt, ist er erneut nach Absatz 2 auszulegen; bei der erneuten Auslegung kann bestimmt werden, daß Anregungen nur zu den geänderten oder ergänzten Teilen vorgebracht werden können. Die Dauer der Auslegung kann bis auf zwei Wochen verkürzt werden. Werden durch die Änderung oder Ergänzung des Entwurfs eines Bauleitplans die Grundzüge der Planung nicht berührt, kann das vereinfachte Verfahren nach § 13 Nr. 2 entsprechend angewendet werden.

2.4.5.1 Frühzeitige Bürgerbeteiligung

73 Am Anfang der Beteiligung steht die sogenannte frühzeitige Bürgerbeteiligung. Frühzeitig deshalb, weil es im Anschluß daran noch eine zweite Bürgerbeteiligung gibt (die im Gegensatz zur frühzeitigen Bürgerbeteiligung streng formell verläuft). Mit dieser zweistufigen Beteiligung soll erreicht werden, daß möglichst früh über Planungsvorhaben diskutiert wird.

Wie diese frühzeitige Bürgerbeteiligung aussieht, steht nicht im Gesetz. Die Städte und Gemeinden können dies weitgehend frei regeln. Einige Vorgaben enthält das Gesetz aber, vor allem die Unterrichtungspflicht durch die Gemeinde (was bedeutet, daß die Bürger Anspruch auf verständliche Informationen haben) sowie die Gelegenheit zur Erörterung des Plans (die Verwaltung muß sich also die Argumente der Bürger anhören und darauf antworten). Es hat sich herauskristallisiert, daß bei einfacheren Planungen die Unterlagen vier Wochen ausliegen und Sprechstunden in der Verwaltung angeboten werden. Bei komplizierteren Vorhaben wird dagegen oft zu einer Bürgerversammlung eingeladen.

Die Bürgerbeteiligung steht jedem offen. Man muß also nicht eine besondere Nähe zum Planungsgebiet oder ein wirtschaftliches Interesse nachweisen, um gehört zu werden.[31]

Im BauGB heißt es nur, daß die Bürger möglichst frühzeitig beteiligt werden sollen. Wann genau dies stattfindet und wie lange die Beteiligung dauert, entscheidet die Gemeinde. Unzulässig wäre es aber, erst nach Erstellung des Planentwurfs die Bürger zu unterrichten, denn dann beginnt

[31] Battis/Krautzberger/Löhr, BauGB, § 3 Rz. 6.

schon die formelle Beteiligung, die der frühzeitigen gerade nachgeschaltet sein soll.

Die frühzeitige Beteiligung hat den Sinn, die groben Umrisse der Planung darzustellen. Die Kommunalverwaltung hat ein Interesse an einer guten Beteiligung, weil nur so gewährleistet ist, daß sie nichts übersieht. Außerdem soll über Alternativen zur Planung gemeinsam mit den Bürgern nachgedacht werden. Im Gegensatz zur formellen Beteiligung müssen die vorgebrachten Anregungen von der Gemeinde in diesem Stadium noch nicht beschieden, also nicht förmlich beantwortet werden.

Allerdings tun die Gemeindevertreter gut daran, sich jedenfalls mit den wichtigen Argumenten intensiv auseinanderzusetzen. Denn sollte sich später herausstellen, daß ein wichtiger Aspekt übersehen wurde, obwohl die Bürger darauf hingewiesen haben, sind die Gerichte schnell bereit, die gesamte Planung für rechtswidrig zu erklären. Es liegt dann ein Abwägungsfehler vor.

Wie immer gibt es auch Ausnahmen von der Pflicht zur frühzeitigen Bürgerbeteiligung. Sie muß nicht angeboten werden, wenn die Planung schon bei anderer Gelegenheit öffentlich erörtert worden ist.[32]

2.4.5.2 Formelle Bürgerbeteiligung

74 Nach der frühzeitigen Bürgerbeteiligung läßt die Gemeinde einen Planentwurf anfertigen. Dieser Planentwurf ist die Grundlage für die zweite Stufe der Bürgerbeteiligung, die sogenannte formelle Bürgerbeteiligung.

Die Gemeinde muß diesen Entwurf des B-Plans und einen dazugehörenden Erläuterungsbericht oder eine Begründung öffentlich auslegen. Die Unterlagen müssen so gefaßt sein, daß Normalbürger auch ohne Spezialkenntnisse verstehen können, was die Planung bedeutet.

Die Pläne müssen einen Monat ausgelegt werden. Sowohl der Ort der Auslegung – üblicherweise die Gemeinde- bzw. Stadtverwaltung – als auch die Zeiten der Einsichtnahme müssen so beschaffen sein, daß auch Berufstätige die Möglichkeit haben, die Pläne durchzusehen. Das bedeutet, daß es zumindest einmal in der Woche einen Tag geben muß, an dem die Pläne länger als bis zum üblichen Geschäftsschluß ausliegen. Der Beginn der öffentlichen Auslegung muß mindestens eine Woche vorher „ortsüblich" bekanntgemacht werden, also durch Aushang und in der Tageszeitung oder im städtischen Anzeiger.

75 Während der Auslegung können die Bürger „Anregungen"[33] vorbringen. Darunter versteht man das sogenannte sachliche Gegenvorbringen, also Argumente, die sich mit der konkreten Planung auseinandersetzen. Zwar ist es nicht verboten, auch darüber hinausgehende Ansichten mitzuteilen, diese

[32] Beispielsweise wenn ein städtebaulicher Rahmenplan erstellt wurde.

[33] Bis zum 31. 12. 1997 sprach das Gesetz noch von „Bedenken und Anregungen"; nach neuer Rechtslage gibt es demnach keine Bedenken mehr.

müssen aber von der Verwaltung nicht beschieden werden. Im Zweifel sollte eine Verwaltung allerdings auf jedes Argument eingehen.

Wie bei der frühzeitigen Bürgerbeteiligung kann sich auch hier jeder beteiligen. Man spricht von einer „Popularbeteiligung", weil es nicht erforderlich ist, irgendein besonderes Interesse oder eine besondere Betroffenheit nachzuweisen.

76 Es ist mittlerweile anerkannt, daß den Rechten aus der Bürgerbeteiligung auch Pflichten gegenüberstehen. Potentiell betroffene Bürger haben die Pflicht, die Verwaltung bereits in diesem Stadium auf ihre Bedenken hinzuweisen. Tun sie das nicht, können sie nach Erlaß des B-Plans nur noch ausnahmsweise gerichtlichen Rechtsschutz in Anspruch nehmen. Mit anderen Worten: Es werden nur diejenigen Aspekte im gerichtlichen Verfahren geprüft, die der Verwaltung entweder bereits im Rahmen der Bürgerbeteiligung mitgeteilt wurden oder die sich der Behörde geradezu aufdrängen mußten (siehe § 214 Abs. 3 Satz 2 BauGB). Der Sinn dieser Regelung liegt auf der Hand: Die Verwaltung soll ja gerade die Möglichkeit haben, ihre Planung zu ändern, wenn sie etwas übersehen hat. Würden die Bürger mit ihren Anregungen warten, bis der B-Plan erlassen worden ist, wäre ein großer Teil des betriebenen Aufwands umsonst gewesen.

2.4.5.3 Beteiligung der Träger öffentlicher Belange

77 Neben den Bürgern müssen gemäß § 4 BauGB aber auch die sogenannten Träger öffentlicher Belange[34] (in der Fachsprache hat sich das Kürzel „TÖB" eingeschlichen) informiert und angehört werden. TÖBs sind alle Behörden und sonstigen Institutionen mit einem öffentlichen Auftrag, die irgendwie von der Planung in ihrem Zuständigkeitsbereich berührt sein könnten. Das sind zum Beispiel die Gewerbeaufsichtsämter, die Wasserbehörden, die Naturschutz- und Denkmalschutzämter, die Straßenbauverwaltungen, Bahn, Post, Bundeswehr und Kirchen, Industrie- und Handelskammern oder Handwerkskammern. Ihnen werden die Planzeichnungen und die Begründung zugesandt mit der Aufforderung, innerhalb einer bestimmten Frist dazu Stellung zu nehmen.

2.4.5.4 Behandlung der Anregungen

78 Die Behörde muß sich mit den Anregungen (und Bedenken) auseinandersetzen. Sie muß die vorgebrachten Argumente prüfen und das Ergebnis der Prüfung zusammen mit einer Begründung den Einwendern mitteilen.

Dabei gibt es grundsätzlich zwei Möglichkeiten: Die Behörde kann den Anregungen „abhelfen"; damit ist gemeint, daß sie die Planung entsprechend der vorgebrachten Argumentation ändert.

---

[34] Zum Begriff siehe Glossar im Anhang.

Will die Gemeinde dagegen an der Planung festhalten, muß sie begründen, warum sie die vorgebrachte Anregung nicht für beachtlich hält (nach der Fachterminologie werden die Einwender „beschieden"). Diese Begründung unterliegt der gerichtlichen Kontrolle, denn das Gericht prüft vor allem, ob die Gemeinde bei der Abwägung alle Aspekte beachtet hat.

Bei grundlegenden Änderungen der Planung nach der formellen Bürgerbeteiligung muß der Entwurf erneut ausgelegt werden, § 3 Abs. 3 BauGB. Werden durch eine Änderung oder Ergänzung des Entwurfs die Grundzüge der Planung nicht berührt, können die Bürgerbeteiligung und die Beteiligung der Träger öffentlicher Belange nach einem vereinfachten Verfahren gemäß § 13 BauGB durchgeführt werden.

2.4.5.5 Satzungsbeschluß

79 Am Ende des Planungsvorgangs steht der sogenannte Satzungsbeschluß.

§ 10 BauGB. Beschluß, Genehmigung und Inkrafttreten des Bebauungsplans
(1) Die Gemeinde beschließt den Bebauungsplan als Satzung.

Die Gemeindevertretung muß den Plan mehrheitlich beschließen. Für die Rechtswirksamkeit diese Beschlusses müssen die Vorgaben des Kommunalrechts eingehalten werden.

Insbesondere die Frage der Befangenheit einzelner Gemeinderatsmitglieder spielt hier oft eine Rolle. Ein Gemeinderatsmitglied ist befangen – und darf deshalb an der Abstimmung nicht mitwirken –, wenn sich der B-Plan unmittelbar vorteilhaft für die mitentscheidende Person und bestimmte mit ihr verbundene Personenkreise auswirkt.[35]

80 Der Satzungsbeschluß ist ortsüblich bekanntzumachen. Ist der B-Plan nicht aus dem FNP heraus entwickelt, muß er von der höheren Verwaltungsbehörde genehmigt werden. Dann muß diese Genehmigung ortsüblich bekanntgemacht werden.

Mit der Bekanntmachung des Satzungsbeschlusses bzw. der Genehmigung tritt der B-Plan in Kraft und entfaltet Rechtswirkung gegenüber allen Betroffenen.

---

[35] Siehe § 20 VwVfG.

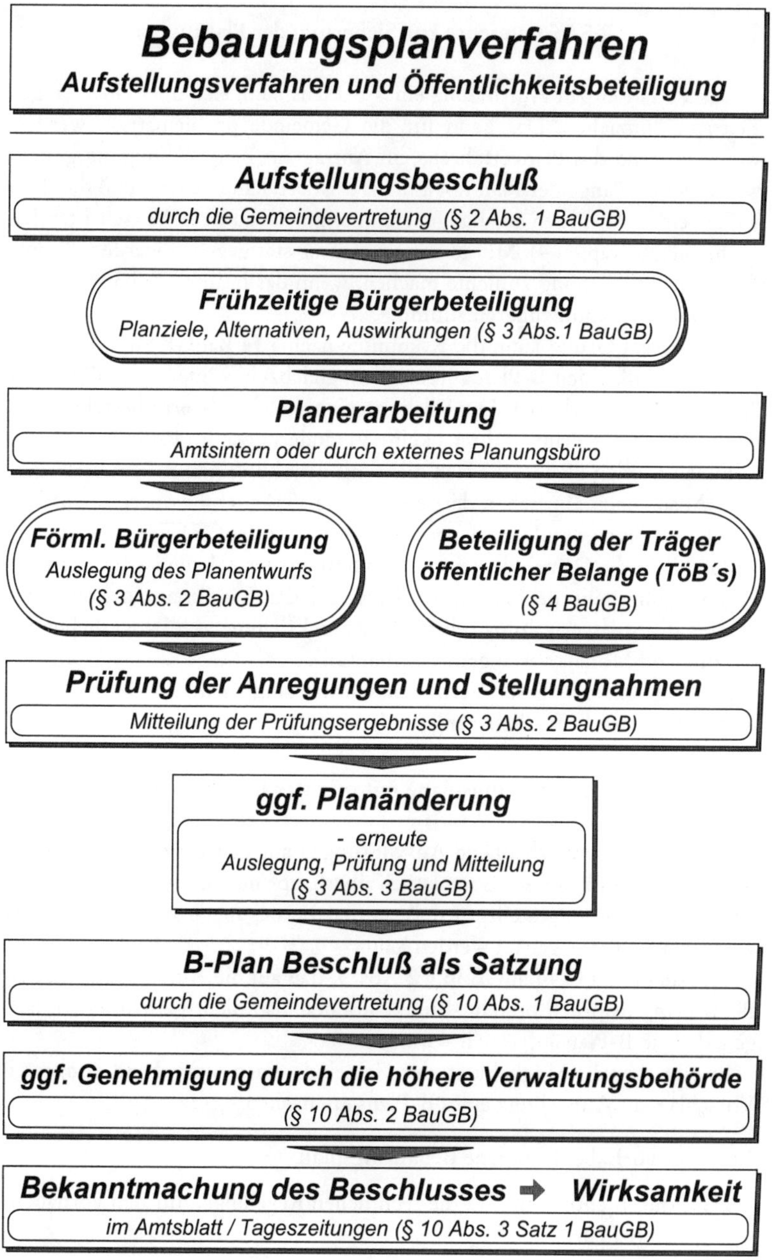

Bebauungsplanverfahren

Aufstellungsverfahren und Öffentlichkeitsbeteiligung

Aufstellungsbeschluß
durch die Gemeindevertretung (§ 2 Abs. 1 BauGB)

Frühzeitige Bürgerbeteiligung
Planziele, Alternativen, Auswirkungen (§ 3 Abs.1 BauGB)

Planerarbeitung
Amtsintern oder durch externes Planungsbüro

Förml. Bürgerbeteiligung
Auslegung des Planentwurfs
(§ 3 Abs. 2 BauGB)

Beteiligung der Träger öffentlicher Belange (TöB´s)
(§ 4 BauGB)

Prüfung der Anregungen und Stellungnahmen
Mitteilung der Prüfungsergebnisse (§ 3 Abs. 2 BauGB)

ggf. Planänderung
- erneute
Auslegung, Prüfung und Mitteilung
(§ 3 Abs. 3 BauGB)

B-Plan Beschluß als Satzung
durch die Gemeindevertretung (§ 10 Abs. 1 BauGB)

ggf. Genehmigung durch die höhere Verwaltungsbehörde
(§ 10 Abs. 2 BauGB)

Bekanntmachung des Beschlusses ➡ Wirksamkeit
im Amtsblatt / Tageszeitungen (§ 10 Abs. 3 Satz 1 BauGB)

Abbildung 2 d: Überblick über das Verfahren zur Aufstellung der Bauleitpläne.

2.5 Instrumente zur Sicherung der Planung

81 Das Verfahren zur Aufstellung eines B-Plans kann sich über einen langen Zeitraum hinziehen. Das kann für die Gemeinde problematisch werden, wenn während des Planverfahrens ein Antrag auf Baugenehmigung gestellt wird. Denn solange der Plan noch nicht existiert, kann es sein, daß die Bauwillige einen Anspruch auf Baugenehmigung nach anderen Vorschriften hat (siehe hierzu Kapitel 4). Müßte diesem Antrag stattgegeben werden, könnte das die ganze Planung zunichte machen, wenn das beantragte Bauvorhaben nicht mit der Planung übereinstimmt.

Aus diesem Grund kann die Kommune nach § 14 BauGB zusammen mit dem Beschluß, einen B-Plan aufzustellen, gleichzeitig eine sogenannte Veränderungssperre erlassen. Die Wirkung einer solchen Sperre besteht darin, daß während des Planverfahrens keine Veränderungen im Plangebiet vorgenommen werden dürfen, die sich nicht mit dem künftigen B-Plan vertragen. Von Ausnahmen abgesehen darf eine solche Veränderungssperre nicht länger als zwei bzw. drei Jahre dauern (§ 17 Abs. 1, 2 BauGB).

Beschließt die Gemeinde keine Veränderungssperre, kann sie bei der Baugenehmigungsbehörde (das ist in der Regel der Landkreis, in kreisfreien Städten die Stadtverwaltung selbst) die Zurückstellung von Baugesuchen für bis zu zwölf Monate verlangen (§ 15 BauGB).

Die Einzelheiten dieser Verfahrensschritte sind in den §§ 14ff. BauGB unter der Überschrift „Sicherung der Bauleitplanung“ geregelt.

2.6 Bebauungspläne mit privater Beteiligung

82 Ein B-Plan kann erhebliche Auswirkungen auf den Einzelnen haben. In manchen Fällen kann ein Grundstück überhaupt nur bebaut werden, wenn vorher ein Plan aufgestellt wird. Von den Festlegungen im Plan hängt es weitgehend ab, was gebaut werden kann.

Trotzdem sagt das BauGB in § 2 Abs. 3, daß auf die Aufstellung eines B-Plans kein Anspruch besteht. Bürger können also nicht gerichtlich verlangen, daß ein B-Plan aufgestellt wird.

Es gibt aber die Möglichkeit, der Gemeinde einen weitgehend konkreten Vorschlag zur Aufstellung eines B-Plans zu machen.

2.6.1 Der vorhabenbezogene Bebauungsplan

83 Das BauGB enthält in § 12 die rechtlichen Regelungen für den vorhabenbezogenen B-Plan[36].

[36] Der Begriff „Vorhaben- und Erschließungsplan“ findet sich nur in der Überschrift von § 12 BauGB wieder und wurde aus dem Baugesetzbuch-Maßnahmengesetz übernommen, weil er sich sprachlich eingebürgert hat. Die richtige Bezeichnung, die § 12 BauGB im Text verwendet, ist „vorhabenbezogener Bebauungsplan“.

§ 12 BauGB. Vorhaben- und Erschließungsplan

(1) Die Gemeinde kann durch einen vorhabenbezogenen Bebauungsplan die Zulässigkeit von Vorhaben bestimmen, wenn der Vorhabenträger auf der Grundlage eines mit der Gemeinde abgestimmten Plans zur Durchführung der Vorhaben und der Erschließungsmaßnahmen (Vorhaben- und Erschließungsplan) bereit und in der Lage ist und sich zur Durchführung innerhalb einer bestimmten Frist und zur Tragung der Planungs- und Erschließungskosten ganz oder teilweise vor dem Beschluß nach § 10 Abs. 1 verpflichtet (Durchführungsvertrag). Für den vorhabenbezogenen Bebauungsplan nach Satz 1 gelten ergänzend die Absätze 2 bis 6.

(2) Die Gemeinde hat auf Antrag des Vorhabenträgers über die Einleitung des Bebauungsplanverfahrens nach pflichtgemäßem Ermessen zu entscheiden.

(3) Der Vorhaben- und Erschließungsplan wird Bestandteil des vorhabenbezogenen Bebauungsplans. Im Bereich des Vorhaben- und Erschließungsplans ist die Gemeinde bei der Bestimmung der Zulässigkeit der Vorhaben nicht an die Festsetzungen nach § 9 und nach der auf Grund von § 2 Abs. 5 erlassenen Verordnung gebunden; die §§ 14 bis 28, 39 bis 79, 127 bis 135 c sind nicht anzuwenden. Soweit der vorhabenbezogene Bebauungsplan auch im Bereich des Vorhaben- und Erschließungsplans Festsetzungen nach § 9 für öffentliche Zwecke trifft, kann gemäß § 85 Abs. 1 Nr. 1 enteignet werden.

(4) Einzelne Flächen außerhalb des Bereichs des Vorhaben- und Erschließungsplans können in den vorhabenbezogenen Bebauungsplan einbezogen werden.

(5) Ein Wechsel des Vorhabenträgers bedarf der Zustimmung der Gemeinde. Die Zustimmung darf nur dann verweigert werden, wenn Tatsachen die Annahme rechtfertigen, daß die Durchführung des Vorhaben- und Erschließungsplans innerhalb der Frist nach Absatz 1 gefährdet ist.

(6) Wird der Vorhaben- und Erschließungsplan nicht innerhalb der Frist nach Absatz 1 durchgeführt, soll die Gemeinde den Bebauungsplan aufheben. Aus der Aufhebung können Ansprüche des Vorhabenträgers gegen die Gemeinde nicht geltend gemacht werden. Bei der Aufhebung kann das vereinfachte Verfahren nach § 13 angewendet werden.

Ziel des vorhabenbezogenen B-Plans ist es, die planungsrechtliche Grundlage für ein bestimmtes Vorhaben zu schaffen. Der Begriff des Vorhabens ist dabei weit auszulegen, es kann sich auch um die Zusammenfassung mehrerer Einzelvorhaben (beispielsweise in einem Feriendorf) handeln.

84 Der Vorhabenträger legt zunächst einen mit der Gemeinde abgestimmten Vorhaben- und Erschließungsplan vor. Er muß sich außerdem in einem Durchführungsvertrag verpflichten, das Vorhaben innerhalb einer bestimmten Frist auszuführen und die Planungs- und Erschließungskosten zu übernehmen. Weiter muß er nachweisen, daß er zur Durchführung des Vorhabens in der Lage ist.

Die Gemeinde entscheidet dann darüber, ob sie das Verfahren einleitet.[37]

85 Der vorhabenbezogene B-Plan ist ein echter B-Plan, für den die meisten Regelungen des Planverfahrens gelten, u.a. die Bestimmungen zur Bürgerbeteiligung und zum Abwägungsgebot. Ausgenommen ist vor allem § 9 BauGB, was zur Konsequenz hat, daß in einem vorhabenbezogenen B-Plan

---

[37] Siehe zum Ganzen Finkelnburg/Ortloff, Öffentliches Baurecht, Band I, § 12.

die Festsetzungsmöglichkeiten nicht auf den Katalog des § 9 BauGB beschränkt sind.

86 Zwar gibt es auch beim vorhabenbezogenen B-Plan keinen Anspruch darauf, daß der Plan tatsächlich erlassen wird. Hat die Gemeinde allerdings bei den Vorverhandlungen signalisiert, daß sie der Planung grundsätzlich zustimmen wird, und hat der Vorhabenträger daraufhin erhebliche Planungsleistungen erbracht, dann kann sie bei einer ungerechtfertigten Ablehnung der Einleitung des Planverfahrens zum Schadensersatz verpflichtet werden.[38]

In der Praxis hat sich der vorhabenbezogene B-Plan als ein wirksames Instrument herausgestellt, um trotz akuter Finanznot der Gemeinden eine Planung zu realisieren. Und da es sich bei den meisten Vorhaben, die einem solchen Plan zugrundeliegen, um gewerbliche Investitionen handelt, sind viele Kommunen dankbar für entsprechende Initiativen, so daß die Frage, ob auf eine entsprechende Planung ein Anspruch besteht, praktisch selten relevant wird.

Wird das Vorhaben nicht innerhalb der festgesetzten Frist verwirklicht, soll die Gemeinde den Plan wieder aufheben.

2.6.2 Städtebaulicher Vertrag

87 Neben dem vorhabenbezogenen B-Plan können private Geldgeber die Gemeinde auch noch im Rahmen eines sogenannten städtebaulichen Vertrags unterstützen.

§ 11 BauGB. Städtebaulicher Vertrag

(1) Die Gemeinde kann städtebauliche Verträge schließen. Gegenstände eines städtebaulichen Vertrages können insbesondere sein:

1. die Vorbereitung oder Durchführung städtebaulicher Maßnahmen durch den Vertragspartner auf eigene Kosten; dazu gehören auch die Neuordnung der Grundstücksverhältnisse, die Bodensanierung und sonstige vorbereitende Maßnahmen sowie die Ausarbeitung der städtebaulichen Planungen; die Verantwortung der Gemeinde für das gesetzlich vorgesehene Planaufstellungsverfahren bleibt unberührt;
2. die Förderung und Sicherung der mit der Bauleitplanung verfolgten Ziele, insbesondere die Grundstücksnutzung, die Durchführung des Ausgleichs im Sinne des § 1 a Abs. 3, die Deckung des Wohnbedarfs von Bevölkerungsgruppen mit besonderen Wohnraumversorgungsproblemen sowie des Wohnbedarfs der ortsansässigen Bevölkerung;
3. die Übernahme von Kosten oder sonstigen Aufwendungen, die der Gemeinde für städtebauliche Maßnahmen entstehen oder entstanden sind und die Voraussetzung oder Folge des geplanten Vorhabens sind; dazu gehört auch die Bereitstellung von Grundstücken.

(2) Die vereinbarten Leistungen müssen den gesamten Umständen nach angemessen sein. Die Vereinbarung einer vom Vertragspartner zu erbringenden Leistung ist unzulässig, wenn er auch ohne sie einen Anspruch auf die Gegenleistung hätte.

---

[38] Battis/Krautzberger/Löhr, BauGB, § 12 Rz. 22.

(3) Ein städtebaulicher Vertrag bedarf der Schriftform, soweit nicht durch Rechtsvorschriften eine andere Form vorgeschrieben ist.

(4) Die Zulässigkeit anderer städtebaulicher Verträge bleibt unberührt.

88 Zur Vorbereitung eines B-Plans oder anderer städtebaulicher Maßnahmen kann sich demnach ein Investor – oder auch jede andere Privatperson – verpflichten, bestimmte Maßnahmen oder Kosten zu übernehmen.

Das Gesetz nennt drei Beispiele:

Abs. 1 Nr. 1 enthält die Übernahme der Vorbereitung oder Durchführung städtebaulicher Maßnahmen, also beispielsweise die freiwillige Umlegung, die Bodensanierung oder die Entsiegelung von Grundstücken, sowie die Ausarbeitung städtebaulicher Planungen.

Abs. 1 Nr. 2 regelt die sogenannten Planverwirklichungsverträge; hier handelt es sich um Verträge, die in der Regel vor der Aufstellung eines B-Plans abgeschlossen werden müssen, damit die Gemeinde überhaupt in die Lage versetzt wird, ihre Planung zu verwirklichen. Als Vertragsinhalt ist etwa die Verpflichtung des Eigentümers zur Bebauung eines Grundstücks, aber auch der Bau von Wohnungen eines bestimmten Standards für einkommensschwache Bevölkerungsgruppen etc. denkbar.

Abs. 1 Nr. 3 bestimmt die Zulässigkeit des sogenannten Folgekostenvertrags. Die Grundidee hier ist, daß einer Kommune bei der Verwirklichung eines Vorhabens oft Folgekosten für notwendige Infrastrukturmaßnahmen entstehen (der Bau eines großen Wohnkomplexes kann die Einrichtung einer Kindertagesstätte erforderlich machen).

Die Kommune darf sich in einem städtebaulichen Vertrag nichts versprechen lassen, was entweder in einem unangemessenen Verhältnis zur Gegenleistung der Gemeinde steht oder worauf der Vertragspartner auch ohne Vertrag einen Anspruch hätte.[39]

Der Abschluß eines städtebaulichen Vertrags bedeutet allerdings nicht, daß der von dem Privaten angestrebte Plan dann auch tatsächlich beschlossen werden muß. Die Entscheidung darüber, ob und welcher B-Plan aufgestellt wird, bleibt nach wie vor bei der Gemeinde.

Zum Erschließungsvertrag siehe unten Rz. 204.

2.7 Haftung der Gemeinde und Entschädigung

89 Ein Problem beim Erlaß von B-Plänen hat in den vergangenen Jahren immer wieder eine Rolle gespielt: Wie weit darf sich ein Bauwilliger auf den B-Plan verlassen? Akut wurde diese Frage, nachdem einige Kommunen Flächen per B-Plan als Wohngebiete ausgewiesen hatten und sich später herausstellte, daß der Boden mit giftigen Schadstoffen verseucht war, so daß die gesetzlich geforderten gesunden Wohnbedingungen nicht mehr gewährlei-

[39] Siehe zum Ganzen Battis/Krautzberger/Löhr, BauGB, § 11.

stet waren. Die Gerichte haben entschieden, daß in solchen Fällen die Gemeinden haften, denn ein B-Plan gebe darüber Auskunft, ob der Boden bebaubar sei oder nicht.[40] Seitdem sind die Gemeinden bei der Ausweisung von Baugebieten auf Flächen, die vorher industriell genutzt wurden, wesentlich vorsichtiger geworden.

Architekten entbindet dies allerdings nicht von ihrer Beratungspflicht gegenüber dem Bauherrn. Gibt es Hinweise darauf, daß das Grundstück kontaminiert sein kann, dann muß die Architektin dies mit dem Bauherrn besprechen – unabhängig davon, ob ein B-Plan besteht oder nicht.[41]

Die Haftungsverpflichtung der Gemeinde erfaßt in einem solchen Fall den sogenannten Vermögensschaden, der einem Eigentümer oder Bauherrn dadurch entstanden ist, daß er auf die Bebaubarkeit des Grundstücks vertraut hat. Das kann für Gemeinden erheblich ins Geld gehen, denn im Extremfall müssen sie die kompletten Baukosten der nicht nutzbaren Häuser erstatten.

90 Eine Entschädigungsregelung enthalten die §§ 39ff. BauGB. Der Erlaß eines B-Plans kann für ein Grundstück sowohl werterhöhend als auch wertmindernd sein. Werterhöhend wirkt sich ein B-Plan aus, wenn etwa aus einer Ackerfläche am Stadtrand ein Baugebiet wird. Wertmindernd kann ein B-Plan wirken, wenn ohne den Plan die Nutzung einer Fläche weitergehend möglich gewesen wäre als nach den einschränkenden Festsetzungen des B-Plans; wertmindernd ist es aber auch, wenn Teile eines privaten Grundstücks im B-Plan für Gemeinbedarfsflächen (Verkehr, Grünanlagen, Spielplätze) herangezogen werden. In all diesen Fällen gibt es nach dem BauGB – unter bestimmten, näher definierten Voraussetzungen – einen Anspruch auf Entschädigung. Die Einzelheiten dieses „Planschadensrechts“ sind allerdings recht kompliziert. Architekten und Stadtplaner sollten sich hier immer von Spezialisten beraten lassen.

2.8 Rechtsschutz gegen Bebauungspläne

91 Mit dem Inkrafttreten eines B-Plans kann eine erhebliche Rechtsveränderung einhergehen. Die Rechtmäßigkeit des B-Plans kann daher im Wege der Normenkontrollklage gemäß § 47 Abs. 1 Nr. 1 VwGO von denjenigen Personen überprüft werden, die geltend machen können, durch den Plan in einem subjektiven Recht[42] verletzt zu sein. Im Verfahren der Normenkontrollklage überprüfen die Oberverwaltungsgerichte, die hier erstinstanzlich zuständig sind, die Rechtmäßigkeit des Plans und insbesondere die ordnungsgemäße Abwägung.

---

[40] BGH, DVBl. 1989, 504 = JZ 1989, 1122; BGH, ZfBR 1989, 261; BGH, NJW 1990, 1038; zum Ganzen Battis/Krautzberger/Löhr, BauGB, § 9 Rz. 113ff.

[41] Zur Beratungspflicht des Architekten siehe Locher, Das private Baurecht, S. 293ff.

[42] Zum Begriff siehe Glossar im Anhang.

Eine Normenkontrolle ist eine juristisch anspruchsvolle Angelegenheit. Außerdem besteht vor den Oberverwaltungsgerichten Anwaltszwang, so daß sich jeder in diesem Verfahren von einem Anwalt vertreten lassen muß. Aus diesem Grund wird auf eine nähere Darstellung des Verfahrens verzichtet. Lediglich auf die Frist soll hier hingewiesen werden: Die Klage muß innerhalb von zwei Jahren seit Bekanntmachung der Satzung erhoben werden.[43]

Die Überprüfung eines B-Plans findet aber nicht nur im Rahmen einer Normenkontrollklage statt. Auch bei der gerichtlichen Überprüfung einer Baugenehmigung untersuchen die Verwaltungsgerichte den zugrundeliegenden B-Plan. Stellt sich heraus, daß der Plan rechtswidrig ist, so wird dies in der Entscheidung festgestellt, ohne daß allerdings der Plan insgesamt aufgehoben wird.

2.9 Zusammenfassung

92

- Aufgabe der Bauleitpanung: Die Ordnung der Nutzung des Bodens und die Vermeidung von Nutzungskonflikten
- Bauleitplanung: Ein mehrstufiger Prozeß von oben nach unten, von der Raumordnung bis zum B-Plan
- Raumordnung: Die Planung des Gesamtraums nach überregionalen Aspekten
- FNP: Die Grobgliederung der Nutzung des gesamten Stadt- oder Gemeindegebiets
- B-Plan: Die detaillierte und verbindliche Festlegung der Nutzung des Bodens
- Übersicht über den gesetzlich festgelegten möglichen Inhalt eines B-Plans, das Verfahren der Planaufstellung, der Abwägung und der Öffentlichkeitsbeteiligung.
- Die Sicherung der Bauleitplanung durch Veränderungssperre und Zurückstellung von Baugesuchen.
- Die Möglichkeiten der Bauleitplanung auf private Initiative: Vorhabenbezogener B-Plan und städtebaulicher Vertrag.
- Haftung der Gemeinde bei der Bauleitplanung und Entschädigung für Planschäden.
- Die Möglichkeit, Bebauungspläne durch eine Normenkontrollklage überprüfen zu lassen.

---

[43] Wer die Verletzung seiner Beteiligungsrechte geltend machen will, muß dies gemäß § 215 Abs. 1 BauGB **innerhalb eines Jahres** tun.

3. Kapitel
Der Inhalt des Bebauungsplans
Festsetzungsmöglichkeiten nach dem BauGB und der BauNVO
Darstellungsvorgaben der Planzeichenverordnung

Mit dem Erlaß eines B-Plans greift die Gemeinde tief in die Rechte ihrer Einwohner ein. Die Nutzung des Bodens kann weitgehend beschränkt werden, die ökonomischen, ökologischen und gesellschaftlichen Folgen der Bauleitplanung sind gravierend und von entscheidender Bedeutung für die Lebensqualität in der Gemeinde. **93**

Bei allen Eingriffen in die Rechte der Staatsbürger ist – nicht zuletzt aufgrund der Erfahrungen mit dem nationalsozialistischen Regime – immer die Verfassung als Begrenzung der Staatsmacht zu beachten. Der allgemeine Verfassungsgrundsatz der Verhältnismäßigkeit[1] sagt zweierlei: Zum einen dürfen Eingriffe in Bürgerrechte nur erfolgen auf der Grundlage eines Gesetzes, denn nur dadurch wird die demokratische Legitimation für einen Eingriff hergestellt. Und außerdem muß der Eingriff geeignet, erforderlich und angemessen zur Erreichung eines legitimen Ziels sein; einen Eingriff ohne vernünftigen Grund darf es in Deutschland nicht geben.[2]

Eine Konsequenz aus diesen rechtstheoretischen Gedanken ist, daß der mögliche Eingriff in das Eigentum über einen Bebauungsplan inhaltlich begrenzt und konkretisiert werden muß. Deshalb enthält das BauGB in § 9 einen Katalog an Festsetzungsmöglichkeiten, der abschließend regelt, was Inhalt eines B-Plans sein kann.

Eine weitere Beschränkung der planerischen Gestaltungsfreiheit enthält die Baunutzungsverordnung (BauNVO). Sie verlangt von der planenden Gemeinde eine Art Typisierung ihrer Baugebiete; die Gemeinde darf also nicht beliebig neue Arten von Baugebieten erfinden.

Aus Gründen der Klarheit und der Vereinheitlichung müssen die Gemeinden außerdem die B-Pläne nach einem bestimmten Muster aufbauen. Vorgaben hierfür enthält die Planzeichenverordnung (PlanzV).

3.1 Der zulässige Inhalt eines B-Plans

Zentrale Norm für den zulässigen Inhalt eines B-Plans ist § 9 BauGB. Er enthält in Abs. 1 einen Katalog mit 26 Festsetzungsmöglichkeiten, in den folgenden Absätzen weitere Differenzierungen. **94**

---

[1] Zum Begriff siehe Glossar im Anhang.
[2] Vgl. Maurer, Allgemeines Verwaltungsrecht, S. 239.

§ 9 BauGB. Inhalt des Bebauungsplans

(1) Im Bebauungsplan können aus städtebaulichen Gründen festgesetzt werden:

1. die Art und das Maß der baulichen Nutzung;
2. die Bauweise, die überbaubaren und die nicht überbaubaren Grundstücksflächen sowie die Stellung der baulichen Anlagen;
3. für die Größe, Breite und Tiefe der Baugrundstücke Mindestmaße und aus Gründen des sparsamen und schonenden Umgangs mit Grund und Boden für Wohnbaugrundstücke auch Höchstmaße;
4. die Flächen für Nebenanlagen, die auf Grund anderer Vorschriften für die Nutzung von Grundstücken erforderlich sind, wie Spiel-, Freizeit- und Erholungsflächen sowie die Flächen für Stellplätze und Garagen mit ihren Einfahrten;
5. die Flächen für den Gemeinbedarf sowie für Sport- und Spielanlagen;
6. die höchstzulässige Zahl der Wohnungen in Wohngebäuden;
7. die Flächen, auf denen ganz oder teilweise nur Wohngebäude, die mit Mitteln des sozialen Wohnungsbau gefördert werden könnten, errichtet werden dürfen;
8. einzelne Flächen, auf denen ganz oder teilweise nur Wohngebäude errichtet werden dürfen, die für Personengruppen mit besonderem Wohnbedarf bestimmt sind;
9. der besondere Nutzungszweck von Flächen;
10. die Flächen, die von der Bebauung freizuhalten sind, und ihre Nutzung;
11. die Verkehrsflächen sowie Verkehrsflächen besonderer Zweckbestimmung, wie Fußgängerbereiche, Flächen für das Parken von Fahrzeugen sowie den Anschluß anderer Flächen an die Verkehrsflächen;
12. die Versorgungsflächen;
13. die Führung von Versorgungsanlagen und -leitungen;
14. die Flächen für die Abfall- und Abwasserbeseitigung, einschließlich der Rückhaltung und Versickerung von Niederschlagswasser, sowie für Ablagerungen;
15. die öffentlichen und privaten Grünflächen, wie Parkanlagen, Dauerkleingärten, Sport-, Spiel-, Zelt- und Badeplätze, Friedhöfe;
16. die Wasserflächen sowie die Flächen für die Wasserwirtschaft, für Hochwasserschutzanlagen und für die Regelung des Wasserabflusses;
17. die Flächen für Aufschüttungen, Abgrabungen oder für die Gewinnung von Steinen, Erden und anderen Bodenschätzen;
18. a) die Flächen für die Landwirtschaft und
    b) Wald
19. die Flächen für die Errichtung von Anlagen für die Kleintierhaltung wie Ausstellungs- und Zuchtanlagen, Zwinger, Koppeln und dergleichen;
20. die Flächen oder Maßnahmen zum Schutz, zur Pflege und zur Entwicklung von Boden, Natur und Landschaft;
21. die mit Geh-, Fahr- und Leitungsrechten zugunsten der Allgemeinheit, eines Erschließungsträgers oder eines beschränkten Personenkreises zu belastenden Flächen;
22. die Flächen für Gemeinschaftsanlagen, für bestimmte räumliche Bereiche wie Kinderspielplätze, Freizeiteinrichtungen, Stellplätze und Garagen;
23. Gebiete, in denen zum Schutz vor schädlichen Umwelteinwirkungen im Sinne des Bundes-Immissionsschutzgesetzes bestimmte luftverunreinigende Stoffe nicht oder nur beschränkt verwendet werden dürfen;
24. die von der Bebauung freizuhaltenden Schutzflächen und ihre Nutzung, die Flächen für besondere Anlagen und Vorkehrungen zum Schutz vor schädlichen Umwelteinwirkungen im Sinne des Bundes-Immissionsschutzgesetzes sowie die zum Schutz vor solchen Einwirkungen oder zur Vermeidung oder Minderung sol-

cher Einwirkungen zu treffenden baulichen und sonstigen technischen Vorkehrungen;

25. für einzelne Flächen oder für ein Bebauungsplangebiet oder Teile davon sowie für Teile baulicher Anlagen mit Ausnahme der für landwirtschaftliche Nutzungen oder Wald festgesetzten Flächen
    a) das Anpflanzen von Bäumen, Sträuchern und sonstigen Bepflanzungen,
    b) Bindungen für Bepflanzungen und für die Erhaltung von Baumen, Sträuchern und sonstigen Bepflanzungen sowie von Gewässern;
26. die Flächen für Aufschüttungen, Abgrabungen und Stützmauern, soweit sie zur Herstellung des Straßenkörpers erforderlich sind.

(1 a) Flächen oder Maßnahmen zum Ausgleich im Sinne des § 1 a Abs. 3 können auf den Grundstücken, auf denen Eingriffe in Natur und Landschaft zu erwarten sind, oder an anderer Stelle sowohl im sonstigen Geltungsbereich des Bebauungsplans als auch in einem anderen Bebauungsplan festgesetzt werden. Die Flächen oder Maßnahmen zum Ausgleich an anderer Stelle können den Grundstücken, auf denen Eingriffe zu erwarten sind, ganz oder teilweise zugeordnet werden; dies gilt auch für Maßnahmen auf von der Gemeinde bereitgestellten Flächen;

(2) Bei Festsetzungen nach Absatz 1 kann auch die Höhenlage festgesetzt werden.

(3) Festsetzungen nach Absatz 1 für übereinanderliegende Geschosse und Ebenen und sonstige Teile baulicher Anlagen können gesondert getroffen werden; dies gilt auch, soweit Geschosse, Ebenen und sonstige Teile baulicher Anlagen unterhalb der Geländeoberfläche vorgesehen sind.

(4) Die Länder können durch Rechtsvorschriften bestimmen, daß auf Landesrecht beruhende Regelungen in den Bebauungsplan als Festsetzungen aufgenommen werden können und inwieweit auf diese Festsetzungen die Vorschriften dieses Gesetzbuchs Anwendung finden.

(5) Im Bebauungsplan sollen gekennzeichnet werden:

1. Flächen, bei deren Bebauung besondere bauliche Vorkehrungen gegen äußere Einwirkungen oder bei denen besondere bauliche Sicherungsmaßnahmen gegen Naturgewalten erforderlich sind;
2. Flächen, unter denen der Bergbau umgeht oder die für den Abbau von Mineralien bestimmt sind;
3. Flächen, deren Böden erheblich mit umweltgefährdenden Stoffen belastet sind.

(6) Nach anderen gesetzlichen Vorschriften getroffene Festsetzungen sowie Denkmäler nach Landesrecht sollen in den Bebauungsplan nachrichtlich übernommen werden, soweit sie zu seinem Verständnis oder für die städtebauliche Beurteilung von Baugesuchen notwendig oder zweckmäßig sind.

(7) Der Bebauungsplan setzt die Grenzen seines räumlichen Geltungsbereichs fest.

(8) Dem Bebauungsplan ist eine Begründung beizufügen. In ihr sind die Ziele, Zwecke und wesentlichen Auswirkungen des Bebauungsplans darzulegen.

95 Der Katalog des § 9 BauGB ist abschließend. Im Gegensatz zu vielen anderen Stellen enthält das Gesetz hier nicht das Wörtchen „insbesondere“, so daß weitere Festsetzungen nicht möglich sind.[3]

Das hat in den letzten Jahren vor allem für den Schutz vor Lärm und Luftverschmutzungen eine Rolle gespielt. Einige Kommunen wollten im B-Plan Grenzwerte für Lärm oder Luftschadstoffe festlegen. Dies ist jedoch

[3] Anders ist dies beim sogenannten vorhabenbezogenen B-Plan, § 12 BauGB; hier gilt die Begrenzung auf die Festsetzungsmöglichkeiten des § 9 BauGB nicht.

unzulässig, da im B-Plan nur bauliche oder andere **technische** Vorkehrungen, etwa Lärmschutzwände oder Doppelglasfenster, festgesetzt werden dürfen, aber keine Grenzwerte.[4]

Eine Ausnahme von dem grundsätzlich abschließenden Festsetzungskatalog ergibt sich aus § 9 Abs. 4 BauGB. Danach können landesrechtliche Festsetzungsmöglichkeiten in den B-Plan übernommen werden. In den Landesbauordnungen beispielsweise sind Ermächtigungen zum Erlaß sogenannter Gestaltungssatzungen enthalten.[5] Der Inhalt dieser Satzungen kann dann in den B-Plan übernommen werden.

96 Bei einer Durchsicht der einzelnen Festsetzungsmöglichkeiten wird man feststellen, daß der Katalog zwar einerseits weit gefaßt ist, andererseits aber streng auf Nutzungen des Bodens und der darauf befindlichen Gebäude beschränkt ist. Das hat kompetenzrechtliche Gründe. Während das Bauplanungsrecht in die Kompetenz des Bundes und der Gemeinden fällt, sind andere Regelungsmaterien den Ländern zugeordnet. Der Bund darf im BauGB also nichts anderes regeln als das Recht der Bodennutzung; weitergehende Festlegungen wären wegen der grundgesetzlichen Kompetenzverteilung nicht möglich.

Der Katalog des § 9 BauGB spielt in erster Linie für den Planer eine Rolle. Er muß alle Festlegungen im Plan daraufhin überprüfen, ob sie inhaltlich überhaupt zulässig sind.

§ 9 BauGB hat aber auch für die ein einzelnes Gebäude planende Architektin eine wichtige Bedeutung. Sie muß sich zwar bei der Planung grundsätzlich an die Vorgaben des B-Plans halten. Allerdings sollte sie bei besonders einschränkenden Festlegungen überprüfen, ob diese Begrenzung überhaupt von den Festsetzungsmöglichkeiten gedeckt ist. Ist das nicht der Fall, dann kann ein Vorhaben auch gegen die entsprechende (rechtswidrige) Festsetzung im B-Plan durchgesetzt werden. Im Zweifel sollte hier aber immer eine Juristin konsultiert werden.

Der genaue Inhalt der Festsetzungsmöglichkeiten sowie deren Reichweite erschließen sich nicht allein aus dem Gesetz. In Zweifelsfragen können Architekten oder Planer einen Blick in einen entsprechenden Kommentar werfen. In der Literaturliste sind einige der gängigen Kommentare zum BauGB aufgeführt. Sie enthalten zu jeder Nr. in § 9 Abs. 1 BauGB Beispielsfälle und Gerichtsentscheidungen.

---

[4] BVerwG, ZfBR 1991, 120 ff.; Battis/Krautzberger/Löhr, BauGB, § 9 Rz. 90; zulässig ist allerdings die Festlegung sogenannter „immissionswirksamer flächenbezogener Schalleistungspegel", womit eine Art Lärmkontingentierung erreicht werden kann, vgl. BVerwG, 27. 1. 1998, 4 NB 3/97, NVwZ 1998, 1067 ff.

[5] Finkelnburg/Ortloff, Öffentliches Baurecht, Band I, S. 158.

3.2 Die Baunutzungsverordnung (BauNVO)

97 Einerseits sollen die Gemeinden weitgehend selbständig planen können, was auch verfassungsrechtlich verbürgt ist. Andererseits ist der Gesetzgeber mißtrauisch und will allzuviel Freiheit dann doch wieder nicht zulassen. Aus diesem Grund enthält § 2 Abs. 5 BauGB eine Verordnungsermächtigung an das Bauministerium, wonach in einer Rechtsverordnung die Darstellungen über Art und Maß der baulichen Nutzung, über die Bauweise, die überbaubaren und nicht überbaubaren Grundstücksflächen sowie über die in den einzelnen Baugebieten zulässigen baulichen und sonstigen Anlagen festgelegt werden können.

Zu diesem Zweck hat das Bauministerium schon 1962 die seitdem mehrfach geänderte Baunutzungsverordnung (BauNVO) erlassen, die eine nicht zu unterschätzende praktische Bedeutung hat. Die Gemeinde darf nur die in der BauNVO enthaltenen Gebietstypen planen, es besteht ein sogenannter „Typenzwang".[6]

Die BauNVO enthält im ersten Abschnitt Vorgaben zur **Art der baulichen Nutzung** (siehe Abbildung 3 a). Es werden insgesamt zehn Gebietstypen festgelegt. Für die einzelnen Gebiete wird dann geregelt, welchen **Zweck** das Gebiet hat, welche Nutzung dort **immer** und welche **ausnahmsweise** zulässig ist (Gebietszweck, Regelbebauung, Ausnahmebebauung; siehe hierzu unten Rz. 99).

Im zweiten Abschnitt regelt die BauNVO die Festsetzungsmöglichkeiten zum **Maß der baulichen Nutzung**. Hier geht es u. a. um die Dichte der Bebauung, um die Höhe der Gebäude sowie den Versiegelungsgrad der Fläche.

Im dritten Abschnitt sind dann Festlegungen zur **Bauweise** (offen oder geschlossen) und zur **überbaubaren Fläche** enthalten.

Die BauNVO enthält Bestimmungen für beide Arten von Bauleitplänen, also für Flächennutzungspläne und Bebauungspläne. Im Folgenden werden nur diejenigen Regelungen dargestellt, die für Bebauungspläne gelten.

3.2.1 Die Gebietstypen der Baunutzungsverordnung

98 Die BauNVO unterscheidet nach den folgenden zehn Gebietstypen:

- Kleinsiedlungsgebiete (WS)
- Reine Wohngebiete (WR)
- Allgemeine Wohngebiete (WA)
- Besondere Wohngebiete (WB)
- Dorfgebiete (MD)

---

[6] BVerwGE 94, 151; BVerwG, NVwZ 1992, 879; BVerwG, NVwZ 1994, 292; Finkelnburg/Ortloff, Öffentliches Baurecht, Band I, S. 93.

- Mischgebiete (MI)
- Kerngebiete (MK)
- Gewerbegebiete (GE)
- Industriegebiete (GI)
- Sondergebiete (SO)

In den B-Plan werden nur noch die entsprechenden Abkürzungen aufgenommen (siehe oben Abbildung 2c). Sobald eine dieser Abkürzungen im B-Plan auftaucht, werden die Aussagen der BauNVO für das jeweilige Gebiet Bestandteil des B-Plans (die Juristen sagen: Die BauNVO wird in ihrem jeweiligen Anwendungsbereich inkorporiert). Man muß also in der BauNVO nachsehen, um herauszufinden, welche Art der Bebauung in dem Gebiet zulässig ist.

99 Die BauNVO ist streng regelmäßig aufgebaut, was die Handhabung sehr erleichtert. Die einzelnen Gebiete sind jeweils in einem Paragraphen beschrieben. Absatz 1 enthält die **Zweckbestimmung** des Gebiets, Absatz 2 die **Regelbebauung** und Absatz 3 die im Ermessen der Behörde liegende **Ausnahmebebauung**. Die Voraussetzungen der Zulassung einer solchen ausnahmsweisen Bebauung werden weiter unten erläutert (siehe Rz. 127ff.).

100 Zum Verständnis der Gebietstypen in der BauNVO muß man sich folgenden Grundgedanken vor Augen halten: Zentrales Ziel der Regelungen ist die Vermeidung von Konflikten zwischen den einzelnen Nutzungen. In einem Gebietstyp sollen also nur diejenigen Nutzungen zulässig sein, die sich miteinander halbwegs vertragen. Die beiden entgegengesetzten Pole bilden die (empfindliche) Wohnnutzung auf der einen Seite und die industrielle oder gewerbliche Nutzung auf der anderen Seite. Der Verordnungsgeber läßt dabei dem Willen des Einzelnen nicht allzuviel Spielraum: Selbst wenn jemand sagt, ihn störe der Lärm aus der benachbarten Fabrik gar nicht, wird er dort keine Wohnung genehmigt bekommen.

Zum Verständnis der BauNVO sollte aber auch berücksichtigt werden, daß sie Anfang der 60er Jahre konzipiert wurde. Zu dieser Zeit herrschten noch andere Vorstellungen von anzustrebender Stadtgestaltung. Die recht strikte Trennung verschiedener Nutzungen wird heute kaum noch vertreten. Man hat zwischenzeitlich die Erfahrung gemacht, daß eine weitgehende Nutzungstrennung mehr soziale Konflikte mit sich bringt als löst. Da andererseits viele Probleme beispielsweise des Lärmschutzes heute besser beherrschbar sind als noch vor 30 Jahren, geht man in den Planungsämtern vermehrt dazu über, auch gemischte Nutzungen zuzulassen und planerisch zu unterstützen.

Hier nun ein kurzer Überblick über die in der BauNVO festgelegten Gebietstypen. Um die unterschiedlichen Gebietstypen zu veranschaulichen, sind die Nutzungen symbolisch dargestellt; es handelt sich hier aber nicht um Zeichen, die in den B-Plänen verwendet werden.

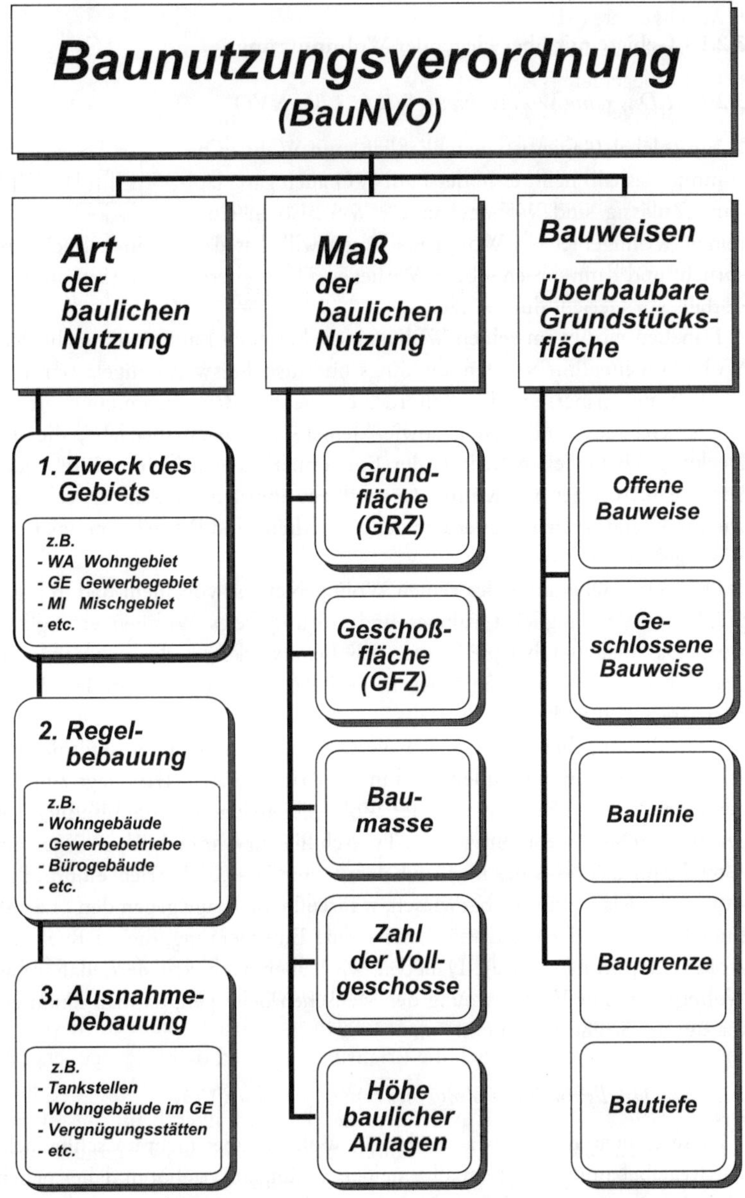

Abbildung 3 a: Inhalt und Aufbau der Baunutzungsverordnung im Überblick: Die BauNVO enthält zehn Gebietstypen, die jeweils hinsichtlich der zulässigen **Art** baulicher Nutzung beschrieben sind. Im ersten Absatz des jeweiligen Gebietstyps wird der **Zweck** des Gebiets erläutert, der zweite Absatz listet die **regelmäßig** zulässige Bebauung in diesem Gebiet, der dritte Absatz die **ausnahmsweise** zulässige Bebauung auf. Außerdem finden sich in der BauNVO Bestimmungen über das **Maß** der baulichen Nutzung, über die **Bauweise** und über die **überbaubare Grundstücksfläche**.

3.2.1.1 Gebiete mit überwiegender Wohnnutzung

3.2.1.1.1 Das reine Wohngebiet – WR (§ 3 BauNVO)

101 Ein solches Gebiet ist ausschließlich zum Wohnen bestimmt. Deshalb heißt es in der BauNVO auch ganz lapidar: „Zulässig sind Wohngebäude". Wer also in einem reinen Wohngebiet ein Wohnhaus bauen will, hat darauf einen Rechtsanspruch[7] und kann diesen – beim Vorliegen aller weiteren Voraussetzungen – notfalls vor Gericht durchsetzen.

Wohnen

102 Daneben gibt es im reinen Wohngebiet aber auch Bauten, die nicht dem Wohnen dienen. Sie werden allerdings nur ausnahmsweise zugelassen, und es steht im Ermessen[7] der Behörde, ob sie die Baugenehmigung erteilt. Solche Gebäude sind Läden sowie kleinere Handwerksbetriebe, die der Deckung des täglichen Bedarfs der Einwohner dienen; kleine Hotels oder Pensionen; Anlagen für Kultur, Gesundheit, Sport, für soziale Zwecke sowie kirchliche Bauten. Außerdem gehören Alten- und Pflegeheime ins reine Wohngebiet.

Der Gebietscharakter des reinen Wohngebiets ist vor allem dadurch geprägt, daß ein möglichst ruhiges und störungsfreies Wohnen ermöglicht wird. Das bedeutet beispielsweise, daß Handwerksbetriebe nur dann zugelassen werden, wenn von ihnen keine Belästigungen, insbesondere Lärm oder Abgase, ausgehen.

103 Reine Wohngebiete sind in den vergangenen Jahren unter stadtplanerischen Gesichtspunkten zunehmend in die Kritik geraten. Dies liegt zum einen daran, daß die Bewohner reiner Wohngebiete eine Überempfindlichkeit gegen jeden Störfaktor entwickeln. Typisch hierfür war eine Klage gegen ein Altersheim, das als störender und damit unzulässiger Betrieb empfunden wurde (die Klage wurde abgewiesen, während eine Klage gegen den „Lärm" eines Behindertenheims Erfolg hatte – eine Entscheidung, die zu Recht zu großer Empörung führte). Daneben wird aber auch kritisiert, daß reine Wohngebiete zur Vereinsamung der Menschen beitragen, da man kaum etwas auf der Straße zu tun hat.

3.2.1.1.2 Das allgemeine Wohngebiet – WA (§ 4 BauNVO)

104 Diese Gebiete dienen zwar auch dem Wohnen, aber nicht ausschließlich. Zur Regelbebauung in einem allgemeinen Wohngebiet gehören daher neben Wohnhäusern sowie kleineren Läden und Handwerksbetrieben auch Kneipen und Gaststätten sowie Anlagen für kirchliche, kulturelle, soziale, gesundheitliche und sportliche Zwecke. Für diese Bauten besteht ein Rechtsanspruch[7] auf Baugenehmigung.

---

[7] Zum Begriff siehe Glossar im Anhang.

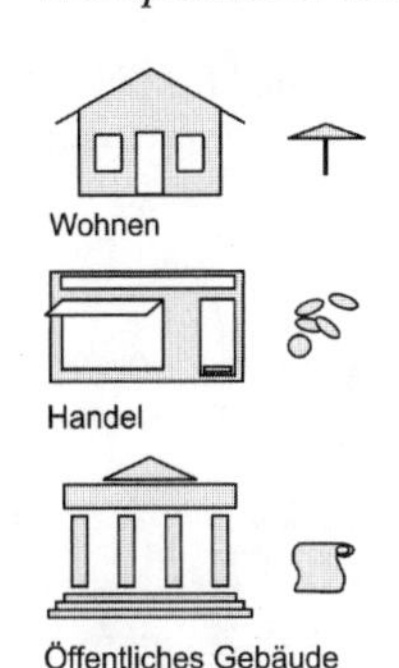

105 Im Ermessen der Behörde steht es, ob sie ausnahmsweise folgende Bauten zulassen will: Pensionen und Hotels, Gewerbebetriebe (sofern von ihnen keine gravierenden Belästigungen ausgehen), Verwaltungsgebäude, Gärtnereien und Tankstellen.

106 § 4a BauNVO regelt das sogenannte **Besondere Wohngebiet**. Diese erst 1977 eingeführte Bestimmung stellt wesentlich intensiver als die anderen Gebietstypen auf den vorhandenen Bestand ab und hat eher zum Ziel, diesen zu erhalten und weiterzuentwickeln. Sanierungsgebiete beispielsweise werden oft als Besonderes Wohngebiet beplant.

3.2.1.2 Gebiete mit gemischter Nutzung

3.2.1.2.1 Das Mischgebiet – MI (§ 6 BauNVO)

107 Im Mischgebiet stehen die Wohnnutzung und die gewerbliche Nutzung nebeneinander. Allerdings gilt dies nur, solange es sich bei den Gewerbebetrieben um Anlagen handelt, die das Wohnen nicht wesentlich stören. Maßstab für die Zulässigkeit eines Gewerbebetriebs ist also, ob die Wohngebäude in der Nachbarschaft noch ohne größere Einschränkungen genutzt werden können. Die Wohnnutzung hat im Zweifel immer noch Vorrang.

108 Zur Regelbebauung im Mischgebiet, auf die ein Rechtsanspruch besteht, gehören Wohngebäude, Geschäfts- und Bürogebäude, Einzelhandelsbetriebe, Gaststätten und Kneipen, Hotels und Pensionen, Gewerbebetriebe, Verwaltungsgebäude, Anlagen für kirchliche, kulturelle, soziale, gesundheitliche und sportliche Zwecke, Gärtnereien und Tankstellen. Eingeschränkt sind auch Vergnügungsanlagen wie Diskotheken oder Theater zulässig, allerdings nur bis zu einer bestimmten Größe und nur in den Teilen des Mischgebiets, in denen überwiegend Gewerbebetriebe stehen.

109 Als mögliche Ausnahmebebauung werden lediglich Vergnügungsstätten in den überwiegend durch Wohnen geprägten Teilen des Mischgebiets genannt.

3.2.1.2.2 Das Dorfgebiet – MD (§ 5 BauNVO):

110 Für ländliche Gebiete bestimmt § 5 Abs. 1 BauNVO:

§ 5 Abs. 1 BauNVO: Dorfgebiete dienen der Unterbringung der Wirtschaftsstellen land- und forstwirtschaftlicher Betriebe, dem Wohnen und der Unterbringung von nicht wesentlich störenden Gewerbebetrieben sowie der Versorgung der Bewohner des Gebiets dienenden Handwerksbetrieben. Auf die Belange der land- und forstwirtschaftlichen Betriebe einschließlich ihrer Entwicklungsmöglichkeiten ist vorrangig Rücksicht zu nehmen.

Neben einer starken Betonung der Landwirtschaft enthält der Katalog der Regelbebauung auch Anlagen für Kultur und Sport, Hotels und Gaststätten oder Verwaltungsgebäude. Das bedeutet, daß die Dorfstruktur wenig vorgezeichnet ist.

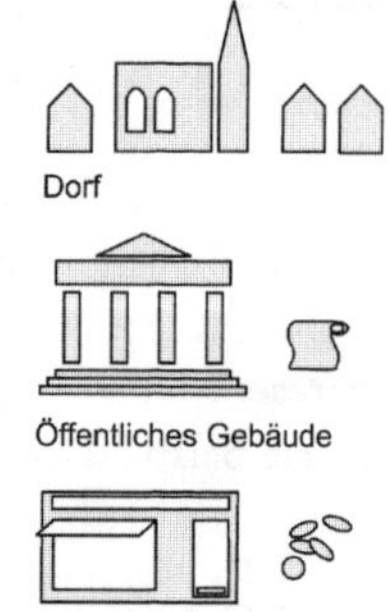

111 Das einzig durchgängige Merkmal ist, daß im Zweifel die land- und forstwirtschaftliche Nutzung vorgeht. Denn die klassische Konfliktlage im Dorf entsteht dadurch, daß landwirtschaftliche Betriebe immer dichter von anderer Nutzung, vor allem von Wohngebäuden, umgeben werden. Das kann zu einem unverträglichen Nebeneinander führen, und hier hat im Zweifel die Landwirtschaft Vorrang. Allerdings müssen Landwirte auch selbst aufpassen, daß eine solche Konfliktlage nicht entsteht. Gegen eine „heranrückende Wohnbebauung“ muß man sich rechtzeitig wehren; wer so lange wartet, bis die Häuser stehen, kann danach nicht mehr gegen sie vorgehen.

112 Als Ausnahmebebauung nennt die BauNVO im Dorfgebiet lediglich Vergnügungsstätten; deren Zulassung steht also im Ermessen der Behörde.

3.2.1.3 Gebiete mit überwiegend gewerblicher Nutzung

3.2.1.3.1 Das Kerngebiet – MK (§ 7 BauNVO)

113 Dieses Baugebiet ist, wie sich aus dem Namen schon ergibt, vor allem in den Zentren der Städte und größeren Ortschaften zu finden. In § 7 Abs. 1 BauNVO heißt es hierzu:

Handel
Büro
Öffentliches Gebäude

§ 7 Abs. 1 BauNVO: Kerngebiete dienen vorwiegend der Unterbringung von Handelsbetrieben sowie der zentralen Einrichtungen der Wirtschaft, der Verwaltung und der Kultur.

Damit wird deutlich, daß Geschäfte zum Einkaufen (das ist mit der etwas umständlichen Formulierung „Handelsbetriebe“ gemeint) und Dienstleistungsbetriebe im Vordergrund stehen.

114 Wie bei allen Baugebieten, die in der BauNVO beschrieben sind, muß auch hier unterschieden werden zwischen der Regelbebauung und der Ausnahmebebauung. Zur Regelbebauung im Kerngebiet gehören Geschäfts-, Büro- und Verwaltungsgebäude; Einzelhandelsbetriebe, Gaststätten, Hotels und Pensionen und Vergnügungsstätten; Gewerbebetriebe, wenn sie „nicht wesentlich“ stören (also wenn sie nicht übermäßig laut sind oder keine überdurchschnittlichen Abgase produzieren); Gebäude für kirchliche Zwecke,

Kultur, Soziales, Gesundheit und Sport (unproblematisch sind sicherlich Theater, Sportplätze und Sporthallen; für Krankenhäuser dürfte es dagegen in einem Kerngebiet meistens zu laut sein); Tankstellen (allerdings nur, wenn sie zu einem Parkhaus oder einer Großgarage gehören); Wohnungen für diejenigen Menschen, die in der Nähe ihres Betriebs wohnen müssen (zum Beispiel Aufsichts- und Bereitschaftspersonal); weitere Wohnungen nur dann, wenn dies im B-Plan ausdrücklich so vorgesehen ist (daran zeigt sich, daß das normale Wohnen im Kerngebiet nichts zu suchen hat).

115 Die Ausnahmebebauung im Kerngebiet ist nicht sonderlich ausgeprägt. Darunter fallen nur Tankstellen, die im Gegensatz zur Regelbebauung nicht zu einem Parkhaus gehören, sowie im Einzelfall Wohnungen, die nicht unter die oben aufgeführten Gruppen fallen.

116 Bei Kerngebieten hat der Gesetzgeber eine Besonderheit vorgesehen. Im Normalfall soll im Kerngebiet nicht gewohnt werden. Das liegt daran, daß die Betriebe im Kerngebiet sich nicht gut mit dem Wohnen vertragen. Das gilt vor allem für solche Einrichtungen, die auch abends genutzt werden, zum Beispiel Theater oder große Kinos. Andererseits kann die Bestimmung, daß in Kerngebieten nicht gewohnt wird, zu einer Verödung der Innenstädte beitragen. Gerade in größeren Städten kommt es häufig vor, daß es im Zentrum nur noch große Einkaufsgeschäfte und -passagen gibt. Pünktlich um acht Uhr ist dieser Teil der Stadt dann wie ausgestorben, es bewegt sich kein Mensch mehr auf der Straße.

Aus diesem Grund kann die Stadt oder Gemeinde ein Kerngebiet auch in eine Art Mischgebiet umwandeln. Denn es gibt viele Stadtzentren, die ganz gut eine Wohnnutzung vertragen könnten, weil es auch nachts nicht sonderlich laut zugeht. Daher kann im B-Plan vorgeschrieben werden, daß ein bestimmter Anteil der jeweiligen Gebäudefläche für Wohnungen verwendet werden muß. Typisches Beispiel: Für ein fünfgeschossiges Gebäude wird ein großes Kaufhaus geplant; dann kann im B-Plan festgesetzt werden, daß im obersten Stockwerk Wohnungen gebaut werden müssen. Es ist sogar gesetzlich zulässig, daß die Wohnnutzung im Kerngebiet die gewerbliche Nutzung überwiegt.[8]

Derartige Festsetzungen sind übrigens auch nachträglich zulässig. Das bedeutet zwar nicht, daß dann sofort Teile der Verkaufsfläche in Wohnungen umgebaut werden müssen. Es bedeutet aber, daß immer dann, wenn in dem Gebiet ein Gebäude umgebaut wird, die neuen Vorgaben des B-Plans beachtet werden müssen. So kommt man dann zu einer allmählichen Anpassung der alten Verhältnisse an das, was im neuen B-Plan steht.

Dahinter steckt auch noch eine andere, umweltpolitisch motivierte Überlegung. Immer dann, wenn die Gebiete, in denen nur gewohnt wird, und die Gebiete, in denen nur gearbeitet wird, weit auseinanderliegen, gibt es viel Verkehr. Um die Verkehrsströme etwas einzudämmen, ist es daher sinnvoll,

---

[8] Finkelnburg/Ortloff, Öffentliches Baurecht, Band I, S. 110.

die Menschen möglichst da anzusiedeln, wo sie auch arbeiten. Das geht allerdings nur, solange sich diese beiden Nutzungen miteinander vertragen.

3.2.1.3.2 Das Gewerbegebiet – GE (§ 8 BauNVO)

117 In Gebieten, in denen überwiegend gewohnt wird, dürfen keine störenden Gewerbebetriebe angesiedelt werden. Der Grund hierfür liegt auf der Hand: Lärm und Abgase vertragen sich nicht mit dem Wohnen. Man kann diesen Grundsatz aber auch umdrehen: Wo überwiegend gearbeitet wird, soll nicht gewohnt werden. In solchen Gebieten stören nicht die Gewerbebetriebe, sondern es würden Wohnungen stören. Und deshalb sind Wohngebäude dort weitgehend untersagt.

118 Zur Zweckbestimmung des Gewerbegebiets sagt § 8 Abs. 1 BauNVO:

> **§ 8 Abs. 1 BauNVO:** Gewerbegebiete dienen vorwiegend der Unterbringung von nicht erheblich belästigenden Gewerbebetrieben.

Mit der Formulierung „nicht erheblich belästigend" ist gemeint, daß es sich nicht um die ganz unverträglichen Anlagen handeln darf, also beispielsweise keine Metallverarbeitung, bei der den ganzen Tag der automatische Hammer auf den Amboß fällt – mit entsprechenden Geräuschen. Hierfür sind Industriegebiete vorgesehen.

Zur Regelbebauung im Gewerbegebiet gehören: Gewerbebetriebe aller Art, Lagerhäuser, Lagerplätze und öffentliche Betriebe. Allerdings muß auch hier beachtet werden, daß es sich um nicht erheblich störende Betriebe handeln darf. Denn im Gewerbegebiet sind außerdem erlaubt: Geschäfts-, Büro- und Verwaltungsgebäude. Gerade Bürogebäude sind aber eine empfindliche Nutzung, sie können nicht neben stark emittierenden Betrieben angesiedelt werden. Zulässig sind außerdem Sportanlagen und Tankstellen.

119 Im Ermessen der Genehmigungsbehörde steht es, ob Wohnungen für Bereitschaftspersonal oder Betriebsleiter zugelassen werden. Das ist erforderlich, weil manche Menschen in der Nähe ihres Betriebs wohnen müssen, um schnell vor Ort und Stelle sein zu können. Allen anderen dagegen ist der Bau von Wohnungen im Gewerbegebiet untersagt. Ausnahmsweise sind außerdem möglich: Gebäude für kirchliche Zwecke, Kultur, Soziales oder Gesundheit (das ist deshalb möglich, weil solche Gebäude typischerweise nur kurzfristig aufgesucht werden); Vergnügungsstätten (oft sind große Musikhallen zu laut, um noch in einem Kerngebiet untergebracht zu werden, sie gehören dann ins Gewerbegebiet).

3.2.1.3.3 Das Industriegebiet – GI (§ 9 BauNVO)

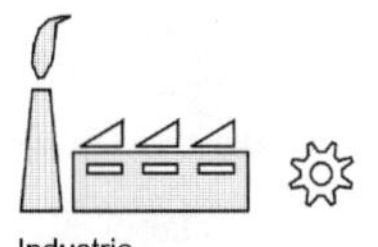
Industrie

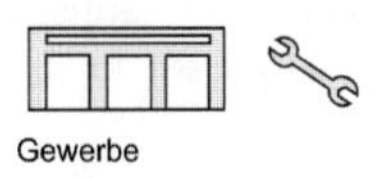
Gewerbe

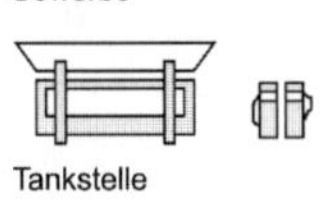
Tankstelle

120 Entgegengesetzt zu den reinen Wohngebieten gibt es die (reinen) Industriegebiete. Die BauNVO sagt hierzu in § 9 Abs. 1:

§ 9 Abs. 1 BauNVO: Industriegebiete dienen ausschließlich der Unterbringung von Gewerbebetrieben, und zwar vorwiegend solcher Betriebe, die in anderen Baugebieten unzulässig sind.

Diesem Gebietscharakter liegt die Annahme zugrunde, daß sich keine andere Nutzung mit störenden Gewerbebetrieben verträgt.

121 Zur Regelbebauung gehören deshalb Gewerbebetriebe aller Art und Tankstellen. Nur ganz ausnahmsweise sind Wohnungen für Bereitschaftspersonal oder Betriebsleiter sowie Bauten für kirchliche, kulturelle, soziale, gesundheitliche oder sportliche Zwecke zulässig.

3.2.1.4 Gebiete für besondere Nutzungen

3.2.1.4.1 Das Kleinsiedlungsgebiet – WS (§ 2 BauNVO)

Kleinsiedlungsgebiete

122 Arbeiten und Wohnen – wenn es nach dem Baurecht geht, sind das die hauptsächlichen Erscheinungsformen des menschlichen Lebens. Denn die BauNVO enthält als typische und häufige Baugebiete entweder Wohngebiete oder Gebiete, in denen gearbeitet wird, oder entsprechende Mischformen. Doch es gibt auch noch Gebiete mit ganz anderem Charakter.

123 Romantisch und etwas aus der Zeit erscheinen die sogenannten Kleinsiedlungsgebiete. Die BauNVO sagt dazu in § 2 Abs. 1:

§ 2 Abs. 1 BauNVO: Kleinsiedlungsgebiete dienen vorwiegend der Unterbringung von Kleinsiedlungen einschließlich Wohngebäuden mit entsprechenden Nutzgärten und landwirtschaftlichen Nebenerwerbsstellen.

Hier liegt die Betonung neben dem Wohnen vor allem auf der Nutzung eines kleinen Stück Lands. Dahinter steckt die Vorstellung, daß es Gebiete gibt, die sich quasi selbst versorgen können, weil es ausreichend Gärten und kleine landwirtschaftliche Betriebe – eben Nebenerwerbsbetriebe – gibt. Allerdings handelt es sich hierbei weder um Dörfer noch um landwirtschaftliche Anwesen, sondern in der Regel um Stadtteile. Die Vorstellung des Gesetzgebers war, daß es auch in Städten Wohngebiete geben soll, die sich im Notfall – zum Beispiel im Krieg – selbst ernähren können. Anfang der 60er Jahre gab es diese Gebiete auch noch recht häufig.

3.2.1.4.2 Das Erholungsgebiet – SO (§ 10 BauNVO)

Sondergebiete Erholung

124 Ein weiterer Gebietstypus in der BauNVO sind Erholungsgebiete (wörtlich: Sondergebiete, die der Erholung dienen). Das sind vor allem Gebiete für Wochenend- und Ferienhäuser sowie für Campingplätze. Erlaubt sind dabei aber nur solche Häuser, die nicht einem dauerhaften Wohnen dienen. Ferienhäuser beispielsweise sollen dazu bestimmt sein, „überwiegend und auf Dauer einem wechselnden Personenkreis zur Erholung zu dienen“.

3.2.1.4.3 Das sonstige Sondergebiet – SO (§ 11 BauNVO)

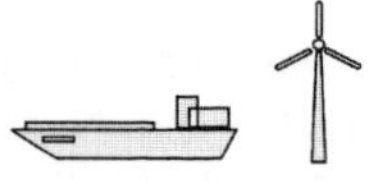
Sonstige Sondergebiete

125 Als Auffangbecken dienen die sogenannten sonstigen Sondergebiete. In solchen Gebieten werden im B-Plan die Zweckbestimmung und die Nutzung festgelegt. Zu den sonstigen Sondergebieten zählt die BauNVO insbesondere: Gebiete für den Fremdenverkehr und Kurgebiete, Ladengebiete, Gebiete für Messen, Ausstellungen und Kongresse, Hochschulgebiete, Klinikgebiete, Hafengebiete oder Gebiete für Anlagen, die der Erforschung, Entwicklung oder Nutzung erneuerbarer Energien wie Wind- und Sonnenenergie dienen.

126 Eine besondere Regelung gibt es für Einkaufszentren und andere große Handelsbetriebe in § 11 Abs. 3 BauNVO; diese sind nur entweder in Kerngebieten oder in eigens hierfür festgelegten Sondergebieten zulässig. Dahinter steckt die Vorstellung, daß solche großen Geschäfte oder Einkaufszentren einerseits sehr viel Verkehr anziehen, andererseits ein Ortsbild komplett verunstalten können.

Hier kommt auch noch ein weiterer Gesichtspunkt zum Tragen. Da großflächige Einzelhandelsbetriebe außer in Kerngebieten nur in extra hierfür ausgewiesenen Sondergebieten zulässig sind, liegt es in der Hand der Gemeinde, solche Einkaufszentren zu untersagen. Sie weist dann eben einfach kein solches Sondergebiet aus, und die einzig dann noch zur Verfügung stehenden Kerngebiete sind meistens schon dicht bebaut, so daß kein Platz mehr vorhanden ist. Ob ein Einkaufszentrum dann auf der grünen Wiese am Stadtrand gebaut werden soll, liegt in der Entscheidung der Gemeindevertretung.

Hintergrund dieser Entscheidungsfreiheit für die Gemeinde ist auch die Tatsache, daß große Einkaufszentren oft die Schließung von kleineren Einzelhandelsläden in der Innenstadt zur Folge haben. Das führt dann zu einer Verödung der Zentren, und deshalb soll es die Gemeinde in der Hand haben, solche Einkaufszentren generell nicht zuzulassen.

3.2.2 Die Regelungstechnik der BauNVO – Das System von Ausnahmen und Befreiungen

127 Die BauNVO selbst ist sehr logisch und regelmäßig aufgebaut. Jedes der genannten Gebiete wird zuerst beschrieben (das ist dann der sogenannte Gebietscharakter oder Gebietszweck). Anschließend werden diejenigen Bauten aufgezählt, die in diesem Gebietstyp immer zulässig sind, und danach diejenigen Bauten, die ausnahmsweise zulässig sind.

128 Die Unterscheidung zwischen generell zulässigen und nur ausnahmsweise zulässigen Bauten hat gravierende Konsequenzen. Wenn ein Bauwilliger eine Baugenehmigung für ein Bauvorhaben beantragt, das zu den generell zulässigen gehört, dann darf ihm – beim Vorliegen aller anderen gesetzlichen Voraussetzungen – diese Genehmigung nicht verweigert werden, und er kann diesen Anspruch notfalls vor Gericht durchsetzen.[9] Bei den ausnahmsweise zulässigen Bauten steht es dagegen im Ermessen[10] der Genehmigungsbehörde, ob sie die Baugenehmigung erteilt. Zwar bedeutet auch Ermessen nicht Willkür; die Behörde muß, wenn sie einen solchen Antrag auf Baugenehmigung ablehnt, sachliche Gründe dafür anführen. Aber die Möglichkeit, gegen eine solche Entscheidung gerichtlich vorzugehen, ist eingeschränkt, da die Gerichte eben nur überprüfen, ob die Gründe der Behörde für die Ablehnung vernünftig und nachvollziehbar sind.[11]

129 Die Gemeinden müssen die BauNVO bzw. den jeweiligen Gebietstyp nicht komplett in den B-Plan übernehmen. Solange der Gebietscharakter gewahrt bleibt, kann die Gemeinde bestimmte Teile der Regelbebauung herausnehmen, sie kann festschreiben, daß solche Teile nur ausnahmsweise zulässig sind, oder sie kann die Ausnahmebebauung generell für unzulässig erklären. Näheres hierzu bestimmt § 1 Abs. 4 bis 9 BauNVO. Der Gebietscharakter insgesamt muß allerdings gewahrt bleiben, weil andernfalls die Regelung der Nutzungskonflikte in der BauNVO überhaupt keinen Sinn mehr machen würde.

130 Die Bauwillige, die weder nach den Festsetzungen des B-Plans noch durch den Verweis auf die BauNVO zu ihrer Genehmigung kommt, hat noch eine letzte Möglichkeit: Sie kann eine Befreiung beantragen. Die Möglichkeit der Befreiung wird nicht im B-Plan geregelt, sondern ist in § 31 Abs. 2 BauGB festgehalten.

§ 31 BauGB. Ausnahmen und Befreiungen

(2) Von den Festsetzungen des Bebauungsplans kann befreit werden, wenn die Grundzüge der Planung nicht berührt werden und

1. Gründe des Wohls der Allgemeinheit die Befreiung erfordern oder

---

[9] Finkelnburg/Ortloff, Öffentliches Baurecht, Band II, S. 121 ff.

[10] Zum Begriff siehe Glossar im Anhang.

[11] Siehe zum Ermessen auch Maurer, Allgemeines Verwaltungsrecht, § 7.

2. die Abweichung städtebaulich vertretbar ist oder
3. die Durchführung des Bebauungsplans zu einer offenbar nicht beabsichtigten Härte führen würde

und wenn die Abweichung auch unter Würdigung nachbarlicher Interessen mit den öffentlichen Belangen vereinbar ist.

Um diese Norm besser zu verstehen, muß man sich vor Augen halten, daß es sich bei der Möglichkeit der Befreiung darum handelt, dem **atypischen** Ausnahmefall gerecht zu werden. Es darf sich also von vornherein nicht um einen Konflikt handeln, den es in jedem Baugebiet gibt oder geben kann, sondern es müssen Umstände vorliegen, die es ohne weiteres einsichtig machen würden, hier von den Festsetzungen des B-Plans zu befreien. Das mag beispielsweise in Frage kommen, wenn ein Grundstück in besonders ungünstiger Weise geschnitten ist und deshalb eine vernünftige Bebauung nur schwer möglich ist. Leider ist es dem Gesetzgeber mit dieser Norm nicht gelungen, einen etwas genaueren Weg aufzuzeichnen. Die Gerichte bemühen sich aber insbesondere mit den Hinweis auf die Atypik um eine gleichmäßige Handhabung des Befreiungstatbestands.[12]

Auch die Erteilung der Befreiung liegt im Ermessen der Genehmigungsbehörde. Wenn allerdings die eben genannten restriktiven Voraussetzungen vorliegen, dann deutet das Gesetz bereits darauf hin, daß die Befreiung erteilt werden soll. Verweigert die Genehmigungsbehörde die Befreiung, kann die Ermessensausübung gerichtlich überprüft werden.

Übrigens: Bauwillige müssen nicht extra einen Antrag auf die Bewilligung einer Ausnahme oder Befreiung stellen. Der Antrag auf Erteilung der Baugenehmigung enthält ungeschrieben den Antrag auf Ausnahme oder Befreiung für den Fall, daß das Vorhaben nur so genehmigt werden kann.[13]

3.2.3 Das Rücksichtnahmegebot

131 Entspricht ein Bauvorhaben den Festsetzungen des B-Plans, muß die Genehmigung prinzipiell erteilt werden.

Hiervon gibt es allerdings eine wichtige Einschränkung: Das Gebot der Rücksichtnahme.[14]

§ 15 BauNVO. Allgemeine Voraussetzungen für die Zulässigkeit baulicher und sonstiger Anlagen

(1) Die in den §§ 2 bis 14 aufgeführten baulichen und sonstigen Anlagen sind im Einzelfall unzulässig, wenn sie nach Anzahl, Lage, Umfang oder Zweckbestimmung der Eigenart des Baugebiets widersprechen. Sie sind auch unzulässig, wenn von ihnen

---

[12] BVerwGE 56, 71 = NJW 1979, 939; Finkelnburg/Ortloff, Öffentliches Baurecht, Band I, S. 327ff.; Battis/Krautzberger/Löhr, BauGB, § 31 Rz. 25ff.

[13] Siehe hierzu unten Rz. 411.

[14] Zur nachbarrechtlichen Bedeutung des Rücksichtnahmegebots siehe auch unten Rz. 332ff..

Belästigungen oder Störungen ausgehen können, die nach der Eigenart des Baugebiets im Baugebiet selbst oder in dessen Umgebung unzumutbar sind, oder wenn sie solchen Belästigungen oder Störungen ausgesetzt werden.

(2) Die Anwendung des Absatzes 1 hat nach den städtebaulichen Zielen und Grundsätzen des § 1 Abs. 5 des Baugesetzbuches zu erfolgen.

Hinter dieser Regelung steckt die Vorstellung des Gesetzgebers, daß ein konkretes Bauvorhaben, das allen gesetzlichen Anforderungen entspricht und mit den Festsetzungen im B-Plan übereinstimmt, trotzdem wegen der besonderen Situation vor Ort unzulässig sein kann. Mit anderen Worten: Selbst wenn alle Voraussetzungen vorliegen, muß die Behörde vor der Erteilung der Baugenehmigung immer noch eine Einzelfallprüfung vornehmen.

Die Genehmigung wird von der Behörde versagt, wenn das Bauvorhaben aufgrund seiner konkreten Ausprägung der Eigenart des Baugebiets widerspricht oder wenn von ihm unzumutbare Störungen ausgehen.[15] Insbesondere die befürchteten Belästigungen, die von dem Vorhaben erwartet werden, müssen mit den Besonderheiten des Bauvorhabens oder seiner Nutzung zusammenhängen .[16]

132 Nun kann zu Recht eingewendet werden, daß über die Frage, ob ein Vorhaben zulässig ist, doch schon im B-Plan entschieden worden sei. Wenn die demokratisch gewählte Stadt- oder Gemeindevertretung eine bestimmte Art von Vorhaben zulassen will, dann ist es nicht Aufgabe der Behörde, hier noch eine Einzelfallprüfung anhand recht undurchschaubarer Kriterien durchzuführen.

Dieses Argument greift aber nur in den Fällen, in denen die Festsetzungen im B-Plan sehr konkret und detailliert sind. Wenn im B-Plan festgelegt ist, daß dreistöckige Mehrfamilienhäuser mit sechs Wohnungen an der Straße X gebaut werden dürfen, dann kann nicht anschließend die Einzelfallprüfung ergeben, daß ein solches Vorhaben unzulässig ist, weil derartige Mehrfamilienhäuser zuviel Verkehr anziehen oder den bereits vorhandenen Gebäuden das Licht wegnehmen. Immer dann, wenn der B-Plan weitgehend detailliert ist, kann die Verwaltung nicht unter Berufung auf das Rücksichtnahmegebot davon abweichen. Ist sie der Meinung, daß der B-Plan „rücksichtslose" Festlegungen enthält, muß eben der Plan selbst von den Gerichten überprüft werden.

In den meisten Fällen liegt die Sache aber anders: Es gibt zwar einen B-Plan, der in groben Umrissen erkennen läßt, was sich die Stadtväter gedacht haben mögen. Aber vieles bleibt der Konkretisierung durch die Baugenehmigung vorbehalten. Bei einer solchen, vornehm ausgedrückt, „planerischen

---

[15] Wie immer gilt das auch umgekehrt: Ein Vorhaben ist auch dann unzulässig, wenn es im konkreten Einzelfall bereits vorhandenen Störungen in unzumutbarer Weise ausgesetzt sein würde.

[16] Finkelnburg/Ortloff, Öffentliches Baurecht, Band I, S. 321 ff.

Zurückhaltung" muß die Behörde die Möglichkeit haben, ein Bauvorhaben im Einzelfall abzulehnen.

Man stelle sich folgenden Fall vor: In einem Mischgebiet, für das es einen alten B-Plan gibt, kommt es immer wieder zu berechtigten Beschwerden der Anwohner über den nächtlichen Verkehr. Die Behörde nimmt sich also vor, in der künftigen Genehmigungspraxis einige besonders empfindliche Teile dieses Gebiets derart zu berücksichtigen, daß in unmittelbarer Nähe keine Gebäude entstehen, die viel nächtlichen Verkehr anziehen. Nun kommt ein Investor und will einen großen Veranstaltungsraum für Konzerte einrichten. Selbst wenn dieser Raum nach den Bestimmungen des existierenden B-Plans zulässig wäre, könnte die Behörde mit Hinweis auf das Rücksichtnahmegebot die Baugenehmigung verweigern und damit argumentieren, das beantragte Vorhaben ziehe eine zu hohe nächtliche Verkehrsbelästigung nach sich.

133 Übrigens: Das Rücksichtnahmegebot kann auch von betroffenen Nachbarn gerichtlich kontrolliert werden. § 15 BauNVO gehört zu denjenigen Normen des Baurechts, auf die sich vor Gericht auch Dritte berufen können.[17]

Die Behörde hat im Fall des Rücksichtnahmegebots auch kein Ermessen; vielmehr handelt es sich bei den Tatbestandsmerkmalen der Norm um sogenannte unbestimmte Rechtsbegriffe,[18] die von den Verwaltungsgerichten voll überprüft werden. Das bedeutet: Wenn das Gericht der Meinung ist, ein Vorhaben sei wegen Verstoßes gegen das Rücksichtnahmegebot unzulässig, dann kommt es auf eine etwa abweichende Meinung der Verwaltung nicht mehr an. Das gilt natürlich auch für den umgekehrten Fall: Die Behörde versagt die Genehmigung unter Berufung auf das Rücksichtnahmegebot, und das Gericht stellt fest, daß dessen Voraussetzungen gar nicht vorliegen. In diesem Fall muß die Genehmigung erteilt werden.

3.2.4 Festlegungen zum Maß der baulichen Nutzung

134 Ein B-Plan wäre höchst unvollständig, wenn er nichts über das Volumen der zulässigen Bebauung aussagen würde..[19] Es macht einen erheblichen Unterschied, ob mehrstöckige Gebäude dicht an dicht gebaut werden dürfen oder ob lediglich einstöckige Wohnhäuser in großen Gärten zulässig sind.

Die BauNVO enthält daher nicht nur die Charakterisierung der einzelnen Gebietstypen, also Festlegungen über die Art der Bebauung. In einem zweiten Abschnitt (§§ 16ff. BauNVO) wird auch das Maß der baulichen Nutzung, die räumliche Ausdehnung, geregelt.

---

[17] Zum Nachbarschutz siehe unten Rz. 322ff.

[18] Zum Begriff siehe Glossar im Anhang.

[19] Siehe § 30 Abs. 1 BauGB, wonach ein qualifizierter B-Plan derartige Festsetzungen enthalten muß.

Das Maß der baulichen Nutzung kann auf fünf verschiedene Arten festgelegt werden:

135 Durch die **Grundflächenzahl (GRZ)**: Diese Zahl gibt an, wieviel Prozent des Grundstücks überbaut werden dürfen. Eine Grundflächenzahl von 0,6 bedeutet also, daß von einem 100 Quadratmeter großen Grundstück 60 Quadratmeter bebaut werden dürfen. Alternativ dazu kann auch direkt die maximale Größe der bebaubaren Grundfläche für das jeweilige Grundstück festgesetzt werden.

136 Durch die **Geschoßflächenzahl (GFZ)**: Diese Zahl gibt an, wieviel Quadratmeter Geschoßfläche je Quadratmeter Grundstücksfläche zulässig sind. Eine Geschoßflächenzahl von 2,4 bedeutet beispielsweise, daß bei einem Grundstück von 100 Quadratmetern die nutzbare Fläche des Gebäudes auf allen Stockwerken bis zu 240 Quadratmeter betragen darf. Auch hier kann alternativ die maximale Geschoßfläche für die einzelnen Grundstücke in absoluten Zahlen angegeben werden.

137 Durch die Festlegung einer **Baumassenzahl**: Diese Zahl gibt an, wieviel Kubikmeter umbauter Raum im Verhältnis zur Grundstücksgröße zulässig sind (siehe Abbildung 3b).

138 Durch die **Zahl der Vollgeschosse**: Hier kann also beispielsweise festgelegt werden, daß Gebäude nur mit maximal zwei Vollgeschossen gebaut werden dürfen. Der Begriff des Vollgeschosses ist in den Landesbauordnungen definiert.

139 Durch die maximale **Höhe der baulichen Anlagen**.

140 Die BauNVO macht der planenden Gemeinde auch bei der Festlegung des Maßes der baulichen Nutzung im B-Plan bestimmte Vorgaben. So muß eine Grundflächenzahl (in relativen oder absoluten Zahlen) in einem qualifizierten B-Plan nach § 31 Abs. 1 BauGB immer festgesetzt werden. Die Zahl der Vollgeschosse (oder alternativ die Höhe der Bauten) muß festgesetzt werden, wenn andernfalls die Gefahr besteht, daß durch unterschiedlich hohe Bauten das Ortsbild beeinträchtigt wird.

Werden Geschoßflächenzahl, Zahl der Vollgeschosse oder Höhe der Bauten festgesetzt, kann dies verknüpft werden mit einer Mindestfestsetzung in dem jeweiligen Bereich. Im B-Plan kann also beispielsweise verordnet werden, daß jedes Haus mindestens zwei und höchstens drei Vollgeschosse haben muß.

141 Außerdem enthält die BauNVO in § 17 Obergrenzen für das Maß der Bebauung, und zwar je nach Gebietstyp. Das ist nur konsequent, denn selbstverständlich hat auch das Maß der zulässigen Bebauung Auswirkungen auf den Gebietscharakter. Ein reines Wohngebiet ist schwer denkbar, wenn mehrstöckige Häuser Wand an Wand und ohne Grünflächen gebaut werden.

Deshalb beträgt beispielsweise die maximale Grundflächenzahl in reinen Wohngebieten 0,4, was bedeutet, daß 60 Prozent der Grundstücke von Bebauung freigehalten werden und insgesamt ein recht lockeres Bild entsteht.

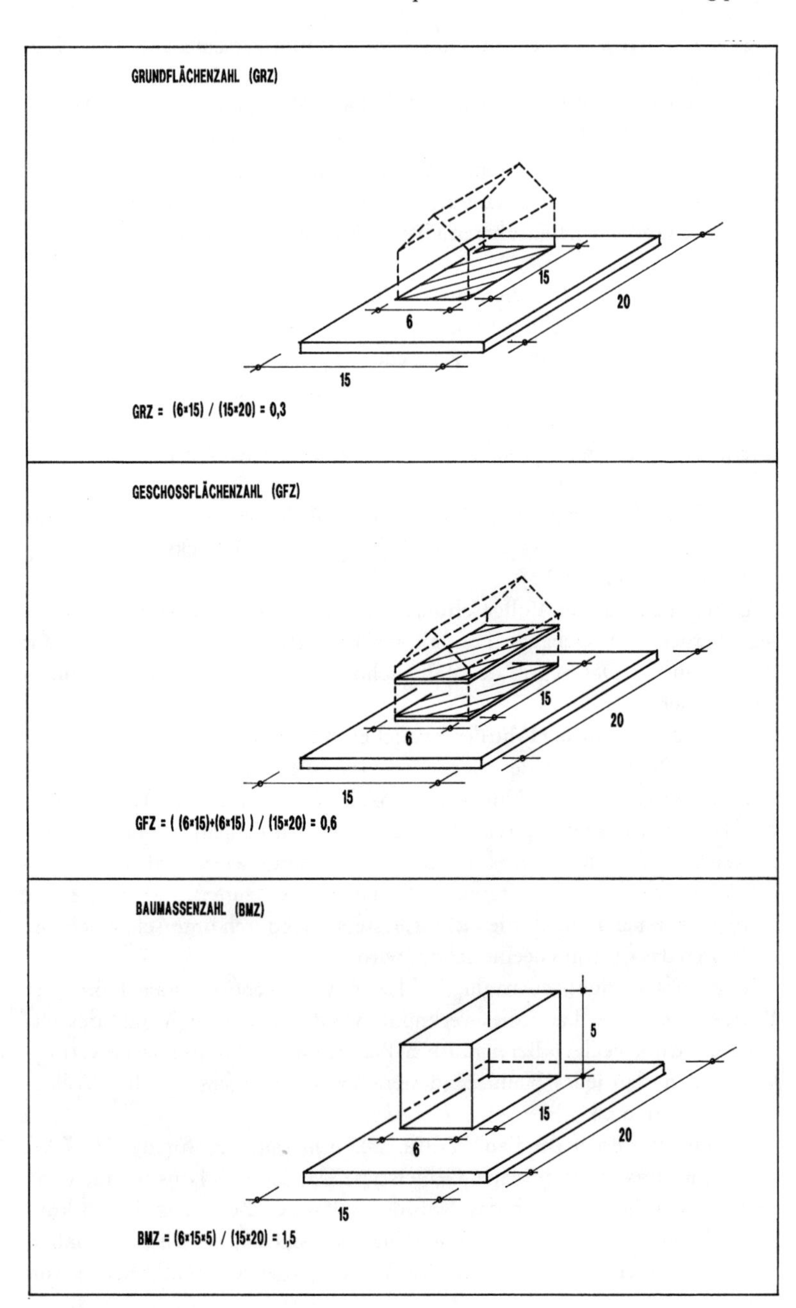

Abbildung 3 b

Abbildung 3b: Übersicht über Festsetzungsmöglichkeiten für das Maß der baulichen Nutzung.
Die **Grundflächenzahl** (§ 19 BauNVO) gibt an, wieviel Fläche des Grundstücks bebaut werden darf. Eine Grundflächenzahl von 0,3 läßt bei einem Grundstück von 300 Quadratmetern eine Bebauung von 90 Quadratmetern zu.
Die **Geschoßflächenzahl** (§ 20 Abs. 2 BauNVO) gibt an, wieviel Geschoßfläche im Verhältnis zur Grundstücksfläche zulässig ist. Bei einer Geschoßflächenzahl von 0,6 dürfen auf einem 300 Quadratmeter großen Grundstück insgesamt 180 Quadratmeter auf allen Geschossen errichtet werden. Die Geschoßflächenzahl sagt dagegen nichts darüber aus, auf wieviele Geschosse die Fläche verteilt werden darf. Dies kann im B-Plan festgesetzt werden entweder über Angaben zur zulässigen Zahl der Vollgeschosse oder über eine Höhenbegrenzung.
Die **Baumassenzahl** (§ 21 BauNVO) gibt das Verhältnis von Grundstücksfläche und umbautem Raum an. Bei einer Bamaussenzahl von 1,5 dürfen auf einem 300 Quadratmeter großen Grundstück 450 Kubikmeter umbaut werden.

Und während es in Industrie- und Gewerbegebieten bei einer Grundflächenzahl von 0,8 immerhin noch ein paar Freiflächen geben soll, ist im Kerngebiet eine Grundflächenzahl von 1,0 und damit die vollständige Ausnutzung des Bodens für die Bebauung zulässig.

Die Begrenzung der BauNVO verpflichtet die planende Gemeinde nur nach oben.[20] Die Gemeinden können also nach unten abweichen und die Bebaubarkeit weiter einschränken. Allerdings gilt hier dann der Verhältnismäßigkeitsgrundsatz:[21] Jede Einschränkung der Bebaubarkeit eines Grundstücks muß sachlich gerechtfertigt sein.

Die BauNVO enthält in den §§ 17ff. Bestimmungen darüber, unter welchen Umständen die Obergrenzen überschritten werden können, sowie genauere Angaben zur Berechnung der einzelnen Festlegungen beispielsweise bei Garagen und Stellplätzen.

3.2.5 Festlegungen zur Bauweise

142 Schließlich kann auch noch die Bauweise und die überbaubare Grundstücksfläche festgelegt werden (§§ 22ff. BauNVO).

143 Bei der Bauweise wird unterschieden zwischen **offener Bauweise** (also Abstand zwischen den einzelnen Häusern oder Häusergruppen) und **geschlossener Bauweise** (also Haus an Haus). Auch die Festlegung einer halboffenen Bauweise in unterschiedlichen Variationen ist zulässig.

144 Im Rahmen der überbaubaren Grundstücksfläche können **Baulinien, Baugrenzen und Bebauungstiefen** festgelegt werden. Bei Festsetzung einer Baulinie **müssen** die Häuser auf dieser Baulinie gebaut werden; üblicherweise wird eine Baulinie zur Straße hin festgesetzt, so daß sich nach vorne eine einheitliche Front ergibt. Eine Baugrenze besagt, daß nur bis zu dieser Grenze gebaut werden **darf**, aber nicht muß. Die Bautiefe schließlich ist eine hintere Baugrenze, meistens von der Straße aus gerechnet (siehe Abbildung 3c).

---

[20] Zur Bindung an § 17 BauNVO siehe OVG Berlin, NVwZ-RR 1995, 69.
[21] Zum Begriff siehe Glossar im Anhang.

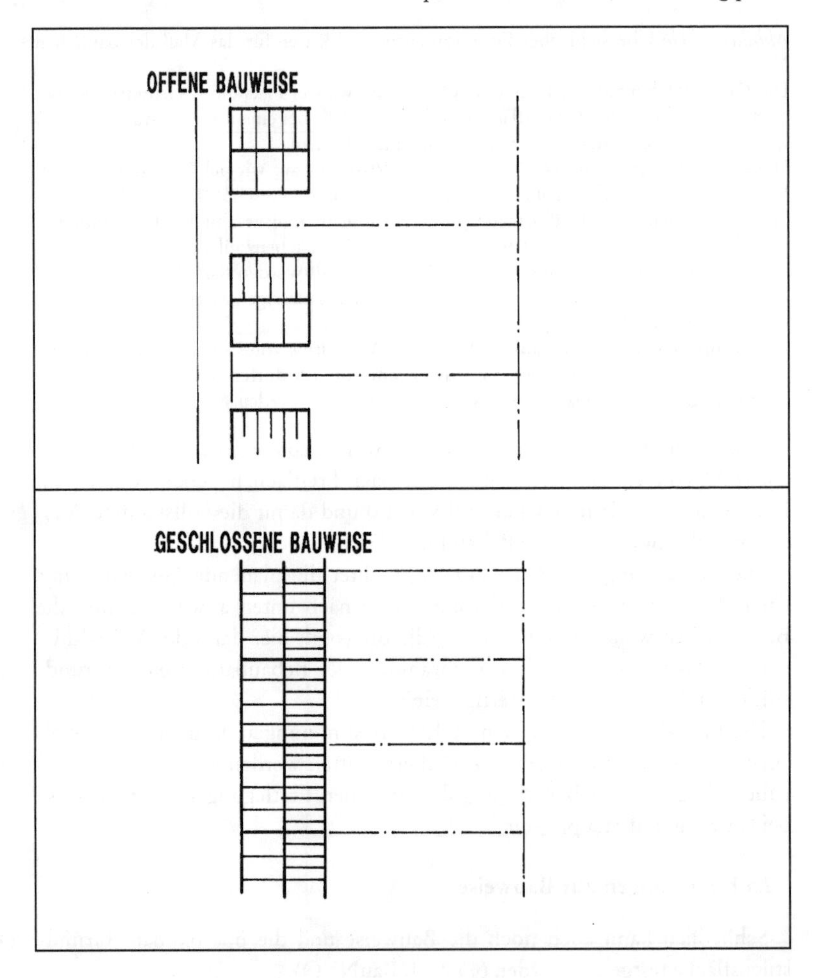

Abbildung 3 c: Übersicht über Festsetzungsmöglichkeiten für die Bauweise und die überbaubare Grundstücksfläche.
Die **offene Bebauung** (§ 22 BauNVO) verlangt einen seitlichen Abstand zwischen den Häusern (als Einzelhäuser, Doppelhäuser oder Hausgruppen), bei **geschlossener Bebauung** müssen die Häuser seitlich Wand an Wand errichtet werden.
Die Festsetzung einer **Baulinie** verpflichtet gemäß § 23 Abs. 2 BauNVO dazu, daß genau auf dieser Linie gebaut werden muß.
Eine **Baugrenze** (§ 23 Abs. 3 BauNVO) ist die Umrandung eines sogenannten Baufensters; der Bau muß sich innerhalb dieses Fensters halten.
Die Festsetzung einer **Bautiefe** (§ 23 Abs. 4 BauNVO) stellt die hintere Begrenzung der möglichen Bebauung dar; es muß aber nicht auf dieser Linie gebaut werden.

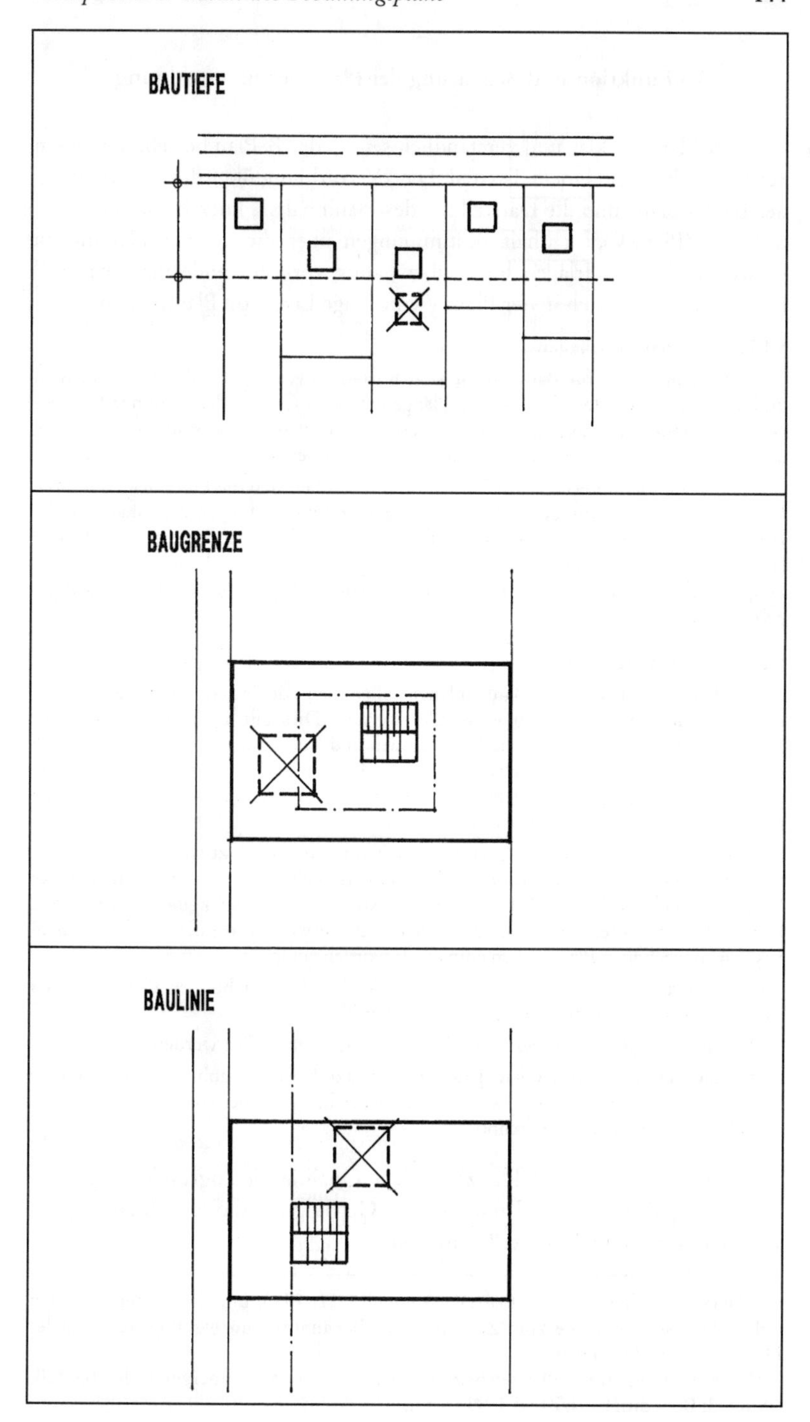
BAUTIEFE
BAUGRENZE
BAULINIE

3.3 Funktion und Bedeutung der Planzeichenverordnung

145 Ein B-Plan soll klar und verständlich sein. Jeder B-Plan besteht aus einem zeichnerischen und einem Textteil. Die „Verordnung über die Ausarbeitung der Bauleitpläne und die Darstellung des Planinhalts", kurz Planzeichenverordnung (PlanzV),[22] enthält Bestimmungen über die bei der Planung zu verwendenden Unterlagen sowie über häufig vorkommende Planzeichen.[23] Im Anhang findet sich in der PlanzV eine lange Liste von Planzeichen.

§ 1 PlanzV. Planunterlagen

(1) Als Unterlagen für Bauleitpläne sind Karten zu verwenden, die in Genauigkeit und Vollständigkeit den Zustand des Plangebiets in einem für den Planinhalt ausreichenden Grade erkennen lassen (Planunterlagen). Die Maßstäbe sind so zu wählen, daß der Inhalt der Bauleitpläne eindeutig dargestellt oder festgesetzt werden kann.

(2) Aus den Planunterlagen für Bebauungspläne sollen sich die Flurstücke mit ihren Grenzen und Bezeichnungen in Übereinstimmung mit dem Liegenschaftskataster, die vorhandenen baulichen Anlage, die Straßen, Wege und Plätze sowie die Geländehöhe ergeben. Von diesen Angaben kann insoweit abgesehen werden, als sie für die Festsetzungen nicht erforderlich sind. Der Stand der Planunterlagen (Monat, Jahr) soll angegeben werden.

§ 2 PlanzV. Planzeichen

(1) Als Planzeichen in den Bauleitplänen sollen die in der Anlage zu dieser Verordnung enthaltenen Planzeichen verwendet werden. Dies gilt auch insbesondere für Kennzeichnungen, nachrichtliche Übernahmen und Vermerke. Die Darstellungsarten können miteinander verbunden werden. Linien können auch in Farbe ausgeführt werden. Kennzeichnungen, nachrichtliche Übernahmen und Vermerke sollen zusätzlich zu den Planzeichen als solche bezeichnet werden.

(2) Die in der Anlage enthaltenen Planzeichen können ergänzt werden, soweit dies zur eindeutigen Darstellung des Planinhalts erforderlich ist. Soweit Darstellungen des Planinhalts erforderlich sind, für die in der Anlage keine oder keine ausreichenden Planzeichen enthalten sind, können Planzeichen verwendet werden, die sinngemäß aus den angegebenen Planzeichen entwickelt worden sind.

(3) Die Planzeichen sollen in Farbton, Strickstärke und Dichte den Planunterlagen so angepaßt werden, daß deren Inhalt erkennbar bleibt.

(4) Die verwendeten Planzeichen sollen im Bauleitplan erklärt werden.

(5) Eine Verletzung von Vorschriften der Absätze 1 bis 4 ist unbeachtlich, wenn die Darstellung, Festsetzung, Kennzeichnung, nachrichtliche Übernahme oder der Vermerk hinreichend deutlich erkennbar ist.

Für den Planer sagt § 1 PlanzV, welche Qualität die zugrundezulegenden Karten haben müssen und mit welcher Genauigkeit die einzelnen Grundstücksgrenzen festgelegt werden müssen.

---

[22] Derzeit gültige Fassung: PlanzV 90 vom 18. 12. 1990; um einen älteren B-Plan richtig zu lesen, muß die zum Zeitpunkt der Bekanntmachung gültige Fassung der PlanzV herangezogen werden.

[23] Zur Bindung an die Planzeichenverordnung: Battis/Krautzberger/Löhr, BauGB, § 9 Rz. 3; Boeddinghaus, ZfBR 1993, 161 ff.

Die Verwendung der Planzeichen nach § 2 und dem Anhang soll einerseits zur leichteren Lesbarkeit des Plans beitragen. Darüber hinaus sind die Planzeichen eng an die Begriffe im BauGB und in der BauNVO angekoppelt, so daß sich deren genauer Inhalt mit Hilfe des Gesetzes- bzw. Verordnungstextes erschließen läßt.

Eine Architektin, die sich über die Zulässigkeit eines Bauvorhabens anhand eines B-Plans informieren will, sollte sich hierfür also ausreichend Zeit nehmen und den Plan mit Hilfe des BauGB und der BauNVO lesen. Erst aus dem Zusammenspiel der verschiedenen Festlegungen und ihrer gesetzlichen Erläuterungen läßt sich genau ermitteln, ob das Bauvorhaben mit dem Plan übereinstimmt und damit zumindest in dieser Hinsicht genehmigungsfähig ist. Stadtplaner müssen bei der Erarbeitung von Plänen sehr genau mit den Zeichen in der PlanzV umgehen, weil sie in verbindlicher Weise den Inhalt des Plans konkretisieren.

3.4 Zusammenfassung

146

- Zulässige inhaltliche Festsetzungen im B-Plan – der Katalog aus § 9 BauGB
- Bedeutung, Aufbau und Regelungstechnik der BauNVO
- Die Gebietstypen der BauNVO
- Das System von Ausnahmen und Befreiungen
- Das Rücksichtnahmgebot – seine Bedeutung als Einzelfallkorrektiv
- Die Festlegung des Maßes der baulichen Nutzung: Grundflächenzahl, Geschoßflächenzahl, Baumassenzahl, Zahl der Vollgeschosse, Höhe baulicher Anlagen
- Die Festlegung der Bauweise: Baulinien, Baugrenzen, Bebauungstiefen
- Die Planzeichenverordnung als Grundlage der zeichnerischen Festlegungen im B-Plan

4. Kapitel
Bauen ohne Bebauungsplan

147 Bisher drehte sich alles mehr oder weniger um den B-Plan: Wer ihn aufstellt, welche Wirkungen er hat, was darin geregelt ist. Doch viele Baugebiete sind nicht beplant. Was dann?

Der Gesetzgeber hat dies in § 34 BauGB geregelt. Unter bestimmten Voraussetzungen gibt es den Anspruch auf eine Baugenehmigung auch dann, wenn kein Plan vorliegt.

Für Architekten und Stadtplaner ist § 34 BauGB eine nicht ungefährliche und deshalb besonders wichtige Norm.

Die Architektin ist verpflichtet, eine genehmigungsfähige Planung zu erstellen. Wenn es einen B-Plan gibt, kann sie sich weitgehend an dessen Vorgaben orientieren. Ohne B-Plan muß sie – zumindest in den Grundzügen – in der Lage sein, die einzelnen Voraussetzungen von § 34 BauGB zu erkennen und deren Vorliegen zu beurteilen – eine Aufgabe, an der oftmals Juristen scheitern.

Aber auch Stadtplaner und Kommunalpolitikerinnen müssen hier vorsichtig sein. Ohne B-Plan kann die Kommune nicht verhindern, daß es zu einer schwer kontrollierbaren Bautätigkeit kommt. Angesichts knapper Kapazitäten in der Verwaltung stehen die Kommune und ihre Planer regelmäßig vor der Frage, welche noch unbeplanten Gebiete sie zuerst beplanen sollen. Ausschlaggebend hierfür ist oft die Frage, womit sie rechnen müssen, wenn in einem unbeplanten Bereich Baugenehmigungen nach § 34 BauGB erteilt werden, ob etwa dadurch jede künftige zielgerichtete Entwicklung zunichte gemacht wird.

Nicht ganz selten wird § 34 BauGB aber auch mißbraucht. Kommunen planen ganz bewußt nicht, obwohl es eigentlich erforderlich wäre, im Genehmigungsverfahren werden dann im Zusammenwirken von Kommune und Genehmigungsbehörde interessengeleitete Entscheidungen getroffen, und zusätzlich wird die naturschutzrechtliche Eingriffsregelung umgangen.[1]

---

[1] Siehe § 8a Abs. 2 Satz 1 BauGB und oben Rz. 67 zur Nichtanwendbarkeit der naturschutzrechtlichen Eingriffsregelung im unbeplanten Innenbereich.

4.1 Voraussetzungen für eine Baugenehmigung ohne Bebauungsplan nach § 34 BauGB

148 § 34 Abs. 1 BauGB nennt die Voraussetzungen, bei deren Vorliegen ein Anspruch auf Baugenehmigung trotz Fehlens eines B-Plans besteht:

§ 34 BauGB. Zulässigkeit von Vorhaben innerhalb der im Zusammenhang bebauten Ortsteile

(1) Innerhalb der im Zusammenhang bebauten Ortsteile ist ein Vorhaben zulässig, wenn es sich nach Art und Maß der baulichen Nutzung, der Bauweise und der Grundstücksfläche, die überbaut werden soll, in die Eigenart der näheren Umgebung einfügt und die Erschließung gesichert ist. Die Anforderungen an gesunde Wohn- und Arbeitsverhältnisse müssen gewahrt bleiben; das Ortsbild darf nicht beeinträchtigt werden.

Danach müssen folgende Voraussetzungen vorliegen:

- es muß sich um einen im Zusammenhang bebauten Ortsteil handeln
- das Vorhaben muß sich in die nähere Umgebung einfügen
- die Erschließung muß gesichert sein
- gesunde Wohn- und Arbeitsverhältnisse müssen gewährleistet sein
- das Ortsbild darf nicht beeinträchtigt werden

4.1.1 Im Zusammenhang bebaute Ortsteile

149 Ein Bebauungszusammenhang liegt nach Ansicht des BVerwG vor, wenn eine tatsächlich aufeinanderfolgende, zusammenhängende Bebauung besteht.[2]

Schwierig an solchen unbestimmten Rechtsbegriffen[3] ist natürlich immer, wer das eigentlich beurteilt. Das letzte Wort haben hier – anders als beim Ermessen[3] – die Gerichte, und sie bemühen sich um weitgehende Objektivierung.

150 Eine der gängigen juristischen Denkmethoden besteht darin, sich einem Problem von den Rändern her zu nähern. In diesem Fall hieße das: Ein Bebauungszusammenhang liegt unzweifelhaft vor, wenn sich Häuser mit einheitlicher Fassade aneinanderreihen; ein Bebauungszusammenhang liegt nicht vor, wenn wenige unterschiedliche Bauten weit auseinander auf einer Fläche verteilt sind.[4]

151 Der nächste Schritt in der Rechtsanwendung kann darin bestehen, nach dem Sinn der Regelung zu fragen. Der Bebauungszusammenhang soll einen Maßstab geben für das, was dort neu gebaut werden darf. Ein Maßstab läßt sich nur bilden, wenn es Vergleichbares in der Umgebung gibt. Ist die Be-

---

[2] BVerwGE 31, 20; Battis/Krautzberger/Löhr, BauGB, § 34 Rz. 2.

[3] Zum Begriff siehe Glossar im Anhang.

[4] Zur „unerwünschten Splittersiedlung“ siehe unten Rz. 189.

bauung zu locker, zu unterschiedlich oder zu verstreut, dann läßt sich für das konkrete Grundstück, um das es geht, kein Maßstab finden.

Keinen Bebauungszusammenhang können Bauten bilden, die nicht für den ständigen Aufenthalt von Menschen bestimmt sind, wie beispielsweise Kleingartenanlagen oder Parkplätze.

152 Wird das Vorliegen einer maßstabbildenden Umgebungsbebauung bejaht, dann ist zu untersuchen, ob das Grundstück, um dessen Bebaubarkeit es im konkreten Fall geht, in diesen Zusammenhang gehört. Hier kommt es nach Auffassung des BVerwG auf die Verkehrsauffassung an, also darauf, was ein durchschnittlicher Beobachter sagen würde. Über die Figur des „Durchschnittsbeobachters" soll einerseits eine gewisse Objektivierung erreicht werden; andererseits sind es eben wieder einzelne Menschen – die Behörde und ggf. das Gericht –, die entscheiden. Für viele Einzelfälle haben die Gerichte mittlerweile Entscheidungen getroffen, die die Juristen dann in recht mühseliger Kleinarbeit finden und heranziehen müssen.[5]

153 Baulücken unterbrechen den Zusammenhang grundsätzlich nicht;[6] andernfalls hätte § 34 BauGB keine praktische Funktion mehr, weil es oftmals gerade um die Bebauung von Baulücken geht. Auch unbebaubare Flächen wie Flüsse oder Wälle und Straßen müssen den Bebauungszusammenhang nicht unterbrechen, wenn der Betrachter das Gefühl hat, daß die dahinter liegende Bebauung zur davor liegenden Bebauung dazugehört, diese sozusagen optisch fortsetzt. Bei größeren Lücken und Freiflächen wird man dagegen oft von einer Unterbrechung ausgehen müssen.

154 Schließlich wird man noch untersuchen müssen, ob das konkrete Grundstück möglicherweise im Außenbereich liegt. Das ist oft dann anzunehmen, wenn sich die Fläche am Rande der vorhandenen Bebauung befindet, weil sie dann nicht mehr zum Bebauungszusammenhang rechnet[7] (siehe auch Abbildung 4 a).

155 Der Bebauungszusammenhang muß außerdem innerhalb eines Ortsteils liegen. Auch hier fragt man am besten zunächst nach dem Sinn der Regelung. Mit dieser Voraussetzung will der Gesetzgeber verhindern, daß unerwünschte Splittersiedlungen außerhalb der Ortslage entstehen. Die Gerichte nehmen einen Ortsteil an, wenn sich ein Bebauungskomplex auf dem Gebiet einer Gemeinde befindet, nach der Zahl der vorhandenen Bauten ein gewisses Gewicht besitzt und Ausdruck einer „organischen Siedlungsstruktur"

---

[5] Einer der großen Kommentare zum BauGB, der „Ernst/Zinkahn/Bielenberg", enthält mehrere hundert Randziffern zu § 34 BauGB; in den letzten Jahren verwenden Juristen außerdem zunehmend Rechtsprechungsdatenbanken wie „juris", die die Suche nach Entscheidungen unter bestimmten Auswahlkriterien erleichtern.

[6] Allerdings hängt dies sehr vom Einzelfall ab; bei durchgehender einheitlicher Bebauung kann eine Baulücke auch unterbrechend wirken, siehe Battis/Krautzberger/Löhr, BauGB, § 34 Rz. 2, unter Verweis auf BVerwG, BRS 20 Nr. 34.

[7] Siehe zum ganzen Battis/Krautzberger/Löhr, BauGB, § 34 Rz. 2ff.; Finkelnburg/Ortloff, Öffentliches Baurecht, Band I, S. 341 ff.

ist.[8] Auch hier ist die genaue Abgrenzung schwierig; je nach den Verhältnissen in dem Ort können schon ein paar Häuser[9] einen Ortsteil bilden, wenn andere Voraussetzungen vorliegen (beispielsweise eine gewollte Entwicklung der Gemeinde in diese Richtung). Mit der Abgrenzung zur „unerwünschten" Splittersiedlung zeigt sich, daß es auf die nach außen manifestierten Vorstellungen der Gemeindevertretung ankommt.

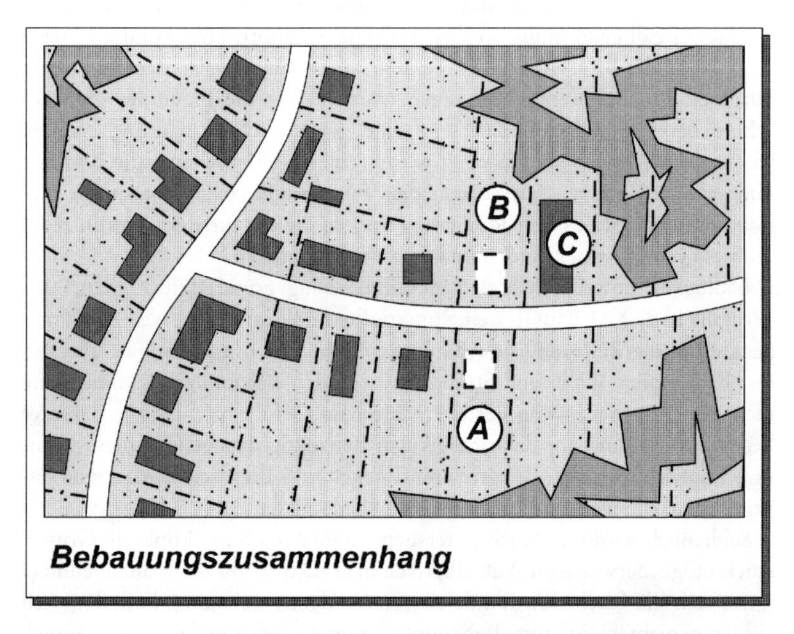

Abbildung 4a: Beispiel für die Ermittlung eines Bebauungszusammenhangs. Ein Bebauungszusammenhang wird durch die vorhandenen Bauten hergestellt. Das Vorhaben A würde für sich genommen nicht mehr am Bebauungszusammenhang teilnehmen, weil der Zusammenhang an dem letzten Haus (westlich des Vorhabens A) endet. Für die Genehmigungsfähigkeit des Vorhabens B käme es dagegen darauf an, um welche Art von Gebäude es sich bei dem östlich anschließenden großen Bau C handelt. Ist das große Gebäude ein Stall oder eine Lagerhalle, dann ist es nicht geeignet, den Bebauungszusammenhang mit der Wohnbebauung zu vermitteln. Handelt es sich dagegen um ein Wohnhaus, dann wäre das Vorhaben B genehmigungsfähig, weil es als Lückenbebauung am Bebauungzusammenhang teilnehmen würde. In diesem Fall wäre dann auch wieder das Vorhaben A genehmigungsfähig, wenn nicht besondere äußere Umstände bewirken, daß die Straße zwischen A und B den Bebauungszusammenhang aufhebt.

[8] BVerwGE 31, 22/26.

[9] Beispiele: BVerwG, BRS 22 Nr. 76: sechs Häuser im konkreten Fall ausreichend; BVerwG, UPR 1994, 305: vier Häuser im konkreten Fall nicht ausreichend; VGH München, BayVBl. 1983, 628: elf Gutsgebäude im konkreten Fall nicht ausreichend; OVG Bremen, BauR 1984, 495: sieben Wohngebäude im konkreten Fall nicht ausreichend; VGH Mannheim, BauR 1984, 496: fünf Wohnhäuser und fünf landwirtschaftliche Nebengebäude im konkreten Fall ausreichend.

Weder für den Bebauungszusammenhang noch für das Vorhandensein eines Ortsteils kommt es darauf an, ob die Gebäude genehmigt sind; ausschlaggebend ist allein die tatsächlich vorhandene Bebauung. **156**

Nach § 34 Abs. 4 BauGB kann die Gemeinde unter bestimmten Voraussetzungen per Satzung die Grenzen der im Zusammenhang bebauten Ortsteile bestimmen, bebaute Bereiche im Außenbereich als im Zusammenhang bebaute Ortsteile festlegen oder einzelne Flächen im Außenbereich in den Innenbereich einbeziehen. **157**

§ 34 Abs. 4 Satz 1 BauGB.

Die Gemeinde kann durch Satzung

1. die Grenzen für im Zusammenhang bebaute Ortsteile festlegen,
2. bebaute Bereiche im Außenbereich als im Zusammenhang bebaute Ortsteile festlegen, wenn die Flächen im Flächennutzungsplan als Baufläche dargestellt sind,
3. einzelne Außenbereichsflächen in die im Zusammenhang bebauten Ortseile einbeziehen, wenn die einbezogenen Flächen durch die bauliche Nutzung des angrenzenden Bereichs entsprechend geprägt sind.

4.1.2 Der Begriff des „Einfügens"

§ 34 BauGB ist ein Kompromiß: Auf der einen Seite trägt er dem Umstand Rechnung, daß eine Bebauung auch da möglich sein muß, wo es keinen B-Plan gibt. Auf der anderen Seite will er verhindern, daß wie Kraut und Rüben gebaut wird, mit allen Konflikten, die sich aus einer ungeordneten Bebauung ergeben. **158**

Die Grundidee von § 34 BauGB ist einfach: Ob sich ein geplanter Neubau mit dem verträgt, was es in diesem Gebiet in der Nachbarschaft bereits gibt, hängt davon ab, ob sich der Neubau an dem vorhandenen Bestand orientiert. Diese Vergleichbarkeit betrifft dabei alle Ebenen: Die Fläche, die der Bau braucht, die Größe und Höhe, aber auch die Art der Nutzung und den Charakter des Hauses. In allen diesen Bereichen muß sich das geplante Vorhaben innerhalb des Rahmens halten, der durch die bereits existierenden Bauten vorgegeben wird.

Nach dem Wortlaut von § 34 Abs. 1 BauGB muß sich das Bauvorhaben in die Eigenart **der näheren Umgebung** einfügen. **159**

Die Reichweite der „näheren Umgebung" bestimmt sich danach, wie weit sich das Bauvorhaben auf die Bebauung in der Umgebung einerseits und wie weit sich die Bebauung in der Umgebung auf das Bauvorhaben andererseits auswirken kann. Beim Bau eines Einfamilienhauses dürfte es regelmäßig Auswirkungen nur auf die Häuser in der unmittelbaren Nachbarschaft geben. Wer ein Lokal mit 300 Plätzen bauen will, muß mit Auswirkungen zum Beispiel des Verkehrs auch noch in den nächsten drei Straßenzügen rechnen.

Die **„Eigenart"** der näheren Umgebung ergibt sich aus den vorhandenen Bauten und aus ihrer Nutzung. Es muß sich also um die nähere Umgebung **160** prägende Bauten handeln (siehe Abbildung 4b). Problematisch wird dieses Merkmal immer dann, wenn die Bauten in der Umgebung entweder sehr unterschiedlich sind oder wenn es überhaupt nur wenige prägende Bauten gibt (dazu gleich unten Rz. 163).

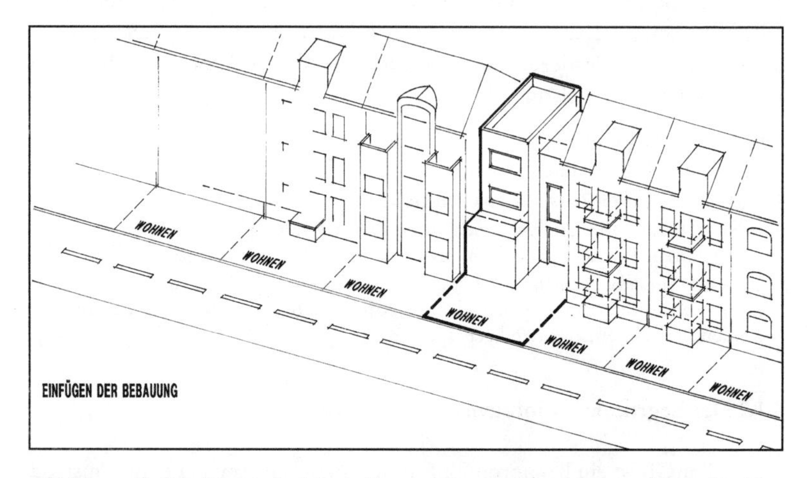

Abbildung 4b: Die Frage, ob sich ein Bauvorhaben einfügt, hängt stark von der Einheitlichkeit des Umgebungsrahmens ab. Auf der Zeichnung sind die benachbarten Gebäude hinsichtlich des Dachs, der Höhe und der Vorderfront recht einheitlich, so daß das geplante Vorhaben gegen diesen Rahmen verstößt. Wäre die Umgebungsbebauung dagegen weniger einheitlich, wäre es durchaus denkbar, daß sich das Vorhaben einfügt.

161 In die so ermittelte Eigenart der näheren Umgebung „fügt" sich ein Bauvorhaben ein, wenn es sich in jeder Beziehung – also nach Art und Maß der Bebauung, nach Bauweise und überbauter Grundstücksfläche – an das hält, was es schon gibt. Dann gibt es – beim Vorliegen aller weiteren Voraussetzungen – ohne weiteres einen gerichtlich durchsetzbaren Anspruch auf Baugenehmigung.

162 Aber auch ein Bauvorhaben, das sich nicht komplett einfügt, kann genehmigungsfähig sein. „Einfügen" bedeutet nicht, daß alles gleich aussehen und gleich genutzt werden muß, sondern nur, daß sich die Bauten und ihre Nutzung gegenseitig nicht stören.[10] Der Gedankengang muß daher wie folgt aussehen: Was sich komplett einfügt, ist ohne weiteres zulässig. Was sich nicht offensichtlich einfügt, muß danach untersucht werden, ob es sich mit der Umgebung und ihrer Nutzung verträgt.

Der entscheidende Begriff für dieses Sich-Vertragen ist der des Fehlens einer „bodenrechtlichen Spannung".[10] Was verstehen die Richter unter diesem Begriff? Die Aufgabe des Bodenrechts ist es, die Konflikte zu bewältigen,

[10] BVerwGE 55, 369/386.

die durch die Nutzung des Bodens entstehen. Demnach liegen bodenrechtliche Spannungen vor allem dann vor, wenn bereits vorhandene Nutzungen gestört werden oder wenn anzunehmen ist, daß es infolge des Vorhabens zu einem störenden Nebeneinander von Nutzungen kommen kann.

Sobald ein Vorhaben Konflikte in der Umgebung auslösen wird, die nur durch Planung bewältigt werden können, fügt es sich nicht mehr ein. In den letzten Jahren haben hier verstärkt Umweltprobleme eine Rolle gespielt, also beispielsweise durch einen Neubau ausgelöster zusätzlicher Verkehr oder andere Umweltbelastungen wie Lärm oder Emissionen in die Luft.

163 Besonders schwierig ist der Fall zu beurteilen, wenn sich aus der Umgebung kein Vergleichsrahmen ermitteln läßt – sei es, daß die Bebauung zu locker, sei es, daß sie zu unterschiedlich ist (siehe Abbildung 4c). In letzter Konsequenz würde dies einem Bauverbot gleichkommen, weil sich der Bau mangels Maßstab nicht einfügen könnte. Da dies einen mit der Verfassung nur schwer zu vereinbarenden Eingriff in das Grundrecht auf Eigentum bedeuten würde, orientieren sich die Gerichte auch hier daran, ob der geplante Bau negative Auswirkungen auf seine Umgebung (oder die Umgebung negative Auswirkungen auf den Bau) haben wird. Ist dies zu verneinen, dann ist das Vorhaben auch ohne Vergleichsrahmen zu genehmigen.[11]

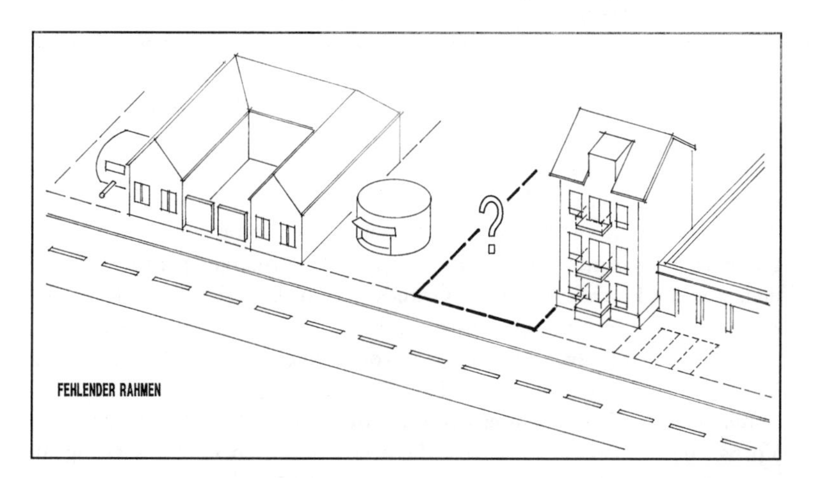

Abbildung 4c: Problematisch ist die Beurteilung des Einfügens, wenn sich aus der Umgebungsbebauung kein einheitlicher Rahmen ermitteln läßt. In diesem Fall ist zu untersuchen, ob von dem geplanten Vorhaben bodenrechtliche Spannungen, beispielsweise eine signifikante Erhöhung des Verkehrs, ausgehen.

Ein Beispiel: In einem unbeplanten Innenbereich, in dem es eine aufgelockerte Wohnbebauung gibt, soll ein Fitneßcenter gebaut werden. Von dem Gebäude selbst gehen keine Spannungen aus: Es ist nicht besonders hoch

[11] Vgl. Battis/Krautzberger/Löhr, BauGB, § 34 Rz. 16ff.

oder groß, und es gibt keinen Lärm und keine anderen Emissionen durch die Nutzung. Problematisch kann aber der an- und abfahrende Verkehr sein. Je nach Größe des Fitneßcenters kann der zu erwartende Verkehr zu einer derart intensiven Störung der bereits vorhandenen Nutzung führen, daß das Vorhaben deshalb unzulässig ist. Es erzeugt dann – im Sinne der Rechtsprechung des BVerwG – „bodenrechtliche Spannungen". Das bedeutet aber auch umgekehrt: Lassen sich solche Spannungen nicht feststellen, hat der Bauherr einen Anspruch auf Erteilung der Baugenehmigung.

164 Das Vorhaben kann allerdings auch an der sogenannten negativen Vorbildwirkung scheitern.[12] Dies ist ein generelles Problem des unbeplanten Innenbereichs: Jedes Vorhaben, das genehmigt wird, kann den vorhandenen Rahmen verändern und hat damit Auswirkungen auf die Zulässigkeit weiterer Vorhaben. Durch die sukzessive Erteilung von Baugenehmigungen kann sich dadurch der Charakter des Gebiets in eine Richtung verändern, die von der Gemeinde nicht gewollt ist.

Um dies zu verhindern, kann die Kommune also auch damit argumentieren, daß dem ersten Vorhaben zwar noch keine Bedenken entgegenstünden, daß aber dann zu erwarten ist, der Nachbar wolle ähnliches verwirklichen – und danach weitere Nachbarn –, und daß aus diesem Grund schon das erste Vorhaben unzulässig sei.

165 Ein Beispiel: Zwanzig nebeneinanderliegende, lange und schmale Grundstücke sind nur an der einen Seite – also zur Straße hin – bebaut. Nun stellt eine Grundstückseigentümerin den Antrag, im rückwärtigen Teil ihres Grundstücks ein weiteres Haus errichten zu wollen. Für ihr Vorhaben ist die Erschließung gesichert, weil die Fläche auch rückwärtig Anschluß an eine Straße hat. Andere Grundstücke haben diesen Straßenanschluß nicht. Würde nun das erste Vorhaben zugelassen, kämen sofort die Nachbarn mit gleichartigen Bauanträgen. Ihnen müßten die Genehmigungen versagt werden, weil die Erschließung ihrer Grundstücke nicht gesichert ist. Das wäre aber schwer zu rechtfertigen, denn abgesehen von der Entschließung unterscheiden sich die Grundstücke nicht von demjenigen, für das zuerst das Vorhaben beantragt wurde – und die Erschließung könnte die Kommune durch einen B-Plan gewährleisten. Hier würde man deshalb auch das erste Vorhaben wegen der nicht auszuschließenden negativen Vorbildwirkung auf nachfolgende Vorhaben ablehnen können[13] (siehe Abbildung 4d).

---

[12] Grundlegend: BVerwGE 40, 302/305; BVerwGE 55, 369/386; BVerwG, ZfBR 1986, 47.

[13] Vgl. auch BVerwG, ZfBR 1981, 36/37.

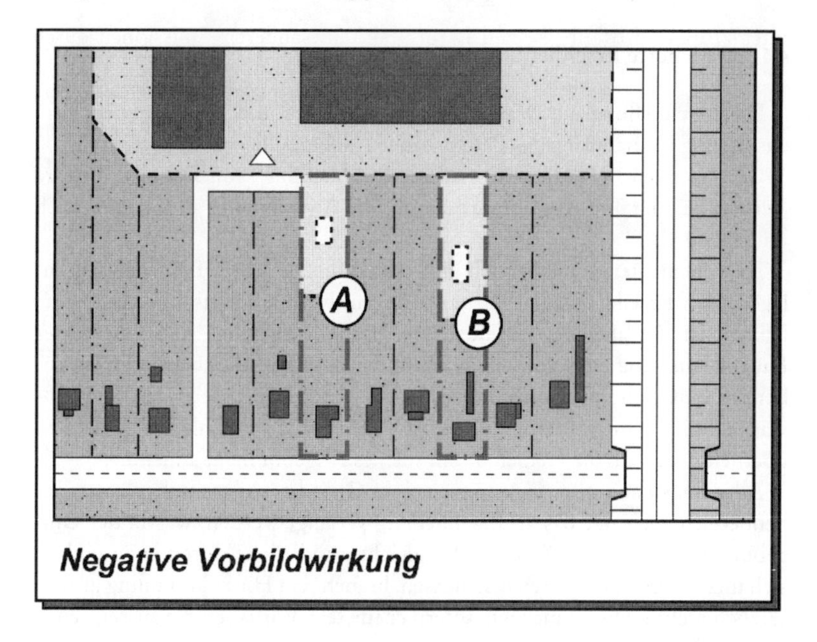

Abbildung 4d: Ein rechtlich schwieriger Fall ist die sogenannte Hinterlandbebauung im unbeplanten Innenbereich. In vielen Städten und Gemeinden existieren schmale und lange Grundstücke, die mehr oder weniger regelmäßig an der Straßenfront bebaut sind, auf denen hinten aber noch ausreichend Platz wäre.
Problematisch an dem aufgezeigten Fall ist zunächst, daß es für die Bebauung in zweiter Reihe – jedenfalls für das Vorhaben A auf der Zeichnung – keinen Rahmen gibt. Dann kommt es darauf an, ob das Vorhaben bodenrechtliche Spannungen erzeugt und die Erschließung gesichert ist. Bei dem Vorhaben A ist die Erschließung gesichert, weil es ohne weiteres von hinten erreicht werden kann (der weiß dargestellte Weg führt genau bis zu diesem Grundstück).
Bodenrechtliche Spannungen könnten hier aber wegen der sog. negativen Vorbildwirkung erzeugt werden. Das wäre dann der Fall, wenn sich ein Nachbar in dem Baugebiet auf die Genehmigung für das Vorhaben A berufen könnte und es dadurch dann zu Problemen kommt. Würde sich beispielsweise der Vorhabenträger des Vorhabens B auf Vorhaben A berufen können, würde man wohl bodenrechtliche Spannungen annehmen müssen, weil es an der Zuwegung fehlt und deshalb die Verkehrsverhältnisse ungesichert sind bzw. ein Planungserfordernis ausgelöst wird. Dem kann wiederum entgegengehalten werden, daß die Erschließung auch von vorne erfolgen kann, wenn das Grundstück dem gleichen Eigentümer gehört oder wenn die Zuwegung durch ein dingliches Recht im Grundbuch abgesichert wird. Die Gerichte sind sich bei der Beurteilung derartiger Konstellationen nicht einig.

4.1.3 Gesicherte Erschließung

166 Die Erschließung mit Wasser, Abwasser, Strom und Zuwegung ist Voraussetzung für nahezu jedes Bauvorhaben (Näheres hierzu im Kapitel 6).

Gibt es einen B-Plan, dann wird die Erschließung samt Zeitplan für ihre Verwirklichung und Kostenbelastung für die Anwohner in aller Regel gleich mitgeplant.[14]

Im unbeplanten Innenbereich gibt es fast immer schon Erschließungsanlagen, also Kanäle, Straßen, Stromleitungen, weil ja bereits Bebauung vorhanden ist. Ist allerdings keine Erschließung vorhanden, kann dies einer Baugenehmigung entgegenstehen. Denn der Bauherr im unbeplanten Innenbereich muß sich mit dem abfinden, was es gibt.[15] Selbst wenn der Bauherr – was rechtlich ohne weiteres zulässig ist – anbietet, die Erschließung selbst zu übernehmen, muß die Gemeinde ein solches Angebot nicht annehmen.[16]

Allerdings kann vom Eigentümer eines Grundstücks im unbeplanten Innenbereich auch nur das an Erschließung verlangt werden, was in der Umgebung vorhanden ist. Sind die Vergleichsgrundstücke durch enge und an sich unzureichende Straßen erschlossen, braucht ein Hinzukömmling grundsätzlich nicht mehr zu machen, sofern er für sein Vorhaben die ausreichende Erschließung nachweist.

4.1.4 Gesunde Wohn- und Arbeitsverhältnisse

167 Die Verpflichtung, die Anforderungen an die gesunden Wohn- und Arbeitsverhältnisse zu beachten, ist allgemeiner Grundsatz bei der Genehmigung von Bauvorhaben. Als eigenständiges Merkmal spielen sie bei der Beurteilung nach § 34 BauGB keine große Rolle, weil die Frage, ob das Vorhaben die Umgebungsbebauung oder die Umgebungsbebauung das Vorhaben nachhaltig beeinflussen, schon bei der Frage des Einfügens geprüft wird. Denkbar ist aber zum Beispiel, daß sich das Vorhaben zwar einfügt, wegen einer festgestellten Kontamination des Grundstücks aber trotzdem nicht realisiert werden darf.

4.1.5 Keine Beeinträchtigung des Ortsbilds

168 Auch dieses Merkmal spielt nur eine untergeordnete Rolle. Eine gravierende Beeinträchtigung des Ortsbilds würde schon dazu führen, daß sich das Vorhaben nicht einfügt. Rein ästhetische Gesichtspunkte können zwar zur Versagung der Genehmigung führen, sind aber rechtlich im sogenannten Verunstaltungsverbot in der jeweiligen Landesbauordnung angesiedelt. Eine

---

[14] Vgl. § 125 BauGB.
[15] BVerwG, BRS 33 Nr. 36; Battis/Krautzberger/Löhr, BauGB, § 34 Rz. 22.
[16] BVerwG, BRS 32 Nr. 48.

Genehmigungsversagung nur aus Gründen der Beeinträchtigung des Ortsbilds dürfte in den allermeisten Fällen unverhältnismäßig sein.

4.2 Anwendbarkeit der Baunutzungsverordnung im unbeplanten Innenbereich

169 Die Baunutzungsverordnung (BauNVO) enthält bestimmte Gebietstypen, die bei der Aufstellung eines B-Plans herangezogen werden müssen (siehe oben 3.2). Im **unbeplanten Innenbereich** wird die BauNVO zugrundegelegt, wenn die tatsächlich vorhandene Bebauung einem der darin geregelten Gebietstypen entspricht.

§ 34 Abs. 2 BauGB. Entspricht die Eigenart der näheren Umgebung einem der Baugebiete, die in der auf Grund des § 2 Abs. 5 erlassenen Verordnung bezeichnet sind, beurteilt sich die Zulässigkeit des Vorhabens nach seiner Art allein danach, ob es nach der Verordnung in dem Baugebiet allgemein zulässig wäre; auf die nach der Verordnung ausnahmsweise zulässigen Vorhaben ist § 31 Abs. 1, im übrigen ist § 31 Abs. 2 entsprechend anzuwenden.

Hintergrund dieser gesetzlichen Festlegung ist folgende Überlegung: Die Gebietstypen der BauNVO regeln typische Nutzungskonflikte in einer vertretbaren Weise. Auch bei der Genehmigung nach § 34 BauGB geht es um Nutzungskonflikte. Bei vergleichbarer Bebauung gilt daher die Festlegung in der BauNVO, welche Bauten und Nutzungen miteinander verträglich sind.

Allerdings macht das Gesetz eine wichtige Einschränkung: Die Gebietstypen der BauNVO gelten nur hinsichtlich der **Art** der Nutzung; das **Maß** der Nutzung bestimmt sich weiter danach, ob sich das Bauvorhaben einfügt.

Die vorhandene Bebauung muß nicht hundertprozentig, aber doch recht weitgehend einem der Gebietstypen in der BauNVO entsprechen. Weist die nähere Umgebung Merkmale zweier Gebietstypen auf, dann bestimmt sich die Zulässigkeit des Vorhabens ausschließlich nach Abs. 1, also danach, ob es sich nach Maß **und** Art einfügt.[17]

Liegen die Voraussetzungen von § 34 Abs. 2 BauGB vor, dann kommt es auf die Frage, ob sich das Vorhaben seiner **Art** nach einfügt, nicht mehr an. Es zählt dann ausschließlich der Katalog der zulässigen Vorhaben nach dem jeweiligen Gebietstyp der BauNVO.

Ein Beispiel: Die Umgebungsbebauung entspricht dem allgemeinen Wohngebiet nach § 4 BauNVO. Der Inhaber eines Grundstücks in diesem Bereich beantragt die Genehmigung einer Schneiderei. Da im allgemeinen Wohngebiet nicht störende Handwerksbetriebe allgemein zulässig sind, muß das Bauvorhaben seiner Art nach genehmigt werden, selbst wenn es in dem ganzen Gebiet sonst keinen einzigen vergleichbaren Handwerksbetrieb

[17] BVerwG, BauR 1991, 569.

gibt. Auf das „Einfügen" kommt es hinsichtlich der Art des Vorhabens nicht mehr an (siehe auch Abbildung 4 e).

Die BauNVO ist auch für die darin enthaltenen ausnahmsweise zulässigen Vorhaben anzuwenden. Außerdem gilt auch die Ausnahme- und Befreiungsregelung aus § 31 Abs. 2 BauGB (siehe hierzu oben Rz. 97 ff.).

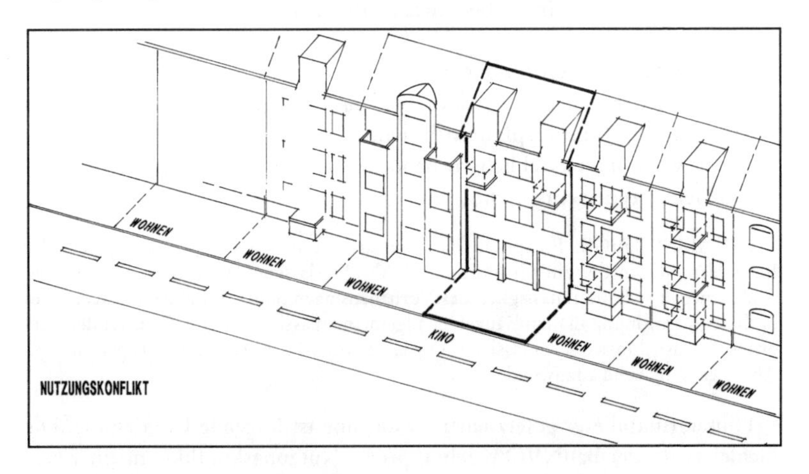

Abbildung 4 e: Zum Einfügen gehören **Art und Maß** der Nutzung. Das Kinogebäude fügt sich nach dem **Maß** der Nutzung wie auch nach der äußeren Gestaltung in die Umgebungsbebauung ein. Für die Frage der Genehmigungsfähigkeit nach der Art der Nutzung kommt es nun darauf an, ob die Umgebungsbebauung gemäß § 34 Abs. 2 BauGB einem Gebietstyp der BauNVO gleicht. Entspricht die Umgebungsbebauung beispielsweise einem allgemeinen Wohngebiet, dann richtet sich die Zulässigkeit des Kinos nach § 4 BauNVO. Gemäß § 4 Abs. 3 BauNVO zählen zur Regelbebauung im allgemeinen Wohngebiet Anlagen für kulturelle Zwecke. Zu untersuchen ist also, ob ein Kino unter diesen Begriff fällt. Es wird darauf ankommen, ob die Art und die Größe des Kinos eher für die Annahme einer kulturellen Einrichtung oder eher für die Annahme einer Vergnügungsstätte spricht. Bei einem Programmkino mit kleiner Kapazität kann das Vorhaben genehmigungsfähig sein.

4.3 Zusammenfassung

170
- Unbeplanter Innenbereich: Teile eines Ortes, die zusammenhängend bebaut sind
- Anspruch auf Genehmigung eines Bauvorhabens im unbeplanten Innenbereich: Es muß sich einfügen.
- Vergleichsrahmen: Wird im Einzelfall aus der näheren Umgebung gebildet.
- Kein Vergleichsrahmen vorhanden: Ausschlaggebend ist das Kriterium der bodenrechtlichen Spannungen.
- Bei gebietstypischer Umgebungsbebauung: Hinsichtlich der Art der Bebauung gelten die Festlegungen der BauNVO.

5. Kapitel
Bauen im Außenbereich

171 Bisher war von Bauvorhaben auf der Grundlage eines B-Plans oder innerhalb eines im Zusammenhang bebauten Ortsteils die Rede. Es gibt aber noch eine dritte Gebietskategorie: Der Außenbereich.

Der Außenbereich dient dem Naturgenuß der Menschen aus dem Innenbereich, dem Naturschutz und der Landwirtschaft.

Aber: Stadtmenschen zieht es in die Natur, die Speckgürtel um Berlin, Hamburg oder München herum werden immer breiter, es entstehen ganze Siedlungen aus Wochenendhäusern, Hotelanlagen werden mitten ins Grüne gesetzt – der Außenbereich steht unter Druck.

Das BauGB spricht hier an sich eine deutliche Sprache. Ein paar privilegierte Vorhaben sind im Außenbereich zulässig. Die Regelung ist allerdings kompliziert und an vielen Stellen auslegungsfähig, und deshalb wird § 35 BauGB in Deutschland auch teilweise recht unterschiedlich gehandhabt.

Bei der – ausnahmsweisen – Genehmigung von Bauvorhaben im Außenbereich soll nach Ansicht der Richter des BVerwG bedacht werden, „daß der Außenbereich mit seiner naturgebundenen Bodennutzung und seiner Erholungsmöglichkeit für die Allgemeinheit grundsätzlich vor dem Eindringen wesensfremder Nutzung bewahrt bleiben“ solle.[1] Mit der Novelle des BauGB zum 1. Januar 1998 sind die Baumöglichkeiten im Außenbereich jedoch deutlich erweitert worden. Die Entwicklung in den nächsten Jahren wird zeigen, ob der Außenbereich zunehmend zum Baubereich werden wird.

5.1 Die Regelungstechnik von § 35 BauGB

172 Das Gesetz unterscheidet zunächst zwischen privilegierten und nicht privilegierten Vorhaben. Privilegierte Vorhaben sind in § 35 Abs. 1 BauGB aufgelistet; wer ein solches Vorhaben im Außenbereich errichten will, hat grundsätzlich einen Anspruch auf eine Baugenehmigung.

§ 35 Abs. 2 und 3 BauGB regeln die Voraussetzungen, bei deren Vorliegen nicht privilegierte Vorhaben im Außenbereich zulässig sind.

In Abs. 4 schließlich findet sich eine Liste derjenigen Bauten, die im Zuge einer Erweiterung eines bereits vorhandenen Gebäudes oder einer Neuerrichtung an der Stelle eines früher schon existierenden Gebäudes zulässig

---

[1] Vgl. BVerwG, BRS 25 Nr. 58; BVerwG, BRS 23 Nr. 85.

sind. Diese Regelung ist durch die Novelle des BauGB erheblich erweitert worden.

Die Abs. 5 und 6 enthalten Bestimmungen zur flächensparenden Bauweise sowie zu gemeindlichen Satzungen, mit denen die Bautätigkeit im Außenbereich erleichtert werden kann.

5.2 Die Abgrenzung des Außenbereichs vom beplanten Bereich und vom Innenbereich

173 Zunächst muß geklärt werden, was zum Außenbereich gehört. Im öffentlichen Baurecht gibt es nur drei Gebietskategorien: Beplanter Bereich[2], unbeplanter Innenbereich, Außenbereich. Die Definition des Außenbereichs erfolgt deshalb vor allem über eine Negativabgrenzung zu den anderen Gebietskategorien: Alles, was nicht beplant ist und nicht zum Innenbereich gehört, ist Außenbereich.[3] Das ist eine ganz praktikable Vorstellung, wenn man davon ausgeht, daß eine Ortschaft eine einigermaßen fest umrissene Begrenzung hat. In der Realität ist das aber häufig anders.

174 Gerade an den Rändern ist die Bebauung oft sehr locker und ausgefranst. Und wenn es keinen B-Plan gibt, dann kommt es gemäß § 34 BauGB darauf an, ob ein im Zusammenhang bebauter Ortsteil vorliegt oder nicht. Daß die Beantwortung dieser Frage schwierig ist, konnte man schon im Rahmen von § 34 BauGB sehen. Hier nun bekommt dieses Problem ein besonderes Gewicht, denn wird der Zusammenhang verneint, kommt das entweder einem Bauverbot gleich oder erschwert das Bauen doch zumindest erheblich.

175 Und dieses Problem gibt es nicht nur an den Rändern, sondern auch innerhalb von Ortschaften. Es ist durchaus sinnvoll, in Ortschaften Flächen von der Bebauung freizuhalten, etwa für Parks oder aber auch als Reserve für künftige Bedürfnisse. Das kann man mit einer sogenannten Negativplanung: Einen B-Plan aufstellen, der keine Bebauung zuläßt.[4] In vielen Fällen existieren aber keine Bebauungspläne, und dann gäbe es – würde man die in Frage kommende Fläche zum Innenbereich rechnen – einen Anspruch auf Baugenehmigung.

Die Rechtsprechung hat daher die Figur der sogenannten „Außenbereichsinseln im Innenbereich"[5] entwickelt, also Flächen, die zwar innerhalb der Grenzen einer Ortschaft liegen, für die aber ein Bebauungszusammen-

---

[2] Nach § 30 Abs. 3 BauGB gibt es auch sogenannte „einfache" B-Pläne, die nur einige wenige Regelungen enthalten. Diese einfachen B-Pläne gehören entweder zum Innen- oder zum Außenbereich, die „einfache" Planung als solche verändert an dieser Zugehörigkeit nichts.

[3] Finkelnburg/Ortloff, Öffentliches Baurecht, Band I, S. 353; BVerwGE 41, 227 = NJW 1973.

[4] Negativplanungen sind grundsätzlich zulässig, vgl. BVerwG, NVwZ 1991, 875

[5] BVerwG, NJW 1984, 1576.

hang verneint wird. Für sie gilt dann – ebenso wie für den „echten" Außenbereich – das faktische Bauverbot des § 35 BauGB.

176 Die Gemeinde kann auf die Abgrenzung Innenbereich – Außenbereich in mehrfacher Weise Einfluß nehmen. Sie kann zunächst einen B-Plan aufstellen und damit ein Randgebiet der Ortslage in den Innenbereich „hereinholen". Sie kann aber auch Satzungen nach § 34 Abs. 4 BauGB (siehe oben Rz. 157) erlassen, in denen die Grenzen des Innenbereichs festgelegt und auch erweitert werden können.

5.3 Privilegierte Vorhaben

177 § 35 Abs. 1 BauGB enthält eine Liste derjenigen Vorhaben, die nach dem Willen des Gesetzgebers **wegen ihrer Eigenart oder Zweckbestimmung** gerade im Außenbereich verwirklicht werden sollen. Man spricht von sogenannten „privilegierten" Vorhaben.

§ 35 BauGB. Bauen im Außenbereich

(1) Im Außenbereich ist ein Vorhaben nur zulässig, wenn öffentliche Belange nicht entgegenstehen, die ausreichende Erschließung gesichert ist und wenn es

1. einem land- oder forstwirtschaftlichen Betrieb dient, und nur einen untergeordneten Teil der Betriebsfläche einnimmt,
2. einem Betrieb der gartenbaulichen Erzeugung dient,
3. der öffentlichen Versorgung mit Elektrizität, Gas, Telekommunikationsdienstleitungen, Wärme und Wasser, der Abwasserwirtschaft oder einem ortsgebundenen gewerblichen Betrieb dient,
4. wegen seiner besonderen Anforderungen an die Umgebung, wegen seiner nachteiligen Wirkung auf die Umgebung oder wegen seiner besonderen Zweckbestimmung nur im Außenbereich ausgeführt werden soll,
5. der Erforschung, Entwicklung oder Nutzung der Kernenergie zu friedlichen Zwecken oder der Entsorgung radioaktiver Abfälle dient oder
6. der Erforschung, Entwicklung oder Nutzung der Wind- oder Wasserenergie dient.

5.3.1 Übersicht über einige privilegierte Vorhaben

Im Folgenden werden einige der wichtigsten und häufigsten privilegierten Vorhaben näher erläutert.

178 **Nr. 1, land- oder forstwirtschaftliche Betriebe:** Das Bauvorhaben muß zunächst einem land- oder forstwirtschaftlichen[6] Betrieb „dienen"; damit ist gemeint, daß es mit der land- oder forstwirtschaftlichen Tätigkeit im Zu-

---

[6] Man würde es nicht vermuten, aber das BauGB enthält in § 201 eine Definition des Begriffs der Landwirtschaft: „*Landwirtschaft im Sinne dieses Gesetzbuchs ist insbesondere der Ackerbau, die Wiesen- und Weidewirtschaft einschließlich Pensionstierhaltung auf überwiegend eigener Futtergrundlage, die gartenbauliche Erzeugung, der Erwerbsobstbau, der Weinbau, die berufsmäßige Imkerei und die berufsmäßige Binnenfischerei.*"

sammenhang stehen muß – das Wochenendhäuschen auf dem Gelände des alten Bauernhofs ist also nicht erfaßt. Mit der gesetzlichen Einschränkung soll verhindert werden, daß die Landwirtschaft nur zum Schein betrieben wird, um in den Genuß der Außenbereichsprivilegierung zu kommen.[7] Deshalb prüfen die Gerichte recht genau, ob es sich tatsächlich um einen echten, also auf Dauer angelegten und ernsthaft betriebenen Bauernhof handelt und ob das beantragte Gebäude diesem Zweck dient.

Auch die zweite Einschränkung soll Mißbrauch verhindern. Das neue Gebäude darf nur einen kleinen Teil der Gesamtbetriebsfläche einnehmen. Das ist bei einem „echten" Bauernhof kein Problem, weil dazu Weide- und Ackerflächen gehören. Der Gesetzesumgeher wird sich dagegen mit diesem Flächennachweis schwer tun.

179 **Nr. 3, insbesondere der ortsgebundene gewerbliche Betrieb:** Hierunter fallen alle diejenigen Betriebe, die einerseits weder Land- oder Forstwirtschaft (Nr. 1) noch Gartenbau (Nr. 2) sind, andererseits aber auf einen bestimmten Standort angewiesen sind, also beispielweise Kiesgruben, Bohrtürme oder Hafenanlagen.

180 **Nr. 4, relativ außenbereichsgebundene Vorhaben:** Hier handelt es sich um die rechtlich schwierigste Form der Privilegierung. Beim ersten Lesen könnte man den Eindruck gewinnen, daß alles das, was nicht in den Innenbereich gehört, über Nr. 4 im Außenbereich privilegiert ist.[8]

So ist es nicht. Die Einschränkung erfolgt über das Wörtchen „soll". Nach dem Gesetzeswortlaut sind nur Vorhaben privilegiert, die aufgrund der genannten besonderen Umstände im Außenbereich errichtet werden „sollen". An dieser Stelle nimmt die Rechtsprechung eine abwägende Wertung vor.[9] Die Gerichte vergleichen zwei widerstreitende Belange: Auf der einen Seite soll der Außenbereich möglichst von Bebauung freigehalten werden; auf der anderen Seite kann das konkret beantragte Vorhaben so wichtig und „wertvoll" sein, daß die Beeinträchtigung durch die Bebauung des Außenbereichs weniger wiegt als die Nichtverwirklichung des Vorhabens.

Im Einzelfall werden hier also Gemeinwohlbelange untersucht. Je weniger ein Vorhaben dem Interesse der Allgemeinheit, je mehr es nur dem Partikularinteresse einzelner oder einer kleinen Gruppe dient, desto weniger kann es sich gegen das grundsätzliche Bauverbot im Außenbereich durchsetzen.[10]

Außerdem müssen die drei Voraussetzungen, die das Gesetz selbst nennt, vorliegen. Wegen der besonderen Anforderungen an die Umgebung sind

---

[7] BVerwG, DVBl. 1967, 287.

[8] Vgl. zu dieser Problematik Finkelnburg/Ortloff, Öffentliches Baurecht, Band I, S. 358f.

[9] BVerwGE 48, 109 = NJW 1975, 2114; BVerwG, BRS 33 Nr. 66.

[10] Eine alphabetische Übersicht über entschiedene Einzelfälle enthält Battis/Krautzberger/Löhr, BauGB, § 35 Rz. 44; Beispiele auch bei Finkelnburg/Ortloff, Öffentliches Baurecht, Band I, S. 358f.

beispielsweise Erholungsanlagen oder Freibäder an Badeseen zulässig, weil sie zum einen der Allgemeinheit dienen und zum zweiten im Innenbereich in dieser naturnahen Form nicht verwirklicht werden können. Wegen der nachteiligen Auswirkungen auf die Umwelt gehören beispielsweise Mülldeponien, aber auch Schweinemastanlagen (keine Landwirtschaft im Sinne der Begriffsdefinition) in den Außenbereich. Und die besondere Zweckbestimmung würde man etwa einem Aussichtsturm in einer besonders reizvollen Landschaft zuerkennen, weil ein solcher Turm in einem Wohngebiet eben nicht sehr sinnvoll wäre.

181 **Nr. 6, insbesondere Windenergieanlagen:** Seit Januar 1997 sind Windräder zur Energieerzeugung privilegiert. Hier gibt es oft einen Konflikt zwischen dem umweltschützenden Belang der regenerativen Energieerzeugung auf der einen Seite und konkreten Belangen des Naturschutzes oder des Landschaftsbildes auf der anderen Seite.

Bisher mußten die Gemeinden der Genehmigung von Windenergieanlagen (übrigens auch der Genehmigung aller anderen privilegierten Anlagen aus den Nr. 2 bis 6) weitgehend tatenlos zusehen. Nunmehr enthält § 35 Abs. 3 Satz 3 BauGB die Möglichkeit, über den Flächennutzungsplan Einfluß auf den Standort derartiger Anlagen zu nehmen. Die Idee ist die Folgende: Wenn eine Gemeinde im FNP ein bestimmtes Gebiet als geeignet für eine bestimmte Nutzung, zum Beispiel Windenergie oder Kiesabbau, ausweist, dann muß ein potentieller Bauherr dorthin und kann keine Genehmigung an anderer Stelle beantragen. Voraussetzung dafür ist aber eben, daß die Gemeinde im FNP diese Art der „positiven“ Planung vornimmt, also tatsächlich Standortflächen ausweist.

Schwierig kann dies in ganz kleinen Gemeinden werden, die beispielsweise für Windräder überhaupt keine besonders geeigneten Flächen haben. Sie können deshalb keine Positivplanung betreiben und müssen damit rechnen, daß ihnen ein Windrad oder ein Gartenbaubetrieb dann an irgendeiner Stelle vor die Nase gesetzt werden. Ob sich in einem solchen Fall mehrere Gemeinden zusammentun können und die eine Gemeinde dann auf eine ausgewiesene geeignete Fläche in einer anderen Gemeinde verweisen kann, ist bisher noch nicht gerichtlich geklärt.

5.3.2 Entgegenstehende öffentliche Belange

182 Auch privilegierte Vorhaben sind nicht ohne weiteres zulässig. Das Gesetz verlangt für derartige Vorhaben zusätzlich, daß öffentliche Belange nicht entgegenstehen und die ausreichende Erschließung gesichert ist.

Das BauGB enthält in § 35 Abs. 3 eine Liste öffentlicher Belange, die entgegenstehen können (siehe gleich unten Rz. 184).

Wichtig ist der Begriff „entgegenstehen“. Wie eben gezeigt handelt es sich bei den Vorhaben aus § 35 Abs. 1 BauGB um privilegierte Vorhaben, die grundsätzlich in den Außenbereich gehören. Das Gesetz enthält daher eine Vermutung zugunsten der Genehmigungsfähigkeit dieser Vorhaben.[11] Daher müssen die durch das Vorhaben berührten und widersprechenden öffentlichen Belange deutlich überwiegen, damit der Bau nicht genehmigt wird. Die Gerichte machen diese Interpretation an dem Wort **„entgegenstehen"** fest und verdeutlichen damit den Unterschied zu den nicht privilegierten Vorhaben in § 35 Abs. 2 BauGB, die schon dann unzulässig sind, wenn durch sie öffentliche Belange **„beeinträchtigt"** werden; denn für eine Beeinträchtigung reicht ein wesentlich geringerer Eingriff in öffentliche Belange aus.[12]

Die Abwägung zwischen dem Vorhaben einerseits und den berührten öffentlichen Belangen andererseits erfolgt im Einzelfall und wechselseitig. Je wichtiger ein Vorhaben für das Allgemeinwohl ist, desto eher können öffentliche Belange überwunden werden; je gravierender die berührten öffentlichen Belange zurückstehen müßten und je wichtiger der Belang an dieser Stelle ist, desto eher wird die Genehmigung zu versagen sein. Eine Kiesgrube in einer Gegend, in der es sonst kaum Kiesabbau gibt, mag sich gegen ein Biotop durchsetzen, wenn dieses Biotop in der Umgebung nicht besonders selten oder einzigartig ist. Je mehr vergleichbare Biotope in der Umgebung vorhanden sind, desto eher wird der Kiesabbau genehmigt; je leichter Kies auch an anderen nahegelegenen Stellen gefördert werden kann, desto eher wird das Biotop schützenswert sein.

5.3.3 Ausreichende Erschließung

183 Im Gegensatz zu den Vorhaben im Innenbereich verlangt § 35 Abs. 1 BauGB für privilegierte Vorhaben keine gesicherte, sondern nur eine ausreichend gesicherte Erschließung.[13] Erforderlich sind hier also nur Mindeststandards. Dazu gehören Wasser und Abwasser, wobei sowohl ein Brunnen als auch eine Klärgrube ausreichen können. Außerdem muß es ausreichende Zufahrtsmöglichkeiten geben.[14]

5.4 Nicht privilegierte Vorhaben im Außenbereich

184 Für alle Vorhaben, die nicht in § 35 Abs. 1 BauGB enthalten sind, dreht sich die Grundaussage des Gesetzes um: Sie sind in der Regel unzulässig und nur ausnahmsweise zu genehmigen.

---

[11] BVerwGE 68, 311 = NVwZ 1984, 367; Finkelnburg/Ortloff, Öffentliches Baurecht, Band I, S. 361 f.

[12] Vgl. Battis/Krautzberger/Löhr, BauGB, § 35 Rz. 45.

[13] Zur Erschließung siehe gleich Kapitel 6.

[14] Battis/Krautzberger/Löhr, BauGB, § 35 Rz. 7.

§ 35 BauGB. Bauen im Außenbereich

(2) Sonstige Vorhaben können im Einzelfall zugelassen werden, wenn ihre Ausführung oder Benutzung öffentliche Belange nicht beeinträchtigt und die Erschließung gesichert ist.

(3) Eine Beeinträchtigung öffentlicher Belange liegt insbesondere vor, wenn das Vorhaben

1. den Darstellungen des Flächennutzungsplans widerspricht,
2. den Darstellungen eines Landschaftsplans oder sonstigen Plans, insbesondere des Wasser-, Abfall- oder Immissionsschutzrechts widerspricht,
3. schädliche Umwelteinwirkungen hervorrufen kann oder ihnen ausgesetzt wird,
4. unwirtschaftliche Aufwendungen für Straßen oder andere Verkehrseinrichtungen, für Anlagen der Versorgung oder Entsorgung, für die Sicherheit oder Gesundheit oder für sonstige Aufgaben erfordert,
5. Belange des Naturschutzes und der Landschaftspflege, des Bodenschutzes, des Denkmalschutzes oder die natürliche Eigenart der Landschaft und ihren Erholungswert beeinträchtigt oder das Orts- und Landschaftsbild verunstaltet,
6. Maßnahmen zur Verbesserung der Agrarstruktur beeinträchtigt oder die Wasserwirtschaft gefährdet oder
7. die Entstehung, Verfestigung oder Erweiterung einer Splittersiedlung befürchten läßt.

Raumbedeutsame Vorhaben nach den Absätzen 1 und 2 dürfen den Zielen der Raumordnung nicht widersprechen; öffentliche Belange stehen raumbedeutsamen Vorhaben nach Absatz 1 nicht entgegen, soweit die Belange bei der Darstellung dieser Vorhaben als Ziele der Raumordnung in Plänen im Sinne des § 8 oder § 9 des Raumordnungsgesetzes abgewogen worden sind. Öffentliche Belange stehen einem Vorhaben nach Absatz 1 Nr. 2 bis 6 in der Regel auch dann entgegen, soweit hierfür durch Darstellungen im Flächennutzungsplan oder als Ziele der Raumordnung eine Ausweisung an anderer Stelle erfolgt ist.

5.4.1 Zulassung nicht privilegierter Vorhaben

185 § 35 Abs. 2 BauGB spricht davon, daß sonstige Vorhaben im Einzelfall zugelassen werden „können“. Das Wort „können“ bedeutet in der Gesetzessprache Ermessen[15] der Behörde. Hier ist das anders. Seit vielen Jahres ist es gängige Rechtsprechung, daß es auch auf die Zulassung sonstiger Vorhaben einen gerichtlich durchsetzbaren Rechtsanspruch gibt, wenn alle Voraussetzungen vorliegen, also insbesondere keine öffentlichen Belange beeinträchtigt werden.[16] Den Grund hierfür sehen die Richter in der Verfassung, da das Eigentumsgrundrecht eben auch für Grundstücke im Außenbereich gilt und deshalb die Baufreiheit grundsätzlich auch hier existiert. Eigentlich müßten die Gerichte nun § 35 Abs. 2 BauGB dem Bundesverfassungsgericht (BVerfG) vorlegen, weil nur das BVerfG verfassungswidrige Gesetze des Bundes aufheben kann. Die Verwaltungsgerichte haben aber die Möglichkeit, ein sogenanntes „auf Null reduziertes“ Ermessen anzunehmen, womit

---

[15] Zum Begriff siehe Glossar im Anhang.

[16] BVerwGE 18, 247; BGH, MDR 1981, 652; vgl. auch Battis/Krautzberger/Löhr, BauGB, § 35 Rz. 43.

sich auch aus einer „Kann“-Formulierung ein Rechtsanspruch ableiten läßt. Der Gesetzgeber will an der Sache offensichtlich auch nichts ändern, da er das Problem seit Jahrzehnten kennt. Man wird also weiter damit leben müssen, daß das Gesetz eine irreführende Formulierung enthält.

5.4.2 Beeinträchtigung öffentlicher Belange

186 Genauso wie bei den privilegierten Vorhaben aus Abs. 1 findet auch hier eine Abwägung zwischen dem Interesse des Bauwilligen auf der einen Seite und den entgegenstehenden öffentlichen Belangen auf der anderen Seite statt. Der Unterschied ist allerdings gravierend: Nach dem Willen des Gesetzgebers soll der Außenbereich prinzipiell von Bebauung freigehalten werden, daher sind nicht privilegierte Vorhaben nur ausnahmsweise zulässig. Und aus diesem Grund setzen sich hier die beeinträchtigten öffentlichen Belange in der Abwägung im Regelfall gegen das Interesse des Bauwilligen durch.[17] Nur bei einem besonders außenbereichsschonenden Vorhaben und bei nur geringfügiger Beeinträchtigung öffentlicher Belange kann die Abwägung zugunsten des Vorhabens ausgehen. Werden allerdings überhaupt keine öffentlichen Belange beeinträchtigt, dann muß das Vorhaben genehmigt werden.

Das BauGB enthält in § 35 Abs. 3 diejenigen öffentlichen Belange, die typischerweise zu prüfen sind (die Liste ist nicht abschließend, was die Formulierung „insbesondere“ zeigt). Im Folgenden werden einige der schwierig zu ermittelnden Belange erläutert:

187 **Nr. 3, schädliche Umwelteinwirkungen:** Der Begriff der schädlichen Umwelteinwirkungen ist in § 3 Abs. 1 Nr. 1 des Bundes-Immissionsschutzgesetzes (BImSchG) definiert. Schädliche Umweltwirkungen sind

> (...) Immissionen, die nach Art, Ausmaß oder Dauer geeignet sind, Gefahren, erhebliche Nachteile oder erhebliche Belästigungen für die Allgemeinheit oder die Nachbarschaft hervorzurufen.

Für die „klassischen“ Immissionen[18] Luft und Lärm enthält das BImSchG in seinem untergesetzlichen Regelwerk Grenzwerte (Technische Anleitung Luft, Technische Anleitung Lärm, Großfeuerungsanlagenverordnung etc.). Diese Grenzwerte stellen auf die Empfindlichkeit der Umgebung ab (einem

---

[17] Finkelnburg/Ortloff, Öffentliches Baurecht, Band I, S. 363 f.

[18] Der Unterschied zwischen Immissionen und Emissionen: Immissionen sind diejenigen Stoffe oder Laute, die tatsächlich an einer bestimmten Stelle ankommen, egal woher; Immissionen sagen also etwas aus über die tatsächlich zu erwartende oder vorhandene Belastung an einer konkreten Stelle, zum Beispiel am benachbarten Wohnhaus. Emissionen werden dagegen am Entstehungsort gemessen, also beispielsweise am Schornstein der Fabrik oder an der jeweiligen Geräuschquelle; was davon dann tatsächlich in der Umgebung jeweils ankommt, läßt sich über den Emissionsbegriff nicht ermitteln.

Gewerbebetrieb sind mehr Immissionen zuzumuten als einem Wohnhaus). Außerdem wird das zugrundegelegt, was nach den entsprechenden Berechnungen bei dem in Frage stehenden Vorhaben tatsächlich ankommen würde; die bereits vorhandene Vorbelastung wird also dazugerechnet.

Liegen die zu erwartenden Werte unterhalb der Grenzwerte, dann sind die Voraussetzungen von § 35 Abs. 3 Nr. 3 nicht gegeben, schädliche Umwelteinwirkungen sind also nicht zu erwarten. Die Beurteilung nach dem BImSchG ist abschließend.

Wie immer richtet sich das Augenmerk bei der Umgebungsbelastung nach beiden Richtungen: Ein Vorhaben ist nicht nur dann zu versagen, wenn es schädliche Umwelteinwirkungen hervorruft, sondern auch dann, wenn es solchen ausgesetzt würde. Gibt es also bereits einen emittierenden Betrieb ohne Umgebungsbebauung, dann würde das Problem erst auftreten, wenn nun daneben ein Wohnhaus genehmigt würde.

188 **Nr. 5, Naturschutz u. a.:** Bei der Beeinträchtigung der Belange des Naturschutzes ist zuerst nach Unterschutzstellungen des Gebietes zu fragen. In einem solchen Fall ergeben sich Versagungsgründe auch schon aus dem Bundes- und Landesnaturschutzrecht sowie aus dem europäischen Naturschutzrecht. Aber auch ohne Unterschutzstellung kommt eine Beeinträchtigung dieser Belange in Betracht; nähere Merkmale hierfür finden sich in den §§ 1 und 2 des Bundes-Naturschutzgesetzes (BNatSchG).[19]

Die **natürliche Eigenart der Landschaft** kann entgegenstehen, wenn die Landschaft sowohl in ihrem äußeren Erscheinungsbild als auch in ihrer Nutzung bisher typisch und erkennbar geprägt ist und das neue Vorhaben hierzu „wesensfremd“ wäre.[20] Eine Verunstaltung des Landschaftsbildes orientiert sich insbesondere an der ästhetischen Wirkung der Landschaft.

189 **Nr. 7, Splittersiedlung:** Mit der Errichtung von Bauvorhaben sind weitgehende infrastrukturelle Aufgaben verbunden, etwa die Erschließung mit Versorgungsleitungen, Kanälen oder Straßen. Außerdem wird Fläche in Anspruch genommen, die in einem derart dicht besiedelten Land wie Deutschland besonders wertvoll ist. Aus diesem Grund sollen Gebäude in erster Linie innerhalb der Ortslage errichtet werden. Splittersiedlungen, also ungeplante Häuser oder Häuseransammlungen im Außenbereich, sind generell unerwünscht.[21] Eine Ausnahme besteht dann, wenn die Gemeinde vorhat, die Ortslage genau dahin auszuweiten, wo der beantragte Bau errichtet werden soll. Allerdings müssen die planerischen Vorstellungen der Gemeinde schon weitgehend konkret sein. Der Bauwillige kann sich übrigens auch nicht darauf berufen, daß es da doch schon fünf Häuser gebe, denn das Gesetz will auch die Verfestigung und Erweiterung einer (unerwünschten) Splittersiedlung verhindern (siehe Abbildung 5 a).

---

[19] Battis/Krautzberger/Löhr, BauGB, § 35 Rz. 58.

[20] Battis/Krautzberger/Löhr, BauGB, § 35 Rz. 61; BVerwG, DVBl. 1969, 261.

[21] Vgl. zum Ganzen Battis/Krautzberger/Löhr, BauGB, § 35 Rz. 67 ff.

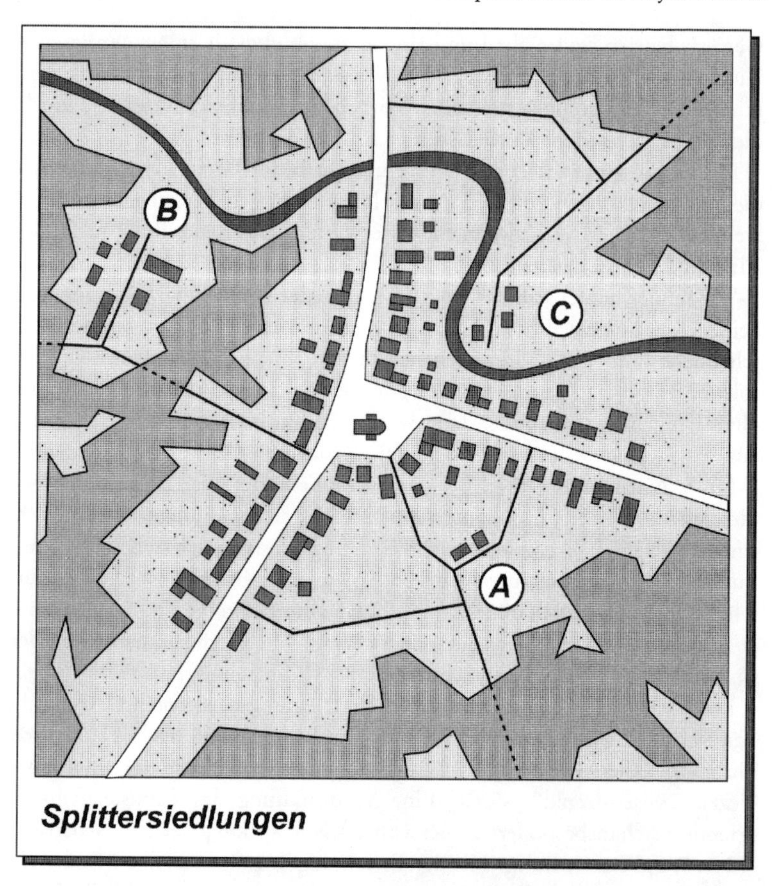

Abbildung 5a: Die Splittersiedlung ist abzugrenzen vom Ortsteil nach § 34 BauGB. Ein **Ortsteil** hat aufgrund der Anzahl der Bauten ein bestimmtes Gewicht und ist Ausdruck einer organischen Siedlungsstruktur, bei der **Splittersiedlung** liegen diese Merkmale nicht vor. Dabei kommt es nicht darauf an, ob die Bauten des Splitterteils geordnet oder uneinheitlich aussehen, sondern in erster Linie darauf, ob die Häuser eine nachvollziehbare städtebauliche Funktion haben oder nicht. Gibt es allerdings eine planerische Konzeption der Gemeinde, die vorsieht, die Bauten der Splittersiedlung in den Ort einzubeziehen, dann ist quasi eine Auffüllung zulässig (es handelt sich dann nicht mehr um eine „unerwünschte" Splittersiedlung). Für die Baugenehmigung nach § 34 BauGB muß also recherchiert werden, ob die Gemeindevertretung sich in die Richtung einer Integration der bisher nicht zum Bebauungszusammenhang gehörenden Gebäude ausgesprochen hat.

Nach der Zeichnung würde sich hier folgender Befund ergeben: Bei der mit „B" gekennzeichneten Ansammlung von Häusern könnte es sich bereits um einen eigenen Ortsteil handeln, wenn die Bauten ein gewisses eigenes Gewicht besitzen (die Rechtsprechung ist hier sehr uneinheitlich). Ist dies nicht der Fall, dann könnten hier weitere Bauten nicht genehmigt werden, weil die Siedlung keinerlei Bezug zum Dorf hat und deshalb recht eindeutig eine Splittersiedlung ist.

Anders bei den beiden mit „A" gekennzeichneten Häusern. Hier ist denkbar, daß sich die Gemeinde gerade in diese Richtung fortentwickeln will, weil die tatsächlichen

Verhältnisse dies ermöglichen. Gibt es entsprechende planerische Willensäußerungen der Gemeinde, könnten hier Bauten zugelassen werden, die sich an der planerischen Konzeption der Gemeinde orientieren.
Im Fall „C" müßte man dagegen wohl davon ausgehen, daß der Fluß die äußere Begrenzung des Gemeindegebiets darstellen soll. Da aus diesem Grund keine weitere Entwicklung in Richtung der drei Häuser jenseits des Flusses geplant ist, könnten hier zusätzliche Vorhaben wegen der Gefahr der Verfestigung einer Splittersiedlung nicht zugelassen werden.

5.5 Bestandsgeschützte Erweiterungen und Neuerrichtungen

190 Das öffentliche Baurecht ist durchzogen vom Prinzip des Bestandsschutzes,[22] das unmittelbar aus Art. 14 GG abgeleitet wird. Kurz zusammengefaßt bedeutet es: Wer einmal Inhaber einer Rechtsposition war, muß zwar mit Veränderungen und Einschränkungen rechnen, ganz entzogen werden darf das Recht in der Regel aber nur bei überwiegendem öffentlichem Interesse und gegen Entschädigung.

Im Baurecht geht der Bestandsschutz sogar besonders weit: Selbst ein Schwarzbau, der bei seiner Errichtung rechtswidrig war, aber durch eine spätere Änderung der Sach- oder Rechtslage irgendwann einmal genehmigungsfähig geworden ist, hat ab diesem Zeitpunkt Bestandsschutz.

Und es geht noch weiter: Der Bestandsschutz bezieht sich nicht nur auf den alten, damals oder jetzt noch vorhandenen Bestand. Vielmehr können vom Bestandsschutz auch Erweiterungen erfaßt werden, wenn andernfalls die vorhandene Bausubstanz nicht mehr sinnvoll genutzt werden kann.

191 Für Vorhaben im Außenbereich regelt § 35 Abs. 4 BauGB die Reichweite des Bestandsschutzes. Der Katalog wurde durch die Novelle des BauGB zum 1. Januar 1998 deutlich ausgeweitet.

Die Regelungstechnik des § 35 Abs. 4 BauGB ist kompliziert und soll hier nur angerissen werden. Erfaßt sind nur die nicht privilegierten sonstigen Vorhaben aus Abs. 2. Unter bestimmten, im Gesetz im Einzelnen aufgelisteten Voraussetzungen fallen bestimmte öffentliche Belange, die sonst beeinträchtigt sein könnten, bei der Abwägung nicht mehr ins Gewicht (und zwar die Darstellungen im Flächennutzungsplan/Landschaftsplan, die Beeinträchtigung der natürlichen Eigenart der Landschaft und die Splittersiedlung). Anders gesagt: Den Vorhaben in Abs. 4 können diese Belange nicht entgegengehalten werden, unabhängig davon, ob sie vorliegen.

Es würde zu weit führen, die einzelnen bestandsgeschützten Vorhaben aus Abs. 4 zu erläutern. Deshalb sei nur auf Folgendes hingewiesen: Mit der Zulassung bestimmter Nutzungsänderungen und der damit verbundenen Bauten soll ein Strukturwandel der Landwirtschaft ermöglicht werden. Mit der Zulassung einer Nutzungsänderung vorhandener Bauten im nicht-

---

[22] Zum Begriff siehe Glossar im Anhang.

landwirtschaftlichen Bereich soll die zweckmäßige Verwendung erhaltenswerter Bausubstanz erreicht werden. Darüber hinaus regelt das Gesetz Betriebserweiterungen, die Neuerrichtung zerstörter Gebäude durch Brand oder andere außergewöhnliche Ereignisse und den Neubau von Wohnungen für den Eigengebrauch.

5.6 Zusammenfassung

192
- Die land- und forstwirtschaftliche Nutzung sowie die Erholung sind die hauptsächlichen Funktionen des Außenbereichs; daraus folgt ein weitgehendes Bauverbot für andere Vorhaben.
- Die Abgrenzung des Außenbereichs vom beplanten Bereich und vom Innenbereich erfolgt über den Bebauungszusammenhang und den Begriff des Ortsteils
- Das Gesetz unterscheidet zwischen privilegierten und nicht privilegierten Vorhaben; erstere gehören in den Außenbereich, letztere nur ganz ausnahmsweise
- Entgegenstehende öffentliche Belange verhindern auch privilegierte Vorhaben; bei nicht privilegierten Vorhaben reicht auch schon die Beeinträchtigung öffentlicher Belange
- Im neuen Recht gibt es weitergehenden Bestandsschutz für bestimmte Gebäude im Außenbereich

6. Kapitel
Die Erschließung der Baugrundstücke

Häuser haben Außenbeziehungen. Sie sind an ihre Umgebung angeschlossen durch Strom- und Telefonleitungen, durch Wasserrohre und Abwasserkanäle und durch Straßen. Der Fachterminus hierfür: „Erschließung". **193**

Die gesicherte Erschließung ist Genehmigungsvoraussetzung für nahezu alle baulichen Vorhaben, sei es im Bereich eines B-Plans (§ 30 Abs. 1 BauGB), im unbeplanten Innenbereich (§ 34 Abs. 1 BauGB) oder im Außenbereich (§ 35 Abs. 1 und 2 BauGB).

Eine ganze Reihe rechtlicher Fragen hängt mit der Erschließung zusammen: Was gehört alles zur gesicherten oder ausreichenden Erschließung? Gibt es einen Rechtsanspruch auf Erschließung? Wer veranlaßt sie, wer stellt die entsprechenden Anlagen her? Wer bezahlt die Erschließung?

6.1 Der Begriff der Erschließung

Die Genehmigung für ein Bauvorhaben muß versagt werden, wenn die Erschließung nicht gesichert ist. Genehmigungsbehörde und Bauherr müssen also wissen, was das Gesetz unter dem Begriff der gesicherten Erschließung versteht. **194**

Eine gesetzliche Definition gibt es leider nicht. Das liegt daran, daß der Begriff der Erschließung je nach Zusammenhang einen unterschiedlichen Inhalt haben kann – mal enger, mal weiter.[1]

6.1.1 Erschließung im weiteren Sinn

Zur Erschließung im weiteren Sinn rechnen neben Straßen, Wasser- und Abwasserversorgung und Strom auch Grünanlagen, Kinderspielplätze, Abfallentsorgung, Erreichbarkeit mit dem öffentlichen Personennahverkehr sowie die notwendige Infrastruktur (Schulen, Kindergärten, Sport- und Freizeiteinrichtungen, Ärzte, Apotheken, Einkaufsmöglichkeiten). **195**

Dieser weite Erschließungsbegriff enthält teilweise Aufgaben der öffentlichen Hand, teilweise gewerbliche Einrichtungen, auf deren Erfüllung oder Vorhandensein der einzelne Bauherr keinen Einfluß hat. Für die Frage der Genehmigungsfähigkeit eines Bauvorhabens spielt der weite Erschließungsbegriff daher keine Rolle.

---

[1] Battis/Krautzberger/Löhr, BauGB, Vorbemerkung vor §§ 123–135, Rz. 2.

6.1.2 Erschließung als Genehmigungsvoraussetzung

196 Der Bauherr muß die auf sein konkretes Grundstück bezogene Erschließung nachweisen, weil er sonst seinen Bau nicht genehmigt bekommt.

Die Mindesterschließung eines Baugrundstücks setzt für die Genehmigungsfähigkeit den Anschluß an das öffentliche Straßennetz, die Versorgung mit Strom und Wasser sowie die Abwasserbeseitigung voraus.[2]

Ist die Mindesterschließung in diesem Sinne gesichert, dann darf die Baugenehmigung auch dann nicht versagt werden, wenn es die übrigen infrastrukturellen Maßnahmen (Personennahverkehr, Schulen, Kinderspielplätze etc.) noch nicht gibt. Denn der Bauherr muß grundsätzlich nur die grundstücksbezogene, sein konkretes Grundstück betreffende Erschließung nachweisen, nicht aber diejenige Erschließung, die das ganze Gebiet gleichermaßen betrifft.

Der genaue Umfang und die konkrete Ausgestaltung dieser Mindesterschließung sind im BauGB nicht abschließend festgelegt. Vor allem bei den Qualitätsanforderungen an die Abwasserbeseitigung kommt es oft auf Landesrecht an.[3]

197 Beim Vorliegen eines B-Plans richtet sich der konkrete Umfang dieser Erschließung nach den Festsetzungen des Plans (wobei der Plan vom Bauherrn nicht mehr verlangen darf als das, wozu er gesetzlich verpflichtet ist). Im unbeplanten Innenbereich orientiert sich die erforderliche Mindesterschließung an dem in der Nachbarschaft vorhandenen Bestand (auch hier muß die Mindesterschließung immer vorliegen; nur der Standard der Mindesterschließung ergibt sich aus der Umgebungsbebauung). Im Außenbereich verlangt das Gesetz für privilegierte Vorhaben nur eine ausreichende Erschließung, was deutlich weniger sein kann als beispielsweise der Standard in der Stadt.

6.1.3 Der Erschließungsbegriff des Beitragsrechts

198 Der dritte Erschließungsbegriff ist der der beitragsfähigen Erschließungsanlagen (siehe § 127 Abs. 2 BauGB). Hierunter fallen diejenigen Erschließungsanlagen, deren Kosten **aufgrund des BauGB** auf die Grundstückseigentümer umgelegt werden können. Das sind bestimmte Verkehrsflächen und -anlagen, Grünanlagen und Anlagen zum Schutz vor schädlichen Umwelteinwirkungen (zum Beispiel Lärmschutzwälle). Die Kostenbeteiligung für einige andere Erschließungsanlagen – Stromleitungen, Wasser- und Abwasserkanäle – richtet sich dagegen nach anderen Vorschriften, beispielsweise den Kommunalabgabengesetzen.

---

[2] BVerfGE 3, 407/149 = NJW 1954, 1474; Battis/Krautzberger/Löhr, BauGB, § 30 Rz. 16; Finkelnburg/Ortloff, Öffentliches Baurecht, Band I, S. 379.

[3] VGH München, BayVBl. 1983, 336/338.

199 Zusammengefaßt müssen also (mindestens) folgende Erschließungsbegriffe unterschieden werden:

- Weiter Erschließungsbegriff: Einrichtungen der Infrastruktur im weitesten Sinne.
- Erschließungsbegriff als Genehmigungsvoraussetzung: Anschluß an das öffentliche Straßennetz, Versorgung mit Strom und Wasser, Abwasserbeseitigung.
- Beitragsfähige Erschließung: Verkehrsanlagen, Grünanlagen, Immissionsschutzanlagen.

6.2 Erschließung – eine Aufgabe der Gemeinde

200 Grundsätzlich ist die Erschließung Sache der Kommune.

§ 123 BauGB. Erschließungslast

(1) Die Erschließung ist Aufgabe der Gemeinde, soweit sie nicht nach anderen gesetzlichen Vorschriften oder öffentlich-rechtlichen Verpflichtungen einem anderen obliegt.

Das Gesetz verweist allerdings darauf, daß in manchen Fällen die Erschließung einem anderen obliegen kann. Für überörtliche Straßen auf dem Gebiet einer Gemeinde oder Stadt sind teilweise der Bund bzw. die Länder zuständig. Die Energieversorgungsunternehmen sind nach dem Energiewirtschaftsgesetz verpflichtet, die Versorgung mit Strom, ggf. mit Fernwärme und Gas sicherzustellen.

Die gesetzliche Verpflichtung der Gemeinde zur Erschließung erfaßt einen weiteren Erschließungsbegriff als den der gesicherten Erschließung als Voraussetzung für eine Baugenehmigung. Die Gemeinde muß die Erschließungsanlagen entsprechend den Erfordernissen der Bebauung und des Verkehrs herstellen. Damit ist gemeint, daß die Gemeinde gleich das ganze Gebiet erschließen muß, also Straßen, Kanäle, Ver- und Entsorgungsleitungen so dimensionieren muß, daß sie für das ganze Gebiet ausreichen.[4] Der Umfang des zu erschließenden Gebiets richtet sich entweder nach dem B-Plan oder nach den Abgrenzungen, die sich aus § 34 BauGB ergeben.

6.2.1 Rechtsanspruch auf Erschließung?

201 Da die gesicherte Erschließung Voraussetzung für eine Baugenehmigung ist, stellt sich die Frage, was eine Bauherrin tun kann, wenn die Gemeinde die Erschließungsanlagen nicht herstellen will.

Nach § 123 Abs. 3 BauGB besteht auf die Erschließung kein Rechtsanspruch. Es ist demnach also der Fall denkbar, daß ein Grundstück nach allen anderen Voraussetzungen sofort bebaubar wäre, die Genehmigungsbehörde

[4] BVerwG, BRS 37, Nr. 142; Battis/Krautzberger/Löhr, BauGB, § 123 Rz. 12.

aber wegen der nicht gesicherten Erschließung die Genehmigung verweigert und die Kommune trotzdem nichts unternimmt.

202 Die Verwaltungsgerichte haben eine Verpflichtung der Gemeinden zur Erschließung aber in denjenigen Fällen angenommen, in denen andernfalls ein bereits vor Erlaß eines B-Plans bestehendes Recht nicht verwirklicht werden könnte.[5] Das gilt vor allem dann, wenn es einen qualifizierten B-Plan gibt. Denn bei der Aufstellung eines B-Plans führt die Gemeinde selbst eine Rechtsänderung herbei. Ein B-Plan kann nämlich zur Konsequenz haben, daß ein vorher nach § 34 BauGB im unbeplanten Innenbereich zulässiges Bauvorhaben wegen des Plans jetzt nicht mehr verwirklicht werden kann. Der Bauherr könnte in diesem Fall also nach altem Recht nicht mehr bauen, weil § 34 BauGB durch den Plan verdrängt wurde; nach dem Plan kann er nicht bauen, weil die Gemeinde die Erschließung nicht herstellt. In einem solchen Fall ist die Gemeinde zur Erschließung verpflichtet, und man kann sie gerichtlich dazu zwingen.[6]

203 Eine weitere Verpflichtung zur Erschließung enthält § 124 Abs. 3 Satz 2 BauGB. Danach muß die Gemeinde im Geltungsbereich eines qualifizierten B-Plans die Erschließung herstellen, wenn sie zuvor das zumutbare Angebot eines Dritten, die Erschließung selbst durchzuführen, abgelehnt hat.[7] Die Rechtsprechung hat diese Bestimmung, die unmittelbar nur beim Vorhandensein eines B-Plans gilt, auf privilegierte Vorhaben im Außenbereich ausgeweitet. Auch hier kann die Gemeinde ein zumutbares Angebot auf Herstellung der Erschließung nur ausschlagen,wenn sie die Anlagen dann selbst herstellt.[8]

6.2.2 Der Erschließungsvertrag

204 Die Erschließung durch die Gemeinde läßt oft lange auf sich warten. Die Verwaltungen haben häufig nicht die personellen Kapazitäten, um die Erschließung zu planen und zu beauftragen. Außerdem scheitert die Erschließung oft auch an den leeren Kassen, da die Gemeinde bei der Erschließung in eigener Regie zum einen die Kosten vorfinanzieren muß und zum zweiten nur höchstens 90 Prozent der Kosten auf die Anlieger umlegen kann, einen 10-Prozent-Anteil also immer selbst tragen muß. Um dem entgegenzuwirken, ist in § 124 BauGB der sogenannte Erschließungsvertrag geregelt.

§ 124 BauGB. Erschließungsvertrag

(1) Die Gemeinde kann die Erschließung durch Vertrag auf einen Dritten übertragen.

---

[5] BVerwG, BRS 37, Nr. 5.

[6] Vgl. Battis/Krautzberger/Löhr, BauGB, § 123 Rz. 5.

[7] Ob ein zumutbares Angebot nur vorliegt, wenn der Bauwillige die Kosten zu 100 Prozent übernimmt, ist umstritten.

[8] BVerwG, BauR 1985, 661/663 f.

(2) Gegenstand des Erschließungsvertrages können nach Bundes- oder nach Landesrecht beitragsfähige sowie nicht beitragsfähige Erschließungsanlagen in einem bestimmten Erschließungsgebiet in der Gemeinde sein. Der Dritte kann sich gegenüber der Gemeinde verpflichten, die Erschließungskosten ganz oder teilweise zu tragen; dies gilt unabhängig davon, ob die Erschließungsanlagen nach Bundes- oder Landesrecht beitragsfähig sind. § 129 Abs. 1 Satz 3 ist nicht anzuwenden.

(3) Die vertraglich vereinbarten Leistungen müssen den gesamten Umständen nach angemessen sein und in sachlichem Zusammenhang mit der Erschließung stehen. Hat die Gemeinde einen Bebauungsplan im Sinne des § 30 Abs. 1 erlassen und lehnt sie das zumutbare Angebot eines Dritten ab, die im Bebauungsplan vorgesehene Erschließung vorzunehmen, ist sie verpflichtet, die Erschließung selbst durchzuführen.

(4) Der Erschließungsvertrag bedarf der Schriftform, soweit nicht durch Rechtsvorschriften eine andere Form vorgeschrieben ist.

Das Gesetz gibt hier einer Privatperson – in der Praxis sind das häufig Investoren, die ein ganzes Gebiet bebauen wollen – die Möglichkeit, die Erschließung selbst durchzuführen.

Der Vorteil besteht für den Bauherrn darin, daß er die Sache zügig vorantreiben kann, für die Gemeinde darin, daß sie die Erschließungsplanung geliefert bekommt, nichts vorfinanzieren muß und sogar den 10-Prozent-Anteil abwälzen kann.

6.2.3 Herstellung der Erschließungsanlagen

205 Das BauGB sagt nichts zur Frage, wer die Erschließungsanlagen tatsächlich herstellt. Die Kommune hat hier also freie Hand, ob sie die Arbeiten von den eigenen Beschäftigten, einem Eigenbetrieb, einem kommunalen Unternehmen oder einer Fremdfirma durchführen läßt. Dabei hat sie allerdings allgemeine Rechtsgrundsätze zu beachten, wozu beispielsweise die Verpflichtung zur Ausschreibung ab einer bestimmten Auftragssumme gehört. Generell ist die Kommune verpflichtet, bei der Beauftragung Dritter dafür zu sorgen, daß die Arbeiten qualitativ gut und gleichzeitig kostensparend hergestellt werden. Denn da zumindest ein erheblicher Teil der tatsächlich entstandenen Kosten auf die Anlieger umgelegt werden kann, muß sichergestellt sein, daß keine überdurchschnittlich teure Firma beauftragt wird.[9]

6.3 Die Kostentragung bei der Erschließung

206 Das Recht der Erschließungsbeiträge ist hochkompliziert und echte juristische Spezialmaterie. Es hat jedoch große praktische Bedeutung, weil die Kosten der Erschließung bei der Kalkulation eines Bauvorhabens oft einen erheblichen Posten darstellen, so daß man tunlichst vorher wissen sollte, was auf einen zukommen kann.

---

[9] In der Regel wird dies durch eine öffentliche Ausschreibung gewährleistet.

Es würde den Rahmen dieser Darstellung sprengen, auch nur die Grundzüge des Erschließungsbeitragsrechts darzustellen. Schon eine Durchsicht der §§ 127ff. BauGB zeigt, daß es sich um schwer durchschaubare Regelungen mit zahlreichen Querverweisen und Zusammenhängen zu anderen Bestimmungen handelt. Deshalb sollen hier nur einige wenige Aspekte des Beitragsrechts kurz aufgezeigt werden. Da es bei den Erschließungskosten um viel Geld gehen kann, ist es oft lohnenswert, bei begründeten Zweifeln an der Rechtmäßigkeit der erhobenen Beiträge (bzw. aus Sicht der Kommune an der Rechtmäßigkeit der festgesetzten Beiträge) einen Spezialisten zu konsultieren.[10]

6.3.1 Die Begrenzung auf die beitragsfähigen Erschließungsanlagen

207 Bei der rechtlichen Untersuchung der Erschließungsbeiträge steht in der Regel die Frage im Vordergrund, wieviel Geld die Kommune von den einzelnen Grundstückseigentümern verlangen kann.

Zunächst ist hier danach zu fragen, welche Erschließungsanlagen die Kommune den Beiträgen zugrundelegen kann (siehe auch Abbildung 6a).

§ 127 BauGB. Erhebung des Erschließungsbeitrags

(2) Erschließungsanlagen im Sinne dieses Abschnitts sind

1. die öffentlichen zum Anbau bestimmten Straßen, Wege und Plätze;
2. die öffentlichen aus rechtlichen oder tatsächlichen Gründen mit Kraftfahrzeugen nicht befahrbaren Verkehrsanlagen innerhalb der Baugebiete (z.B. Fußwege, Wohnwege);
3. Sammelstraßen innerhalb der Baugebiete; Sammelstraßen sind öffentliche Straßen, Wege und Plätze, die selbst nicht zum Anbau bestimmt, aber zur Erschließung der Baugebiete notwendig sind;
4. Parkflächen und Grünanlagen mit Ausnahme von Kinderspielplätzen, soweit sie Bestandteil der in den Nummern 1 bis 3 genannten Verkehrsanlagen oder nach städtebaulichen Grundsätzen innerhalb der Baugebiete zu deren Erschließung notwendig sind;
5. Anlagen zum Schutz von Baugebieten gegen schädliche Umwelteinwirkungen im Sinne des Bundes-Immissionsschutzgesetzes, auch wenn sie nicht Bestandteil der Erschließungsanlagen sind.

(4) Das Recht, Abgaben für Anlagen zu erheben, die nicht Erschließungsanlagen im Sinne dieses Abschnitts sind, bleibt unberührt. Dies gilt insbesondere für Anlagen zur Ableitung von Abwasser sowie zur Versorgung mit Elektrizität, Gas, Wärme und Wasser.

---

[10] Eine umfassende und anspruchsvolle Darstellung des Rechts der Erschließungsbeiträge enthält „Driehaus, Erschließungs- und Ausbaubeiträge“, 5. Auflage, München 1999.

Grundstücksbezogene Erschließung als Voraussetzung für die Baugenehmigung	**Beitragsfähige Erschließung (gebietsbezogen) als Grundlage der Kostenheranziehung**
- Zu- und Abfahrt - Wasser und Abwasser - Elektrizität/Energie	- anbaufähige Straßen, Wege und Plätze im Baugebiet - nicht befahrbare öffentliche Wege - Sammelstraßen, soweit für die Erschließung des Gebiets erforderlich - Grünanlagen (als Teil der Verkehrswege oder selbständig) - Immissionsschutzanlagen, z. B. Lärmwälle Nach Kommunalabgabenrecht getrennt erhoben werden: - Gebühren für den Bau der Ver- und Entsorgungsleitungen

Abbildung 6a: Die Tabelle gibt eine Übersicht über die Unterscheidung zwischen den Begriffen der **grundstücksbezogenen** und der **beitragsfähigen** Erschließung

Bei einer Durchsicht von § 127 Abs. 2 BauGB zeigt sich, daß das BauGB als Bundesrecht weitgehend nur Flächen (insbesondere für Verkehrswege) erfaßt, nicht dagegen Ver- und Entsorgungsanlagen. Die Kosten für Kanäle, Wasserrohre und Kabel können daher nicht nach dem BauGB umgelegt werden. Für diese Kosten verweist § 127 Abs. 4 auf andere Bestimmungen. Hierbei handelt es sich um landesrechtliche Regelungen, insbesondere die Kommunalabgabengesetze, aus denen sich die Beitragspflicht für derartige Anlagen ergibt.

208 Es wurde oben schon darauf hingewiesen, daß der Begriff des „beitragsfähigen Erschließungsaufwands“ im BauGB wesentlich enger ist als der allgemeine Begriff der Erschließung (siehe oben Rz. 198). Das Bundesrecht erfaßt in § 127 Abs. 2 Nrn. 1 bis 3 BauGB nur das, was mit der verkehrsmäßigen Erschließung des Gebiets zusammenhängt. Nr. 4, 2. Alternative, ist vor allem für die sogenannten selbständigen Grünanlagen einschlägig, also Grünflächen, die nicht im unmittelbaren Zusammenhang mit den Verkehrsflächen stehen. Die in Nr. 5 genannten Immissionsschutzanlagen erfassen Lärmschutzwände u. ä., wobei es über die Reichweite dieser Regelung unter den Juristen noch keine Einigkeit gibt (siehe auch Abbildung 6 b).[11]

[11] Vgl. Battis/Krautzberger/Löhr, BauGB, § 127 Rz. 38 f.

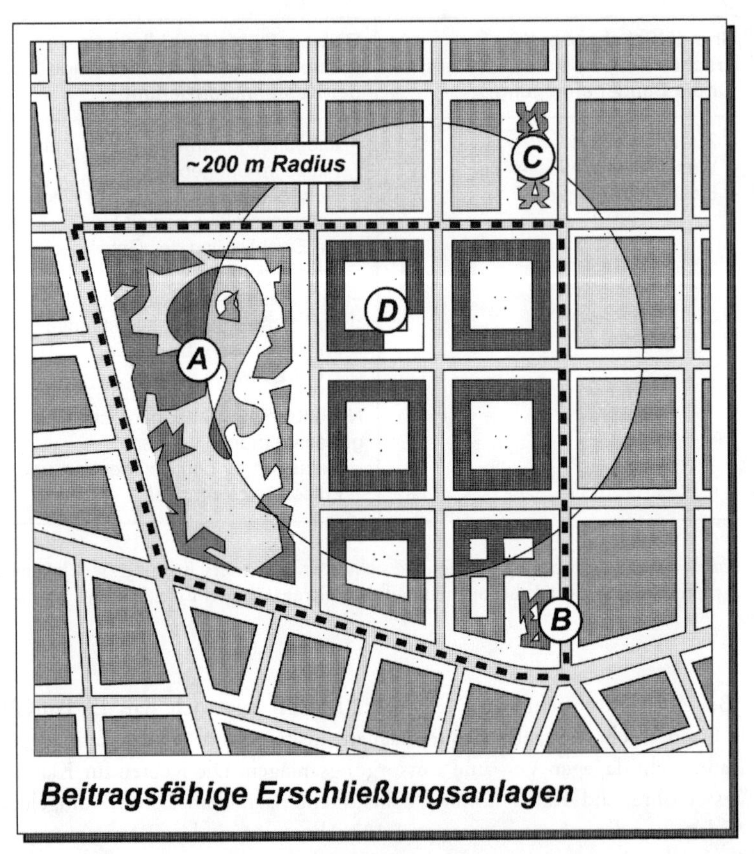

Abbildung 6b: Zu den beitragsfähigen Erschließungsanlagen gehören auch Grünanlagen. Beiträge dürfen aber nur erhoben werden, wenn die Anlagen für die Erschließung des Gebiets erforderlich sind. Hier kommt es zum einen darauf an, ob die einzelnen Häuser ausreichend eigene Gärten haben, so daß eine Grünanlage für die Erholung gar nicht nötig ist. Zum zweiten grenzt das BVerwG den Radius derer, die von einer Grünanlage noch einen Vorteil haben (und deshalb dafür Beiträge zahlen müssen), durch Anlegung eines 200-Meter-Radius ab. In dem in der Zeichnung dargestellten Fall liegen aus der Sicht des Bewohners des weiß markierten Eckgrundstücks zwei Grünflächen innerhalb des 200-Meter-Radius. Es dürfte schon zweifelhaft sein, ob angesichts der Größe der Grünfläche A die Grünfläche C zusätzlich erforderlich ist. Außerdem liegt die Fläche C außerhalb des Baugebiets (gestrichelte Umrandung), so daß bei der Abrechnung nach Baugebiet eine Einbeziehung unzulässig wäre. Die Fläche B liegt dagegen innerhalb des Baugebiets, aber außerhalb des 200-Meter-Radius. Die Gerichte sehen die 200-Meter-Regelung allerdings nicht als absolut starre Regelung an, so daß es zulässig sein dürfte, die Fläche B in die Abrechnung einzubeziehen (dem stünde allerdings wieder entgegen, daß sie wohl wegen der Größe der Fläche A nicht erforderlich für die Erschließung des Gebiets mit Grünanlagen ist.). Öffentliche Parkanlagen fallen nach Ansicht des BVerwG übrigens nicht unter § 127 Abs. 2 Nr. 4 BauGB, weil sie von der Allgemeinheit genutzt werden und deshalb eine Zurechnung des individuellen Nutzungsvorteils als Voraussetzung für die Erhebung eines Beitrags nicht mehr möglich ist.

209 Eine weitere Konkretisierung der beitragsfähigen Kosten enthält § 128 BauGB:

§ 128 BauGB. Umfang des Erschließungsaufwands

(1) Der Erschließungsaufwand nach § 127 umfaßt die Kosten für

1. den Erwerb und die Freilegung der Flächen für die Erschließungsanlagen;
2. ihre erstmalige Herstellung einschließlich der Einrichtungen für ihre Entwässerung und ihre Beleuchtung;
3. die Übernahme von Anlagen als gemeindliche Erschließungsanlagen.

Der Erschließungsaufwand umfaßt auch den Wert der von der Gemeinde aus ihrem Vermögen bereitgestellten Flächen im Zeitpunkt der Bereitstellung. Zu den Kosten für den Erwerb der Flächen für Erschließungsanlagen gehört im Falle einer erschließungsbeitragspflichtigen Zuteilung im Sinne des § 57 Satz 4 und des § 58 Abs. 1 Satz 1 auch der Wert nach § 68 Abs. 1 Nr. 4.

(2) Soweit die Gemeinden nach Landesrecht berechtigt sind, Beiträge zu den Kosten für Erweiterungen oder Verbesserungen von Erschließungsanlagen zu erheben, bleibt dieses Recht unberührt. Die Länder können bestimmen, daß die Kosten für die Beleuchtung der Erschließungsanlagen in den Erschließungsaufwand nicht einzubeziehen sind.

(3) Der Erschließungsaufwand umfaßt nicht die Kosten für

1. Brücken, Tunnel und Unterführungen mit den dazugehörigen Rampen;
2. die Fahrbahnen der Ortsdurchfahrten von Bundesstraßen sowie von Landstraßen I. und II. Ordnung, soweit die Fahrbahnen dieser Straßen keine größere Breite als ihre anschließenden freien Strecken erfordern.

Herausgegriffen sei hier nur ein wichtiger Aspekt: Nach Bundesrecht können die Gemeinden nur für die erstmalige Herstellung der Erschließungsanlagen Beiträge verlangen. Für Erweiterungen und Verbesserungen bereits vorhandener Anlagen gilt Landesrecht, das insbesondere regelt, ob derartige Folgekosten umgelegt werden können.

6.3.2 Der beitragsfähige Erschließungsaufwand

210 Die in § 127 Abs. 2 BauGB genannten Erschließungsanlagen können nicht im vollen Umfang auf die Grundstückseigentümer umgelegt werden, sondern nur nach Maßgabe von § 129 Abs. 1 BauGB.

§ 129 BauG. Beitragsfähiger Erschließungsaufwand

(1) Zur Deckung des anderweitig nicht gedeckten Erschließungsaufwands können Beiträge nur insoweit erhoben werden, als die Erschließungsanlagen erforderlich sind, um die Bauflächen und die gewerblich zu nutzenden Flächen entsprechend den baurechtlichen Vorschriften zu nutzen (beitragsfähiger Erschließungsaufwand). Soweit Anlagen nach § 127 Abs. 2 von dem Eigentümer hergestellt sind oder von ihm auf Grund baurechtlicher Vorschriften verlangt werden, dürfen Beiträge nicht erhoben werden. Die Gemeinden tragen mindestens 10 vom Hundert des beitragsfähigen Erschließungsaufwands.

§ 129 Abs. 1 Satz 1 BauGB enthält eine Klarstellung und Begrenzung der umlagefähigen Kosten.

Der beitragsfähige Erschließungsaufwand erstreckt sich zunächst auf die „Bauflächen", womit im Normalfall ein abgegrenztes Baugebiet gemeint ist.[12] Das bedeutet: Es werden die Kosten für die Verkehrswege ermittelt, die für die Erschließung des gesamten Baugebiets erforderlich sind; diese Gesamtkosten werden anteilig auf die Grundstückseigentümer umgelegt. Der Anwohner am Anfang der Straße kann also für die anteiligen Kosten der gesamten Straße herangezogen werden, auch wenn für sein Grundstück eigentlich ein ganz kurzes Stück Straße ausreichen würde.

Sodann enthält § 129 Abs. 1 Satz 1 BauGB eine Begrenzung auf die **erforderlichen** Kosten. Der Begriff „erforderlich" ist ein unbestimmter Rechtsbegriff. Der Kommune ist also kein Ermessen eingeräumt. Die Gerichte können die Erforderlichkeit also überprüfen, gestehen den Kommunen allerdings einen weiten Beurteilungsspielraum zu.[13] Letztendlich muß sich die Erschließung im Rahmen der in der jeweiligen Kommune üblichen Maßstäbe halten, die Kosten einer Luxuserschließung könnte die Kommune nicht umlegen. Außerdem kann die Kommune die Kosten auch dann nicht voll umlegen, wenn die Verkehrswege etc. auch noch anderen Zwecken als der Erschließung der Baugrundstücke dienen, zum Beispiel bei Straßen, die auch vom Durchgangsverkehr genutzt werden.

6.3.3 Die Erschließungsbeitragssatzung

211 Voraussetzung für die Erhebung von Erschließungsbeiträgen ist außerdem eine Erschließungsbeitragssatzung nach § 132 BauGB, aus der sich ebenfalls Konkretisierungen nach Art und Umfang der Erschließungsanlagen ergeben.

6.3.4 Der Verteilungsmaßstab für die einzelnen Grundstücke

212 Für die Höhe des Erschließungsbeitrags entscheidend ist schließlich die Verteilung auf die einzelnen Grundstückseigentümer. Vorgaben hierzu enthält § 131 BauGB:

§ 131 BauGB. Maßstäbe für die Verteilung des Erschließungsaufwands

(1) Der ermittelte beitragsfähige Erschließungsaufwand für eine Erschließungsanlage ist auf die durch die Anlage erschlossenen Grundstücke zu verteilen. Mehrfach erschlossene Grundstücke sind bei gemeinsamer Aufwandsermittlung in einer Erschließungseinheit (§ 130 Abs. 2 Satz 3) bei der Verteilung des Erschließungsaufwands nur einmal zu berücksichtigen.

---

[12] Battis/Krautzberger/Löhr, BauGB, § 129 Rz. 2.

[13] BVerwG, BRS 37, Nr. 194; zu den Begriffen siehe Glossar im Anhang.

(2) Verteilungsmaßstäbe sind

1. die Art und das Maß der baulichen oder sonstigen Nutzung;
2. die Grundstücksflächen;
3. die Grundstücksbreite an der Erschließungsanlage.

Die Verteilungsmaßstäbe können miteinander verbunden werden.

(3) In Gebieten, die nach dem Inkrafttreten des Bundesbaugesetzes erschlossen werden, sind, wenn eine unterschiedliche bauliche oder sonstige Nutzung zulässig ist, die Maßstäbe nach Absatz 2 in der Weise anzuwenden, daß der Verschiedenheit dieser Nutzung nach Art und Maß entsprochen wird.

Die Norm enthält mehrere Verteilungsmaßstäbe, die zu recht unterschiedlichen Ergebnissen führen können. Würde beispielsweise nur nach der Grundstücksbreite an der Straßenseite abgerechnet, wären lange und schmale Grundstücke, die ggf. auch noch in zweiter Linie bebaut sind, bevorzugt. Bei einer Abrechnung nur nach der Grundstücksfläche wären wiederum Eckgrundstücke bevorzugt, weil sie an zwei Seiten an einer Straße liegen. Deshalb ist es grundsätzlich erforderlich, die Maßstäbe nach Gesichtspunkten der Verteilungsgerechtigkeit zu kombinieren bzw. zu modifizieren.[14] Der Maßstab muß sich also daran orientieren, wie er sich in dem konkreten Fall auswirken wird (siehe Abbildung 6c).

§ 131 Abs. 2 Nr. 1 BauGB stellt außerdem auch auf Art und Maß der Nutzung ab. Hier ist danach zu fragen, welchen Nutzungsvorteil ein Grundstück durch die Erschließung erhält. Beispielsweise wird eine Badminton-Halle im Stundenrhythmus frequentiert, während das Einfamilienhaus nur zwei- oder dreimal am Tag angefahren wird. Der Aspekt des Erschließungsvorteils kann dann ebenfalls zugrundegelegt werden.[15]

---

[14] Vgl. Battis/Krautzberger/Löhr, BauGB, § 131 Rz. 37ff.

[15] Zum Erschließungsvorteil siehe BVerwGE 62, 300/302f.; Battis/Krautzberger/Löhr, BauGB, § 127 Rz. 4.

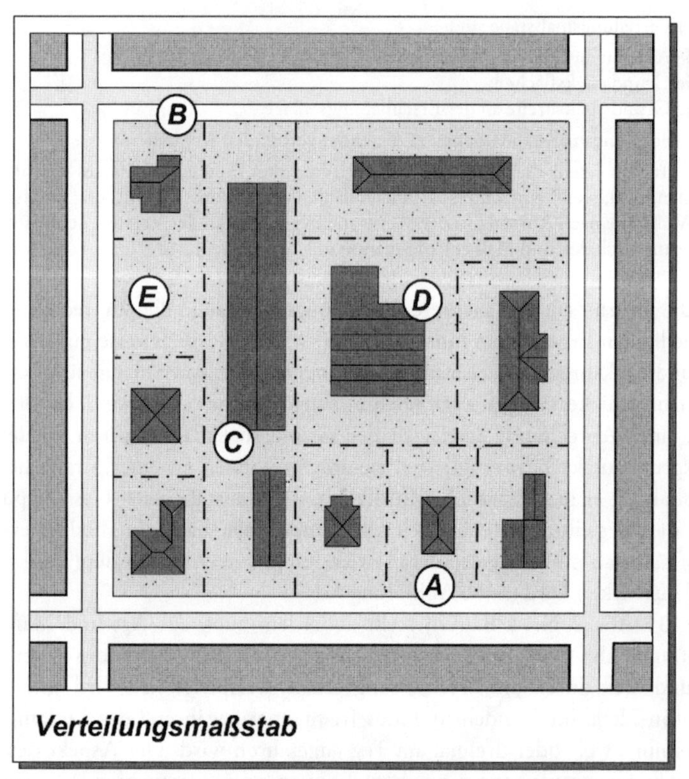

Abbildung 6c: Im Beitragsrecht soll weitgehende Verteilungsgerechtigkeit erreicht werden. Die Erschließungsbeiträge sollen den „Erschließungsvorteil" abschöpfen. Dieser Vorteil läßt sich aber schwer bestimmen, weil es neben der Art der Nutzung des Gebäudes auch auf die Fläche und die Grundstücksbreite an der Erschließungsstraße ankommt (vgl. § 131 Abs. 2 BauGB).
Für das Grundstück A ergeben sich insofern keine Probleme; es liegt im angemessenen Verhältnis zur Grundstücksgröße an der Straße.
Das Grundstück B ist von zwei Seiten her erschlossen Es ist nicht generell unzulässig, dieses Grundstück quasi doppelt zu belasten, weil die Rechtsprechung davon ausgeht, daß der Zugang zur Straße an zwei Seiten einen Vorteil mit sich bringt. Allerdings ist das umstritten, und man wird hier wohl nur zu vertretbaren Ergebnissen kommen, wenn man den Frontmetermaßstab mit den anderen Maßstäben (Nutzungsart, Grundstücksfläche) kombiniert.
Im Fall C ist es zwingend erforderlich, daß das Grundstück für die Erschließung auf beiden Seiten zu Beiträgen herangezogen wird; der Vorteil ist hier offensichtlich.
Im Fall D wird man – ähnlich wie im Fall B – nur zu vertretbaren Ergebnissen bei einer Maßstabskombination kommen. Die schmale Zufahrt ist sicherlich einerseits ein Nachteil gegenüber den anderen Grundstücken, so daß eine teilweise Orientierung am Frontmetermaßstab gerecht sein dürfte. Andererseits würde eine ausschließliche Festsetzung nach dem Frontmetermaßstab den Erschließungsvorteil des recht großen Grundstücks nicht erfassen können. Auch hier ist also eine Kombination erforderlich.
Fall E ist grundsätzlich wie Fall A zu handhaben, da es für die Beitragspflicht nicht auf die tatsächliche Bebauung, sondern nur auf die Möglichkeit einer Bebauung ankommt.

6.3.5 Entstehung der Beitragspflicht, Zahlungsverpflichtete, Zahlungsmodalitäten

213 In den §§ 133ff. enthält das BauGB schließlich Bestimmungen zur Entstehung der Beitragspflicht, zu den Zahlungsverpflichteten und zu Zahlungsmodalitäten.

Bei den Erschließungsbeiträgen handelt es sich um auf den Grundstücken ruhende Lasten. Die Pflicht zur Beitragszahlung entsteht in der Regel, wenn das Grundstück bebaut oder gewerblich genutzt werden kann und wenn die Erschließungsanlagen endgültig hergestellt sind. Unter bestimmten Umständen können Vorauszahlungen verlangt werden (§ 133 Abs. 2 BauGB), und zwar wenn entweder ein Bauvorhaben genehmigt ist oder wenn mit den Arbeiten zur Herstellung der Erschließungsanlagen bereits begonnen wurde.

Beitragspflichtig sind nach § 134 BauGB die sogenannten dinglich Berechtigten, also in erster Linie die Grundstückseigentümer bzw. Erbbauberechtigten; bei Teileigentum (insbesondere bei Eigentumswohnungen) sind die einzelnen Eigentümer nach ihrem Anteil verpflichtet.

Die Beiträge werden gemäß § 135 Abs. 1 BauGB einen Monat nach Bekanntgabe des Beitragsbescheids fällig. Voraussetzung dafür ist, daß die Fälligkeitsvoraussetzungen aus § 133 BauGB (endgültige Herstellung oder Vorauszahlungen) vorliegen. In besonderen Härtefällen können die Gemeinden Ratenzahlung zulassen oder die Beiträge sogar in Form einer zehnjährigen „Rente" erheben. § 133 Abs. 5 BauGB enthält eine Billigkeitsregelung, wonach die Kommune auf die Beiträge im Falle überwiegenden öffentlichen Interesses oder unbilliger Härten auch ganz verzichten kann. Allerdings sind hier strenge Maßstäbe anzulegen, weil die Kommunen prinzipiell verpflichtet sind, ihre Kosten zu decken (der Verzicht auf die Beitragserhebung bedeutet automatisch, daß die Kosten dem Gemeindehaushalt auferlegt werden).

6.4 Zusammenfassung

214

- Die Erschließung ist ein weiter, gesetzlich nicht geregelter Begriff. Voraussetzung für die Erteilung einer Baugenehmigung ist lediglich die Anbindung an das Verkehrsnetz, die Versorgung mit Strom und Wasser und die Abwasserbeseitigung. Der Erhebung von Erschließungsbeiträgen wiederum liegt ein Erschließungsbegriff zugrunde, der in erster Linie die Verkehrswege und den damit zusammenhängenden Flächenerwerb erfaßt. Beiträge für Ver- und Entsorgungseinrichtungen werden nach Landesrecht erhoben.

- Die Erschließung ist primär Aufgabe der Gemeinde. Für überörtliche Straßen sind der Bund bzw. die Länder zuständig, für die Versorgung mit Elektrizität die Energieversorgungsunternehmen.
- Ein Rechtsanspruch auf Erschließung besteht nicht, es sei denn, die Gemeinde hat in ein vorher bestehendes Recht eingegriffen oder sie lehnt ein zumutbares Angebot eines Dritten auf Herstellung von Erschließungsanlagen ab.
- In einem Vertrag kann sich eine Privatperson verpflichten, die Herstellung der Erschließungsanlagen und deren Finanzierung zu übernehmen.
- Bei der tatsächlichen Herstellung der Erschließungsanlagen ist die Gemeinde weitgehend frei, muß sich aber an den Wirtschaftlichkeitsgrundsätzen des kommunalen Haushaltsrechts orientieren.
- Die Kosten der Erschließung tragen grundsätzlich die Anlieger, und zwar bis zu 90 Prozent. Das Gesetz begrenzt den beitragsfähigen Erschließungsaufwand nach mehreren Kriterien.
- Voraussetzung für die Erhebung von Beiträgen ist der Erlaß einer Erschließungsbeitragssatzung, die die beitragsfähigen Erschließungsanlagen konkretisieren muß.
- Für die Aufteilung der Erschließungsbeiträge auf die einzelnen Anlieger hält das Gesetz mehrere Maßstäbe bereit; sie müssen so angewendet werden, daß im konkreten Fall Beitragsgerechtigkeit entsteht.
- Das BauGB regelt auch die Entstehung der Beitragspflicht, die Zahlungsverpflichteten und die Zahlungsmodalitäten

7. Kapitel
Städtebauliche Sanierungs- und Entwicklungsmaßnahmen Erhaltungsmaßnahmen und städtebauliche Gebote

215 Das Städtebaurecht hat nicht mit der Stunde Null begonnen. Der Gesetzgeber hatte sich unter vielen Aspekten damit auseinanderzusetzen, daß es Bebauung unterschiedlichster Qualität, unterschiedlichsten Alters und unterschiedlichster Zusammensetzung bereits gab. Die Parlamentarier standen vor der Frage, ob sie es bei der Regelung des § 34 BauGB für den unbeplanten Innenbereich belassen oder ob sie auch für bereits weitgehend bebaute Gebiete ein aktives planerisches Handeln der Kommunen ermöglichen wollten.

Die Städte und Gemeinden haben mehrere Möglichkeiten, auf den vorhandenen Bestand Einfluß zu nehmen – mit teilweise einschneidenden Folgen für die dort lebenden Menschen. Wird beispielsweise ein Gebiet mit bereits vorhandener Bebauung überplant, gibt es zwar keine aktive Anpassungspflicht an den Bebauungsplan – bei allen Neubauten und bei allen wesentlichen Veränderungen muß der Plan aber beachtet werden, so daß er sich allmählich durchsetzt.

216 Das BauGB enthält daneben in einem Kapitel „Besonderes Städtebaurecht“ Instrumente direkter und aktiver Einflußnahme: Städtebauliche Sanierungsmaßnahmen (§§ 136ff. BauGB), städtebauliche Entwicklungsmaßnahmen (§§ 165ff. BauGB), Erhaltungssatzungen und städtebauliche Gebote (§§ 172ff. BauGB).

Städtebauliche **Sanierungsmaßnahmen** knüpfen an vorhandene Mißstände an. Zugrunde liegt der Gedanke, daß ein Stadt- oder Ortsteil nur durch steuernde Eingriffe von außen allmählich so umgestaltet werden kann, daß gesunde Wohn- und Arbeitsverhältnisse entstehen und städtebauliche Aufgaben erfüllt werden können. Aus diesem Grund kann die Kommune den Eigentümern von Gebäuden Verpflichtungen bis hin zu Instandsetzungs- und Modernisierungsgeboten, zur Umlegung und zum Neuzuschnitt von Grundstücken u. ä. auferlegen.

Städtebauliche **Entwicklungsmaßnahmen** kommen zwar auch für die Neuentwicklung eines Ortsteils zum Tragen. Das Instrumentarium stellt aber ebenfalls primär darauf ab, wie die **vorhandene Bebauung** oder Nutzung in einer bestimmten Richtung umstrukturiert und verändert werden kann.

Erhaltungssatzungen zielen dagegen auf die Beibehaltung des vorhandenen Gebietscharakters ab. Damit sollen unerwünschte Entwicklungen in einem Gebiet, dessen Bestand oder Nutzung als erhaltenswert gelten, verhindert werden.

Mit der Regelung zu den **städtebaulichen Geboten** schließlich hat die Kommune die Möglichkeit, den Eigentümern von Grundstücken und Gebäuden im Einzelfall bestimmte Verpflichtungen aufzuerlegen, etwa ein Baugebot zur Bebauung einer Baulücke oder ein Modernisierungs- und Instandsetzungsgebot, um damit unerwünschte Zustände zu beenden.

Alle genannten Instrumente ermöglichen erhebliche Eingriffe in das Eigentum; sie sind daher an der Eigentumsgarantie des Art. 14 der Verfassung zu messen. Es müssen also in allen Fällen erhebliche Gründe des Allgemeinwohls vorliegen, und die finanzielle Belastung für die Betroffenen darf im Einzelfall nicht unverhältnismäßig sein.

Die aufgezeigten Instrumente können große Bedeutung für Architekten und Stadtplaner haben. Architekten müssen sowohl die Instrumente an sich als auch deren Auswirkungen kennen, da sich beispielsweise die Genehmigungsfähigkeit geplanter Umbauten oder Modernisierungen im Sanierungsgebiet deutlich von den bisher aufgezeigten Voraussetzungen unterscheidet und sich auch die finanziellen Auswirkungen für den Bauherrn ganz anders darstellen können.[1] Für Stadtplaner und Kommunalpolitiker sind die Regelungen des besonderen Städtebaurechts oftmals die einzigen Möglichkeiten, um sich mittelfristig mit den eigenen Planungsvorstellungen gegenüber der vorhandenen Bebauung durchzusetzen, aber auch, um Mißstände beispielsweise im Wohnbereich zu beheben.

7.1 Städtebauliche Sanierungsmaßnahmen

217 Der Begriff der Sanierung sagt schon etwas aus über die grundsätzliche Zielrichtung der in den §§ 136ff. BauGB enthaltenen Maßnahmen: Es geht um eine Verbesserung der vorhandenen Struktur. Die Vorgehensweise ist zweigeteilt: Zunächst werden die schlechten Verhältnisse (das Gesetz spricht von „Mißständen“) festgestellt und das davon betroffene Gebiet festgelegt; sodann wird entschieden, welche einzelnen Maßnahmen erforderlich sind, um diese Mißstände zu beheben.

7.1.1 Die Vorbereitung der Sanierung

218 Zur Vorbereitung der Sanierung muß die Gemeinde zahlreiche Aufgaben erfüllen, die in § 140 BauGB aufgelistet sind:

§ 140 BauGB. Vorbereitung

Die Vorbereitung der Sanierung ist Aufgabe der Gemeinde; sie umfaßt

1. die vorbereitenden Untersuchungen,
2. die förmliche Festlegung des Sanierungsgebiets,

---

[1] Architekten sind im Rahmen ihrer allgemeinen Beratungspflicht dazu angehalten, die Bauherren auf mögliche Finanzierungsquellen aufmerksam zu machen, also auch auf Mittel aus der Städtebauförderung u. ä.

3. die Bestimmung der Ziele und Zwecke der Sanierung,
4. die städtebauliche Planung; hierzu gehört auch die Bauleitplanung oder eine Rahmenplanung, soweit sie für die Sanierung erforderlich ist,
5. die Erörterung der beabsichtigten Sanierung,
6. die Erarbeitung und Fortschreibung des Sozialplans,
7. einzelne Ordnungs- und Baumaßnahmen, die vor einer förmlichen Festlegung des Sanierungsgebiets durchgeführt werden.

219 Insbesondere muß sie untersuchen, ob städtebauliche Mißstände vorliegen. Grundlegende Norm für die Feststellung, ob derartige Mißstände vorliegen, ist § 136 BauGB.

§ 136 BauGB. Städtebauliche Sanierungsmaßnahmen

(1) Städtebauliche Sanierungsmaßnahmen in Stadt und Land, deren einheitliche Vorbereitung und zügige Durchführung im öffentlichen Interesse liegen, werden nach den Vorschriften dieses Teils vorbereitet und durchgeführt.

(2) Städtebauliche Sanierungsmaßnahmen sind Maßnahmen, durch die ein Gebiet zur Behebung städtebaulicher Mißstände wesentlich verbessert oder umgestaltet wird. Städtebauliche Mißstände liegen vor, wenn

1. das Gebiet nach seiner vorhandenen Bebauung oder nach seiner sonstigen Beschaffenheit den allgemeinen Anforderungen an gesunde Wohn- und Arbeitsverhältnisse oder an die Sicherheit der in ihm wohnenden oder arbeitenden Menschen nicht entspricht oder
2. das Gebiet in der Erfüllung der Aufgaben erheblich beeinträchtigt ist, die ihm nach seiner Lage und Funktion obliegen.

(3) Bei der Beurteilung, ob in einem städtischen oder ländlichen Gebiet städtebauliche Mißstände vorliegen, sind insbesondere zu berücksichtigen

1. die Wohn- und Arbeitsverhältnisse oder die Sicherheit der in dem Gebiet wohnenden oder arbeitenden Menschen in bezug auf
   a) die Belichtung, Besonnung und Belüftung der Wohnungen und Arbeitsstätten,
   b) die bauliche Beschaffenheit von Gebäuden, Wohnungen und Arbeitsstätten,
   c) die Zugänglichkeit der Grundstücke,
   d) die Auswirkungen einer vorhandenen Mischung von Wohn- und Arbeitsstätten,
   e) die Nutzung von bebauten und unbebauten Flächen nach Art, Maß und Zustand,
   f) die Einwirkungen, die von Grundstücken, Betrieben, Einrichtungen oder Verkehrsanlagen ausgehen, insbesondere durch Lärm, Verunreinigungen und Erschütterungen,
   g) die vorhandene Erschließung;
2. die Funktionsfähigkeit des Gebiets in bezug auf
   a) den fließenden und ruhenden Verkehr,
   b) die wirtschaftliche Situation und Entwicklungsfähigkeit des Gebiets unter Berücksichtigung seiner Versorgungsfunktion im Verflechtungsbereich,
   c) die infrastrukturelle Erschließung des Gebiets, seine Ausstattung mit Grünflächen, Spiel- und Sportplätzen und mit Anlagen des Gemeinbedarfs, insbesondere unter Berücksichtigung der sozialen und kulturellen Aufgaben dieses Gebiets im Verflechtungsbereich.

(4) Städtebauliche Sanierungsmaßnahmen dienen dem Wohl der Allgemeinheit. Sie sollen dazu beitragen, daß

1. die bauliche Struktur in allen Teilen des Bundesgebiets nach den sozialen, hygienischen, wirtschaftlichen und kulturellen Erfordernissen entwickelt wird,
2. die Verbesserung der Wirtschafts- und Agrarstruktur unterstützt wird,

3. die Siedlungsstruktur den Erfordernissen des Umweltschutzes, den Anforderungen an gesunde Lebens- und Arbeitsbedingungen der Bevölkerung und der Bevölkerungsentwicklung entspricht oder
4. die vorhandenen Ortsteile erhalten, erneuert und fortentwickelt werden, die Gestaltung des Orts- und Landschaftsbilds verbessert und den Erfordernissen des Denkmalschutzes Rechnung getragen wird.

Die öffentlichen und privaten Belange sind gegeneinander und untereinander gerecht abzuwägen.

§ 136 Abs. 2 BauGB unterscheidet zwischen Mißständen der vorhandenen Bebauung und Mißständen in der Funktion.[2] Für die Beurteilung, ob Mißstände vorliegen, enthält Abs. 3 in Nr. 1 einen Kriterienkatalog hinsichtlich der vorhandenen Bebauung, in Nr. 2 einen Kriterienkatalog hinsichtlich der Funktion des Gebiets.

220 Ein Vergleich der in § 136 Abs. 3 genannten Kriterien mit den tatsächlichen Umständen läßt sich nicht ohne weiteres, sondern nur auf der Grundlage eingehender Untersuchungen vornehmen. Aus diesem Grund sind die Kommunen verpflichtet, zunächst vorbereitende Untersuchungen einzuleiten.

§ 141 BauGB. Vorbereitende Untersuchungen

(1) Die Gemeinde hat vor der förmlichen Festlegung des Sanierungsgebiets die vorbereitenden Untersuchungen durchzuführen oder zu veranlassen, die erforderlich sind, um Beurteilungsunterlagen zu gewinnen über die Notwendigkeit der Sanierung, die sozialen, strukturellen und städtebaulichen Verhältnisse und Zusammenhänge sowie die anzustrebenden allgemeinen Ziele und die Durchführbarkeit der Sanierung im allgemeinen. Die vorbereitenden Untersuchungen sollen sich auch auf nachteilige Auswirkungen erstrecken, die sich für die von der beabsichtigten Sanierung unmittelbar Betroffenen in ihren persönlichen Lebensumständen im wirtschaftlichen oder sozialen Bereich voraussichtlich ergeben werden.

Die vorbereitenden Untersuchungen haben einerseits das Ziel, die Entscheidung über die Einleitung von Sanierungsmaßnahmen zu ermöglichen, andererseits aber auch die erforderlichen Informationen und Daten für die eventuelle Sanierung zu sammeln. Erforderlich sind also einerseits empirische und soziologische Untersuchungen beispielsweise durch Befragungen der Menschen, die in dem Viertel leben; andererseits müssen auch technische Daten beispielsweise über den Zustand der Bausubstanz oder den Zuschnitt der Wohnungen erhoben werden.

221 Sowohl die Vorbereitung als auch die Durchführung der Sanierung übersteigen in aller Regel das Leistungsvermögen der kommunalen Verwaltungen. Aus diesem Grund ist es üblich, die Aufgaben einem Sanierungsträger im Ganzen oder Teilaufgaben einzelnen Beauftragten zu übertragen. Die besonderen Voraussetzungen für eine solche Übertragung sind in den §§ 157 ff. BauGB geregelt.

[2] Finkelnburg/Ortloff, Öffentliches Baurecht, Band I, S. 384 f.

Die Erhebung der Daten ist nur unter Mitwirkung der Betroffenen und Beteiligten möglich. Daher enthalten die §§ 138 und 139 BauGB Auskunfts- und Mitwirkungspflichten für betroffene Mieter und Eigentümer und andere öffentliche Institutionen. Insbesondere § 138 Abs. 1 BauGB legt den im möglichen Sanierungsgebiet wohnenden Menschen erhebliche Auskunftsverpflichtungen auf: [3] **222**

§ 138 BauGB. Auskunftspflicht

(1) Eigentümer, Mieter, Pächter und sonstige zum Besitz oder zur Nutzung eines Grundstücks, Gebäudes oder Gebäudeteils Berechtigte sowie ihre Beauftragten sind verpflichtet, der Gemeinde oder ihren Beauftragten Auskunft über die Tatsachen zu erteilen, deren Kenntnis zur Beurteilung der Sanierungsbedürftigkeit eines Gebiets oder zur Vorbereitung oder Durchführung der Sanierung erforderlich ist. An personenbezogenen Daten können insbesondere Angaben der Betroffenen über ihre persönlichen Lebensumstände im wirtschaftlichen und sozialen Bereich, namentlich über die Berufs-, Erwerbs- und Familienverhältnisse, das Lebensalter, die Wohnbedürfnisse, die sozialen Verflechtungen sowie über die örtlichen Bindungen, erhoben werden.

In den vorbereitenden Untersuchungen soll nach § 141 Abs. 1 Satz 2 BauGB auch ermittelt werden, welche nachteiligen Auswirkungen die Sanierung auf die unmittelbar Betroffenen haben kann. Das setzt voraus, daß Mieter, Pächter und Eigentümer ihre Befürchtungen und Verhältnisse offenlegen. Der Auskunftsverpflichtung korrespondiert daher ein Mitwirkungsrecht, das sich auf die gesamte Dauer der Sanierung erstreckt und in § 137 BauGB geregelt ist: **223**

§ 137 BauGB. Beteiligung und Mitwirkung der Betroffenen

Die Sanierung soll mit den Eigentümern, Mietern, Pächtern und sonstigen Betroffenen möglichst frühzeitig erörtert werden. Die Betroffenen sollen zur Mitwirkung bei der Sanierung und zur Durchführung der erforderlichen baulichen Maßnahmen angeregt und hierbei im Rahmen des Möglichen beraten werden.

Die Beteiligung der Betroffenen hat auch für die Kommune erhebliche Bedeutung. Gemäß § 136 Abs. 4 Satz 3 BauGB sind – wie bei der Aufstellung der Bauleitpläne – die öffentlichen Belange gegeneinander und untereinander gerecht abzuwägen. Geht die Kommune also den Hinweisen der Betroffenen nicht nach oder ermöglicht sie erst gar keine hinreichende Beteiligung, dann ist es wahrscheinlich, daß die Sanierungssatzung im Falle einer gerichtlichen Überprüfung wegen Fehlern in der Abwägung aufgehoben wird (siehe zur Abwägung oben Rz. 60).

---

[3] § 138 BauGB enthält in Abs. 2 die Möglichkeit, unter bestimmten Voraussetzungen die erhobenen Daten an die Finanzbehörden zu Steuerzwecken weiterzugeben. Dagegen bestehen erhebliche datenschutzrechtliche Bedenken, vgl. 9. Tätigkeitsbericht des Bundesbeauftragten für den Datenschutz, BT-Drs. 10/6816, S. 21; Battis/Krautzberger/Löhr, BauGB, § 138, Rz. 1, 7. Wer seiner Auskunftspflicht nicht nachkommt, muß – ggf. mehrfach – mit einem Zwangsgeld bis zu 1000.– DM rechnen.

224 Der Beschluß über den Beginn der Untersuchungen, der von der Gemeinde- oder Stadtvertretung gefaßt werden muß, hat bereits tatsächliche und rechtliche Wirkungen. In aller Regel geht nämlich mit der Sanierung eines Gebiets einerseits eine erhebliche Wertsteigerung der Gebäude einher, andererseits werden auch die Möglichkeiten der Grund- und Gebäudeeigentümer, mit ihrem Eigentum frei zu verfahren, deutlich eingeschränkt. Um zu verhindern, daß es zu Spekulationen kommt, aber auch um keine dem Sanierungsziel möglicherweise gegenläufigen Baumaßnahmen genehmigen zu müssen, verweist § 141 Abs. 4 BauGB auf § 15 BauGB, der die Zurückstellung von Baugesuchen für längstens 12 Monate ermöglicht.[4] Nach dem neuen Recht seit Januar 1998 ist klargestellt, daß die Zurückstellung auch für Genehmigungsanträge zum **Abriß** vorhandener Bauten zulässig ist.[5] Damit wird also erreicht, daß über den Zeitraum der vorbereitenden Untersuchungen bis zu einem Jahr weitgehend Ruhe im potentiellen Sanierungsgebiet herrscht.

7.1.2 Die förmliche Festlegung des Sanierungsgebiets

225 Auf der Grundlage des Berichts über die vorbereitenden Untersuchungen entscheidet die Gemeinde, ob die Sanierung durchgeführt werden soll. Wird dies bejaht, verabschiedet die Gemeinde- oder Stadtvertretung gemäß § 142 BauGB eine sogenannte Sanierungssatzung, die aber lediglich das Gebiet festlegt, das saniert werden soll. In diesem Stadium ist es oft lohnenswert, den Bericht über die vorbereitenden Untersuchungen heranzuziehen, da er häufig detaillierte Angaben über die Ziele und Zwecke der Sanierung enthält und sich die Gemeindevertretung daran orientiert.

Die Satzung selbst muß weder die Ziele der Sanierung noch die Begründung der Entscheidung enthalten.[6] Das bedeutet aber nicht, daß die Kommune weitgehend nach Belieben darüber entscheiden kann, ob sie eine Sanierungssatzung erläßt. Der Erlaß einer solchen Satzung ist nur zulässig zur Beseitigung der in § 136 Abs. 2 BauGB genannten städtebaulichen Mißstände.[7] Das bedeutet: Die Gemeinde muß sich vorher Gedanken gemacht haben, ob die Sanierung geeignet und erforderlich ist; andernfalls ist schon der Erlaß der Sanierungssatzung rechtswidrig und kann gerichtlich angefochten werden. Das ergibt sich auch aus § 140 Nr. 3 BauGB, der die Bestimmung der Ziele und Zwecke der Sanierung als vorbereitende Maßnahme vorsieht. Aus diesem Grund empfiehlt es sich, daß die Gemeindevertretung den Bericht zu den vorbereitenden Untersuchungen zustimmend zur Kenntnis nimmt, um zu zeigen, daß der Erlaß der Sanierungssatzung hierauf beruht.

---

[4] Finkelnburg/Ortloff, Öffentliches Baurecht, Band I, S. 386.
[5] Battis/Krautzberger/Löhr, BauGB, § 141 Rz. 14.
[6] Battis/Krautzberger/Löhr, BauGB, § 142 Rz. 14; Finkelnburg/Ortloff, Öffentliches Baurecht, Band I, S. 387.
[7] Battis/Krautzberger/Löhr, BauGB, § 142 Rz. 6.

Dagegen ist es nicht erforderlich, daß zum Zeitpunkt der Festlegung des Sanierungsgebiets alle Maßnahmen, mit denen das Sanierungsziel erreicht werden soll, schon im einzelnen feststehen. Vielmehr handelt es sich bei der Sanierung um einen fortlaufenden Prozeß, der – im Gegensatz zur Verabschiedung eines Bebauungsplans – nach und nach konkretisiert wird.[8] Mit der förmlichen Festsetzung des Sanierungsgebiets ist damit also noch nichts gesagt über die Zulässigkeit einzelner sanierungsrechtlicher Instrumente. Die Kommune muß vielmehr in jedem Einzelfall eine Abwägung vornehmen, ob die jeweilige Maßnahme zur Erreichung der Ziele der Sanierung geeignet und erforderlich ist.

7.1.3 Die Rechtswirkungen der Sanierungssatzung

226 Sanierung funktioniert nur, wenn die Kommune bzw. der Sanierungsträger die Entwicklung steuern und Mißbrauch, insbesondere Spekulationen, verhindern können. Während der vorbereitenden Untersuchungen konnten Baugesuche für bis zu einem Jahr zurückgestellt werden. Mit dem Erlaß der Sanierungssatzung tritt nun gemäß § 144 BauGB eine weitgehende Genehmigungspflicht für grundstücks- oder wohnungsbezogene Rechtsgeschäfte ein:[9]

§ 144 BauGB. Genehmigungspflichtige Vorhaben und Rechtsvorgänge

(1) Im förmlich festgelegten Sanierungsgebiet bedürfen der schriftlichen Genehmigung der Gemeinde

1. die in § 14 Abs. 1 bezeichneten Vorhaben und sonstigen Maßnahmen;
2. Vereinbarungen, durch die ein schuldrechtliches Vertragsverhältnis über den Gebrauch oder die Nutzung eines Grundstücks, Gebäudes oder Gebäudeteils auf bestimmte Zeit von mehr als einem Jahr eingegangen oder verlängert wird.

(2) Im förmlich festgelegten Sanierungsgebiet bedürfen der schriftlichen Genehmigung der Gemeinde

1. die rechtsgeschäftliche Veräußerung eines Grundstücks und die Bestellung und Veräußerung eines Erbbaurechts;
2. die Bestellung eines das Grundstück belastenden Rechts; dies gilt nicht für die Bestellung eines Rechts, das mit der Durchführung von Baumaßnahmen im Sinne des § 148 Abs. 2 im Zusammenhang steht;
3. ein schuldrechtlicher Vertrag, durch den eine Verpflichtung zu einem der in Nummer 1 oder 2 genannten Rechtsgeschäfte begründet wird; ist der schuldrechtliche Vertrag genehmigt worden, gilt auch das in Ausführung dieses Vertrags vorgenommene dingliche Rechtsgeschäft als genehmigt;
4. die Begründung, Änderung oder Aufhebung einer Baulast;
5. die Teilung eines Grundstücks.

---

[8] Battis/Krautzberger/Löhr, BauGB, § 142 Rz. 5.

[9] Die Kommune kann allerdings auch die Sanierung im sogenannten vereinfachten Verfahren beschließen. Die Geltung der Genehmigungspflichten kann in der Sanierungssatzung dann entsprechend modifiziert werden. Die Kommune kann auch gänzlich auf die Genehmigungspflicht verzichten.

(3) Die Gemeinde kann für bestimmte Fälle die Genehmigung für das förmlich festgelegte Sanierungsgebiet oder Teile desselben allgemein erteilen; sie hat dies ortsüblich bekanntzumachen.

§ 144 BauGB verweist in Abs. 1 Nr. 1 auf § 14 BauGB. Durch diese Verweisung sind von der sanierungsrechtlichen Genehmigungspflicht nahezu alle Bauvorhaben und Nutzungsänderungen erfaßt,[10] daneben aber auch die im Normalfall nicht genehmigungspflichtigen wertsteigernden Veränderungen von Gebäuden oder Grundstücken.

Nr. 2 enthält eine Genehmigungspflicht für Miet- und Pachtverträge, allerdings nur für solche Verträge, die für mindestens ein Jahr und für einen bestimmten Zeitraum, also befristet abgeschlossen werden. Der Grund für die Genehmigungspflicht gerade dieser Verträge liegt darin, daß sie nicht vor Ablauf der Frist gekündigt werden können und deshalb keine Anpassung an die veränderten Verhältnisse erlauben. Dagegen sind die normalen unbefristeten Mietverträge von der Regelung nicht erfaßt (es sei denn, es ist eine Kündigungsfrist von mehr als einem Jahr vereinbart).

Abs. 2 enthält Genehmigungspflichten für den Grundstücksverkauf, die Belastung mit Hypotheken o. ä. und die Grundstücksteilung.[11] Die Aufteilung von Mehrfamilienhäusern in Eigentumswohnungen ist dagegen nicht genehmigungspflichtig[12] (die Genehmigungspflicht kann im Rahmen einer Erhaltungssatzung eingeführt werden, siehe § 172 Abs. 1 Satz 4 BauGB).

227 Im Gegensatz zur Baugenehmigung ist für die sanierungsrechtliche Genehmigung die Gemeinde zuständig (§ 144 Abs. 1 Satz 1 BauGB).

Gemäß § 145 Abs. 1 BauGB muß die Gemeinde über die Genehmigung binnen eines Monats entscheiden. In begründeten Ausnahmefällen kann die Frist um bis zu drei Monate verlängert werden. Entscheidet die Gemeinde nicht innerhalb der jeweiligen Frist, dann tritt eine Genehmigungsfiktion ein.[13]

228 § 145 Abs. 2 BauGB regelt, unter welchen Voraussetzungen die Genehmigung versagt werden darf:

§ 145 BauGB. Genehmigung

(2) Die Genehmigung darf nur versagt werden, wenn Grund zur Annahme besteht, daß das Vorhaben, der Rechtsvorgang einschließlich der Teilung eines Grundstücks oder die damit erkennbar bezweckte Nutzung die Durchführung der Sanierung unmöglich machen oder wesentlich erschweren oder den Zielen und Zwecken der Sanierung zuwiderlaufen würde.

---

[10] Auf die Genehmigungspflicht nach dem Bauordnungsrecht der Länder kommt es nicht an.

[11] Im allgemeinen Baurecht ist die Teilung dagegen nur noch im Ausnahmefall genehmigungspflichtig, siehe § 19 Abs. 1, Abs. 5 BauGB.

[12] Battis/Krautzberger/Löhr, BauGB, § 144 Rz. 17; der **Verkauf** der Eigentumswohnung wäre dagegen genehmigungspflichtig.

[13] Dies ergibt sich aus dem Verweis auf § 19 Abs. 3 Satz 5 BauGB.

Das bedeutet: Die Kommune muß im Einzelfall nachweisen, daß zu befürchten ist, das von dem Eigentümer geplante Bauvorhaben oder die Nutzungsänderung stehe im Widerspruch zu den Zielen und Zwecken der Sanierung. Das setzt wiederum voraus, daß die Sanierungsziele in einer für den Rechtsverkehr erkennbaren Weise konkretisiert sind. Die Kommune ist also gut beraten, die Sanierungsziele zügig und konkret zu formulieren, da sie andernfalls nicht verhindern kann, daß sie Bauvorhaben genehmigen muß, die sich später als mit der Sanierungskonzeption unverträglich erweisen. Da andererseits aber der Kommune ein gewisser zeitlicher Spielraum für die Konkretisierung der Sanierungsziele gelassen werden soll, hält es die Rechtsprechung zum Beginn einer Sanierung für ausreichend, daß die Ziele nur sehr allgemein festgelegt sind. Mit zunehmender Dauer der Sanierung steigen hier aber die Anforderungen.[14] Die Voraussetzungen für die Genehmigungsversagung können also auf folgende Formel gebracht werden: Zu Beginn der Sanierung kann die Genehmigung lediglich mit einem Hinweis auf die entgegenstehenden allgemeinen Sanierungsziele versagt werden, die sich aus dem Bericht über die vorbereitenden Untersuchungen ergeben; bei fortschreitender Dauer müssen zunehmend konkret festgelegte Sanierungsziele entgegenstehen.[15]

229 Das BauGB gibt den Grundstückseigentümern in § 145 Abs. 3 jedoch die Möglichkeit, sozusagen auf eigenes Risiko im Sanierungsgebiet Veränderungen vorzunehmen. Ein Bauvorhaben, eine Nutzungsänderung, eine Grundstücksteilung o.ä., die an sich wegen entgegenstehender Sanierungsziele nicht genehmigungsfähig ist, muß dann genehmigt werden, wenn der Eigentümer oder sonst Betroffene erklärt, daß er auf Entschädigung im Falle der späteren Aufhebung dieser Maßnahme verzichtet. Dahinter steckt folgender Gedanke: Ob eine Maßnahme tatsächlich den Sanierungszielen widerspricht, läßt sich oft erst nach einiger Zeit sagen. Es kann gut sein, daß beispielsweise eine Nutzungsänderung später mit den Sanierungszielen vereinbar sein wird. Genauso gut kann es aber auch sein, daß die Nutzungsänderung wegen der entgegenstehenden Sanierungsziele wieder rückgängig gemacht werden muß. Ist der Betroffene damit einverstanden, daß es für den Fall des Rückgängigmachens keine Entschädigung gibt, dann kann ihm die Nutzungsänderung zum gegenwärtigen Zeitpunkt nicht versagt werden.

230 § 145 Abs. 5 BauGB enthält eine Härtefallklausel, wonach der Eigentümer eines Grundstücks von der Gemeinde die Übernahme gegen Entschädigung verlangen kann, wenn ihm eine Genehmigung – zum Beispiel zu Abriß und Neuerrichtung oder zur Nutzungsänderung – versagt wird und ihm deshalb das Behalten des Grundstücks wirtschaftlich nicht mehr zumutbar

---

[14] BVerwG, NJW 1985, 278/279.

[15] Vgl. Battis/Krautzberger/Löhr, BauGB, § 145 Rz. 5; BVerwG, NVwZ 1985, 184/185.

ist.[16] Es ist beispielsweise der Fall denkbar, daß es sich um eine gewerbliche Anlage handelt, die nur nach kompletter Erneuerung von Gebäude und Inventar weiter betrieben werden kann, daß aber gerade diese Erneuerung mit den Sanierungszielen nicht vereinbar ist. Werden sich Grundstückseigentümer und Gemeinde über die Entschädigung nicht einig, dann gelten die Vorschriften über die Enteignung.

231 Eine praktisch bedeutsame Bestimmung enthalten die §§ 153 Abs. 1 und 2, 154 Abs. 1 und 2 BauGB:

§ 153 BauGB. Bemessung von Ausgleichs- und Entschädigungsleistungen, Kaufpreise, Umlegung

(1) Sind auf Grund von Maßnahmen, die der Vorbereitung oder Durchführung der Sanierung im förmlich festgelegten Sanierungsgebiet dienen, nach den Vorschriften dieses Gesetzbuchs Ausgleichs- oder Entschädigungsleistungen zu gewähren, werden bei deren Bemessung Werterhöhungen, die lediglich durch die Aussicht auf die Sanierung, durch ihre Vorbereitung oder ihre Durchführung eingetreten sind, nur insoweit berücksichtigt, als der Betroffene diese Werterhöhungen durch eigene Aufwendungen zulässigerweise bewirkt hat. Änderungen in den allgemeinen Wertverhältnissen auf dem Grundstücksmarkt sind zu berücksichtigen.

(2) Liegt bei der rechtsgeschäftlichen Veräußerung eines Grundstücks sowie bei der Bestellung oder Veräußerung eines Erbbaurechts der vereinbarte Gegenwert für das Grundstück oder das Recht über dem Wert, der sich in Anwendung des Absatzes 1 ergibt, liegt auch hierin eine wesentliche Erschwerung der Sanierung im Sinne des § 145 Abs. 2.

§ 154 BauGB. Ausgleichsbetrag des Eigentümers

(1) Der Eigentümer eines im förmlich festgelegten Sanierungsgebiet gelegenen Grundstücks hat zur Finanzierung der Sanierung an die Gemeinde einen Ausgleichsbetrag in Geld zu entrichten, der der durch die Sanierung bedingten Erhöhung des Bodenwerts seines Grundstücks entspricht; Miteigentümer sind im Verhältnis ihrer Anteile an dem gemeinschaftlichen Eigentum heranzuziehen. (…)

(2) Die durch die Sanierung bedingte Erhöhung des Bodenwerts des Grundstücks besteht aus dem Unterschied zwischen dem Bodenwert, der sich für das Grundstück ergeben würde, wenn eine Sanierung weder beabsichtigt noch durchgeführt worden wäre (Anfangswert), und dem Bodenwert, der sich für das Grundstück durch die rechtliche und tatsächliche Neuordnung des förmlich festgelegten Sanierungsgebiets ergibt (Endwert).

Der Sinn der Vorschriften besteht darin, daß der sanierungsbedingte Mehrwert nicht den einzelnen Eigentümern, sondern der Allgemeinheit zugute kommen soll. Der Grund: Die Sanierung wird von der öffentlichen Hand durchgeführt, und zwar teilweise mit erheblichem Finanzaufwand. Die Betroffenen im Sanierungsgebiet profitieren in aller Regel von der Sanierung schon dadurch, daß sich die Infrastruktur des Gebiets, die Wohnqualität etc. verbessern. Sie sollen sich daher an der Finanzierung der Sanierung zumindest insofern beteiligen, als die Sanierungsmaßnahmen auch zu

[16] Die Voraussetzungen für eine wirtschaftliche Unzumutbarkeit sind aber sehr streng.

einer konkreten, also in Geld meßbaren Wertsteigerung ihres Grundstücks oder Gebäudes führen.[17]

Aus diesem Grund ist der Eigentümer nach § 154 Abs. 1 BauGB verpflichtet, den durch die Sanierung ausgelösten Mehrwert seines Eigentums an die Gemeinde zu bezahlen.

Gleichzeitig soll aber auch verhindert werden, daß es aufgrund der Sanierung zu einer Preisschraube nach oben kommt.[18] Außerdem soll der (künftige) Käufer des Grundstücks davor geschützt werden, den Wertzuwachs zweimal zu bezahlen, nämlich zunächst über den Kaufpreis und dann noch einmal über den Ausgleichsbetrag. Deshalb stellt § 153 Abs. 2 BauGB fest, daß jedweder Grundstücksverkauf, der den sanierungsbedingten Mehrwert abschöpft, unzulässig ist und deshalb nicht genehmigt wird.

7.1.4 Die konkrete Umsetzung der Sanierungsziele

232 Nach den Vorstellungen des Gesetzgebers erfolgt die konkrete Umsetzung der Sanierungsziele in zwei Schritten. Zunächst werden durch sogenannte „Ordnungsmaßnahmen" die Voraussetzungen für die erforderlichen Baumaßnahmen geschaffen, danach sollen die Eigentümer die entsprechenden Baumaßnahmen vornehmen. Die Durchführung der Ordnungsmaßnahmen ist primär Aufgabe der Gemeinde, die Baumaßnahmen sollen dagegen weitgehend bei den Eigentümern verbleiben.

7.1.4.1 Ordnungsmaßnahmen

233 Der Begriff der Ordnungsmaßnahmen ist in § 147 BauGB definiert:

§ 147 BauGB. Ordnungsmaßnahmen

Die Durchführung der Ordnungsmaßnahmen ist Aufgabe der Gemeinde; hierzu gehören

1. die Bodenordnung einschließlich des Erwerbs von Grundstücken,
2. der Umzug von Bewohnern und Betrieben,
3. die Freilegung von Grundstücken,
4. die Herstellung und Änderung von Erschließungsanlagen sowie
5. sonstige Maßnahmen, die notwendig sind, damit die Baumaßnahmen durchgeführt werden können.

Als Ordnungsmaßnahme gilt auch die Bereitstellung von Flächen und die Durchführung von Maßnahmen zum Ausgleich im Sinne des § 1 a Abs. 3, soweit sie gemäß § 9 Abs. 1 a an anderer Stelle den Grundstücken, auf denen Eingriffe in Natur und Landschaft zu erwarten sind, ganz oder teilweise zugeordnet sind. Durch die Sanierung bedingte Erschließungsanlagen einschließlich Ersatzanlagen können außerhalb des förmlich festgelegten Sanierungsgebiets liegen.

---

[17] Vgl. Battis/Krautzberger/Löhr, BauGB, § 154 Rz. 1.

[18] Finkelnburg/Ortloff, Öffentliches Baurecht, Band I, S. 398.

Zur Bodenordnung (Nr. 1) zählen alle Maßnahmen, die dem aufgrund der Sanierungsziele erforderlichen Neuzuschnitt von Grundstücken dienen. Auch Enteignungen und die Ausübung des gemeindlichen Vorkaufsrechts sind davon erfaßt.[19]

Weitgehende Eingriffe ermöglicht auch Nr. 2. Bewohner und Betriebe können zwangsweise umgesetzt werden, Miet- und Pachtverträge können gemäß den §§ 182ff. BauGB aufgehoben oder verlängert werden.[20]

Die Freilegung von Grundstücken (Nr. 3) bedeutet oftmals schlicht den Abriß der vorhandenen Bebauung. Das kann den Zweck haben, dort andere Gebäude mit anderen Nutzungen zu errichten, es kann aber auch einfach um die Schaffung von Freiflächen beispielsweise für den Naturschutz oder für Frischluftschneisen gehen.[21]

Die Kosten für die Ordnungsmaßnahmen trägt die Kommune; sie kann aber Mittel der Städtebauförderung hierfür in Anspruch nehmen (siehe hierzu gleich unten Rz. 235).

Die Abgrenzung von Ordnungsmaßnahmen und Baumaßnahmen kann recht schwierig sein, wegen der oftmals damit verbundenen erheblichen Kosten muß hier besonders sorgfältig vorgegangen werden.

7.1.4.2 Baumaßnahmen

234 Baumaßnahmen werden in § 148 BauGB wie folgt umschrieben und zwischen Gemeinde und Eigentümern abgegrenzt:

§ 148 BauGB. Baumaßnahmen

(1) Die Durchführung von Baumaßnahmen bleibt den Eigentümern überlassen, soweit die zügige und zweckmäßige Durchführung durch sie gewährleistet ist; der Gemeinde obliegt jedoch

1. für die Errichtung und Änderung der Gemeinbedarfs- und Folgeeinrichtungen zu sorgen und
2. die Durchführung sonstiger Baumaßnahmen, soweit sie selbst Eigentümerin ist oder nicht gewährleistet ist, daß diese vom einzelnen Eigentümer zügig und zweckmäßig durchgeführt werden.

Ersatzbauten, Ersatzanlagen und durch die Sanierung bedingte Gemeinbedarfs- und Folgeeinrichtungen können außerhalb des förmlich festgelegten Sanierungsgebiets liegen.

(2) Zu den Baumaßnahmen gehören

1. die Modernisierung und Instandsetzung,
2. die Neubebauung und die Ersatzbauten,
3. die Errichtung und Änderung von Gemeinbedarfs- und Folgeeinrichtungen sowie
4. die Verlagerung oder Änderung von Betrieben.

---

[19] Battis/Krautzberger/Löhr, BauGB, § 147 Rz. 2.

[20] Battis/Krautzberger/Löhr, BauGB, § 147 Rz. 3; Finkelnburg/Ortloff, Öffentliches Baurecht, Band I, S. 395f.

[21] Battis/Krautzberger/Löhr, BauGB, § 147 Rz. 4 f.

Als Baumaßnahmen gelten auch Maßnahmen zum Ausgleich im Sinne des § 1 a Abs. 3, soweit sie auf den Grundstücken durchgeführt werden, auf denen Eingriffe in Natur und Landschaft zu erwarten sind.

Voraussetzung und Umfang von Modernisierung und Instandsetzung (Abs. 2 Nr. 1) sind in § 177 BauGB geregelt (siehe hierzu gleich unten Rz. 247).

Unter den Begriff der Ersatzbebauung (Abs. 2 Nr. 2) fallen solche Gebäude, die anstelle eines abgerissenen Baus errichtet werden und zur Unterbringung von Bewohnern oder Betrieben notwendig sind.[22]

Zu den Gemeinbedarfs- und Folgeeinrichtungen (Abs. 2 Nr. 3) gehören zum einen alle Einrichtungen des sozialen, kulturellen, gesundheitlichen und kirchlichen Bedarfs, zum anderen diejenigen Gebäude für öffentliche Verwaltung etc., die aufgrund der Sanierung nunmehr notwendig geworden sind.[23]

Im Gegensatz zu den Ordnungsmaßnahmen geht das BauGB davon aus, daß die Eigentümer die erforderlichen Baumaßnahmen im eigenen Interesse durchführen werden. Die Gemeinde ist hier primär für die Gemeinbedarfs- und Folgeeinrichtungen zuständig.

Zwar besteht theoretisch die Möglichkeit, daß die Gemeinde die Eigentümer über die städtebaulichen Gebote zum Handeln zwingt (siehe Rz. 245 ff.); gemäß §§ 176 Abs. 3, 177 Abs. 4 BauGB ist der Finanzierungsanteil der Eigentümer in diesen Fällen aber begrenzt, so daß die Kommune hier oftmals einen Teil der Kosten selbst tragen müßte. Angesichts der Haushaltslage der öffentlichen Hand spielen die städtebaulichen Gebote im Sanierungsrecht daher kaum eine praktische Rolle.

7.1.5 Die Finanzierung der Sanierung

235 Eine Sanierung kostet in der Regel viel Geld. Die Mittel müssen teilweise von der Kommune, teilweise von den Eigentümern aufgebracht werden. Die §§ 164 a und b BauGB enthalten daher Bestimmungen über den Einsatz der sogenannten Städtebauförderungsmittel, die vom Bund und von den Ländern bereitgestellt werden.

7.1.6 Sozialplan und Härteausgleich

236 Insbesondere im Zuge städtebaulicher Sanierungsmaßnahmen ist die Gemeinde verpflichtet, einen Sozialplan aufzustellen und mit den Betroffenen zu erörtern.

§ 180 BauGB. Sozialplan

(1) Wirken sich Bebauungspläne, städtebauliche Sanierungsmaßnahmen oder städtebauliche Entwicklungsmaßnahmen voraussichtlich nachteilig auf die persönlichen

---

[22] Battis/Krautzberger/Löhr, BauGB, § 148 Rz. 6.

[23] Finkelnburg/Ortloff, Öffentliches Baurecht, Band I, S. 396.

Lebensumstände der in dem Gebiet wohnenden oder arbeitenden Menschen aus, soll die Gemeinde Vorstellungen entwickeln und mit den Betroffenen erörtern, wie nachteilige Auswirkungen möglichst vermieden oder gemildert werden können. Die Gemeinde hat den Betroffenen bei ihren eigenen Bemühungen, nachteilige Auswirkungen zu vermeiden oder zu mildern, zu helfen, insbesondere beim Wohnungs- und Arbeitsplatzwechsel sowie beim Umzug von Betrieben; soweit öffentliche Leistungen in Betracht kommen können, soll die Gemeinde hierauf hinweisen. Sind Betroffene nach ihren persönlichen Lebensumständen nicht in der Lage, Empfehlungen und anderen Hinweisen der Gemeinde zur Vermeidung von Nachteilen zu folgen oder Hilfen zu nutzen oder sind aus anderen Gründen weitere Maßnahmen der Gemeinde erforderlich, hat die Gemeinde geeignete Maßnahmen zu prüfen.

(2) Das Ergebnis der Erörterungen und Prüfungen nach Absatz 1 sowie die voraussichtlich in Betracht zu ziehenden Maßnahmen der Gemeinde und die Möglichkeiten ihrer Verwirklichung sind schriftlich darzustellen (Sozialplan).

(3) Steht die Verwirklichung einer Durchführungsmaßnahme durch einen anderen als die Gemeinde bevor, kann die Gemeinde verlangen, daß der andere im Einvernehmen mit ihr die sich aus Absatz 1 ergebenden Aufgaben übernimmt. Die Gemeinde kann diese Aufgaben ganz oder teilweise auch selbst übernehmen und dem anderen die Kosten auferlegen.

Der Sozialplan gehört bereits zu den vorbereitenden Maßnahmen nach § 140 BauGB und ist möglichst frühzeitig zusammen mit den Betroffenen zu entwickeln.

237 Daneben ist die Kommune verpflichtet, einen Härteausgleich in denjenigen Fällen zu bezahlen, in denen insbesondere Mieter oder Vermieter von der Sanierung besonders hart betroffen sind.

§ 181 BauGB. Härteausgleich

(1) Soweit es die Billigkeit erfordert, soll die Gemeinde bei der Durchführung dieses Gesetzbuchs zur Vermeidung oder zum Ausgleich wirtschaftlicher Nachteile – auch im sozialen Bereich – auf Antrag einen Härteausgleich in Geld gewähren

1. einem Mieter oder Pächter, wenn das Miet- oder Pachtverhältnis mit Rücksicht auf die Durchführung städtebaulicher Maßnahmen aufgehoben oder enteignet worden ist;
2. einer gekündigten Vertragspartei, wenn die Kündigung zur Durchführung städtebaulicher Maßnahmen erforderlich ist; dies gilt entsprechend, wenn ein Miet- oder Pachtverhältnis vorzeitig durch Vereinbarung der Beteiligten beendigt wird; die Gemeinde hat zu bestätigen, daß die Beendigung des Rechtsverhältnisses im Hinblick auf die alsbaldige Durchführung der städtebaulichen Maßnahmen geboten ist;
3. einer Vertragspartei, wenn ohne Beendigung des Rechtsverhältnisses die vermieteten oder verpachteten Räume ganz oder teilweise vorübergehend unbenutzbar sind und die Gemeinde bestätigt hat, daß dies durch die alsbaldige Durchführung städtebaulicher Maßnahmen bedingt ist;
4. einem Mieter oder Pächter für die Umzugskosten, die dadurch entstehen, daß er nach der Räumung seiner Wohnung vorübergehend anderweitig untergebracht worden ist und später ein neues Miet- oder Pachtverhältnis in dem Gebiet begründet wird, sofern dies im Sozialplan vorgesehen ist.

Voraussetzung ist, daß der Nachteil für den Betroffenen in seinen persönlichen Lebensumständen eine besondere Härte bedeutet, eine Ausgleichs- oder Entschädigungsleistung nicht zu gewähren ist und auch ein Ausgleich durch sonstige Maßnahmen nicht erfolgt.

(2) Absatz 1 ist entsprechend anzuwenden auf andere Vertragsverhältnisse, die zum Gebrauch oder zur Nutzung eines Grundstücks, Gebäudes oder Gebäudeteils oder einer sonstigen baulichen Einrichtung berechtigen.

(3) Ein Härteausgleich wird nicht gewährt, soweit der Antragsteller es unterlassen hat und unterläßt, den wirtschaftlichen Nachteil durch zumutbare Maßnahmen, insbesondere unter Einsatz eigener oder fremder Mittel abzuwenden.

Häufige Anwendungsfälle von § 181 sind insbesondere Umzugs- und Mietkostenzuschüsse, wenn nach einem wegen der Sanierung erforderlichen Umzug eine höhere Miete bezahlt werden muß, oder ein Ausgleich an den Vermieter, wenn er wegen der Sanierung seine Räume zeitweilig nicht vermieten kann.

7.2 Städtebauliche Entwicklungsmaßnahmen

238 Im Unterschied zu den städtebaulichen Sanierungsmaßnahmen geht es bei den städtebaulichen Entwicklungsmaßnahmen um die Neuentwicklung von Ortsteilen bzw. um die Anpassung vorhandener Ortsteile an ein neues Entwicklungsziel.

§ 165 BauGB. Städtebauliche Entwicklungsmaßnahmen

(2) Mit städtebaulichen Entwicklungsmaßnahmen nach Absatz 1 sollen Ortsteile und andere Teile des Gemeindegebiets entsprechend ihrer besonderen Bedeutung für die städtebauliche Entwicklung und Ordnung der Gemeinde oder entsprechend der angestrebten Entwicklung des Landesgebiets oder der Region erstmalig entwickelt oder im Rahmen einer städtebaulichen Neuordnung einer neuen Entwicklung zugeführt werden.

Das Instrumentarium für städtebauliche Entwicklungsmaßnahmen entspricht in großen Teilen dem des Sanierungsrechts, so daß auf eine genauere Darstellung hier verzichtet werden kann. Lediglich das Kernstück der Entwicklungsmaßnahmen soll kurz dargestellt werden.

239 Auf einen einfachen Nenner gebracht soll die Entwicklung eines Gebiets nach den §§ 165ff. BauGB wie folgt vor sich gehen: Die Kommune entscheidet – ähnlich wie im Sanierungsrecht nach Datenerhebung und vorbereitenden Untersuchungen – über die Entwicklung eines Gebiets. Sodann hat sie die Möglichkeit, die Grundstücke in diesem Gebiet zu erwerben, das Gebiet neu zu ordnen und die Grundstücke dann wieder zu verkaufen mit der Auflage, bestimmte Baumaßnahmen etc. durchzuführen.

7.3 Die Erhaltungssatzung

240 Im Gegensatz zu Sanierungs- und Entwicklungsmaßnahmen ist es das Ziel einer Erhaltungssatzung, den vorhandenen Bestand bzw. die vorhandene Nutzung zu erhalten und Veränderungen einer weitgehenden staatlichen Kontrolle zu unterwerfen.

§ 172 Abs. 1 Sätze 1 und 2 BauGB nennen die Voraussetzungen und die Rechtswirkungen möglicher Erhaltungssatzungen:

§ 172 BauGB. Erhaltung baulicher Anlagen und der Eigenart von Gebieten (Erhaltungssatzung)

(1) Die Gemeinde kann in einem Bebauungsplan oder durch eine sonstige Satzung Gebiete bezeichnen, in denen

1. zur Erhaltung der städtebaulichen Eigenart des Gebiets auf Grund seiner städtebaulichen Gestalt (Absatz 3),
2. zur Erhaltung der Zusammensetzung der Wohnbevölkerung (Absatz 4) oder
3. bei städtebaulichen Umstrukturierungen (Absatz 5)

der Rückbau, die Änderung oder die Nutzungsänderung baulicher Anlagen der Genehmigung bedürfen. In den Fällen des Satzes 1 Nr. 1 bedarf auch die Errichtung baulicher Anlagen der Genehmigung. (...)

Danach unterfallen im Bereich einer Erhaltungssatzung der Rückbau, die Änderung und die Nutzungsänderung vorhandener Bauten, unter bestimmten Voraussetzungen auch Neubauten einer zusätzlichen Genehmigungspflicht. Außerdem kann auch die Begründung von Wohneigentum (Umwandlung von Mietshäusern in Eigentumswohnungen) für einen Zeitraum von bis zu fünf Jahren der Genehmigungspflicht unterstellt werden.

Die Genehmigungsfähigkeit der genannten Vorhaben orientiert sich an den jeweiligen Zielen der Erhaltungssatzung, deren möglicher Inhalt in § 172 Abs. 1 Satz 1 BauGB aufgelistet ist.

241 Beim Ziel der **Erhaltung der Stadtgestalt** (§ 172 Abs. 1 Nr. 1 BauGB) geht es in erster Linie um das äußere Bild der Bebauung, das wegen seiner städtebaulichen Eigenart erhalten werden soll. Aus diesem Grund darf die Genehmigung zu den oben genannten Veränderungen auch nur aufgrund zu erwartender Beinträchtigungen der äußeren Gestalt versagt werden. Die Voraussetzungen für die Genehmigungsversagung enthält § 172 Abs. 3 BauGB:

§ 172 Abs. 3 BauGB.

In den Fällen des Absatzes 1 Nr. 1 darf die Genehmigung nur versagt werden, wenn die bauliche Anlage allein oder im Zusammenhang mit anderen baulichen Anlagen das Ortsbild, die Stadtgestalt oder das Landschaftsbild prägt oder sonst von städtebaulicher, insbesondere geschichtlicher oder künstlerischer Bedeutung ist. Die Genehmigung zur Errichtung der baulichen Anlage darf nur versagt werden, wenn die städtebauliche Gestalt des Gebiets durch die beabsichtigte bauliche Anlage beeinträchtigt wird.

242 Das Ziel des **Milieuschutzes** (§ 172 Abs. 1 Nr. 2 BauGB) stellt ab auf eine Zusammensetzung der Wohnbevölkerung, die aus städtebaulichen Gründen erhalten bleiben soll. Gibt es beispielsweise in einem Gebiet gute Infrastrukturmaßnahmen für ältere Menschen, dann kann über eine Erhaltungssatzung verhindert werden, daß durch die Schaffung vor allem auf junge Menschen ausgerichteter Wohnformen die alten Leute wegziehen. Genauso mag es im Interesse des Städtebaus liegen, ein von Studierenden bevölkertes Wohnviertel als solches zu erhalten, weil es beispielsweise verkehrsgünstig zur Universität liegt.

243 Eine besondere Gefahr für die Zusammensetzung der Wohnbevölkerung liegt oftmals darin, daß Mietshäuser in Häuser mit Eigentumswohnungen umgewandelt werden. Deshalb enthalten die Gründe, die zu einer Genehmigungsversagung wegen Milieuschutzes führen können und in § 172 Abs. 4 BauGB geregelt sind, hierfür besondere Bestimmungen:

§ 172 Abs. 4 BauGB.

In den Fällen des Absatzes 1 Satz 1 Nr. 2 und Satz 4 darf die Genehmigung nur versagt werden, wenn die Zusammensetzung der Wohnbevölkerung aus besonderen städtebaulichen Gründen erhalten werden soll. Sie ist zu erteilen, wenn auch unter Berücksichtigung des Gemeinwohls die Erhaltung der baulichen Anlage oder ein Absehen von der Begründung von Sondereigentum wirtschaftlich nicht mehr zumutbar ist. Die Genehmigung ist ferner zu erteilen, wenn

1. die Änderung einer baulichen Anlage der Herstellung des zeitgemäßen Ausstattungszustands einer durchschnittlichen Wohnung unter Berücksichtigung der bauordnungsrechtlichen Mindestanforderungen dient,
2. das Grundstück zu einem Nachlaß gehört und Sondereigentum zugunsten von Miterben oder Vermächtnisnehmern begründet werden soll,
3. das Sondereigentum zur eigenen Nutzung an Familienangehörige des Eigentümers veräußert werden soll,
4. ohne die Genehmigung Ansprüche Dritter auf Übertragung von Sondereigentum nicht erfüllt werden können, zu deren Sicherung vor dem Wirksamwerden des Genehmigungsvorbehalts eine Vormerkung im Grundbuch eingetragen ist,
5. das Gebäude im Zeitpunkt der Antragstellung zur Begründung von Sondereigentum nicht zu Wohnzwecken genutzt wird oder
6. sich der Eigentümer verpflichtet, innerhalb von sieben Jahren ab der Begründung von Sondereigentum Wohnungen nur an die Mieter zu veräußern; eine Frist nach Artikel 14 Satz 2 Nr. 1 des Investitionserleichterungs- und Wohnungsbaugesetzes vom 22. April 1993 (BGBl. I S. 466) verkürzt sich um sieben Jahre. Fristen nach § 564b Abs. 2 Satz 1 Nr. 2 und 3 des Bürgerlichen Gesetzbuchs entfallen.

In den Fällen des Satzes 3 Nr. 6 kann in der Genehmigung bestimmt werden, daß auch die Veräußerung von Sondereigentum an dem Gebäude während der Dauer der Verpflichtung der Genehmigung der Gemeinde bedarf. Diese Genehmigungspflicht kann auf Ersuchen der Gemeinde in das Grundbuch für das Sondereigentum eingetragen werden; sie erlischt nach Ablauf der Verpflichtung.

244 Bei anstehenden städtebaulichen Umstrukturierungen schließlich hat die Kommune nach § 172 Abs. 1 Nr. 3 BauGB die Möglichkeit, den **Bestand** vorübergehend zu schützen. Eine städtebauliche Umstrukturierung kann sich beispielsweise aus der Stillegung eines großen Betriebs für das von diesem Betrieb geprägte Stadtviertel ergeben. Die Erhaltungssatzung soll in diesem Fall eine sozialverträgliche Veränderung des Stadtteils oder Gebiets ermöglichen. Aus diesem Grund dürfen Genehmigungen auch nur versagt werden, wenn der sozialverträgliche Ablauf der Umstrukturierung in einem Sozialplan festgehalten ist, wie sich aus § 172 Abs. 5 BauGB ergibt:

§ 172 Abs. 5 BauGB.

In den Fällen des Absatzes 1 Satz 1 Nr. 3 darf die Genehmigung nur versagt werden, um einen den sozialen Belangen Rechnung tragenden Ablauf auf der Grundlage eines Sozialplans (§ 180) zu sichern. Ist ein Sozialplan nicht aufgestellt worden, hat ihn die Gemeinde in entsprechender Anwendung des § 180 aufzustellen. Absatz 4 Satz 2 ist entsprechend anzuwenden.

7.4 Städtebauliche Gebote

245 Der überwiegende Teil des Stadtplanungsrechts setzt den Grundstückseigentümern und sonstigen Nutzungsberechtigten Grenzen. In die genau entgegengesetzte Richtung zielen die städtebaulichen Gebote der §§ 175 ff. BauGB. Hier geht es darum, den Eigentümern von Grundstücken **aktives Tun** aufzuerlegen. Solche Pflichten können sein: Baugebote, Modernisierungs- oder Instandsetzungsgebote, Pflanzgebote und Rückbau- oder Entsiegelungsgebote.

Die städtebaulichen Gebote spielen isoliert keine große praktische Rolle.[24] In den Zeiten der großen Wohnungsnot in den Städten bis Anfang der 90er Jahre hatten einige Stadtvertretungen darüber nachgedacht, die Bebauung von Baulücken mit Wohngebäuden mit Hilfe städtebaulicher Gebote durchzusetzen. Die Auswirkungen der Gebote sind mehr indirekter Natur, da sie den Kommunen theoretisch die Möglichkeit an die Hand geben, die Eigentümer zu bestimmtem aktivem Verhalten zu zwingen und oftmals durch diese Vorwirkung auch ein entsprechendes Verhalten erreicht wird.[25]

Der Inhalt der einzelnen städtebaulichen Gebote ist im BauGB gut verständlich geregelt, so daß an dieser Stelle nicht im Einzelnen darauf eingegangen werden soll. Exemplarisch sei lediglich auf folgendes hingewiesen:

246 § 176 Abs. 3 BauGB regelt, daß kein Baugebot ausgesprochen werden kann, wenn es einem Eigentümer wirtschaftlich nicht zumutbar wäre. Die wirtschaftliche Zumutbarkeit orientiert sich daran, ob der zu errichtende Bau bei Ausnutzung aller Fördermöglichkeiten rentabel sein wird. Anders gesagt: Die Eigentumsgarantie der Verfassung verbietet es dem Staat, von den Bürgern Maßnahmen zu verlangen, die zu einem dauerhaften Eigentumsverlust führen.[26]

§ 176 Abs. 4 BauGB regelt, daß ein Eigentümer beim Erlaß eines Baugebots von der Gemeinde die Übernahme des Grundstücks verlangen kann, wenn für ihn die Durchführung des Vorhabens wirtschaftlich nicht zumutbar ist. Hierbei handelt es sich um eine auf den Einzelfall bezogene Rege-

---

[24] Finkelnburg/Ortloff, Öffentliches Baurecht, Band I, S. 251, unter Verweis auf den Bericht des Deutschen Instituts für Urbanistik (difu), „Planverwirklichungsgebote in der Praxis“, NVwZ 1984, 425.

[25] Battis/Krautzberger/Löhr, BauGB, Vorbemerkung §§ 175–179, Rz. 4

[26] Vgl. auch BVerwGE 84, 335 = NVwZ 1990, 658.

lung, die es dem Eigentümer ermöglicht, seine konkrete wirtschaftliche Situation anzuführen. Hat sich beispielsweise der Eigentümer einer Fläche für eine Betriebsgründung hoch verschuldet, ist es ihm in aller Regel nicht zumutbar, für die Bebauung seiner Fläche noch einmal hohe Kredite aufzunehmen.

247 Im Rahmen der Modernisierungs- und Instandsetzungsgebote regelt schließlich § 177 Abs. 4 BauGB – auch insoweit exemplarisch für die Eigentumsgarantie im Baurecht – die Zumutbarkeit entsprechender Anordnungen:

§ 177 BauGB. Modernisierungs- und Instandsetzungsgebot

(4) Der Eigentümer hat die Kosten der von der Gemeinde angeordneten Maßnahmen insoweit zu tragen, als er sie durch eigene oder fremde Mittel decken und die sich daraus ergebenden Kapitalkosten sowie die zusätzlich entstehenden Bewirtschaftungskosten aus Erträgen der baulichen Anlage aufbringen kann. Sind dem Eigentümer Kosten entstanden, die er nicht zu tragen hat, hat die Gemeinde sie ihm zu erstatten, soweit nicht eine andere Stelle einen Zuschuß zu ihrer Deckung gewährt. Dies gilt nicht, wenn der Eigentümer auf Grund anderer Rechtsvorschriften verpflichtet ist, die Kosten selbst zu tragen, oder wenn er Instandsetzungen unterlassen hat und nicht nachweisen kann, daß ihre Vornahme wirtschaftlich unvertretbar oder ihm nicht zuzumuten war. Die Gemeinde kann mit dem Eigentümer den Kostenerstattungsbetrag unter Verzicht auf eine Berechnung im Einzelfall als Pauschale in Höhe eines bestimmten Vomhundertsatzes der Modernisierungs- oder Instandsetzungskosten vereinbaren.

Auch hier gilt, daß der Eigentümer nur zu Maßnahmen verpflichtet werden kann, die sich später rechnen.

7.5 Zusammenfassung

248

- Mit den Regelungen des besonderen Städtebaurechts hat der Gesetzgeber den Kommunen Instrumente an die Hand gegeben, aktiv auf die bauliche Gestaltung sowie auf den Bestand einzuwirken.
- Städtebauliche Sanierungsmaßnahmen zielen auf die Beseitigung von Mißständen ab. Nach vorbereitenden Untersuchungen erläßt die Gemeinde eine Satzung und legt die Ziele und Zwecke der Sanierung fest. Die vorbereitenden Ordnungsmaßnahmen führt die Gemeinde selbst durch, die Baumaßnahmen sollen dann weitgehend von den Eigentümern veranlaßt werden.
- Im Geltungsbereich einer Sanierungssatzung unterliegen nahezu alle Veränderungen einer weitgehenden Genehmigungspflicht; die Genehmigung kann versagt werden, wenn Bauvorhaben den Zielen der Sanierung widersprechen.
- Für die Finanzierung der Sanierung stehen Städtebauförderungsmittel zur Verfügung. Kommunen und Eigentümer können solche Fördermittel in

Anspruch nehmen; die Eigentümer sind umgekehrt aber auch dazu verpflichtet, den Sanierungsgewinn in Form der Wertsteigerung des Grundstücks oder Gebäudes an die öffentliche Hand abzuführen.

- Die Auswirkungen der Sanierung insbesondere auf Mieter und Vermieter werden in einem Sozialplan erfaßt, nach dem sich auch die Gewährung eines Härteausgleichs richtet.
- Städtebauliche Entwicklungsmaßnahmen ermöglichen der Gemeinde die Neuentwicklung eines Ortsteils oder die umfassende Anpassung bereits vorhandener Bebauung an ein städtebauliches Ziel. Kernstück derartiger Entwicklungsmaßnahmen sind der Erwerb der Grundstücke durch die Gemeinde, die Neuordnung des Gebiets und der anschließende Verkauf mit der Verpflichtung, Baumaßnahmen und Nutzungen entsprechend dem Entwicklungsziel vorzunehmen.
- Die Erhaltungssatzung ist ein Instrument, um unerwünschte Veränderungen zu verhindern. Aus Gründen der Erhaltung des äußeren Stadtbilds, des Milieuschutzes oder als begleitende Maßnahme bei städtebaulichen Umstrukturierungen können bauliche Änderungen einer besonderen Genehmigungspflicht unterworfen werden.
- Städtebauliche Gebote erlauben eine aktive Verhaltensanweisung an Grundstückseigentümer. Sie sind als isolierte Instrumente nicht von großer praktischer Bedeutung, spielen aber eine Rolle bei der potentiellen Durchsetzung insbesondere des Sanierungsrechts.

8. Kapitel
Bauordnungsrecht

Mehr aus Kompetenzgründen als aus zwingenden Gründen der inhaltlichen Trennung wird das öffentliche Baurecht in das **Bauplanungsrecht** und das **Bauordnungsrecht** unterteilt. Für das Bauplanungsrecht sind der Bund (BauGB, BauNVO etc.) und die Kommunen (Erlaß der konkreten Bauleitpläne) zuständig; das Bauordnungsrecht ist dagegen Sache der Länder. **249**

Worum geht es im Bauordnungsrecht? Es wurde bereits in der Einführung darauf hingewiesen, daß Ziel des Bauordnungsrechts – nach traditioneller Sichtweise – die Abwehr von Gefahren für den einzelnen ist. Unter Gefahr[1] verstehen die Juristen die Möglichkeit bzw. Wahrscheinlichkeit eines Schadenseintritts. Mit dem Bauordnungsrecht soll also der Eintritt von Schäden bei Errichtung und Nutzung von Bauten verhindert werden. **250**

Die Beschränkung auf die Gefahrenabwehr wird aber dem Regelungsumfang der Bauordnungen der einzelnen Länder bei weitem nicht mehr gerecht. Man muß sich schon viel Mühe geben, um beispielsweise das Verbot der Verunstaltung des Ortsbildes als Teil der Abwehr einer Gefahr zu definieren. Die Länder haben den Regelungsbereich der Bauordnungen – in unterschiedlicher Intensität – auch auf die Einhaltung sozialer Standards (Kinderspielplätze, Begrünung) und auf die Umweltverträglichkeit von Bauvorhaben erweitert.[2]

Im Rahmen des Bauplanungsrechts, um das es in diesem Buch in erster Linie geht, spielt das Bauordnungsrecht an vielen Stellen eine flankierende oder ergänzende Rolle; teilweise überschneiden sich auch die Regelungsbereiche. Das Bauordnungsrecht wird daher im folgenden anhand derjenigen Regelungen erläutert, in denen es gleichzeitig planungsrechtliche Bezüge aufweist.

8.1 Überblick über bauordnungsrechtliche Bestimmungen

Bauordnungsrecht ist Ländersache. Das bedeutet: Es gibt 16 Landesbauordnungen.[3] Viele Normen der Bauordnungen der einzelnen Länder sind **251**

---

[1] Zum Begriff siehe auch Glossar im Anhang.

[2] Finkelnburg/Ortloff, Öffentliches Baurecht, Band II, S. 6f.

[3] Übersicht bei Finkelnburg/Ortloff, Öffentliches Baurecht, Band II, S. 3f., siehe auch „BauGB“, Beck-Texte im dtv Nr. 5018, 30. Aufl. 1999, worin ein „Verzeichnis landesrechtlicher Bauordnungen und sonstiger baurechtlicher Bestimmungen der Länder“ enthalten ist.

wortgleich oder ähneln sich jedenfalls weitgehend. Manche Bestimmungen z.B. zum Genehmigungsverfahren unterscheiden sich allerdings grundsätzlich, andere in Details, die aber oft für den Einzelfall entscheidend sein können. Daher: Es bleibt Stadtplanern, Architektinnen und Bauherren nicht erspart, die jeweilige Landesbauordnung heranzuziehen.

Es würde den Rahmen dieses Buches weit sprengen, bei den einzelnen Bestimmungen die Unterschiede in den Landesbauordnungen jeweils ausführlich darzustellen. Aus diesem Grund orientieren wir uns an der „Musterbauordnung für die Länder der Bundesrepublik Deutschland".[4] Diese Musterbauordnung (MBO) wird erarbeitet von einer Arbeitsgemeinschaft der für das Bauordnungsrecht zuständigen Ministerien der einzelnen Ländern (ARGEBAU). Die MBO ist nicht etwa ein Gesetz, sondern lediglich eine Leitlinie, die zum Ziel hat, die Bauordnungen möglichst zu vereinheitlichen.[5]

Die meisten Landesbauordnungen lehnen sich – allerdings in unterschiedlicher Intensität – an die MBO an. In diesem und in den folgenden Kapiteln wird auf die Musterbauordnung Bezug genommen. Es ist aber unbedingt erforderlich, die jeweilige Landesbauordnung gegenzulesen. Bevor Sie weiterlesen: Besorgen Sie sich die jeweils aktuellste Landesbauordnung Ihres Bundeslandes, die in Fachbuchhandlungen für Architekten oder Juristen erhältlich ist.

252 Hier nun zunächst ein kurzer Überblick über den Regelungsinhalt des Bauordnungsrechts anhand der MBO.

Erster Teil. Allgemeine Vorschriften

§§ 1 bis 3 MBO: Begriffsbestimmungen, u.a. bauliche Anlage, Gebäude geringer Höhe oder Hochhäuser, Vollgeschosse, Aufenthaltsräume. Insbesondere § 3 Abs. 1, Allgemeine Anforderungen, formuliert grundlegend das gesetzgeberische Ziel des Bauordnungsrechts; die Norm kann zur Auslegung vieler anderer Bestimmungen herangezogen werden:

§ 3 MBO. Allgemeine Anforderungen

(1) Bauliche Anlagen sowie andere Anlagen und Einrichtungen im Sinne von § 1 Abs. 1 Satz 2 sind so anzuordnen, zu errichten, zu ändern und instandzuhalten, daß die öffentliche Sicherheit oder Ordnung, insbesondere Leben, Gesundheit oder die natürlichen Lebensgrundlagen, nicht gefährdet werden.

---

[4] Musterbauordnung für die Länder der Bundesrepublik Deutschland, Fassung gemäß Beschluß vom 21. Juni 1996 der Arbeitsgemeinschaft der für das Bau-, Wohnungs- und Siedlungswesen zuständigen Minister der Länder (ARGEBAU), in: Böckenförde/Temme/Krebs, Musterbauordnung, 5. Auflage 1996.

[5] Siehe hierzu Finkelnburg/Ortloff, Öffentliches Baurecht, Band II, S. 2 f.

Zweiter Teil. Das Grundstück und seine Bebauung

§§ 4 bis 11 MBO: Regelungen über die Ausnutzung eines Grundstücks, u.a. die Erreichbarkeit auf Verkehrswegen, Zugänge und Zufahrten zu den Grundstücken, die besonders wichtigen und komplizierten Vorschriften zu den Abstandflächen, Vorschriften zur Gestaltung von nicht überbauten Flächen, zu Kinderspielplätzen und zu Gemeinschaftsanlagen. Diese Bestimmungen haben intensive Berührung zum Planungsrecht.

Dritter Teil. Bauliche Anlagen

Erster Abschnitt. Gestaltung

§§ 11 bis 12 MBO: Rechtlich problematisch, weil die Maßstäbe kaum justitiabel sind.

§ 12 MBO. Gestaltung

(1) Bauliche Anlagen müssen nach Form, Maßstab, Verhältnis der Baumassen und Bauteile zueinander, Werkstoffe und Farbe so gestaltet sein, daß sie nicht verunstaltend wirken.

(2) Bauliche Anlagen sind mit ihrer Umgebung derartig in Einklang zu bringen, daß sie das Straßenbild, Ortsbild oder Landschaftsbild nicht verunstalten oder deren beabsichtigte Gestaltung nicht stören. Auf die erhaltenswerten Eigenarten der Umgebung ist Rücksicht zu nehmen.

Zweiter Abschnitt. Allgemeine Anforderungen an die Bauausführung

§§ 14 bis 19 MBO: Anforderungen an die Sicherheit und Standfestigkeit von Gebäuden sowie Anforderungen an sichere Baustelleneinrichtungen, Brandschutz, Wärmeschutz, Schallschutz, Verkehrssicherheit u.ä.

Dritter Abschnitt. Bauprodukte und Bauarten

§§ 20 bis 24 MBO: Technische Bestimmungen zur Verwendung bestimmter Bauprodukte u.ä.

Vierter Abschnitt. Wände, Decken und Dächer

§§ 25 bis 30 MBO: Bestimmungen insbesondere zur Feuerbeständigkeit von Wänden, Decken und Dächern

Fünfter Abschnitt. Treppen, Rettungswege, Aufzüge und Öffnungen

§§ 31 bis 36 MBO: Bestimmungen vor allem zur Fluchttauglichkeit von Treppen, Fluren u.ä.

Sechster Abschnitt. Haustechnische Anlagen und Feuerungsanlagen

§§ 37 bis 43 MBO: Mindestanforderungen an die Versorgung mit Wasser, die Abwasserentsorgung, die Abfallsammlung sowie der Heizungsinstallationen

Siebenter Abschnitt. Aufenthaltsräume und Wohnungen

§§ 44 bis 47 MBO: Planungsrechtlich wichtige Vorschriften zu Aufenthaltsräumen und Wohnungen, in denen es beispielsweise um die Frage geht, wie hoch Aufenthaltsräume mindestens sein müssen und wie sie belichtet werden müssen. Das spielt für Architekten insbesondere dann eine Rolle, wenn beispielsweise ein Dachgeschoß ausgebaut werden soll oder wenn im B-Plan nicht die Zahl der Vollgeschosse, sondern die absolute Höhe des Bauwerkes festgelegt ist.

Achter Abschnitt. Besondere Anlagen

§§ 48 bis 52 MBO: Vorschriften zu sogenannten notwendigen Stellplätzen, deren Umsetzung in den Landesbauordnungen – sofern sie überhaupt umgesetzt werden – immer wieder zu besonderen planungs- und genehmigungsrechtlichen Problemen führt. In den nachfolgenden Bestimmungen geht es dann um Anforderungen für besondere Räume, beispielsweise für Hochhäuser, Versammlungsräume, Krankenhäuser oder Schulen und Sportanlagen. § 52 MBO enthält die Verpflichtung, Anlagen dann behindertenfreundlich zu erstellen, wenn sie nicht nur gelegentlich von Behinderten frequentiert werden.

Vierter Teil. Die am Bau Beteiligten

§§ 53 bis 57 MBO: Dieser Teil regelt die rechtlichen Anforderungen an diejenigen Personen, die an der Planung und Errichtung eines Gebäudes beteiligt sind. Das sind neben dem Bauherrn[6] die Entwurfsverfasser, also insbesondere die Architekten, daneben aber auch Unternehmerinnen und Bauleiter. Die Bauordnung enthält Verpflichtungen für diese Personen in ihrem jeweiligen Aufgabenbereich, nur die Bauherrin ist komplett für die Einhaltung aller öffentlich-rechtlichen Vorschriften verantwortlich.

Fünfter Teil. Bauaufsichtsbehörden und Verwaltungsverfahren

§§ 58 bis 79 MBO: Befugnisse und Aufgaben der Bauaufsichtsbehörden sowie das Verwaltungsverfahren insbesondere bei der Beantragung einer

---

[6] Die Bauordnungen kennen noch keine Baufrauen, in manchen Ländern wurde die „Bauherrin" erfunden.

Baugenehmigung. Überblick über den Aufbau der Baubehörden sowie über deren Aufgaben und Befugnisse. Bestimmungen über genehmigungsbedürftige Vorhaben sowie über die Genehmigungsverfahren, auf die im 10. Kapitel eingegangen wird. Eingriffsbefugnisse der Bauaufsichtsbehörden bei rechtswidrigen oder gefährlichen Bauten, also die Befugnis zur Anordnung der Baueinstellung, zur Anordnung der Beseitigung eines vorhandenen Baues sowie zur Überwachung der am Bau Beteiligten.

Sechster Teil. Ordnungswidrigkeiten, Rechtsvorschriften, Übergangs- und Schlußvorschriften

§§ 80 bis 84 MBO: Katalog an Ordnungswidrigkeiten, der bei bestimmten Verstößen gegen Vorschriften aus der Bauordnung die Möglichkeit der Verhängung eines Bußgeldes nach sich zieht. Ermächtigung für die Landesministerien zum Erlaß von Rechtsvorschriften in den unterschiedlichsten Bereichen, an die Kommunen zum Erlaß örtlicher Bauvorschriften beispielsweise über die äußere Gestaltung baulicher Anlagen oder über die Ausgestaltung von Kinderspielplätzen und ähnliches.

Insbesondere Architekten, aber auch Stadtplanerinnen, Bauherren und Juristinnen sollten mit den Bestimmungen der Bauordnung gut vertraut sein, da sie für das einzelne Vorhaben praktisch äußerst relevante Vorgaben enthält. Es wird dringend empfohlen, von Beginn an einen Text der Landesbauordnung zur Hand zu haben, um die hier angeführten Bestimmungen aus der MBO mit denen in der jeweiligen Landesbauordnung zu vergleichen.

Im folgenden sollen nun die planungsrechtlich wichtigen Bestimmungen des Bauordnungsrechts anhand der MBO erläutert werden.

8.2 Gebäude geringer Höhe, Hochhäuser, Vollgeschosse, oberirdische Geschosse, Höhe des Geländes

253 Enthält der B-Plan eine Geschoßflächenzahl, dann sind zur Berechnung der zulässigen Geschoßfläche nur Vollgeschosse und darauf anrechenbare Geschosse heranzuziehen (§ 20 Abs. 1 BauNVO). Genehmigungsfrei sind in manchen Ländern Wohngebäude geringer Höhe (z.B. § 64 LBauO M-V). Für Aufenthaltsräume gibt es besondere Anforderungen an die Beleuchtung und Belüftung.

In diesen und anderen Fällen muß man wissen, was unter den jeweiligen Begriffen zu verstehen ist. Aus diesem Grund enthalten die Landesbauordnungen – in Anlehnung an die MBO – Begriffsbestimmungen. Einige der planungsrechtlich wichtigen Begriffe sollen im folgenden erläutert werden.

254 § 2 Abs. 3 MBO definiert die Begriffe „Gebäude geringer Höhe“ und „Hochhäuser“:

§ 2 MBO. Begriffe

(3) Gebäude geringer Höhe sind Gebäude, bei denen der Fußboden keines Geschosses, in dem Aufenthaltsräume möglich sind, an keiner Stelle mehr als 7 m über der Geländeoberfläche liegt. Hochhäuser sind Gebäude, bei denen der Fußboden mindestens eines Aufenthaltsraumes mehr als 22 m über der Geländeoberfläche liegt.

Bei Gebäuden geringer Höhe ist also ausschlaggebend auf die Höhe des Fußbodens des obersten Stockwerks abzustellen. Dieser Fußboden darf nicht höher als 7 Meter über der Geländeoberfläche liegen. Manche Landesbauordnungen definieren außerdem Gebäude mittlerer Höhe, bei denen die Fußböden von Aufenthaltsräumen zwischen 7 und 22 Metern liegen. Hochhäuser, an die besondere statische Anforderungen gestellt werden, beginnen ab einer Fußbodenhöhe von 22 Metern (siehe Abbildung 8 a).

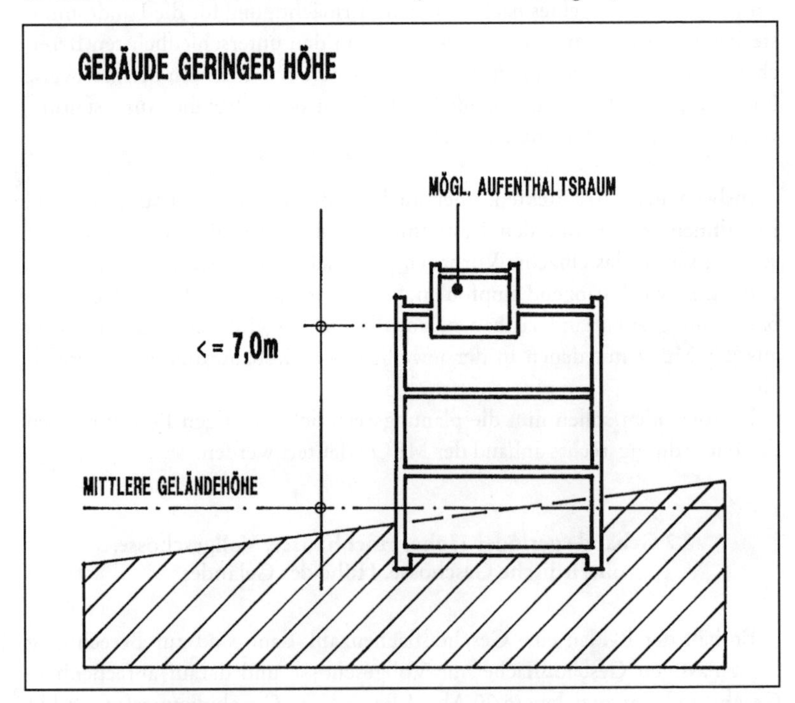

Abbildung 8 a: Ein Gebäude geringer Höhe liegt nach der Definition in § 2 Abs. 3 MBO vor, wenn der Fußboden des höchsten Geschosses, in dem Aufenthaltsräume möglich sind, an keiner Stelle mehr als 7 Meter über der Geländeoberfläche liegt. Bei Gebäuden mittlerer Höhe ist die Obergrenze 22 Meter, alle höheren Häuser sind Hochhäuser. Die Zeichnungen zeigen eine Möglichkeit, durch einen quasi aufgesattelten Aufenthaltsraum die größtmögliche Höhe zuzulassen. Für den unter dem Aufenthaltsraum liegenden Raum ist aber zu bedenken, daß die lichte Höhe mindestens 2,40 Meter (in Berlin: 2,50 Meter) betragen muß, damit er als Aufenthaltsraum genutzt werden kann.

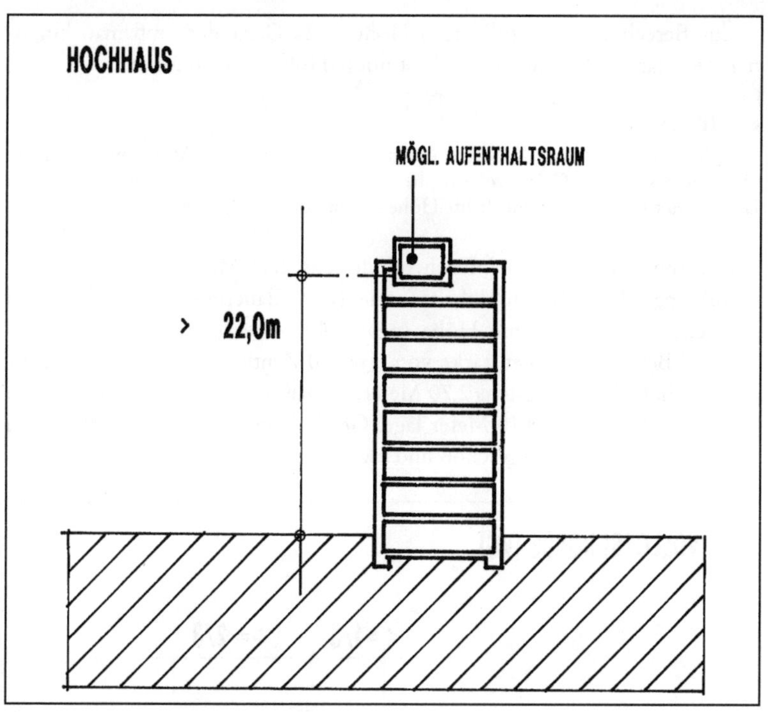
HOCHHAUS
MÖGL. AUFENTHALTSRAUM
> 22,0m

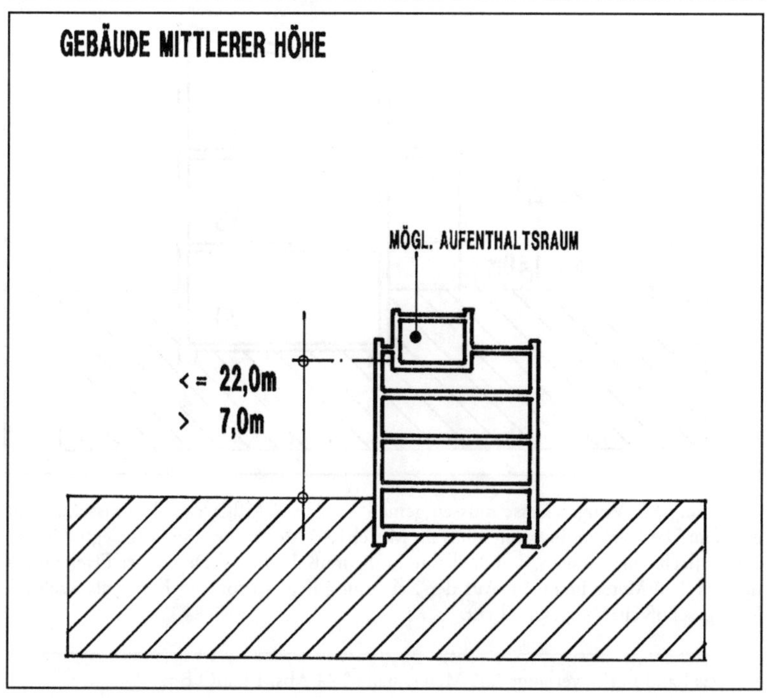
GEBÄUDE MITTLERER HÖHE
MÖGL. AUFENTHALTSRAUM
<= 22,0m
> 7,0m

255 Zur Berechnung der zulässigen Höhe eines Gebäudes muß man hinzunehmen, daß Vollgeschosse eine bestimmte Höhe haben müssen:

§ 2 MBO. Begriffe

(4) Vollgeschosse sind Geschosse, deren Deckenoberkante im Mittel mehr als 1,4 m über die festgelegte Geländeoberfläche hinausragt und die über mindestens zwei Drittel ihrer Grundfläche eine lichte Höhe von mindestens 2,3 m haben.

Der Innenraum muß demnach mindestens 2,30 Meter hoch sein (siehe Abbildung 8b). Für Aufenthaltsräume (zum dauernden Aufenthalt von Menschen) muß die lichte Höhe sogar 2,40 Meter betragen (§ 44 Abs. 1 MBO).[7] Bei einer Deckenstärke von etwa 30 Zentimetern braucht man für ein Geschoß also wenigstens 2,70 Meter, so daß der Fußboden des 3. Obergeschosses bereits bei 8,10 Meter läge. Gebäude geringer Höher haben also in der Regel nur das Erdgeschoß und zwei Obergeschosse.

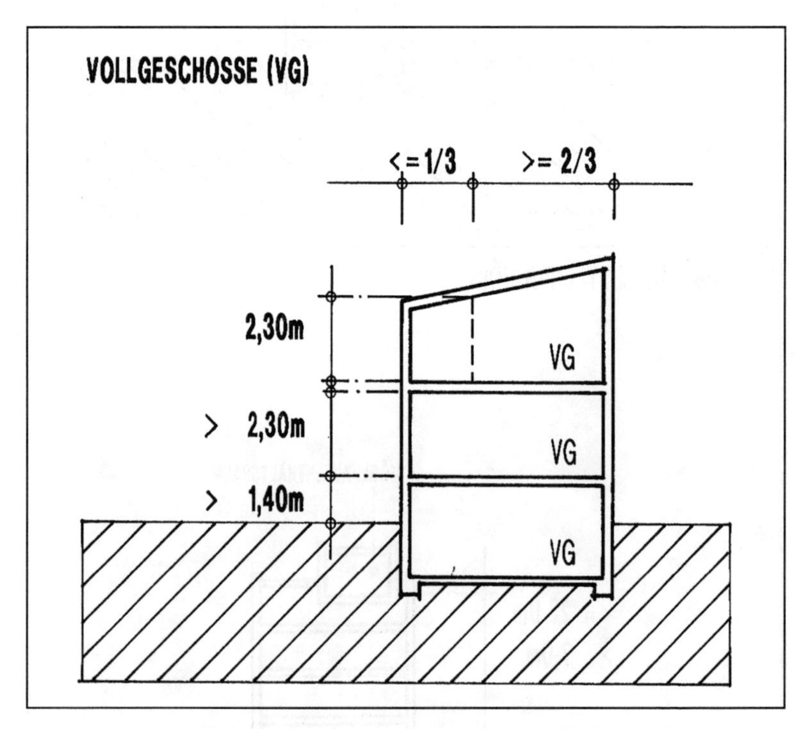

Abbildung 8b: Vollgeschosse müssen gemäß § 2 Abs. 4 MBO zwei Voraussetzungen erfüllen: Die Deckenoberkante muß im Mittel 1,40 Meter über die festgelegte Geländeoberfläche hinausragen, und die lichte Höhe muß über zwei Drittel der Fläche mindestens 2,30 Meter betragen. Auf der Zeichnung liegt sowohl im Keller als auch im Dachgeschoß ein Vollgeschoß vor.

[7] Das Land Berlin verlangt 2,50 Meter, siehe § 44 Abs. 1 BauO Bln.

Drei Obergeschosse sind nur dann denkbar, wenn der Boden des Erdgeschosses unterhalb der Geländeoberfläche liegt. **256**

Das ist zulässig. § 2 Abs. 6 MBO bestimmt:

§ 2 MBO. Begriffe

(6) Oberirdische Geschosse sind Geschosse, die im Mittel mehr als 1,4 m über die festgelegte Geländeoberfläche hinausragen. Hohlräume zwischen der obersten Decke und dem Dach, in denen Aufenthaltsräume nicht möglich sind, gelten nicht als Geschosse.

Ein tiefer gelegtes Erdgeschoß ermöglicht also ein Gebäude geringer Höhe mit drei Obergeschossen.

Einigermaßen schwierig ist die Beurteilung der Frage, wie die Geländeoberfläche bestimmt wird. Zum einen ist es möglich, die Höhe der Geländeoberfläche im B-Plan festzulegen. Hierfür gibt es nicht nur eine einzige zulässige Methode, die Festlegung muß nur plausibel sein und die tatsächlichen Verhältnisse hinreichend erfassen.[8] **257**

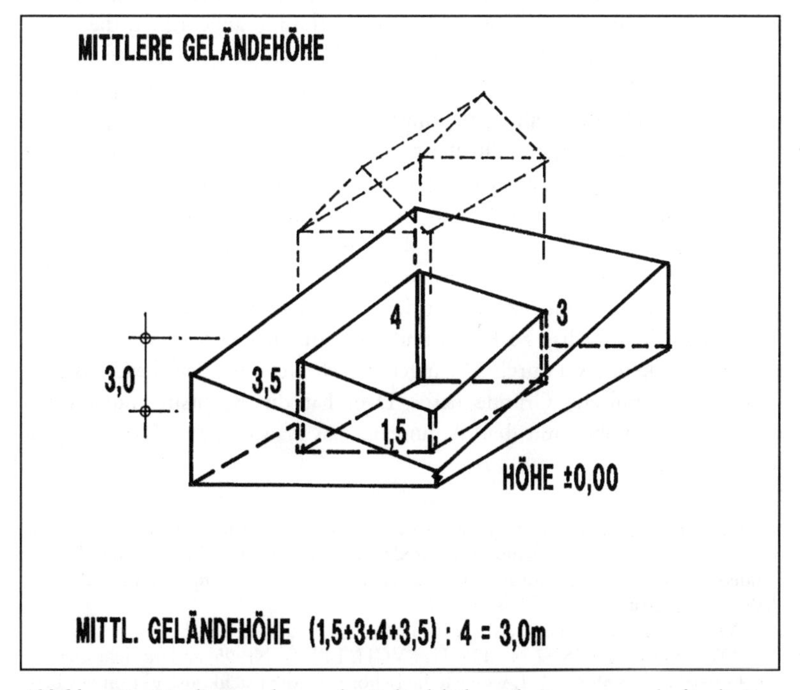

Abbildung 8 c: Für die Berechnung der Geländehöhe – als Ausgangspunkt für die Berechnung der Gebäudehöhe – stehen verschiedene Methoden zur Verfügung. Eine ist die sogenannte Eckpunktmethode, nach der die Lage der Gebäudeecken im Gelände zusammengerechnet und daraus ein Mittelwert gebildet wird.

[8] Das OVG NRW, Entscheidung vom 6. 6. 1997, AZ 7 a D 7/94.NE, hat beispielsweise die Festsetzung nach der mittleren Höhenlage der Grenze zwischen Straße und Grundstück als zulässig angesehen.

Gibt es keine Festlegung im B-Plan, kommt es darauf an, ob die Landesbauordnungen eine Berechnungsmethode enthalten. Manche Bauordnungen stellen lediglich auf die natürliche Geländeoberfläche ab, ohne genauer zu bestimmen, wie diese Oberfläche errechnet wird. Üblicherweise[9] wird in diesem Fall die sogenannte Eckpunktmethode angewandt (siehe Abbildung 8c). Baden-Württemberg hat diese Berechnungsmethode ausdrücklich verankert:

§ 2 BauO B-W. Begriffe

(6) **Satz 2:** Die im Mittel gemessene Geländeoberfläche ergibt sich aus dem arithmetischen Mittel der Höhenlage der Geländeoberfläche an den Gebäudeecken.

Diese Berechnungsmethode funktioniert allerdings nicht mehr, wenn die Gebäudeecken nicht im Gelände verankert sind, sondern zum Beispiel durch eine Stützmauer bei steil abfallender Oberfläche quasi im Raum stehen. In einem derartigen Fall hat der VGH Baden-Württemberg die Anwendung der sogenannten Wandflächenberechnung angeordnet, die es ermöglicht, die Wandfläche zur Geländehöhe in Beziehung zu setzen und daraus rechnerisch eine maßgebliche Höhe des Geländes als Bezugspunkt für die baurechtliche Beurteilung zu ermitteln.[10]

258 Daß immer wieder mit Phantasie versucht wird, die Begrenzungen des Baurechts zu umgehen, zeigen auch einige Gerichtsentscheidungen zur Frage der „lichten Höhe" von Vollgeschossen. Es liegt in manchen Konstellationen im Interesse des Bauherren, daß ein Geschoß nicht als Vollgeschoß angesehen wird, weil es dann beispielsweise nicht zur Berechnung der Geschoßflächenzahl herangezogen wird. Es gab daraufhin Versuche, ein Geschoß künstlich niedrig zu halten und unter die lichte Höhe von 2,30 Metern zu drücken, etwa durch Abhängen der Decke, ohne daß dies konstruktive oder technische Gründe hatte. Dem hat die Rechtsprechung einen Riegel vorgeschoben mit dem Argument, daß man sich auf „Tricks" nicht einlassen werde.[11]

---

[9] Hahn/Radeisen, Bauordnung für Berlin, § 2 Rz. 30, entnehmen der Zielsetzung der Norm eine andere Berechnungsmethode; danach ist nicht auf eine gemittelte Geländeoberfläche, sondern auf die Oberfläche senkrecht unter dem jeweiligen Aufenthaltsraum abzustellen.

[10] VGH B-W, 23. 11. 1995, AZ 3 S 3071/95.

[11] OVG Bremen, BRS 57 Nr. 128; HessVGH, BRS 56 Nr. 95; anders sieht dies das OVG Berlin, BRS 55 Nr. 111, wonach die Behörde an die Dachkonstruktion des Bauherrn gebunden sei, und zwar unabhängig davon, ob sie erforderlich sei oder nicht.

8.3 Verkehrswegeanbindung

259 Das Bauplanungsrecht verlangt neben der Erschließung der Grundstücke mit Ver- und Entsorgungsanlagen die Anbindung an das öffentliche Straßennetz (siehe oben Rz. 196). Aber auch das Bauordnungsrecht enthält – etwa in § 4 Abs. 1 MBO – Anforderungen an die Verkehrswegeanbindung:[12]

§ 4 MBO. Bebauung der Grundstücke mit Gebäuden

(1) Gebäude dürfen nur errichtet werden, wenn das Grundstück in angemessener Breite an einer befahrbaren öffentlichen Verkehrsfläche liegt oder wenn das Grundstück eine befahrbare, öffentlich-rechtlich gesicherte Zufahrt zu einer befahrbaren öffentlichen Verkehrsfläche hat; bei Wohnwegen kann auf die Befahrbarkeit verzichtet werden, wenn wegen des Brandschutzes Bedenken nicht bestehen.

Diese Vorschrift dient der Gefahrenabwehr; es soll über das Bauordnungsrecht sichergestellt werden, daß Feuerwehr und Rettungsfahrzeuge nahe genug an das Haus herankommen. Dazu muß das Grundstück nicht unbedingt mit voller Breite an der Straße liegen. Ausreichend sind auch sogenannte Hammergrundstücke, die nur eine schmale Verbindung zur Straße haben.[13] Aus Sicherheitsaspekten ausreichend ist auch die Erreichbarkeit über ein zwischen Straße und Haus liegendes fremdes Grundstück, wenn öffentlich-rechtlich (z. B. durch eine Baulast) gesichert ist, daß dieser Zuweg dauerhaft erhalten bleibt.

8.4 Abstandflächen

260 Praktisch besonders wichtig – und rechtlich besonders anspruchsvoll – sind die Bestimmungen in den Landesbauordnungen zu den Abstandflächen.[14]

Das hat mehrere Gründe: Für Bauherren und Architektinnen ist die Verpflichtung zur Einhaltung von Abstandflächen oftmals besonders hinderlich, weil sich die ausnutzbare Fläche des Grundstücks erheblich vermindert. Für den betroffenen Nachbarn sind die Bestimmungen zu den Abstandflächen dagegen besonders wichtige Schutzvorschriften, weil dadurch verhindert wird, daß ihm quasi eine Wand vor die Fenster gesetzt wird.

---

[12] Zum manchmal problematischen Verhältnis von Bauplanungsrecht und Bauordnungsrecht im Bereich der Erschließung siehe BVerwG, NVwZ 1992, 490/492. Danach darf das Landesrecht die bundesrechtlichen Regelungen zur Erschließung nur hinsichtlich der Gefahrenabwehr „ergänzen", aber keine sonstigen zusätzlichen Anforderungen an die Erschließung stellen.

[13] Nach einer Entscheidung des OVG Saarland ist eine 1,25 Meter breite Grenze zur öffentlichen Straße ausreichend, siehe NVwZ-RR 1995, 52; siehe auch § 5 Abs. 1 MBO, wonach für die Feuerwehr 1,25 Meter freizuhalten sind.

[14] In einigen Landesbauordnungen wird Abstandfläche mit s („Abstandsfläche") geschrieben.

Schließlich geht es bei den Abstandflächen auch – und vielleicht sogar in erster Linie – um den Gesundheitsschutz. Räume sind auf Dauer nur bewohnbar, wenn es ausreichend Licht und Luft gibt, was in vielen Konstellationen nur durch die Einhaltung entsprechender Abstände möglich ist.[15]

8.4.1 Die Pflicht zur Einhaltung des Abstands – und die Ausnahmen von dieser Pflicht

261 § 6 Abs. 1 MBO enthält zunächst die grundlegende Verpflichtung zur Einhaltung von Abstandflächen:

§ 6 MBO. Abstandflächen

(1) Vor den Außenwänden von Gebäuden sind Abstandflächen von oberirdischen Gebäuden freizuhalten. Eine Abstandfläche ist nicht erforderlich vor Außenwänden, die an Nachbargrenzen errichtet werden, wenn nach planungsrechtlichen Vorschriften

1. das Gebäude an die Grenze gebaut werden muß oder
2. das Gebäude an die Grenze gebaut werden darf und öffentlich-rechtlich gesichert ist, daß vom Nachbargrundstück angebaut wird.

Darf nach planungsrechtlichen Vorschriften nicht an die Nachbargrenze gebaut werden, ist aber auf dem Nachbargrundstück ein Gebäude an der Grenze vorhanden, so kann gestattet oder verlangt werden, daß angebaut wird. Muß nach planungsrechtlichen Vorschriften an die Nachbargrenze gebaut werden, ist aber auf dem Nachbargrundstück ein Gebäude mit Abstand zu dieser Grenze vorhanden, so kann gestattet oder verlangt werden, daß eine Abstandfläche eingehalten wird.

262 Nach dieser Norm müssen Abstandflächen nicht immer eingehalten werden. Sie entfallen vor allem dann, wenn im Bebauungsplan etwas anderes steht, insbesondere also in den Fällen, in denen der Plan eine geschlossene Bauweise vorschreibt (siehe oben Rz. 143 und § 22 BauNVO) oder – im unbeplanten Innenbereich – tatsächlich geschlossene Bauweise vorhanden ist.

Ein Beispiel: Der Plan legt eine offene Bauweise fest. Es gibt in dem Plangebiet aber schon Bebauung, und in einem Fall ist ein Haus an der Grenze zum Nachbargrundstück errichtet. Will der Nachbar nun sein Haus bauen, müßte er theoretisch seine Abstandfläche einhalten. Dies würde dazu führen, daß wegen der bereits vorhandenen Grenzbebauung der Abstand nur die Hälfte dessen betrüge, was als erforderlich angesehen wird. In solchen Fällen gestattet die Bauordnung – in Abweichung zu den Festlegungen im B-Plan – den Anbau an die Grenzbebauung, weil man davon ausgeht, daß bei Wand-an-Wand-Bebauung eine ausreichende Beleuchtung (dann von vorne und hinten) eher eingehalten wird als bei einem zu schmalen Schacht zwischen den Häusern.

---

[15] Hahn/Radeisen, Bauordnung für Berlin, § 6 Rz. 1, nennen als weitere Funktionen: Ökologische Bedeutung, Verhinderung von Bränden, Erleichterung der Brandbekämpfung, Schaffung von Wohnfrieden, Kontakt zur Außenwelt, Raum für Kinderspielplätze und Stellplätze.

Der letzte Satz von § 6 Abs. 1 MBO regelt genau den umgekehrten Fall: Es darf nach B-Plan an die Grenze gebaut werden, die vorhandene Bebauung hält aber einen Abstand ein. Auch in diesem Fall soll verhindert werden, daß es Bebauung mit unzureichendem Abstand gibt.

263 Eine ausdrückliche Bestimmung zu bereits vorhandener Bebauung enthält auch § 6 Abs. 12 MBO:

§ 6 MBO. Abstandflächen

(12) In überwiegend bebauten Gebieten können geringere Tiefen der Abstandflächen gestattet werden, wenn die Gestaltung des Straßenbildes oder besondere städtebauliche Verhältnisse dies erfordern und Gründe des Brandschutzes nicht entgegenstehen.

Gerade in historischen Städten gibt es oft nur schmale Gänge zwischen den Häusern. Es würde seltsam aussehen, wenn nun jeder Neubau die Abstandflächen nach neuem Recht einhalten müßte, weil dann ein einheitliches Stadtbild zerstört würde. Allerdings ist § 6 Abs. 12 MBO keine „weiche" Vorschrift in dem Sinn, daß mit einer lapidaren ästhetischen Aussage die Umgehung der Vorschriften zu den Abstandflächen möglich ist. Das verhindert das Wörtchen „erfordern". Dieses Wort bedeutet in der Juristensprache, daß es tatsächlich ganz gravierende, sich aufdrängende Gründe – hier des Straßenbilds oder der städtebaulichen Verhältnisse – dafür geben muß, in diesem konkreten Fall die Abstände nicht einzuhalten.

Das OVG Greifswald hat dies in einem schönen Fall bejaht. Als Sachverhalt lag das Stadtbild in einem alten mecklenburgischen Innenstädtchen zugrunde, in dem es – einigermaßen einheitlich – zwischen den alten Häusern sogenannte „Tüschen" gab, also recht schmale, kleine Durchgänge. Das OVG gestattete dem Bauherrn aus Gründen des Stadtbilds, auch einen geplanten Neubau nur mit dem Zwischenraum eines solchen Gängchens anzubauen.

264 Nun stellt sich gleich die Frage, in welchem Verhältnis dann die bauordnungsrechtlichen Vorschriften der Abstandflächen zu den Festlegungen im Bebauungsplan stehen. Grundsätzlich kann man sagen, daß beide nebeneinander gelten. Für die Fälle, in denen die Festlegungen im B-Plan mit der Bauordnung nicht vereinbar sind, enthalten die Bauordnungen selbst eine Art Konfliktregelungsprogramm.

§ 6 Abs. 13 MBO stellt eine Kollisionsregelung auf für die Fälle, in denen Festsetzungen des B-Plans mit den Abstandflächen in der Bauordnung kollidieren. Danach können die Abstandflächen vermindert werden, wenn in der **Begründung** des B-Plans ausreichende Beleuchtung und Belüftung nachgewiesen ist. Das Augenmerk sei hier aber darauf gerichtet, daß sich bereits die Planer bei der Aufstellung des B-Plans nachvollziehbar Gedanken gemacht haben müssen, damit eine derartige Ausnahme zulässig ist.

265 In diesem Zusammenhang noch ein Wort zum unbeplanten Innenbereich: Weil es hier ja definitionsgemäß an einem Bebauungsplan fehlt, gibt es keine planungsrechtlichen Vorgaben zu den Abstandflächen. Im unbeplanten Innenbereich kommt es daher entscheidend darauf an, in welcher Weise sich Abstände „einfügen". Ist die vorhandene Bebauung in weitgehend geschlossener Bauweise ausgeführt, dann wirkt das genauso, als wenn im B-Plan die geschlossene Bauweise festgesetzt ist – mit der Folge, daß keine Abstandflächen eingehalten werden müssen, sondern daß an die Grenze gebaut werden darf und muß.[16]

8.4.2 Die Berechnung der Abstandflächen

266 § 6 Abs. 4 MBO zeigt, wie die Tiefe von Abstandflächen ausgerechnet wird (siehe auch Abbildung 8 d).

§ 6 MBO. Abstandflächen

(4) Die Tiefe der Abstandfläche bemißt sich nach der Wandhöhe; sie wird senkrecht zur Wand gemessen. Als Wandhöhe gilt das Maß von der festgelegten Geländeoberfläche bis zum Schnittpunkt der Wand mit der Dachhaut oder bis zum oberen Abschluß der Wand. Die Höhe von Dächern sowie die Höhe von Giebelflächen im Bereich des Daches werden zu einem Drittel angerechnet. Das sich ergebende Maß ist H.

Der Grundsatz lautet: Die Abstandfläche ist so tief wie die umgeklappte Wand. Je höher das Gebäude ist, desto mehr Zwischenraum ist erforderlich.

Abbildung 8 d: Die Ermittlung der Abstandflächen erfordert detailgenaues Rechnen.
Die Höhe H 1 für die westliche Abstandfläche setzt sich zusammen aus der Wandhöhe bis zum Schnittpunkt mit der Dachhaut sowie – gemäß § 6 Abs. 4 Satz 3 MBO – einem Drittel der Höhe des Daches (in den Landesbauordnungen ist die Dachanrechnung teilweise unterschiedlich geregelt). Das Eingangshäuschen wird gemäß § 6 Abs. 7 MBO nicht angerechnet, weil es nicht mehr als 1,50 Meter in die Abstandfläche hineinragt.
Die Höhe H 2 für die südliche Grundstücksfläche erfordert zunächst die Ermittlung der mittleren Geländehöhe; bei Abstandflächen insbesondere in Hanglagen ist eine Mittelung zulässig, in extremen Fällen kann aber auch eine abschnittsweise Ermittlung der Wandhöhe erforderlich sein. Hinzugerechnet wird auch hier – entsprechend der MBO – ein Drittel der Höhe der Giebelfläche.
Bei der Höhe H 3 für den Anbau ist darauf zu achten, daß die mit der gestrichelten Linie angedeutete Brüstung der Terrasse mitgerechnet werden muß, da von einer als Wand ausgestalteten Brüstung Wirkungen wie von einer Gebäudewand ausgehen.
Für die Höhe H 4 ist nicht die mittlere Geländehöhe (des gesamten Gebäudes) zugrundezulegen, sondern die Geländehöhe des östlichen Grundstücksteils.
Aus den so berechneten Höhen ergeben sich dann die unten dargestellten Abstandflächen.

---

[16] BVerwG, ZfBR 1994, 192.

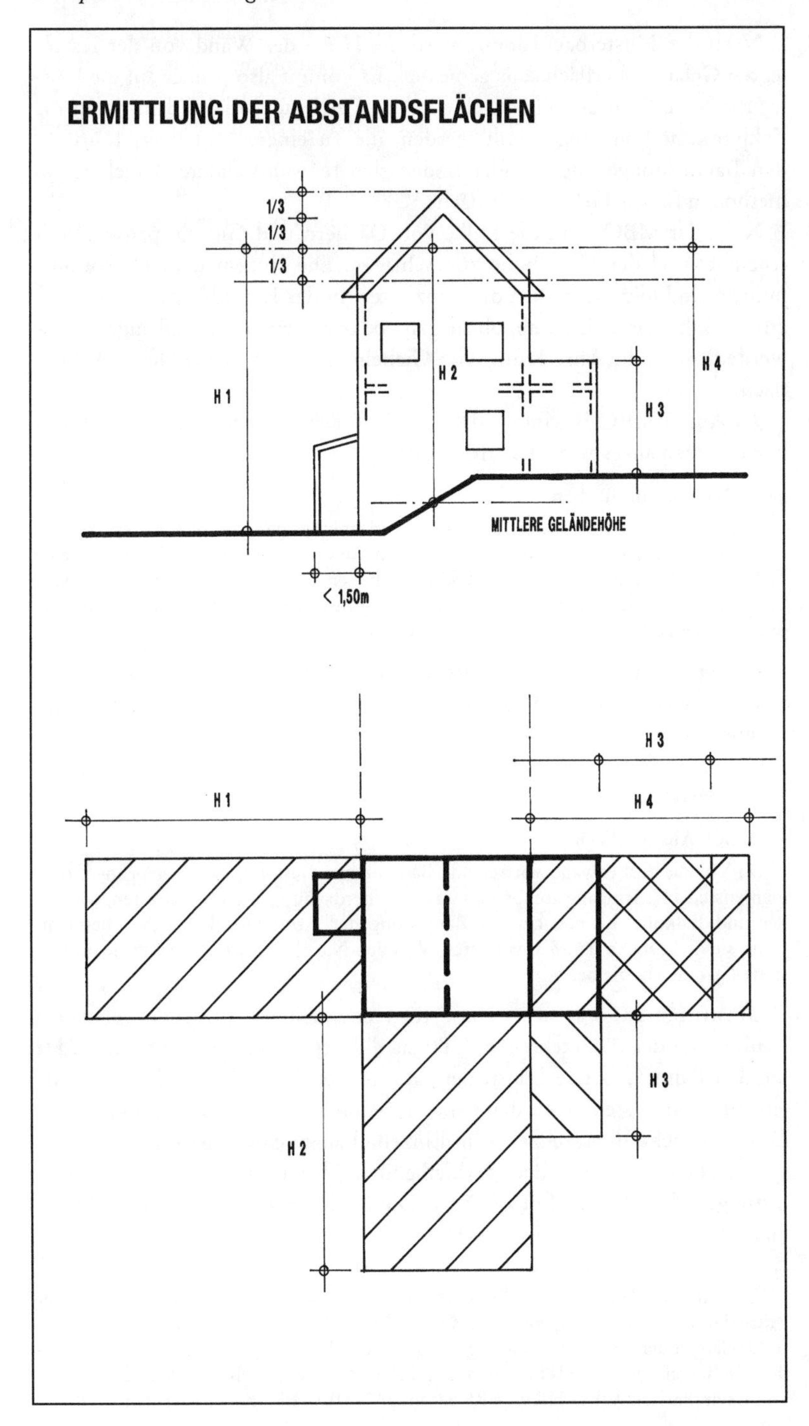
ERMITTLUNG DER ABSTANDSFLÄCHEN
1/3
1/3
1/3
H 1
H 2
H 3
H 4
MITTLERE GELÄNDEHÖHE
< 1,50m
H 3
H 1
H 4
H 3
H 2

267 Nach der Musterbauordnung wird die Höhe der Wand von der festgelegten Geländeoberfläche aus gemessen. Es kommt also primär auf die Festlegung im B-Plan an; gibt es eine solche Festlegung nicht, dann kann die Eckpunktmethode angewandt werden, die zu einem Mittelwert führt. In den Bauordnungen der Länder finden sich teilweise andere Berechnungsmethoden für die Geländeoberfläche.[17]

268 Nach der MBO wird die Höhe von Dächern und Giebeln pauschal mit einem Drittel der Wandhöhe zugeschlagen. Die einzelnen Landesbauordnungen sind hier wesentlich differenzierter. In der Regel hängt es vom Neigungswinkel der Dächer ab, ob sie ganz oder nur zu einem Teil angerechnet werden. Auch die Anrechnung von Giebeln orientiert sich an deren Außenfläche.

269 § 6 Abs. 5 MBO bestimmt, daß die Tiefe der Abstandflächen grundsätzlich der eben ausgerechneten Höhe entspricht.

§ 6 MBO. Abstandflächen

(5) Die Tiefe der Abstandflächen beträgt 1 H, mindestens 3 m. In Kerngebieten genügt eine Tiefe von 0,5 H, mindestens 3 m, in Gewerbe- und Industriegebieten eine Tiefe von 0,25 H, mindestens 3 m. In Sondergebieten können geringere Tiefen als nach Satz 1, jedoch nicht weniger als 3 m, gestattet werden, wenn die Nutzung des Sondergebietes dies rechtfertigt.

In Kern-, Gewerbe- und Industriegebieten werden geringere Tiefen zugelassen, weil in diesen Gebieten nicht oder nur sehr ausnahmsweise gewohnt werden darf.

270 Oftmals streitig ist die Einberechnung von Erkern, Balkonen u. ä. § 6 Abs. 7 MBO bestimmt hierzu:

§ 6 MBO. Abstandflächen

(7) Vor die Außenwand vortretende Bauteile wie Gesimse, Dachvorsprünge, Blumenfenster, Hauseingangstreppen und deren Überdachungen und Vorbauten, wie Erker und Balkone, bleiben bei der Bemessung der Abstandflächen außer Betracht, wenn sie nicht mehr als 1,5 m vortreten. Von den Nachbargrenzen müssen sie mindestens 2 m entfernt bleiben.

Umstritten ist, was unter diese Regelung fällt. Nicht selten versuchen Bauherren oder Architekten, mit Tricks die Begrenzungen zu umgehen. Da werden dann Gebäude konstruiert, die in der Grundfläche die Abstände einhalten, im ersten Stock dann aber auf einmal an vier Seiten „auskragen". Das geht nicht, die Grenze ist im Einzelfall aber schwierig zu ziehen. Ausschlaggebend ist, ob in dem verbleibenden Abstand noch ausreichend Belüftung und Lichteinfall möglich ist. Die Rechtsprechung hat hier differenzierte Kriterien herausgearbeitet.[18]

---

[17] § 6 Abs. 4 Satz 2 BauO Berlin bestimmt beispielsweise, daß die Oberfläche in der Mitte der Wand ausschlaggebend ist. § 6 Abs. 4 S. 2 f. BauO M-V verlangt bei geneigten Geländeoberflächen die Bildung eines Durchschnittswerts, bei gestaffelten Wänden die Berechnung jeweils für einen Wandabschnitt; siehe auch oben Rz. 257.

[18] Exemplarisch: OVG NRW, BRS 57 Nr. 140; OVG Bln, BRS 55 Nr. 121.

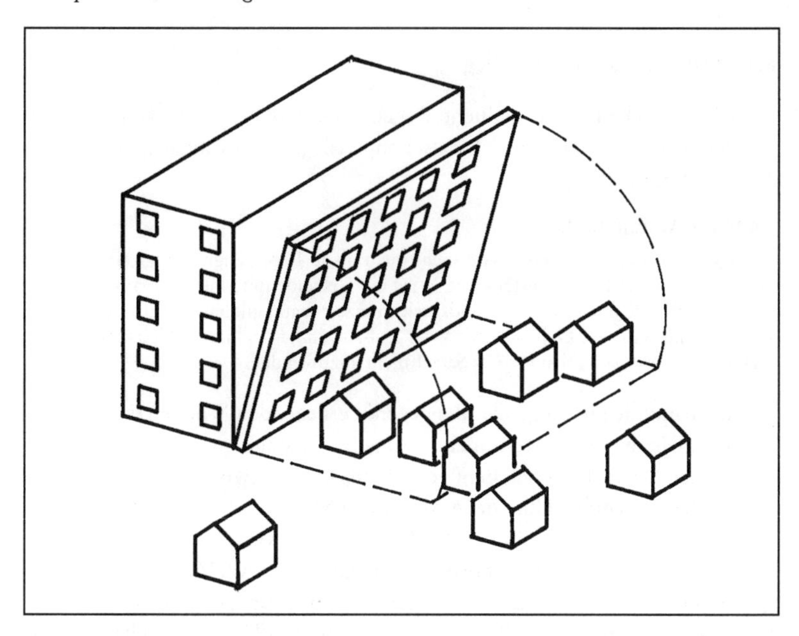

Abbildung 8e: Der Grundsatz für die Ermittlung der Abstandfläche heißt: Wandhöhe und Wandbreite gleich Fläche des einzuhaltenden Abstands.

Führen vortretende Gebäudeteile zu einer Ausweitung der Wohnfläche, dann fallen sie nicht mehr unter das Privileg des § 6 Abs. 7 MBO bzw. der entsprechenden landesrechtlichen Regelungen.[19] Außerdem dürfen vortretende Bauteile im Verhältnis zum Gesamtgebäude nur eine untergeordnete Wirkung haben, damit sie an dem Abstandflächenprivileg teilhaben.[20]

271 Es zeigt sich auch hier, daß die bauordnungsrechtlichen Festlegungen zu den Abstandflächen und die planungsrechtlichen Festlegungen beispielsweise zur Grundflächenzahl jeweils für sich genommen geprüft werden müssen. Ragt ein Balkon bis zu 1,50 Meter in eine Abstandfläche hinein, ist das bauordnungsrechtlich ohne weiteres zulässig. Wird dagegen durch einen Balkon die zulässige maximale Grundfläche oder eine Baugrenze überschritten, ist das Vorhaben aus bauplanungsrechtlichen Gründen unzulässig.[21]

[19] OVG NRW, BRS 55 Nr. 112.

[20] HessVGH, BRS 57 Nr. 139.

[21] Seit der Änderung der BauNVO 1990 unterfallen Balkone, Loggien und Terrassen nicht mehr dem planungsrechtlichen Grundflächenprivileg.

8.4.3 Das Schmalseitenprivileg

272 Teilweise sehr unterschiedliche Regelungen enthalten die Landesbauordnungen zum sogenannten Schmalseitenprivileg, wie es auch in § 6 Abs. 6 MBO definiert ist.

§ 6 MBO. Abstandflächen

(6) Vor zwei Außenwänden von nicht mehr als je 16 m Länge genügt als Tiefe der Abstandfläche 0,5 H, mindestens 3 m. Wird ein Gebäude mit einer Außenwand an ein anderes Gebäude oder an eine Grundstücksgrenze gebaut, gilt Satz 1 nur noch für eine Außenwand; wird ein Gebäude mit zwei Außenwänden an andere Gebäude oder an Grundstücksgrenzen gebaut, so ist Satz 1 nicht anzuwenden.

Die Grundidee ist folgende: Bei gegenüberliegenden Wänden ist bis zu einer Wandlänge von 16 Metern ein geringerer Abstand ausreichend, weil von den beiden Seiten her noch genügend Licht in den Zwischenraum zwischen den beiden Gebäuden fällt (siehe Abbildung 8f).

Satz 2 von Abs. 6 ist beim ersten Lesen schwer verständlich. Gemeint ist: Das Schmalseitenprivileg darf pro Haus maximal für zwei Wände in Anspruch genommen werden. Ist also ein Haus an vier Seiten von Bebauung bzw. Grundstücksgrenzen umgeben, zu denen Abstandflächen eingehalten werden müssen, dann kann der Abstand über das Schmalseitenprivileg höchstens auf zwei Seiten verringert werden. Auf den verbleibenden zwei Seiten bleibt es danach beim weiteren Abstand mit entsprechendem Lichteinfall.

Satz 2 sagt nun, daß dieses Privileg nur noch auf einer Seite in Anspruch genommen werden kann, wenn an einer Seite angebaut wird. Das ist dann verständlich, wenn man sich vor Augen hält, daß der Anbau an ein Nachbargebäude keinerlei Lichteinfall von dieser Seite mehr ermöglicht. Und wird auf zwei Seiten angebaut, dann müssen auf den beiden noch verbleibenden Seiten die Abstände voll eingehalten werden.

273 Im einzelnen ist hier allerdings vieles strittig. So gibt es beispielsweise einen Streit darüber, wie die 16 Meter gemessen werden. Manche Gerichte nehmen die Bestimmung insofern wörtlich, als sie dieses Privileg nur bei Außenwänden zulassen, die tatsächlich nicht länger als 16 Meter sind.[22]

Andere Gerichte stellen dagegen eine wertende Betrachtung an.[23] Sie sagen: Es reicht aus, wenn nicht mehr als 16 Meter Wandfläche vor einer benachbarten Wand liegen, um in den Genuß dieses Privilegs zu kommen. Die Außenwand insgesamt kann also deutlich länger sein, wenn sichergestellt ist, daß nur derjenige Teil der Wand, der gegenüber dem Nachbargebäude liegt, nicht länger als 16 Meter ist.[24]

---

[22] OVG Münster, NVwZ-RR 1991, 527; OVG Bautzen, NVwZ-RR 1995, 189.

[23] BayVGH, Großer Senat, BauR 1986, 431; OVG Rheinland-Pfalz, BRS 48 Nr. 97; OVG NRW BRS 48 Nr. 98; OVG Saarland BRS 52 Nr. 99.

[24] § 6 Abs. 6 Satz 1 BauO Bln legt dies ausdrücklich fest: „... in jeweils nur einem Gebäudeabschnitt ...“.

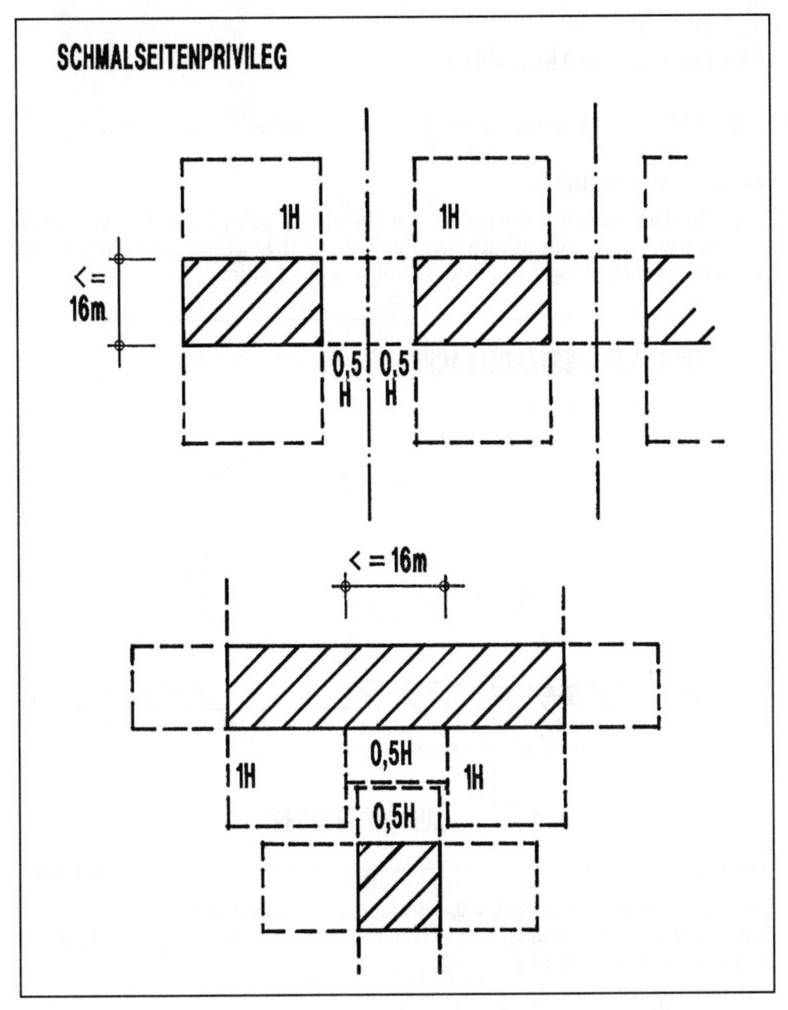

Abbildung 8f: Das Schmalseitenprivileg ist in den Landesbauordnungen im Detail unterschiedlich geregelt, das Prinzip ist aber das gleiche: Wenn an zwei Seiten des Hauses der volle Abstand eingehalten wird, dann reicht an den anderen beiden Seiten der halbe Abstand – vorausgesetzt, diese Seiten sind nicht länger als 16 Meter.
Die Zeichnung oben zeigt den klassischen Fall des Schmalseitenprivilegs.
Unterschiedliche Auffassungen gibt es dagegen in dem Fall, der in der Zeichnung unten skizziert ist. Manche Verwaltungsgerichte sind der Ansicht, das Privileg könne immer dann in Anspruch genommen werden, wenn die Außenwand höchstens auf einer Länge von 16 Metern einer anderen Wand gegenüberliege. In der Zeichnung könnte also das nördliche Haus mit geringerer Abstandfläche zugelassen werden, weil zwar die Außenwand insgesamt länger als 16 Meter ist, aber nur ein Teil von maximal 16 Metern der Häuserwand des südlichen Hauses gegenüberliegt. Andere Gerichte stellen dagegen ohne Wertung auf die Länge der kompletten Außenwand ab; danach wäre für das nördliche Haus das Schmalseitenprivileg unzulässig, und zwar unabhängig davon, welcher Anteil der Außenwand gegenüber einer benachbarten Wand liegt.

8.4.4 Die Lage der Abstandflächen

274 § 6 Abs. 2 MBO bestimmt, wo die Abstandflächen liegen müssen:

§ 6 MBO. Abstandflächen

(2) Die Abstandflächen müssen auf dem Grundstück selbst liegen. Die Abstandflächen dürfen auch auf öffentlichen Verkehrsflächen, öffentlichen Grünflächen und öffentlichen Wasserflächen liegen, jedoch nur bis zu deren Mitte.

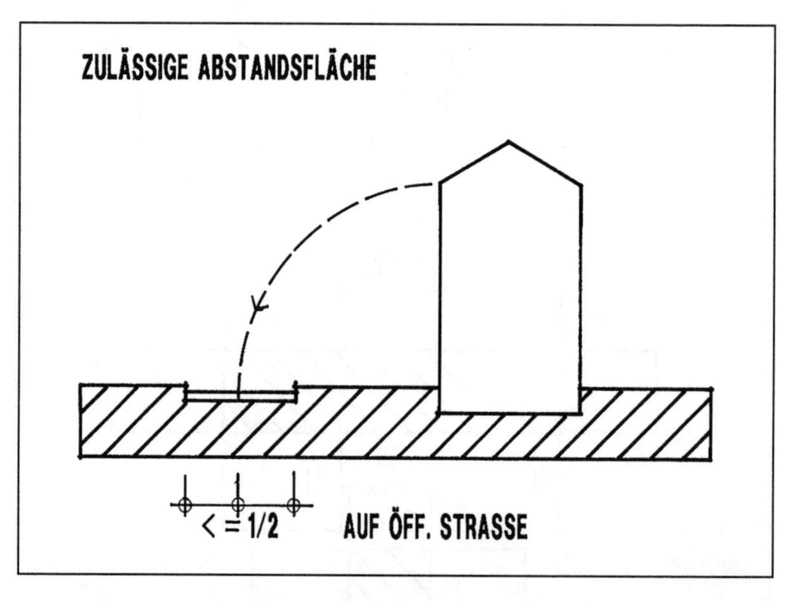

Abbildung 8g: Abstandflächen müssen grundsätzlich auf dem eigenen Grundstück liegen. Öffentliche Verkehrs-, Grün- und Wasserflächen dürfen aber zur Hälfte in Anspruch genommen werden.

275 Der Grundsatz, daß die Abstandflächen entweder auf dem eigenen Grundstück oder – bis zur Mitte – auf öffentlichen Verkehrsflächen liegen müssen, gilt nicht uneingeschränkt. Es ist gemäß § 7 MBO zulässig, daß die Abstandflächen auch auf dem Nachbargrundstück liegen.

§ 7 MBO. Übernahme von Abständen und Abstandflächen auf Nachbargrundstücke

(1) Soweit nach diesem Gesetz oder nach Vorschriften aufgrund dieses Gesetzes Abstände und Abstandflächen auf dem Grundstück selbst liegen müssen, kann gestattet werden, daß sie sich ganz oder teilweise auf andere Grundstücke erstrecken, wenn öffentlich-rechtlich gesichert ist, daß sie nicht überbaut und auf die auf diesen Grundstücken erforderlichen Abstände und Abstandflächen nicht angerechnet werden. Vorschriften, nach denen eine Überbauung zulässig ist oder ausnahmsweise ge-

stattet werden kann, bleiben unberührt. Als öffentlich-rechtliche Sicherung gelten die Eintragung einer Baulast, Festsetzungen eines Bebauungsplans oder sonstige öffentlich-rechtliche Vorschriften, nach denen eine Grundstücksfläche von baulichen Anlagen freigehalten werden muß.

Es sind ja durchaus Fälle denkbar, in denen das Nachbargrundstück so groß ist, daß von dort gar nicht so nah an die Grenze herangebaut werden muß. Der Bauherr muß eben dann mit der Nachbarin zu einer entsprechenden Einigung kommen. Die Nachbarin muß sich dazu verpflichten, sowohl die eigene als auch die benachbarte Abstandfläche auf ihrem Grundstück von Bebauung freizuhalten, und zwar mit einer öffentlich-rechtlichen dinglichen Sicherung, zum Beispiel der Eintragung einer Baulast.

276 Abstandflächen müssen grundsätzlich von beiden Seiten, also doppelt, eingehalten werden. Dazu verpflichtet § 6 Abs. 3 MBO:

§ 6 MBO. Abstandflächen

(3) Die Abstandflächen dürfen sich nicht überdecken; dies gilt nicht für

1. Außenwände, die in einem Winkel von mehr als 75 Grad zueinander stehen,
2. Außenwände zu einem fremder Sicht entzogenen Gartenhof bei Wohngebäuden mit nicht mehr als zwei Wohnungen und
3. Gebäude und andere bauliche Anlagen, die in den Abstandflächen zulässig sind oder gestattet werden.

Bei einer Abstandfläche von drei Metern beträgt der Abstand zwischen den beiden benachbarten Gebäuden also grundsätzlich sechs Meter.

277 Die in Abs. 3 enthaltenen Ausnahmen betreffen diejenigen Fälle, in denen die Schutzwirkung der Abstandfläche trotz Unterschreitung eingehalten wird (siehe Abbildung 8h).

Abs. 3 Nr. 1 bestimmt: Bei einem Winkel von 75 Grad ist die Sicht schon weitgehend frei, so daß die Überdeckung zugelassen wird.

Abs. 3 Nr. 2 enthält das sogenannte Gartenhofprivileg; die Regelung berücksichtigt eine bestimmte Bauweise (sogenannte Atriumhäuser). Gäbe es die Ausnahmevorschrift nicht, dann könnten Atriumhäuser nur mit einem unverhältnismäßig großen Innenhof gebaut werden. Allerdings muß der Hof mindestens so groß wie die Abstandfläche sein, die sich aus der größten Wandfläche ergibt, weil die Abstandfläche sonst auf der gegenüberliegenden Wand liegen würde.[25]

Abs. 3 Nr. 3 betrifft Gebäude wie beispielsweise Garagen, von denen wegen ihrer geringen Höhe keine gravierende Beeinträchtigung der Licht- und Belüftungsverhältnisse ausgeht.

---

[25] Hahn/Radeisen, Bauordnung für Berlin, § 6 Rz. 24.

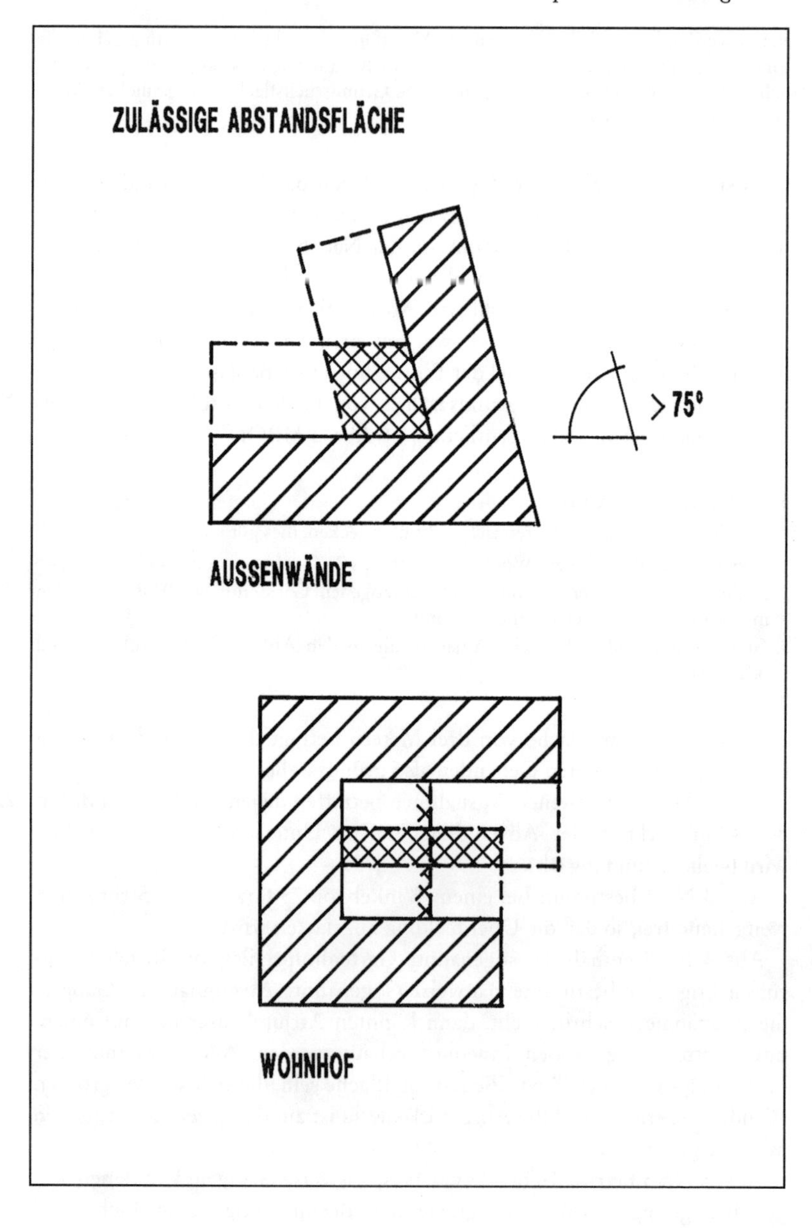

Abbildung 8h: Grundsätzlich dürfen sich Abstandflächen nicht überdecken. § 6 Abs. 3 Ziffer 1 MBO läßt aber eine Überdeckung zu, wenn der Winkel der einander zugeordneten Wände mehr als 75 Grad beträgt. Ein weiteres Abstandflächenprivileg enthält § 6 Abs. 3 Ziffer 2 MBO, wonach die Abstandflächen in Innenhöfen nicht eingehalten werden müssen, wenn sie fremder Sicht entzogen sind.

8.4.5 Zulässige Bauten in den Abstandflächen

278 Da Sinn der Abstandflächen die Gewährung ausreichender Beleuchtung und Lüftung ist, müssen auch diejenigen Bauten die Abstände einhalten, die zwar keine Gebäude sind, aber eine ähnliche Wirkung haben.

§ 6 MBO. Abstandflächen

(10) Für bauliche Anlagen, andere Anlagen und Einrichtungen, von denen Wirkungen wie von Gebäuden ausgehen, gelten die Absätze 1 bis 9 gegenüber Gebäuden und Nachbargrenzen sinngemäß.

Das trifft insbesondere zu für alle Formen von Mauern, Wänden und Einfriedungen; aber auch Aufschüttungen oder dauerhafte Werbetafeln können die Einhaltung des Abstands erforderlich machen.[26]

279 Die Abstandflächen müssen nicht komplett freigehalten werden. § 6 Abs. 11 MBO bestimmt, welche Anlagen in diesen Flächen zulässig sind:

6 MBO. Abstandflächen

(11) In den Abstandflächen eines Gebäudes sowie ohne eigene Abstandflächen sind zulässig

1. Garagen einschließlich Abstellraum bis zu 8 m Länge je Nachbargrenze und einer mittleren Wandhöhe bis zu 3 m über der festgelegten Geländeoberfläche, wenn an die Nachbargrenze gebaut wird,
2. Stützmauern und geschlossene Einfriedungen bis zu einer Höhe von 1,80 m, in Gewerbe- und Industriegebieten ohne Begrenzung der Höhe.

Die Landesbauordnungen gehen hier teilweise noch weiter und lassen beispielsweise auch andere Arten von untergeordneten Gebäuden zu, sofern es sich nicht um Aufenthaltsräume handelt und die Beleuchtung des Hauptgebäudes dadurch nicht wesentlich beeinträchtigt wird.

280 Es war lange Zeit umstritten, in welchen Umfang die Abstandflächen Nachbarschutz vermitteln; siehe hierzu die Darstellung unter Rz. 335 im Kapitel zum Nachbarrecht.

8.5 Freiflächen und Kinderspielplätze

281 Aufgabe des Bauordnungsrechts ist es unter anderem, für gesundheitsverträgliches Wohnen zu sorgen. Dazu gehören auch begrünte freie Flächen und Kinderspielplätze.

282 Die Landesbauordnungen enthalten – in unterschiedlicher Ausprägung – Begrünungs- und Pflanzgebote für Freiflächen in Anlehnung an § 9 Abs. 1 MBO:

---

[26] Siehe die Rechtsprechungsnachweise in Finkelnburg/Ortloff, Öffentliches Baurecht, Band II, S. 29, Fn. 37 und 38.

§ 9 MBO. Nicht überbaute Flächen der bebauten Grundstücke, Kinderspielplätze

(1) Die nicht überbauten Flächen der bebauten Grundstücke sind gärtnerisch anzulegen und zu unterhalten, soweit diese Flächen nicht für eine andere zulässige Verwendung benötigt werden. Die Bauaufsichtsbehörde kann verlangen, daß auf diesen Flächen Bäume und Sträucher gepflanzt und unterhalten werden.

Wie die Begrünung aussehen muß, regelt das Gesetz nicht. Es ist umstritten, ob es ausreicht, die Flächen einer natürlichen Entwicklung zu überlassen.[27] Auch die Voraussetzungen, unter denen die Behörde im Rahmen ihres Ermessens die Bepflanzung mit Bäumen und Sträuchern verlangen kann, sind gesetzlich nicht geregelt.

Die Verpflichtung, Freiflächen als Grünflächen anzulegen, gilt aber nur für diejenigen Flächen, die nicht in zulässiger Weise für andere Zwecke verwendet werden dürfen, zum Beispiel für Stellplätze.[28] Stellplätze müssen in den meisten Ländern also nicht begrünt werden. Die Berliner Bauordnung geht hier weiter, indem sie verlangt, daß auch alle für andere Nutzungen vorgesehenen Freiflächen unversiegelt angelegt, begrünt und ggf. bepflanzt werden müssen, soweit das mit deren Funktion vereinbar ist.[29]

283 Auch die Gesundheit von Kindern ist von der Regelungskompetenz des Bauordnungsrechts erfaßt. Aus diesem Grund verlangen die Bauordnungen bei Gebäuden ab zwei bzw. drei Wohnungen die Anlage eines Kinderspielplatzes für Kleinkinder. Die entsprechende Regelung in § 9 Abs. 2 MBO lautet:

§ 9 MBO. Nicht überbaute Flächen der bebauten Grundstücke, Kinderspielplätze

(2) Bei der Errichtung von Gebäuden mit mehr als drei Wohnungen ist auf dem Baugrundstück ein Spielplatz für Kleinkinder anzulegen, soweit nicht in unmittelbarer Nähe eine Gemeinschaftsanlage nach § 11 geschaffen wird oder vorhanden ist. Auf seine Herstellung kann verzichtet werden, wenn die Art und die Lage der Wohnung dies nicht erfordern. Die Größe der Kinderspielplätze richtet sich nach Zahl und Art der Wohnungen auf dem Grundstück. Bei bestehenden Gebäuden nach Satz 1 kann die Herstellung von Kinderspielplätzen verlangt werden, wenn dies die Gesundheit und der Schutz der Kinder erfordern.

Das OVG Berlin sieht die Anlage von Kinderspielplätzen als eine durch Gesundheitserfordernisse gerechtfertigte Verpflichtung an, weil Kleinkinder Spielraum brauchen, „um ihre ungestörte Entwicklung zu körperlich und seelisch gesunden, geistig und sozial aktiven Menschen zu gewährleisten".[30]

---

[27] Hahn/Radeisen, Bauordnung für Berlin, § 8 Rz. 8, wollen dem Eigentümer weitgehende Entscheidungsfreiheit gewähren.

[28] Finkelnburg/Ortloff, Öffentliches Baurecht, Band II, S. 31.

[29] Siehe § 8 Abs. 2 Bln. BauO: „Die übrigen nicht überbauten Flächen der bebauten Grundstücke sind gärtnerisch unversiegelt anzulegen und zu unterhalten. Dies gilt für Flächen, die als Zufahrten, als Stellplätze, als Kinderspielplätze und als Wirtschaftsflächen öffentlich-rechtlich erforderlich sind und in Kerngebieten, Gewerbegebieten und Industriegebieten als Arbeits- und Lagerflächen benötigt werden, nur insoweit, wie deren Funktion dadurch nicht unzumutbar beeinträchtigt wird. Eine Bepflanzung mit Bäumen und Sträuchern kann verlangt werden."

[30] OVG Berlin, BauR 1976, 420.

Die Spielplätze müssen so angelegt werden, daß sie für die Spiele von Kleinkindern geeignet sind.[31] Einige Landesbauordnungen enthalten recht detaillierte Vorgaben.[32]

Ein Spielplatz ist nicht erforderlich, wenn es in der Nähe einen Gemeinschaftskinderspielplatz gibt, der im Bebauungsplan festgesetzt ist; die Hauseigentümer müssen dann anteilig die Kosten für eine solche Gemeinschaftsanlage tragen (siehe § 11 MBO).

Spielplätze können auch dann nicht verlangt werden, wenn es in dem Haus aus Gründen der Nutzungsart (Altersheim) oder des Wohnungszuschnitts (Ein-Zimmer-Wohnungen) Kinder mit Spielbedürfnis aller Voraussicht nach nicht geben wird.

8.6 Aufenthaltsräume und Wohnungen

284 Die Landesbauordnungen enthalten durchweg zwingende Vorschriften über die Mindestausgestaltungen von Aufenthaltsräumen und Wohnungen. Aufenthaltsräume sind nach der Legaldefinition in § 2 Abs. 5 MBO Räume, die zum nicht nur vorübergehenden Aufenthalt von Menschen bestimmt oder geeignet sind.

285 In Anlehnung an § 62 Abs. 2 BauO Berlin von 1979 kann wie folgt abgegrenzt werden: Zu den Aufenthaltsräumen zählen Wohn- und Schlafräume, Wohndielen, Wohn- und Kochküchen, Verkaufsräume und Werkstätten, Geschäfts- und Büroräume, Versammlungs- und Gasträume, Räume für den Unterricht, Kranken- und Warteräume. Nicht zu den Aufenthaltsräumen gehören Flure, Treppenhäuser, Bäder und Toiletten, Vorrats- und Abstellkammern, Trockenräume, Garagen, Räume für Heizung oder andere Installationen, Lagerräume sowie Bastel- und Spielräume in Wohnungen.[33]

Zu beachten ist, daß in anderen Vorschriften ebenfalls Regelungen zu Aufenthaltsräumen enthalten sind, beispielsweise in der Arbeitsstättenverordnung (ArbStättV).[34]

286 Die auf die Aufenthaltsräume bezogenen Vorgaben der Landesbauordnungen erfassen zunächst die lichte Höhe der Aufenthaltsräume. Die Mindesthöhe variiert zwischen 2,40 und 2,50 Metern.

Die ausreichende Grundfläche ist in der Regel in den Landesbauordnungen nicht konkretisiert. Hinweise enthalten aber beispielsweise die Berechnungsverordnung zum Wohnungsbaugesetz oder die ArbStättV, wonach 15 Kubikmeter Raumluft pro Person zur Verfügung stehen sollen (das ergibt in

---

[31] Finkelnburg/Ortloff, Öffentliches Baurecht, Band II, S. 32.

[32] § 8 Abs. 3 BauO Bln.: mindestens 50 Quadratmeter Gesamtfläche und mindestens 4 Quadratmeter je Kind.

[33] Siehe auch Hahn/Radeisen, Bauordnung für Berlin, § 44 Rz. 4.

[34] ArbStättV vom 20. 3. 1975, BGBl. I S. 729.

der Regel 6 Quadratmeter Mindestfläche pro Person). Außerdem kann die beabsichtigte Nutzung als Maßstab zugrundegelegt werden.[35]

287 Aufenthaltsräume müssen ausreichend beleuchtet und belüftet werden können. Deshalb verlangen die Bauordnungen eine Mindestausstattung mit Fenstern, die unmittelbar ins Freie führen (notwendige Fenster). Während es einige Länder bei einer allgemeinen Umschreibung belassen,[36] ist in anderen Ländern die Berechnung anhand des Musters in § 44 Abs. 2 MBO detailliert festgelegt:[37]

§ 44 MBO. Aufenthaltsräume

(2) Aufenthaltsräume müssen unmittelbar ins Freie führende und senkrecht stehende Fenster von solcher Zahl und Beschaffenheit haben, daß die Räume ausreichend mit Tageslicht beleuchtet und belüftet werden können (notwendige Fenster). Das Rohbaumaß der Fensteröffnungen muß mindestens 1/8 der Grundfläche des Raumes betragen; ein geringeres Maß kann gestattet werden, wenn wegen der Lichtverhältnisse Bedenken nicht bestehen. Geneigte Fenster sowie Oberlichte anstelle von Fenstern können gestattet werden, wenn wegen des Brandschutzes Bedenken nicht bestehen.

288 An **Wohnungen** werden im Bauordnungsrecht besonders hohe Anforderungen gestellt.

Der Begriff der Wohnung wird allerdings gesetzlich nicht definiert. Nach der Rechtsprechung müssen als Mindestmerkmale vorliegen: Eine gewisse Dauerhaftigkeit der beabsichtigten Nutzung als Wohnung, die selbst gestaltete Haushaltsführung bzw. der häuslichen Verhältnisse und die Freiwilligkeit des Aufenthalts.[38] Diese auf den ersten Blick etwas willkürlich wirkenden Definitionsmerkmale dienen vor allem der Abgrenzung zu anderen Formen des menschlichen Aufenthalts, beispielsweise zu Pflegeheimen, Obdachlosenunterkünften oder zur gewerblichen Zimmervermietung.

289 Die Unverletzlichkeit der Wohnung ist durch Art. 13 Abs. 1 GG geschützt; dahinter steht die Vorstellung, daß jeder Mensch die Möglichkeit haben soll, sich auf einen privaten, andere ausschließenden räumlichen Bereich zurückziehen zu können. Das Bauordnungsrecht greift dies auf und setzt es mit der Bestimmung zur Abgeschlossenheit und Abschließbarkeit um:

§ 45 MBO. Wohnungen

(1) Jede Wohnung muß von anderen Wohnungen und fremden Räumen baulich abgeschlossen sein und einen eigenen, abschließbaren Zugang unmittelbar vom Freien, von einem Treppenraum, einem Flur oder einem anderen Vorraum haben. Wohnungen in Wohngebäuden mit nicht mehr als zwei Wohnungen brauchen nicht abgeschlossen zu sein. Wohnungen in Gebäuden, die nicht nur zum Wohnen dienen, müs-

---

[35] Siehe Hahn/Radeisen, Bauordnung für Berlin, § 44 Rz. 6.

[36] § 44 Abs. 2 Satz 1 BauO Berlin: „Aufenthaltsräume müssen (...) Fenster von solcher Zahl und Beschaffenheit haben, daß die Räume ausreichend mit Tageslicht beleuchtet und belüftet werden können (notwendige Fenster)."

[37] Siehe auch die DIN 5034, Inennraumbeleuchtung mit Tageslicht

[38] Vgl. VGH BW, BRS 20 Nr. 98; BayVGH, BRS 38 Nr. 116; OVG Bremen, ZfBR 1991, 129; BVerwG, BauR 1993, 194; siehe auch Hahn/Radeisen, Bauordnung für Berlin, § 45 Rz. 1 f.

sen einen besonderen Zugang haben; gemeinsame Zugänge können gestattet werden, wenn Gefahren oder unzumutbare Belästigungen für die Benutzer der Wohnungen nicht entstehen.

290 Für **Neubauten** stellt das Bauordnungsrecht an den Schallschutz von Wohnungen hohe Anforderungen. § 18 Abs. 2 MBO bestimmt:

§ 18 MBO. Wärmeschutz, Schallschutz und Erschütterungsschutz

(2) Gebäude müssen einen ihrer Nutzung entsprechenden Schallschutz haben. Geräusche, die von ortsfesten Einrichtungen in baulichen Anlagen oder auf Baugrundstücken ausgehen, sind so zu dämmen, daß Gefahren oder unzumutbare Belästigungen nicht entstehen.

Die Konkretisierung des bauordnungsrechtlich ausreichenden Schallschutzes ist umstritten. Die DIN 4109, Schallschutz im Hochbau, enthält hierzu technische Anforderungen, die allerdings keine Gesetzeskraft haben.[39] Maßstab ist letztlich wieder der Gesundheitsschutz und die Gefahrenabwehr; daneben zählen aber auch soziale Standards, die über das Bauordnungsrecht verwirklicht werden sollen. Es ist jedenfalls nicht ausreichend, formal die DIN zu erfüllen, wenn tatsächlich zu viel Lärm in der Nachbarwohnung ankommt.

291 Die Anforderungen an die Abgeschlossenheit – und hier insbesondere zum Schallschutz – haben zu einem teilweise erbittert geführten Streit der Gerichte darüber geführt, welche Anforderungen bei der Umwandlung von Miet- in Eigentumswohnungen eingehalten werden müssen. Konkret ging es um die Frage, ob die Umwandlung von Wohnungen in Mehrfamilienhäusern zu Eigentumswohnungen nur zulässig sein sollte, wenn die zum Zeitpunkt der Umwandlung geltenden Anforderungen an den Schallschutz eingehalten würden. In manchen Großstädten war der über die Umwandlung von Eigentumswohnungen erzeugte Druck auf die Mieter so groß, daß versucht wurde, mit Verweis auf den fehlenden Schallschutz die Umwandlung zu verweigern.

Nachdem sich die Gerichte auch auf oberster Ebene hier nicht einig werden konnten, wurde die Rechtsfrage dem gemeinsamen Senat der obersten Gerichtshöfe des Bundes vorgelegt – das ist eine Art Klärungsinstanz, die dann angerufen werden kann, wenn es überhaupt nicht mehr weitergeht. Dieses Gremium entschied, daß bei der Umwandlung zu Eigentumswohnungen der aktuelle bauordnungsrechtliche Standard nicht verlangt werden könne.[40] Dies hatte zur Konsequenz, daß auch in Altbauten, in denen nach heutigem Standard kein ausreichender Schallschutz gegeben ist, Wohnungen in Einzeleigentum umgewandelt werden konnten.

292 Die Landesbauordnungen verlangen für Wohnungen neben der Abgeschlossenheit in teilweise unterschiedlicher Ausgestaltung die Möglichkeit der „Durchlüftung" einer Wohnung, die Schaffung von Küchen oder Koch-

[39] Siehe oben Rz. 11, zur Bedeutung technischer Regelwerke
[40] GmSOGB, 30. 6. 1992, AZ GmS_OGB 1/91, NJW 1992, 3290; sehr lesenswert!

nischen, von Abstellräumen innerhalb und außerhalb der Wohnung, von Abstellplätzen für Kinderwägen und Fahrräder und von gemeinschaftlichen Trockenräumen.

293 Räume in Kellern und Dächern sind problematisch für den Aufenthalt von Menschen. Im Keller reicht oft das Licht nicht, unter dem Dach kann bei schrägen Decken die Höhe nicht genügen.

Für **Aufenthaltsräume im Keller** regelt § 46 Abs. 1 MBO:

§ 46 MBO. Aufenthaltsräume und Wohnungen in Kellergeschossen und Dachräumen

(1) In Kellergeschossen sind Aufenthaltsräume und Wohnungen zulässig, wenn das Gelände, das an ihre Außenwände mit notwendigen Fenstern anschließt, in einer für die Beleuchtung mit Tageslicht ausreichenden Entfernung und Breite vor den notwendigen Fenstern nicht mehr als 50 cm über dem Fußboden der Aufenthaltsräume liegt.

Im Klartext heißt dies, daß ein recht breiter Schacht vor den Fenstern von Aufenthaltsräumen im Keller liegen muß.

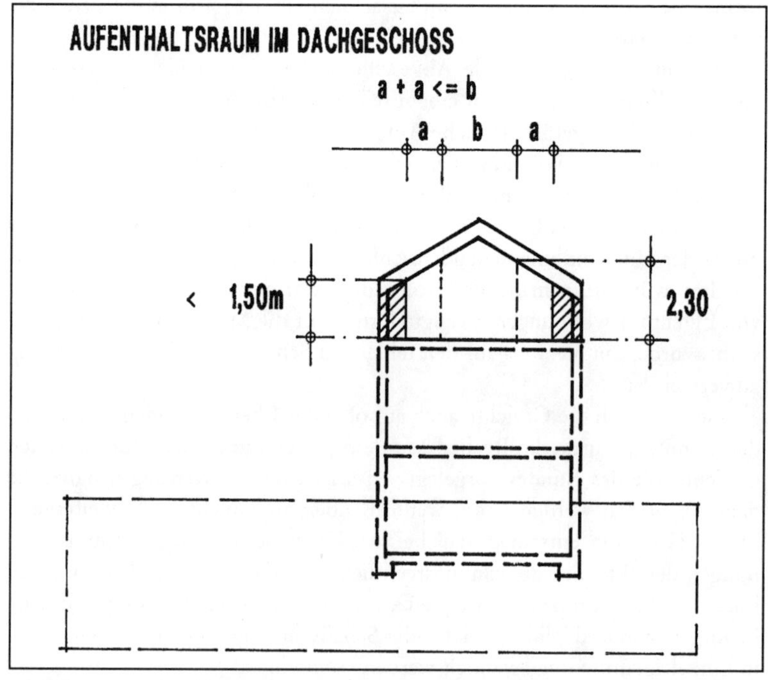

Abbildung 8: Aufenthaltsräume in Dachgeschoß sind nach § 46 Abs. 4 MBO nur zulässig, wenn sie über die Hälfte der Fläche eine lichte Höhe von mindestens 2,30 Metern haben. Zur Berechnung dieser Fläche wird der Teil des Raums, der weniger als 1,50 Meter lichte Höhe hat, nicht dazugerechnet. Anhand der Zeichnung läßt sich erkennen, daß das Dachgeschoß nur dann als Aufenthaltsraum genutzt werden darf, wenn die beiden mit „a“ gekennzeichneten Flächen insgesamt kleiner sind als die mit „b“ gekennzeichnete Fläche.

Für **Dachgeschoßräume** bestimmt § 46 Abs. 4 MBO (siehe auch Abbildung 8 i): **294**

§ 46 Abs. 4 MBO: Aufenthaltsräume im Dachraum müssen eine lichte Raumhöhe von mindestens 2,3 m über mindestens der Hälfte ihrer Grundfläche haben; Raumteile mit einer lichten Höhe bis 1,5 m bleiben außer Betracht.

8.7 Stellplätze und Garagen

Besonders schwierig, besonders unübersichtlich, besonders wichtig: Die Verpflichtung zur Schaffung von Stellplätzen ist ein Dauerbrenner im Bauordnungsrecht mit teilweise ungelösten Rechtsfragen und sehr unterschiedlichen Regelungen in den einzelnen Ländern. Daher sollen nur die Grundgedanken der Stellplatzregelungen dargestellt werden; im übrigen wird dringend das Studium der einschlägigen Vorschriften in den Landesbauordnungen empfohlen. **295**

Grundsätzlich werden die Eigentümer von Gebäuden dazu verpflichtet, für das Abstellen von Autos (teilweise auch von Fahrrädern) ausreichend Platz zu schaffen. Dahinter steht die Vorstellung, daß die öffentlichen Verkehrsflächen nicht ausreichen, um den ruhenden Verkehr unterzubringen. **296**

Die Landesbauordnungen – mit Ausnahme Berlins[41] – verlangen daher die Schaffung notwendiger Stellplätze (auch in Garagen) entweder auf dem Grundstück selbst oder in gut erreichbarer Nähe. § 48 Abs. 1 MBO gibt hierfür folgendes Muster:

§ 48 MBO. Stellplätze und Garagen

(1) Bauliche Anlagen sowie andere Anlagen, bei denen ein Zugangsverkehr oder Abgangsverkehr zu erwarten ist, dürfen nur errichtet werden, wenn Stellplätze oder Garagen in ausreichender Größe sowie in geeigneter Beschaffenheit hergestellt werden (notwendige Stellplätze oder Garagen). Ihre Zahl und Größe richtet sich nach Art und Zahl der vorhandenen und zu erwartenden Kraftfahrzeuge der ständigen Benutzer und der Besucher der Anlagen. Es kann gestattet werden, daß die notwendigen Stellplätze oder Garagen innerhalb einer angemessenen Frist nach Fertigstellung der Anlage hergestellt werden.

Die Anzahl notwendiger Stellplätze richtet sich nach dem prognostizierten Bedarf. Die Bestimmung der Anzahl notwendiger Stellplätze liegt nicht im Ermessen der Genehmigungsbehörde. Es handelt sich vielmehr um einen unbestimmten Rechtsbegriff,[42] der von den Gerichten vollständig überprüft werden kann. **297**

---

[41] In Berlin besteht gemäß § 48 Abs. 1 Satz 1 BauO Bln. die Verpflichtung nur noch für öffentlich zugängliche Gebäude, für Behindertenstellplätze und für Fahrradstellplätze.

[42] Zum Begriff siehe Glossar im Anhang.

298 Ist weder auf dem Grundstück noch in der Nähe Platz für die notwendigen Stellplätze vorhanden oder stehen besondere Schwierigkeiten entgegen, kann die Stellplatzverpflichtung durch Zahlung eines Geldbetrags abgelöst werden. Das ist auch dann zulässig, wenn die Anlage eines Stellplatzes auf dem Grundstück zwar möglich, aber besonders teuer wäre, oder wenn sich dadurch die Fläche für das Gebäude so verringern würde, daß es wirtschaftlich nicht mehr tragbar ist.

Die Höhe der Ablöse richtet sich weitgehend nach den Kosten, die die Herstellung eines Stellplatzes an anderer Stelle verursacht. Das Geld erhält die Gemeinde, die es zweckgebunden verwenden muß. Es richtet sich nach Landesrecht, ob die Gelder nur für die Schaffung von Parkplätzen und den dazugehörigen Nebeneinrichtungen oder auch zur Finanzierung baulicher Maßnahmen im öffentlichen Personennahverkehr verwendet werden dürfen.

299 Die Länder haben in unterschiedlicher Weise geregelt, wie die Zahl notwendiger Stellplätze konkretisiert sowie die Höhe des Ablösebetrags festgelegt wird. In der BauO Baden-Württemberg beispielsweise werden die Gemeinden zum Erlaß entsprechender Satzungen ermächtigt.[43] Die BauO Bayern überläßt es den Gemeinden, die Notwendigkeit von Stellplätzen für bestimmte Teile der Gemeinde einschränkend durch Satzung zu regeln.[44] Die BauO Hessen enthält keine allgemeine Verpflichtung zur Schaffung notwendiger Stellplätze, sondern delegiert die Regelung der Stellplatzfrage komplett auf die Gemeinden.[45] Zur Überprüfung der Stellplatzanforderungen ist es also in besonderem Maße erforderlich, das jeweilige Landesrecht sowie die Satzungen der Gemeinde, in der das Bauvorhaben liegt, heranzuziehen.

8.8 Bauherr(in), Entwurfsverfasser, Unternehmerin, Bauleiter

300 Bauordnungsrecht ist im Kern Sicherheitsrecht. Für die Einhaltung der Sicherheit auf den Baustellen und bei der Planung sowie Ausführung des Baus sind unterschiedliche Personen verantwortlich. Das Bauordnungsrecht weist diesen Personen – je nach ihrer Funktion – entsprechende Verantwortungsbereiche zu.

Die §§ 53ff. MBO enthalten Maßstäbe für den Bauherrn, die Entwurfsverfasserin, den Unternehmer und die Bauleiterin.

8.8.1 Die Verantwortung des Bauherrn

301 Auf dem Bau haben die Baufrau bzw. der Bauherr das Sagen. Sie können Architektinnen und Unternehmer anweisen. Deshalb erlegt § 53 MBO dem Bauherrn eine umfassende Verantwortung auf:

---

[43] Siehe §§ 37 Abs. 5, 74 Abs. 2 BauO BW.
[44] Siehe Art. 91 Abs. 2 Nr. 4 BauO Bayern 1998.
[45] Siehe § 50 Abs. 6 BauO Hessen.

§ 53 MBO. Grundsatz

Bei der Errichtung, Änderung, Nutzungsänderung oder dem Abbruch einer baulichen Anlage sind der Bauherr und im Rahmen ihres Wirkungskreises die anderen am Bau Beteiligten dafür verantwortlich, daß die öffentlich-rechtlichen Vorschriften eingehalten werden.

Der Bauherr ist also umfassend, die anderen am Bau Beteiligten sind dagegen nur in ihrem jeweiligen Wirkungskreis verantwortlich.

302 Die öffentlich-rechtliche Verpflichtung des Bauherrn verlangt in erster Linie die Beauftragung sachkundiger Personen am Bau. § 54 Abs. 1 MBO sagt hierzu:

§ 54 MBO. Bauherr

(1) Der Bauherr hat zur Vorbereitung, Überwachung und Ausführung eines genehmigungsbedürftigen Bauvorhabens einen Entwurfsverfasser (§ 55), Unternehmer (§ 56) und einen Bauleiter (§ 57 zu bestellen. Dem Bauherrn obliegen die nach den öffentlich-rechtlichen Vorschriften erforderlichen Anzeigen und Nachweise an die Bauaufsichtsbehörde.

Hinter dieser Regelung steht die Vorstellung, daß die Bauherrin selbst zumeist von Bautechnik oder Bauorganisation keine oder nur wenige Kenntnisse hat und daß aus diesem Grund entsprechend kundige Personen beauftragt werden müssen. Das bedeutet gleichzeitig, daß die Bauherrin ihre Verantwortung weitgehend delegieren kann. Dies steht auch nicht im Gegensatz zu der umfassenden Verantwortung aus § 53 MBO; diese Norm verbietet es nicht, die Verantwortung zu delegieren, solange gewährleistet ist, daß die beauftragten Personen die Aufgaben dann wahrnehmen. Anders gesagt: Der Bauherr hat eine Auswahl- und Kontrollpflicht, der er nachkommen muß, soweit seine Kenntnisse dies zulassen. Er darf sich also nicht umfassend darauf verlassen, daß der Architekt oder die Bauleiterin alles richtig machen, sondern er muß sich in vertretbaren Zeitabständen Nachweise vorlegen lassen und ggf. die Baustelle besuchen.

Nicht delegieren kann der Bauherr die Anzeigen und Nachweise, die die Bauaufsichtsbehörde erhält, beispielsweise über den bevorstehenden Baubeginn gemäß § 69 Abs. 8 MBO. Manche Bauordnungen verlangen zusätzlich vor Baubeginn die Nennung der Bauleiterin und der Fachbauleiter an die Behörde (z.B. § 52 Abs. 4 BauO Berlin). Zwar handelt es sich auch hier nicht um höchstpersönliche Pflichten, die der Bauherr als Person erfüllen muß. Die Information der Behörde kann also auch durch die Architektin oder den Bauleiter erfolgen. Der Bauherr muß das aber kontrollieren und er kann sich nicht darauf berufen, er hätte doch seine Architektin damit beauftragt. Bei Verstößen liegt in der Regel eine Ordnungswidrigkeit vor, die zu einem Bußgeld führen kann.

Nach § 54 Abs. 2 MBO müssen Entwurfsverfasserin und Bauleiter nicht bestellt werden für ganz einfache bauliche Anlagen und bei Bauten, die im Wege der Selbsthilfe oder der Nachbarschaftshilfe durchgeführt werden, wenn gewährleistet ist, daß es genügend fachkundiges Personal auf der Baustelle gibt.

Ein Wechsel des Bauherrn ist der Behörde unverzüglich anzuzeigen (§ 53 Abs. 4 MBO).

8.8.2 Die Verantwortung des Entwurfsverfassers

303 Schlechte oder mangelhafte Planung kann zu gravierenden Schäden und Gefährdungen führen. Aus diesem Grund gibt es neben den Vorschriften über die zivilrechtliche Haftung der Architektinnen und der sonstigen Planer auch öffentlich-rechtliche Anforderungen an die im Gesetz sogenannten „Entwurfsverfasser". § 55 MBO sagt hierzu:

§ 55 MBO. Entwurfsverfasser

(1) Der Entwurfsverfasser muß nach Sachkunde und Erfahrung zur Vorbereitung des jeweiligen Bauvorhabens geeignet sein. Er ist für die Vollständigkeit und Brauchbarkeit seines Entwurfs verantwortlich. Der Entwurfsverfasser hat dafür zu sorgen, daß die für die Ausführung notwendigen Einzelzeichnungen, Einzelberechnungen und Anweisungen geliefert werden und dem genehmigten Entwurf und den öffentlich-rechtlichen Vorschriften entsprechen.

(2) Hat der Entwurfsverfasser auf einzelnen Fachgebieten nicht die erforderliche Sachkunde und Erfahrung, so sind geeignete Sachverständige heranzuziehen. Diese sind für die von ihnen gefertigten Unterlagen verantwortlich. Für das ordnungsgemäße Ineinandergreifen aller Fachentwürfe bleibt der Entwurfsverfasser verantwortlich.

Zunächst verlangt die Vorschrift sowohl die **Sachkunde** der Entwurfsverfasserin als auch eine ausreichende **Erfahrung** für das Bauvorhaben.

Die Landesbauordnungen enthalten regelmäßig keine weitergehende Konkretisierung der Anforderungen an die Sachkunde der Entwurfsverfasserin. Es gibt also keine formellen Hürden, etwa ein Architektur-Diplom, als Voraussetzung für die Tätigkeit als Entwurfsverfasserin.

304 Aus einem anderen Grund kommen allerdings in der Regel nur Entwurfsverfasser mit einer spezifischen Ausbildung in Betracht. Für die meisten Gebäude müssen nämlich Bauvorlagen eingereicht werden, anhand derer die Behörde die Genehmigungsfähigkeit prüft. Derartige Vorlagen dürfen nur von „Bauvorlageberechtigten" eingereicht werden. § 64 Abs. 1 und 2 MBO bestimmen hierzu:

§ 64 MBO. Bauvorlageberechtigung

(1) Bauvorlagen für die Errichtung und Änderung von Gebäuden müssen von einem Entwurfsverfasser unterschrieben sein, der bauvorlageberechtigt ist.

(2) Bauvorlageberechtigt ist, wer

1. die Berufsbezeichnung „Architekt" führen darf,
2. in die von der Ingenieurkammer ... geführte Liste der Bauvorlageberechtigten eingetragen ist,
3. die Berufsbezeichnung „Innenarchitekt" führen darf, für die mit der Berufsaufgabe des Innenarchitekten verbundenen baulichen Änderungen von Gebäuden, oder

4. die Berufsbezeichnung „Ingenieur" in den Fachrichtungen Architektur, Hochbau oder Bauingenieurwesen führen darf, mindestens zwei Jahre als Ingenieur tätig war und Bediensteter einer juristischen Person des öffentlichen Rechts ist, für die dienstliche Tätigkeit.

In den meisten Fällen muß daher der Entwurfsverfasser schon wegen der Notwendigkeit der Bauvorlageberechtigung über eine entsprechende Qualifikation verfügen.

Die Behörde hat die Möglichkeit, bei Zweifeln an der ausreichenden Sachkunde entsprechende Nachweise zu verlangen. Das ergibt sich – rechtstechnisch – daraus, daß die Aufsichtsbehörde nach § 54 Abs. 3 MBO bei mangelnder Eignung u.a. des Entwurfsverfassers dessen Auswechslung verlangen kann: **305**

§ 54 MBO.

(3) Sind die vom Bauherrn bestellten Personen für ihre Aufgabe nach Sachkunde und Erfahrung nicht geeignet, so kann die Bauaufsichtsbehörde vor und während der Bauausführung verlangen, daß ungeeignete Beauftragte durch geeignete ersetzt oder geeignete Sachverständige herangezogen werden. Die Bauaufsichtsbehörde kann die Bauarbeiten einstellen lassen, bis geeignete Beauftragte oder Sachverständige bestellt sind.

Da die Auswechslung der weitergehende Eingriff ist, kann die Behörde als milderes Mittel auch entsprechende Befähigungsnachweise verlangen. Allerdings setzt ein solches Verlangen voraus, daß es begründbare Zweifel an der fachlichen Eignung gibt. Die Behörde hat kein Recht, allgemeine Befähigungsnachweise zu verlangen. Werden die Pläne von Architektinnen vorgelegt, dann liegt in aller Regel die Sachkunde vor, wenn es nicht ganz konkrete Hinweise auf mangelnde Kenntnisse etc. gibt.

§ 55 MBO verlangt daneben Erfahrung für die Vorbereitung der speziellen Bauvorhabens. Ein Einzelarchitekt, der in erster Linie Einfamilienhäuser plant, kann nicht ohne weiteres mit der Planung eines vielstöckigen Bürokomplexes oder einer großen Gewerbeanlage beauftragt werden. **306**

Allerdings geht es auch hier nicht um eine Art Qualitätssicherung durch die Behörde, sondern – wir befinden uns im Bauordnungsrecht – um die Abwehr von Gefahren. Die vom Gesetz verlangte Erfahrung kann also nur insoweit verlangt werden, als sie erforderlich ist, damit nicht „gefährlich" geplant wird. Alles andere, beispielsweise Fragen der Funktionalität, hat die Behörde nicht zu interessieren, sondern spielt im zivilrechtlichen Vertragsverhältnis zwischen Architekt und Bauherrin eine Rolle.

Die Entwurfsverfasserin ist für die Vollständigkeit und Brauchbarkeit der Pläne verantwortlich. Die Behörde muß davon ausgehen können, daß das, was sie vorgelegt bekommt, tatsächlich auch eine ausreichende Grundlage für die Beurteilung des Bauvorhabens ist. **307**

Der Entwurfsverfasser ist daneben auch für die Übereinstimmung von Genehmigungs- und Ausführungsplanung verantwortlich. Das hat folgende Bewandnis: Für die Baugenehmigung wird lediglich eine Entwurfs- und **308**

Genehmigungsplanung erstellt. Diese Planung ist noch nicht sonderlich detailreich. Sie ist in der Regel aber ausreichend für die behördliche Überprüfung.

Nach der Genehmigung durch die Behörde fertigt der Entwurfsverfasser die – dann sehr viel genaueren – Ausführungspläne. Diese werden der Behörde nicht mehr vorgelegt. Eine der wichtigsten Anforderungen des Bauordnungsrechts an den Entwurfsverfasser ist die Gewährleistung der Übereinstimmung dieser Pläne mit der Genehmigungsplanung. Diese Verpflichtung der Entwurfsverfasserin ist in aller Regel auch im Ordnungswidrigkeitenkatalog der Bauordnungen aufgeführt, ein Verstoß wird also mit entsprechenden Bußgeldern sanktioniert.

309 Architektinnen und sonstige Entwurfsverfasser haben – jedenfalls bei komplizierteren Bauvorhaben – nicht die Sachkunde für alle Teilbereiche des Baus (beispielsweise für die Haustechnik). Die Bauordnungen verlangen, daß für diejenigen Felder, auf denen sich die Entwurfsverfasser nicht ausreichend auskennen, Fachplaner bestellt werden. Die Verantwortlichkeit wird dann genau verteilt: Die Fachplaner sind für ihre jeweiligen Pläne verantwortlich, die Entwurfsverfasserin muß sich aber um Koordination und Ineinandergreifen der Fachpläne mit der Gesamtplanung kümmern.

8.8.3 Die Verantwortung des Unternehmers

310 Die Bauhandwerker, die im Gesetz „Unternehmer" heißen, sind für die ordnungsgemäße Bauausführung verantwortlich. § 56 Abs. 1 MBO verlangt:

§ 56 MBO. Unternehmer

(1) Jeder Unternehmer ist für die ordnungsgemäße, den Technischen Bauvorschriften und den genehmigten Bauvorlagen entsprechende Ausführung der von ihm übernommenen Arbeiten und insoweit für die ordnungsgemäße Einrichtung und den sicheren Betrieb der Baustelle verantwortlich. Er hat die erforderlichen Nachweise über die Verwendbarkeit der verwendeten Bauprodukte und Bauarten zu erbringen und auf der Baustelle bereitzuhalten. Er darf, unbeschadet der Vorschriften des § 69, Arbeiten nicht ausführen oder ausführen lassen, bevor nicht die dafür notwendigen Unterlagen und Anweisungen an der Baustelle vorliegen.

Angesichts der Tatsache, daß technische Baubestimmungen oftmals in unklarer oder überholter Form vorliegen, ist es für die Unternehmerinnen nicht einfach, die jeweiligen Anforderungen genau zu erkennen. Es sei daher an dieser Stelle noch einmal davor gewarnt, sich rein formal auf die Einhaltung beispielsweise einer DIN-Vorschrift zu berufen. Auch hier gilt: Gibt es Erkenntnisse, daß die DIN-Norm nicht mehr dem aktuellen Stand entspricht, muß sich der Unternehmer kundig machen.

311 Besonders wichtig ist die Verantwortung der Unternehmerin für die ordnungsgemäße Einrichtung und den sicheren Betrieb der Baustelle. Praktisch ist dies dann schwierig, wenn mehrere Firmen (und nicht nur ein Generalunternehmer) beauftragt sind. In diesen Fällen kann man nicht von jeder

Unternehmerin verlangen, daß sie die Sicherheit der Gesamtbaustelle kontrolliert. Die Koordination der Sicherheitsanforderungen ist daher Aufgabe des Bauleiters; die einzelne Unternehmerin ist für ihren jeweiligen Bereich zuständig. Erkennt allerdings eine Unternehmerin, daß in anderen Bereichen die Sicherheit der Baustelle nicht gewährleistet ist, wird man sie wohl als verpflichtet ansehen müssen, dies dem Bauleiter zumindest mitzuteilen.

8.8.4 Die Verantwortung des Bauleiters

312 Die Bestellung eines Bauleiters ist Pflicht. Das liegt auch auf der Hand: Der Bauleiter ist diejenige Person, die bei allen Fragen des Bauablaufs schnell erreichbar und entscheidungsbefugt sein muß. Ohne einen Bauleiter dürften die meisten Baustellen schlicht nicht handhabbar sein.

Bauleitertätigkeit ist oftmals klassische Tätigkeit der Architekten. Die Honorarordnung für Architekten und Ingenieure (HOAI) spricht hier von Objektüberwachung und honoriert diese Tätigkeit mit 31 Prozent, also mit einem höheren Prozentsatz als jede andere in einem Leistungsbild zusammengefaßte Tätigkeit.

Andererseits ist die Objektüberwachung bei den Architektinnen nicht beliebt. Das Problem liegt in der Besonderheit des Architektenvertrags, wonach die Leistungen mit einer Art Pauschale honoriert werden und nicht etwa in Abhängigkeit vom konkreten Zeitaufwand. Es läßt sich daher oftmals überhaupt nicht abschätzen, wieviel Zeit für die Objektüberwachung des konkreten Bauvorhabens aufgewandt werden muß.

Größere Baufirmen oder Generalunternehmer gehen zunehmend dazu über, die Bauleitung selbst zu übernehmen. Das ist rechtlich zulässig, hat für den Bauherrn aber den Nachteil, daß er keinen Vertreter seiner Interessen auf dem Bau hat. Die Beauftragung einer Architektin (oder auch eines Bauingenieur) mit der Bauleitung gibt dagegen die Gewähr dafür, daß die Interessen des Bauherrn vor Ort umgesetzt werden.

313 § 57 MBO enthält die Anforderungen an die Tätigkeit des Bauleiters aus bauordnungsrechtlicher Sicht:

§ 57 MBO. Bauleiter

(1) Der Bauleiter hat darüber zu wachen, daß die Baumaßnahme dem öffentlichen Baurecht, den technischen Bauvorschriften und den genehmigten Bauvorlagen entsprechend durchgeführt wird und die dafür erforderlichen Weisungen zu erteilen. Er hat im Rahmen dieser Aufgabe auf den sicheren bautechnischen Betrieb der Baustelle, insbesondere auf das gefahrlose Ineinandergreifen der Arbeiten der Unternehmer zu achten. Die Verantwortlichkeit der Unternehmer bleibt unberührt.

(2) Der Bauleiter muß über die für seine Aufgabe erforderliche Sachkunde und Erfahrung verfügen. Verfügt er auf einzelnen Teilgebieten nicht über die erforderliche Sachkunde, so sind geeignete Sachverständige (Fachbauleiter) heranzuziehen. Diese treten insoweit an die Stelle des Bauleiters. Der Bauleiter hat die Tätigkeit der Fachbauleiter und seine Tätigkeit aufeinander abzustimmen.

Der Bauleiter ist also für die Schnittstelle zwischen Planung und Durchführung verantwortlich. Nach öffentlichem Recht muß er insbesondere auf Sicherheitsfragen achten. Die Verpflichtung aus dem Architektenvertrag geht dagegen viel weiter, dementsprechend weit ist auch die zivilrechtliche Haftung.

8.8.5 Sicherheitsanforderungen aus dem Zivil- und Strafrecht

314 Nahezu jedes Tun kann andere gefährden oder in ihren Rechten beeinträchtigen. Das deutsche Rechtssystem verfügt – vor allem im straf- und zivilrechtlichen Bereich – über ein ausdifferenziertes System von Verbots-, Anspruchs- und Haftungsnormen bei Gefährdungen oder Schädigungen Dritter, die auch bei Bauvorhaben einschlägig sind.

315 Die **zivilrechtliche** sogenannte **Verkehrssicherungspflicht** spielt für die Bautätigkeit eine große Rolle. Der Grundsatz lautet: Wer eine Gefahrenquelle schafft, muß dafür sorgen, daß andere vor diesen Gefahren geschützt werden, beispielsweise durch Absperrungen der Baustelle, Hinweisschilder etc. Eine spezielle Norm hierfür gibt es im traditionellen bürgerlichen Recht nicht, die Verkehrssicherungspflicht wird vielmehr im allgemeinen Deliktsrecht (wo es um Schadensersatz für alle Arten von Schäden geht) angesiedelt.

316 Da die Arbeit am Bau ein besonders hohes Maß an Verantwortung voraussetzt, ist Verantwortungslosigkeit auch **strafrechtlich** sanktioniert. Das Strafgesetzbuch (StGB) enthält in § 319 eine Norm zur Baugefährdung:

§ 319 StGB. Baugefährdung

(1) Wer bei der Planung, Leitung oder Ausführung eines Baues oder des Abbruchs eines Bauwerks gegen die allgemein anerkannten Regeln der Technik verstößt und dadurch Leib oder Leben eines anderen Menschen gefährdet, wird mit Freiheitsstrafe bis zu fünf Jahren oder mit Geldstrafe bestraft.

(2) Ebenso wird bestraft, wer in Ausübung eines Berufs oder Gewerbes bei der Planung, Leitung oder Ausführung eines Vorhabens, technische Einrichtungen in ein Bauwerk einzubauen oder eingebaute Einrichtungen dieser Art zu ändern, gegen die allgemein anerkannten Regeln der Technik verstößt und dadurch Leib oder Leben eines anderen Menschen gefährdet.

(3) Wer die Gefahr fahrlässig verursacht, wird mit Freiheitsstrafe bis zu drei Jahren oder mit Geldstrafe bestraft. (...)

Danach ist die Gefährdung anderer strafbar, wenn sie dadurch verursacht wird, daß die anerkannten Regeln der Technik nicht eingehalten werden. Das Strafrecht verlangt also die Einhaltung üblicher Sicherheitsstandards. Strafbar ist bereits die Gefährdung eines Menschen, beispielsweise durch ein schlecht gesichertes Gerüst, eine konkrete Schädigung muß gar nicht eintreten.

Die Strafvorschrift trifft Architekten in doppelter Form, nämlich sowohl als Planer als auch als Bauleiter. Daneben können sich die Bauunternehmer und auch der Bauherr strafbar machen.

8.9 Zusammenfassung

317

- Der Regelungsinhalt der Landesbauordnungen – von der Gefahrenabwehr bis zur Einhaltung sozialer Standards
- Begriffsbestimmungen: Der erste Teil der rechtlichen Prüfung
- Die Regelungen zur Verkehrswegeanbindung aus Gründen der Sicherheit der Bewohner
- Abstandflächen: Rechtlich unterschiedliche Regelungen je nach Bundesland; die Notwendigkeit von Abstandflächen nach Bauplanungsrecht und Bauordnungsrecht; Lage und Berechnung von Abstandflächen; unterschiedliche Rechtsauffassungen zum Schmalseitenprivileg; die Einberechnung von Erkern und Balkonen in die Abstandflächen; die Zulässigkeit bestimmter Anlagen in den Abstandflächen
- Freiflächen und Kinderspielplätze als soziale Anforderungen des Bauordnungsrechts
- Mindesthöhe und ausreichende Beleuchtung für Aufenthaltsräume und Wohnungen; der Streit um die Abgeschlossenheit ehemaliger Mietwohnungen
- Die Stellplatzfrage: Unterschiede im Landesrecht, Satzungsermächtigungen für die Gemeinden
- Sicherheitsanforderungen an die am Bau Beteiligten

9. Kapitel
Nachbarrecht

Die Freiheit des Einzelnen reicht – jedenfalls im Baurecht – bis zur Freiheit des Nachbarn. Konflikte beim Bauen gibt es in erster Linie mit denen, die um das eigene Grundstück herum bauen oder ihre Gebäude in störender Weise nutzen. **318**

Das Baunachbarrecht ist eine unendliche Geschichte, kompliziert, schwer durchschaubar und zersplittert.[1] Die Leserinnen und Leser dieses Buchs sollen davon weitgehend verschont bleiben. Im Folgenden werden daher nur kurz die Grundzüge des Nachbarrechts erläutert, um dann die wichtigsten nachbarschützenden Vorschriften herauszugreifen.

9.1 Der Nachbarschutz in der Rechtsordnung

Um Nachbarrecht zu begreifen, ist zunächst eine Unterscheidung wichtig: Die zwischen dem zivilrechtlichen und dem öffentlich-rechtlichen Nachbarschutz. **319**

Der Unterschied des zivilrechtlichen zum öffentlich-rechtlichen Nachbarschutz besteht in den Rechtsbeziehungen bzw. den beteiligten Parteien. Im Zivilrecht streiten sich die Nachbarn direkt, der eine Nachbar verlangt vom anderen Unterlassung einer Störung o. ä., ohne daß die Genehmigungsbehörde etwas damit zu tun hat.

Im öffentlichen Recht gibt es dagegen häufig eine Dreieckskonstellation: Der Grundstückseigentümer verlangt von der Behörde, gegenüber dem störenden Nachbarn einzugreifen, oder er geht gegen die Baugenehmigung vor, die dem Nachbarn den Bau oder die Nutzung des Gebäudes ermöglicht. Anders formuliert: Der Grundstückseigentümer verlangt von der Behörde, daß sie über die Einhaltung des objektiven Rechts wacht und damit den Nachbarn in seine Schranken verweist. Die Maßstäbe – beispielsweise die Zumutbarkeitsgrenzen für Lärmbelästigungen – sind weitgehend die gleichen, das gerichtliche Verfahren und damit zusammenhängende Probleme des Nachweises oder der Beteiligung sind aber gänzlich anders ausgestaltet.

Im zivilrechtlichen Nachbarrecht stehen sich die Nachbarn grundsätzlich gleichberechtigt gegenüber (siehe bereits oben Rz. 15). Das Zivilrecht, insbesondere das Bürgerliche Gesetzbuch (BGB), stellt Normen zur Verfü- **320**

---

[1] Finkelnburg/Ortloff, Öffentliches Baurecht, Band II, S. 213, mit zahlreichen Nachweisen.

gung, mit denen Störungen von anderen abgewehrt oder verhindert werden können. Für das Baurecht besonders wichtig sind die §§ 903 bis 924 sowie 1004 BGB. Die zentrale Norm ist § 906 BGB:

§ 906 BGB. Zuführung unwägbarer Stoffe

(1) Der Eigentümer eines Grundstücks kann die Zuführung von Gasen, Dämpfen, Gerüchen, Rauch, Ruß, Wärme, Geräusch, Erschütterungen und ähnliche von einem anderen Grundstück ausgehende Einwirkungen insoweit nicht verbieten, als die Einwirkung die Benutzung seines Grundstücks nicht oder nur unwesentlich beeinträchtigt. Eine unwesentliche Beeinträchtigung liegt in der Regel vor, wenn die in Gesetzen oder Rechtsverordnungen festgelegten Grenz- oder Richtwerte von den nach diesen Vorschriften ermittelten und bewerteten Einwirkungen nicht überschritten werden. Gleiches gilt für Werte in allgemeinen Verwaltungsvorschriften, die nach § 48 des Bundes-Immissionsschutzgesetzes erlassen worden sind und den Stand der Technik wiedergeben.

(2) Das gleiche gilt insoweit, als eine wesentliche Beeinträchtigung durch eine ortsübliche Benutzung des anderen Grundstücks herbeigeführt wird und nicht durch Maßnahmen verhindert werden kann, die Benutzern dieser Art wirtschaftlich zumutbar sind. Hat der Eigentümer hiernach eine Einwirkung zu dulden, so kann er von dem Benutzer des anderen Grundstücks einen angemessenen Ausgleich in Geld verlangen, wenn die Einwirkung eine ortsübliche Benutzung seines Grundstücks oder dessen Ertrag über das zumutbare Maß hinaus beeinträchtigt.

(3) Die Zuführung durch eine besondere Leitung ist unzulässig.

Zusammengefaßt sagt diese Bestimmung: Alles was unwesentlich oder ortsüblich ist, hat der Nachbar zu dulden. Nicht ortsübliche Beeinträchtigungen kann er dagegen abwehren bzw. deren Unterlassung – notfalls unter Inanspruchnahme der Zivilgerichte – verlangen.

Die Frage der Ortsüblichkeit bzw. der Zumutbarkeit orientiert sich dabei vorwiegend am Bauplanungsrecht. In einem Mischgebiet sind ganz andere Belästigungen zumutbar als in einem reinen Wohngebiet. Dies zeigt sich zum Beispiel in der Technischen Anleitung Lärm, die für die unterschiedlichen Gebietstypen unterschiedliche Grenzwerte zum zumutbaren Lärm enthält.[2]

Man kann also sagen: Das öffentliche Bauplanungsrecht setzt weitgehend die Maßstäbe für den zivilrechtlichen Nachbarschutz. Aus diesem Grund soll im Folgenden das öffentliche Nachbarrecht dargestellt werden. Ob es im Einzelfall sinnvoller ist, zivilrechtlichen Nachbarschutz in Anspruch zu nehmen, kann in der Regel nur ein Jurist nach Prüfung des Sachverhalts entscheiden.

---

[2] Siehe Ziff. 2321 TA Lärm mit folgenden Werten: Reine Wohngebiete tagsüber 50 dB(A), nachts 35 dB(A); allgemeine Wohngebiete tagsüber 55 dB(A), nachts 40 dB(A); Dorf- und Mischgebiete tagsüber 60 dB(A), nachts 45 dB(A); Gewerbegebiete tagsüber 65 dB(A), nachts 50 dB(A); Gebiete für Krankenhäuser und Pflegeanstalten, Kurgebiete tagsüber 45 dB(A), nachts 35 dB(A).

9.2 Der Unterschied zwischen objektivem und subjektivem Recht

Im deutschen öffentlichen Recht gibt es eine Zweiteilung zwischen objektivem und subjektivem Recht, die schon Generationen von Jurastudierenden zur Verzweiflung gebracht hat und auch im Ausland oft nur mit Kopfschütteln quittiert wird. Ob sich diese Eigenheit des deutschen Rechts ändern wird – etwa wegen zunehmender europarechtlicher Einflüsse – ist derzeit nicht abzusehen; deshalb sollen die Grundzüge der Bedeutung subjektiver Rechte kurz dargestellt werden. **321**

Die Bauplanungs- und Baugenehmigungsbehörden sind – wie alle öffentlichen Verwaltungen in Deutschland – gemäß Art. 20 Abs. 3 der Verfassung an Recht und Gesetz gebunden – an das gesamte Recht und an alle Gesetze. Behörden müssen also das objektive Recht einhalten. Das ist eine Selbstverständlichkeit.

Aber: Können jede Bürgerin und jeder Bürger – notfalls mit Hilfe der Gerichte – von der Behörde verlangen, daß sie das objektive Recht einhält? Kann jeder, der einen rechtswidrigen Zustand entdeckt (oder zu entdecken glaubt), die Behörde zum Tätigwerden zwingen?

Die Antwort ist: Nein.

Ein Grund dafür ist, daß das an sich schon in Deutschland weit verbreitete Querulantentum nicht noch weiter gesteigert werden soll. Es soll eben nicht jeder Behörden und Gerichte beschäftigen können, sondern nur derjenige, der selbst betroffen ist.

Außerdem gibt es für diese rechtliche Konstruktion handfeste praktische Erwägungen. Die Verwaltungsgerichte, die ja notfalls die Behörde zum Tätigwerden zwingen müßten, sind hoffnungslos überlastet. Die durchschnittliche Verfahrensdauer in der ersten Instanz liegt in Deutschland zwischen zwei und vier Jahren. Aus diesem Grund ist die sogenannte „Popularklage", die von jedem ohne Beeinträchtigung eigener Rechte erhoben werden könnte, in Deutschland in aller Regel unzulässig.[3]

Die Konsequenz daraus ist: Nur derjenige kann sich gegen eine Behördenentscheidung zur Wehr setzen oder von der Behörde ein Tätigwerden verlangen, der sich auf ein ihm zustehendes, eigenes (in der Fachsprache: subjektives) Recht berufen kann.[4]

---

[3] Abweichungen von diesem Grundsatz finden sich zum einen in der bayerischen Verfassung, die die Popularklage gegen bayerisches Landesrecht zuläßt, zum anderen im Instrument der sogenannten Verbandsklage, die in einigen Ländern den anerkannten Naturschutzverbänden das Recht gibt, auch ohne eigene Rechtsbetroffenheit im engeren Sinne die Einhaltung naturschutzrechtlicher Belange im Klageweg überprüfen zu lassen. Vergleichbare Regelungen gibt es auch im Verbraucherschutz, wonach die Verbraucherverbände bestimmte Rechtsverstöße ebenfalls stellvertretend für die Allgemeinheit zum Gericht bringen können.

[4] Das hat oftmals die ärgerliche und vom Gesetzgeber so auch nicht gewollte Konsequenz, daß die Behörden gerade in komplizierten Verfahren in erster Linie auf die

322 Damit stellt sich als nächste Frage, wie denn diese subjektiven Rechte zu erkennen sind und wer konkret sich darauf berufen kann.

Hierin liegt das eigentliche Problem. Das deutsche Recht und die deutsche Gesetzgebung haben es nie geschafft, ein transparentes und durchschaubares System zu den subjektiven Rechten zu entwickeln. Vielmehr plagen sich Gerichte, Behörden und Anwälte mit der sogenannten Schutznormtheorie[5] herum, die für einen Außenstehenden eher mit Kaffeesatzlesen als mit juristischer Methode zu tun hat.

Will ein Jurist herausfinden, ob sich im konkreten Fall ein Grundstückseigentümer, eine Nachbarin, ein Mieter, eine Pächterin o.ä. auf eine öffentlich-rechtliche Norm berufen kann, untersucht er die Norm auf Hinweise, ob in diesem konkreten Fall diesem konkreten Betroffenen ein entsprechendes Recht eingeräumt sein soll. Das ist immer dann der Fall, wenn sich aus den Tatbestandsmerkmalen der Norm heraus ein Personenkreis deutlich von der Allgemeinheit abgrenzen läßt und wenn sich aus der Norm oder aus ihrer Entstehungsgeschichte entnehmen läßt, daß dieser Personenkreis in die Lage versetzt werden sollte, das Recht aus dieser Norm auch durchzusetzen.[6]

323 Nun muß insbesondere im Baurecht das Rad nicht in jedem Fall neu erfunden werden. Die einschlägigen Lehrbücher und Kommentierungen zum BauGB und zu den Landesbauordnungen weisen jeweils darauf hin, ob eine Norm als generell oder partiell nachbarschützend zu verstehen ist oder ob es darüber noch Meinungsverschiedenheiten gibt. Im folgenden sollen daher die wichtigsten nachbarschützenden Bestimmungen aus dem öffentlichen

---

Einhaltung derjenigen Bestimmungen achten, die von Dritten gerichtlich überprüft werden können, während die nicht überprüfbaren Belange häufig nur noch eine untergeordnete Rolle spielen.

[5] Einen kleinen Überblick über die neuere Literatur zu diesem Begriff geben Finkelnburg/Ortloff, Öffentliches Baurecht, Band II, S. 212f.

[6] Finkelnburg/Ortloff, Öffentliches Baurecht, Band II, S. 219ff., mit folgenden Zitat aus BVerwG, NVwZ 1987, 409: „... bedarf es jeweils der Klärung, ob eine baurechtliche Vorschrift ausschließlich objektiv-rechtlichen Charakter hat oder ob sie (auch) dem Schutz individueller Interessen dient, ob sie also Rücksichtnahme auf Interessen Dritter gebietet. Das kann sich unmittelbar aus dem Wortlaut der Norm ergeben, etwa dann, wenn sie Abwehrrechte Betroffener ausdrücklich begründet. In der Regel allerdings wird insoweit – da der Normgeber nur in Ausnahmefällen derartige Abwehrrechte ausdrücklich statuiert hat – eine Auslegung der Norm nach Sinn und Zweck in Betracht kommen; gelegentlich mag sich auch aus der Entstehungsgeschichte der Wille des historischen Normgebers ermitteln lassen, die Interessen Dritter zu schützen. Hieraus folgt zugleich, daß es nicht darauf ankommen kann, ob die Norm ausdrücklich einen fest ‚abgrenzbaren Kreis' der Betroffenen benennt. Insoweit ist die frühere Rechtsprechung des *Senats* (...) zu modifizieren: Es kommt weder darauf an, ob die Nom einen geschützten Personenkreis räumlich, etwa durch Bezeichnung eines Gebiets, abgrenzt, noch darauf, ob sie in ihrer vollen Reichweite auch dem Schutz individueller Interessen zu dienen bestimmt ist ... Worauf es ankommt ist, daß sich aus individualisierenden Tatbestandsmerkmalen der Norm ein Personenkreis entnehmen läßt, der sich von der Allgemeinheit unterscheidet."

Baurecht aufgezeigt und kurz erläutert werden. Ob im Einzelfall dann aber doch wieder eine Abweichung von der Regel vorliegt, sollte von juristischen Fachleuten geprüft werden.[7]

324 Für die Frage nach dem nachbarschützenden Charakter einer Vorschrift kommt es auch darauf an, wer als Nachbar zu verstehen ist. Eine formelle Festlegung etwa auf diejenigen, die mit ihren Grundstücken angrenzen, gibt es nicht. Vielmehr kommt es auch hier auf die Frage an, wer von der Norm geschützt werden soll. Bei Festsetzungen über die Art der baulichen Nutzung sind Nachbarn beispielsweise alle Grundstückseigentümer im Gebiet des Bebauungsplans, unabhängig davon, ob sie direkt neben dem fraglichen Grundstück oder einige hundert Meter weiter wohnen. Auch der Begriff des Nachbarn muß also aus der Norminterpretation gewonnen werden.

Nicht immer eindeutig zu beantworten ist darüber hinaus die Frage, ob Nachbar im Sinne des Nachbarrechts nur der Grundstückseigentümer (oder ein sonstig dinglich Berechtigter wie beispielsweise der Inhaber eines Erbbaurechts oder eines Nießbrauchs) sein kann, oder ob auch die sogenannten obligatorisch Berechtigten (Mieter und Pächter) zu den Nachbarn zählen. Prinzipiell ist das öffentliche Baurecht grundstücksbezogen, es stellt also auf dingliche Rechte am Grundstück ab. In Einzelfällen haben die Gerichte aber auch den Mietern und Pächtern Rechte zuerkannt, und zwar dann, wenn sich aus der baurechtlichen Norm erkennbar ergibt, daß die jeweils auf dem Grundstück lebenden Personen gemeint sind.[8]

9.3 Nachbarschützende Normen des öffentlichen Baurechts

9.3.1 Bauplanungsrecht

325 Bei den Erläuterungen zum Zweck und zum möglichen Inhalt von Bebauungsplänen wurde darauf hingewiesen, daß es in erster Linie darum geht, Konflikte aus der (benachbarten) Nutzung des Bodens zu regeln bzw. zu vermeiden.

326 Einer der zentralen Inhalte der B-Pläne liegt in der Festsetzung der **Art der Nutzung** (Wohnen, Gewerbe, Handel etc.). Diese Festsetzung ist nach überwiegender Ansicht nachbarschützend, und zwar für alle Betroffenen im Gebiet des B-Plans.[9] Gegen „artfremde“ Nutzungen können sich also alle Nachbarn in diesem Sinne zur Wehr setzen.

---

[7] Die Unterscheidung zwischen generell und partiell nachbarschützenden Normen (Terminologie nach Finkelnburg/Ortloff, Öffentliches Baurecht, Band II, S. 221 f.) ist für Nichtjuristen kaum nachvollziehbar, weil auch bei generell nachbarschützenden Normen in der Regel eine konkrete Beeinträchtigung gefordert wird.

[8] Beispielsweise VG Berlin, NJW 1978, 1822 für den Schutz der Wohnruhe; andere Gerichte haben hier aber entgegengesetzt entschieden.

[9] BVerwGE 89, 69 = NVwZ 1992, 977; Finkelnburg/Ortloff, Öffentliches Baurecht, Band II, S. 230 f.

Etwas schwieriger wird die Beurteilung der Frage, was denn gilt, wenn zwei Baugebiete mit unterschiedlichen Festsetzungen über die Art der Nutzung aufeinandertreffen. Kann sich der Grenzanlieger des allgemeinen Wohngebiets gegen den Grenzanlieger im Kerngebiet zur Wehr setzen? Das ist in der Rechtsprechung noch nicht eindeutig geklärt.[10] Tendenziell ist anzunehmen, daß es zu einer abgestuften Zumutbarkeit kommen wird: Der Grenzanlieger des empfindlichen Baugebiets muß mehr als in „seinem" Gebiet hinnehmen, aber weniger als nach den Festsetzungen des benachbarten Gebiets.[11]

327 Die Festsetzungen im B-Plan zum **Maß der baulichen Nutzung** sind in der Regel nicht nachbarschützend, können es allerdings im Einzelfall sein.[12] Da es sich um eine Festlegung in einer Satzung und damit in einer echten Rechtsnorm handelt, kann die Kommune in der Begründung des B-Plans aber bestimmen, daß die Festsetzungen zum Maß der Bebauung auch dem Schutz des Nachbarn dienen sollen und damit generell nachbarschützend sind

328 Ob die Festsetzungen zur **offenen oder geschlossenen Bauweise** Nachbarschutz vermitteln, ist ebenfalls nicht eindeutig geklärt. Die überwiegende Meinung sieht die Festsetzung der offenen Bauweise als nachbarschützend gegenüber dem unmittelbaren Nachbarn an.[13] Das bedeutet: Ist im B-Plan offene Bauweise festgelegt und erhält der unmittelbare Nachbar eine Baugenehmigung, ein Reihenhaus zu errichten, kann sich der angrenzende Nachbar dagegen wehren und die Genehmigung anfechten.

Den Festsetzungen zu den **überbaubaren Grundstücksflächen** (insbesondere Baulinien und Baugrenzen) wird insoweit nachbarschützender Charakter zuerkannt, als sie die Abstandflächenregelungen in den Landesbauordnungen planerisch umsetzen.[14] Wird über Baugrenzen und Baulinien allerdings mehr als die Einhaltung der Abstandflächen gefordert, dann sind diese Festsetzungen nicht mehr nachbarschützend, sondern nur noch aus allgemeinen städtebaulichen Gründen in den Plan aufgenommen[15] (anders wäre dies wieder, wenn in der Planbegründung ausdrücklich bestimmt ist, daß auch diese weitergehenden Festsetzungen Nachbarschutz vermitteln sollen).

329 Gemäß § 31 BauGB können Baugenehmigungen, die an sich nach dem B-Plan unzulässig wären, über die Gewährung von Ausnahmen oder Befrei-

---

[10] Vgl. BVerwGE 50, 49 = BRS 29 Nr. 135; VGH Baden-Württemberg, BauR 1995, 70.

[11] So Finkelnburg/Ortloff, Öffentliches Baurecht, Band II, S 230.

[12] Battis/Krautzberger/Löhr, BauGB, § 31 Rz. 68; Finkelnburg/Ortloff, Öffentliches Baurecht, Band II, S. 231.

[13] Battis/Krautzberger/Löhr, BauGB, § 31 Rz. 70; OVG Koblenz, BRS 23 Nr. 182; a. A. HessVGH, BRS 25 Nr. 188.

[14] VGH Baden-Württemberg, BRS 55, Nr. 71; Finkelnburg/Ortloff, Öffentliches Baurecht, Band II, S. 231; Battis/Krautzberger/Löhr, BauGB, § 31 Rz. 72f.

[15] Battis/Krautzberger/Löhr, BauGB, § 31 Rz. 73.

ungen zulässig sein. Ausnahmen und Befreiungen stehen im Ermessen der Behörde. Kann sich der Nachbar gegen eine derartige Genehmigung mit dem Argument wehren, seine Nachbarbelange würden beeinträchtigt?

Hier kommt es zunächst darauf an, ob die Festsetzung, von der die Ausnahme gewährt bzw. von der befreit wird, nachbarschützenden Charakter hat. Ist dies zu bejahen, dann kann der Nachbar dagegen vorgehen (allerdings kommt es hier dann immer auf die konkrete Beeinträchtigung im Einzelfall an).

Bei nicht nachbarschützenden Belangen unterscheidet die Rechtsprechung dagegen zwischen Ausnahmen und Befreiungen. Die Erteilung von Befreiungen soll danach immer vom Nachbarn überprüft werden können,[16] während die Genehmigung über eine Ausnahme – die ja im B-Plan generell vorgesehen ist – nur bei der Abweichung von nachbarschützenden Belangen von diesem gerügt werden kann.[17]

330 Gibt es keinen Bebauungsplan, richtet sich die Bebaubarkeit eines Grundstücks nach § 34 BauGB (siehe oben Kapitel 4), insbesondere danach, ob sich das Bauvorhaben in die nähere Umgebung einfügt. Die Frage, ob sich ein Bauvorhaben einfügt, wird von der Rechtsprechung als partiell nachbarschützend angesehen.[18] Es ist aber hier immer zusätzlich eine Einzelfallbeurteilung erforderlich. Außerdem gilt das allgemeine Rücksichtnahmegebot (siehe gleich unten).

331 Die Zulässigkeit von Bauvorhaben im Außenbereich richtet sich nach § 35 BauGB (siehe oben Kapitel 5). § 35 BauGB ist nicht generell nachbarschützend. Jedoch ist das Verbot des Entstehens schädlicher Umwelteinwirkungen in § 35 Abs. 3 Nr. 3 BauGB drittschützend, in manchen Fällen auch das Verbot der Verunstaltung des Landschaftsbildes, wenn ein Nachbar hiervon in besonders gravierender Weise betroffen ist. Ansonsten gilt auch hier das allgemeine Rücksichtnahmegebot.[19]

9.3.2 Das allgemeine Rücksichtnahmegebot als Grundnorm des Nachbarschutzes

332 Grundsätzlich ist es die Aufgabe der planenden Kommune, im Bereich eines B-Plans zu entscheiden, welche Bauten und Nutzungen nebeneinander zulässig sein sollen. Im konkreten Einzelfall kann dies aber nicht ausreichen. Das mag zum einen daran liegen, daß die Gemeinde von ihren Festsetzungsmöglichkeiten nur zurückhaltend Gebrauch gemacht hat; es kann aber auch sein, daß sich aus besonderen Umständen für ein konkretes Bauvorhaben auf einmal unzumutbare Auswirkungen ergeben.

---

[16] BVerwG, NVwZ 1987, 409.
[17] Siehe zum ganzen Finkelnburg/Ortloff, Öffentliches Baurecht, Band II, S. 233.
[18] BVerwG, NJW 1983, 2460.
[19] BVerwG, NVwZ 1983, 609.

Aus diesem Grund enthält die BauNVO eine Norm, die das allgemeine Rücksichtnahmegebot[20] konkretisiert und als Einzelfallkorrektiv dient:

§ 15 BauNVO. Allgemeine Voraussetzungen für die Zulässigkeit baulicher und sonstiger Anlagen

(1) Die in den §§ 2 bis 14 aufgeführten baulichen und sonstigen Anlagen sind im Einzelfall unzulässig, wenn sie nach Anzahl, Lage, Umfang oder Zweckbestimmung der Eigenart des Baugebiets widersprechen. Sie sind auch unzulässig, wenn von ihnen Belästigungen oder Störungen ausgehen können, die nach der Eigenart des Baugebiets im Baugebiet selbst oder in dessen Umgebung unzumutbar sind, oder wenn sie solchen Belästigungen oder Störungen ausgesetzt werden.

333 Genau genommen dient § 15 BauNVO nur der Prüfung der städtebaulichen Vereinbarkeit des Vorhabens mit der Eigenart des Baugebiets. So kann in einem Mischgebiet, das Wohnen und Gewerbe gleichberechtigt nebeneinander zuläßt, jede weitere Gewerbegenehmigung unzulässig sein, weil die Wohnnutzung dadurch weitgehend zurückgedrängt würde und deshalb die Eigenart des Gebiets nicht mehr erhalten bliebe.[21] Nach der Rechtsprechung enthält § 15 BauNVO aber auch einen allgemeinen Grundgedanken, nämlich den, daß das, was allgemein zulässig sein kann, im Einzelfall wegen unzumutbarer Auswirkungen unzulässig sein kann. Daher ist es grundsätzlich möglich, jeder Baugenehmigung in der Nachbarschaft entgegenzuhalten, sie führe bei Ausnutzung zu unzumutbaren Auswirkungen. Allerdings muß dann im Einzelfall nachgewiesen werden, daß die Auswirkungen tatsächlich deutlich über das hinausgehen, was der Gesetzgeber als generell zumutbar ansieht.

9.3.3 Nachbarschützende Normen des Bauordnungsrechts

334 Auch im Bauordnungsrecht finden sich Normen, die dem Schutz der Nachbarn dienen. Die wichtigsten sollen kurz erläutert werden.

9.3.3.1 Abstandflächen[22]

335 Nachbarn werden vor allem dann vor Beeinträchtigungen geschützt, wenn es ausreichend Abstand zur nächsten Bebauung gibt. Aus diesem Grund spielen die Abstandflächen die zentrale Rolle im bauordnungsrechtlichen Nachbarschutz.

Das Grundprinzip der Abstandflächen nach der MBO ist einfach: Es muß so viel Abstand eingehalten werden, wie sich aus der Höhe der Wand ergibt, und zwar von beiden Seiten. Stehen sich zwei Häuser mit einer Wandhöhe von je 15 Metern gegenüber, dann muß der Abstand prinzipiell 30 Meter betragen.

---

[20] Siehe allgemein zum Rücksichtnahmegebot oben Rz. 131 ff.

[21] BVerwGE 79, 309 = NJW 1988, 3168.

[22] Das Recht der Abstandflächen und ihre Berechnung wurde oben Rz. 260 ff. erläutert.

Von diesem Prinzip gibt es aber zahlreiche Ausnahmen, teilweise wegen der Art des Gebiets (in Gewerbe- und Industriegebieten und in Kerngebieten wird weniger Abstand verlangt), teilweise aufgrund des sogenannten Schmalseitenprivilegs oder anderer Ausnahmebestimmungen. Bei zulässiger oder vorgeschriebener geschlossener Bauweise müssen überhaupt keine Abstandflächen eingehalten werden, es wird dann Wand an Wand gebaut.[23]

336 Abstandflächen sind grundsätzlich nachbarschützend, sie sind ja geradezu die klassische nachbarschützende Vorschrift im Baurecht. Bei der Untersuchung des Nachbarschutzes durch Abstandflächen geht es also weniger um das Ob als um das Wie. Konkret: Kann die Nachbarin nur die Einhaltung „ihrer" Abstandfläche verlangen, oder dient auch der vom gegenüberliegenden Nachbarn einzuhaltende Abstand ihren Interessen? Anders gesagt: Kann der Nachbar die Einhaltung des von beiden Seiten einzuhaltenden, also doppelten Abstands verlangen?

Die Gerichte haben einigermaßen übereinstimmend entschieden, daß der Nachbar die Einhaltung des doppelten Abstands verlangen kann.[24] Das bedeutet: Der Nachbar kann sich dagegen wehren, daß ihm gegenüber ein Haus gebaut wird, das nicht sowohl den eigenen als auch den gegenüberliegenden Abstand einhält.

In drei Ländern haben die Gesetzgeber auf diese Rechtsprechung reagiert und festgelegt, daß die Abstandflächen nur bis zur Hälfte der von beiden Seiten erforderlichen Tiefe Nachbarschutz vermitteln.[25] Das bedeutet: Bekommt der Nachbar in Baden-Württemberg, Bremen oder Berlin die Genehmigung, den auf seinem eigenen Grundstück einzuhaltenden Abstand zu verkleinern, kann sich der auf der gegenüberliegenden Seite betroffene Nachbar dagegen nicht gerichtlich zur Wehr setzen, weil er sich nicht auf ein ihm zustehendes subjektives Recht berufen kann.

337 Eine Einschränkung des Nachbarschutzes kann sich auch daraus ergeben, daß die eigene Abstandfläche nicht eingehalten wird. Wer auf seinem eigenen Grundstück die Abstandfläche nicht einhält, kann grundsätzlich nicht vom Nachbarn verlangen, daß er sich gänzlich an das Abstandflächenrecht hält. Das bedeutet: Hält der eigene Bau beispielsweise statt der erforderlichen drei Meter Mindestabstand nur einen Abstand von zwei Metern zur Grenze des Nachbargrundstücks ein, dann kann sich der Eigentümer des Gebäudes nicht auf eine Verletzung nachbarschützender Vorschriften berufen, wenn der Nachbar seinerseits bis auf zwei Meter an die Grenze heranbaut. Aus Gründen des Nachbarschutzes kann man also nur so viel ver-

---

[23] Einzelheiten oben Rz. 260 ff.

[24] VGH BW, NVwZ 1986, 143; OVG Sachsen, BRS 56, Nr. 106; BayVGH, BRS 44 Nr. 100; OVG Hamburg, NVwZ-RR 1993, 238; OVG Rheinland-Pfalz, BRS 47, Nr. 168; OVG Saarland, BRS 52, Nr. 105; OVG Berlin, BRS 56 Nr. 172.

[25] § 6 Abs. 5 BauO BW, BauO Bln, BauO Bremen.

langen, wie man selbst einhält.[26] Allerdings ist dies gesetzlich nicht ausgeformt, sondern (nur) Rechtsprechung.

338 Die Nichteinhaltung des Abstands durch den Nachbarn spielt allerdings keine Rolle für die Frage, ob die Behörde nun einen geringeren Abstand zuläßt. Die Regelungen zum Abstandflächenrecht haben sowohl objektivrechtlichen als auch nachbarschützenden Charakter. Objektivrechtlich geht es um Gesundheitsschutz etc., und diese Ziele liegen im allgemeinen Interesse. In dem eben geschilderten Fall hat dies folgende Konsequenz: Die Behörde kann auch dann die Einhaltung der vollen Abstandfläche verlangen, wenn die Nachbarbebauung den Abstand nicht einhält und sich die Nachbarin deshalb nicht darauf berufen kann. Läßt dagegen die Behörde einen geringeren Abstand zu, kann sich die Eigentümerin des Gebäudes, das den Abstand nicht einhält, nicht auf nachbarschützende Belange berufen.

Der Nachbar kann selbst dann nichts machen, wenn die Behörde in rechtswidriger Weise einen geringeren Abstand zuläßt. Auch in den Fällen, in denen die Behörde objektivrechtlich verpflichtet wäre, die Baugenehmigung mit einem bestimmten Inhalt zu erteilen, kann der Nachbar dies nicht verlangen, wenn es sich nicht auf ein subjektives Recht berufen kann.

9.3.3.2 Sonstige Vorschriften des Bauordnungsrechts

339 Wie schon in der Einleitung zu diesem Kapitel gezeigt handelt es sich beim Nachbarschutz um ein schwer durchschaubares System. Das gilt – leider – insbesondere für das Bauordnungsrecht. Für die Frage, ob und wie weit einzelne Normen Nachbarschutz vermitteln, kommt es sehr auf deren genauen Wortlaut, aber auch auf die Absicht des Gesetzgebers an. Da die Bauordnungen der einzelnen Bundesländer zwar in vielen Regelungen ähnlich, aber eben doch nicht wortgleich sind, muß die jeweilige Norm in der jeweiligen Landesbauordnung untersucht werden. Sollten in der Praxis also einmal Fragen des Nachbarschutzes eine Rolle spielen, wird man nicht umhin kommen, in die Kommentierung der Bauordnung des jeweiligen Landes zu sehen.[27]

Anhand einiger Beispiele soll exemplarisch erläutert werden, worauf es ankommt. Eine Norm ist dann nachbarschützend, wenn sich aus ihrem Wortlaut ergibt, daß sie nicht nur Interessen der Allgemeinheit dient, sondern auch dem Schutz eines konkreten Personenkreises. Man muß sich also immer fragen: Geht es bei der Anwendung dieser Norm konkret um den Nachbarn?

340 Eindeutig mit ja beantworten läßt sich dies beispielsweise bei den Anforderungen an den **Brandschutz**, jedenfalls soweit es sich um Bestimmungen handelt, die ein Übergreifen eines Feuers auf das Nachbarhaus verhindern

---

[26] OVG Bln, OVGE 21, 98.

[27] Ortloff veröffentlicht jedes Jahr in der NVwZ einen Überblick über die Entwicklung des Bauordnungsrechts und insbesondere der aktuellen Rechtsprechung; eine gute Quelle, um sich auf dem Laufenden zu halten.

sollen. § 26 MBauO enthält hierzu die Formulierung „angrenzende Gebäude"; aus einer solchen Formulierung läßt sich ohne weiteres der konkrete geschützte Personenkreis – eben der in den angrenzenden Gebäuden – entnehmen

341 Bei den Anforderungen an den **Schallschutz** kommt es dagegen immer auf die Verhältnisse im Einzelfall an. Die Nachbarin kann nur dann die Einhaltung schallschützender Bestimmungen verlangen, wenn sie bei Mißachtung unzumutbar beeinträchtigt würde. Anders gesagt: Nur wenn die Nachbarin einigermaßen plausibel darlegen kann, daß bei Mißachtung der Vorschriften zum Schallschutz zuviel Lärm bei ihr ankommt, kann sie sich vor Gericht auf die entsprechende Norm der Bauordnung berufen.

342 Ein schönes Beispiel für den Nachbarschutz enthält auch § 9 Abs. 1 Satz 2 der Bauordnung Baden-Württemberg, in der es zu den Freiflächen heißt:

§ 9 BauO B-W. Nicht überbaute Flächen der bebauten Grundstücke, Kinderspielplätze

(1) **Satz 2:** Die Baurechtsbehörde kann verlangen, daß auf diesen Flächen Bäume und Sträucher gepflanzt werden, soweit dies

1. für das Straßen-, Orts- oder Landschaftsbild oder
2. zur Abschirmung beeinträchtigender Anlagen

erforderlich ist.

Kein Nachbar kann unter Berufung auf Nr. 1 die Bepflanzung einer Fläche fordern, weil es sich bei den Anforderungen an das Straßen-, Orts- oder Landschaftsbild ausschließlich um Belange handelt, die der Allgemeinheit (und nicht einem konkreten Personenkreis) zugute kommen sollen. Dagegen dürfte Nr. 2 fast immer nachbarschützend sein, weil sich aus dem Begriff der „beeinträchtigenden Anlagen" hinreichend erkennen läßt, wer davon beeinträchtigt wird (eben der Nachbar, der die Auswirkungen der Anlage sonst zu spüren bekäme).

9.3.4 Sonstige nachbarschützende Normen

343 Da die Baugenehmigung nur erteilt werden darf, wenn dem Vorhaben keine öffentlich-rechtlichen Vorschriften entgegenstehen (siehe § 69 Abs. 1 Satz 1 MBO und die entsprechenden Regelungen in den Landesbauordnungen), müssen auch die Anforderungen aus anderen Rechtsgebieten eingehalten werden. Zu nennen ist hier etwa das Immissionsschutzrecht oder das Gaststättenrecht. In diesen Rechtsgebieten finden sich zahlreiche nachbarschützende Vorschriften, die im Rahmen des Baugenehmigungsverfahrens geltend gemacht werden können. Soweit gesonderte Genehmigungen aus anderen Rechtsgebieten erforderlich sind, richtet sich die Geltendmachung des Nachbarschutzes auch nach dem für dieses Recht geltenden Verfahren.

344 Gelegentlich wird die Frage gestellt, ob es denn aus den **Grundrechten** keinen Rechtsschutz für den Nachbarn gebe. Die Antwort hierauf ist:

Grundsätzlich nein. Zwar vermitteln die Grundrechte einen Abwehranspruch gegen rechtswidriges staatliches Verhalten (und damit auch gegen eine rechtswidrige Baugenehmigung), sofern dadurch verfassungsrechtlich geschützte Positionen rechtswidrig beeinträchtigt werden. Es liegt auch gar nicht so fern, sich auf den Gesundheitsschutz aus Art. 2 Abs. 2 Satz 1 GG oder auf den Eigentumsschutz aus Art. 14 Abs. 1 GG zu berufen.

Allerdings werden die Grundrechte durch das sogenannte einfache Recht konkretisiert. Enthalten einfachrechtliche Bestimmungen beispielsweise des Bauplanungsrechts oder des Bauordnungsrechts keine nachbarschutzenden Vorschriften, dann gibt es in aller Regel auch keinen Nachbarschutz unter Berufung auf ein Grundrecht.

In ganz wenigen Fällen haben die Gerichte Nachbarschutz direkt aus den Grundrechten zuerkannt, wenn es keine einfachrechtlichen nachbarschützenden Vorschriften gab.[28] Allerdings ist die Tendenz hier zunehmend zurückhaltender.[29] Man kann bestenfalls die Grundrechte dazu heranziehen, um einfachrechtliche Normen auszulegen (sog. verfassungskonforme Auslegung) und damit eben doch zu einer nachbarschützenden Wirkung zu kommen.

9.4 Der Rechtsschutz der Nachbarin

345 Die Existenz nachbarschützender Normen alleine reicht nicht aus, damit die Nachbarin auch tatsächlich zu ihrem Recht kommt. Die Nachbarin muß etwas unternehmen und notfalls vor Gericht gehen.

Im öffentlichen Recht geht es – wie im 1. Kapitel schon gezeigt – um die Rechtsbeziehungen zwischen Bürger und Staat. Im Rahmen des Nachbarschutzes kann die Nachbarin also nicht direkt von dem Bauherrn die Einhaltung der nachbarschützenden Vorschriften verlangen, sondern sie muß die Behörde dazu veranlassen, dem Bauherrn entsprechende Vorgaben zu machen. Öffentlich-rechtliche Rechtsbeziehungen gibt es also einmal zwischen der Nachbarin und der Behörde, zum anderen zwischen der Behörde und dem Bauherrn.

346 In aller Regel geht dem Baubeginn das Verfahren zur Erteilung einer Baugenehmigung voraus. Die meisten Landesbauordnungen enthalten eine Vorschrift zur Beteiligung der Nachbarn an diesem Verfahren, die sich an § 68 MBO anlehnt:

---

[28] Rechtstechnisch ist das aus folgendem Grund problematisch: Wenn eine einfachrechtliche Norm keinen Nachbarschutz vermittelt, obwohl sie das aus verfassungsrechtlichen Gründen müßte, dann ist die Norm verfassungswidrig. Sie müßte dann vom Bundesverfassungsgericht (bei untergesetzlichen Normen von den Verwaltungsgerichten) aufgehoben werden.

[29] Vgl. Finkelnburg/Ortloff, Öffentliches Baurecht, Band II, S. 243 ff.

§ 68 MBO. Beteiligung der Nachbarn

(1) Die Eigentümer benachbarter Grundstücke (Nachbarn) sind nach den Absätzen 2 bis 4 zu beteiligen.

(2) Die Bauaufsichtsbehörden sollen die Nachbarn vor Erteilung von Befreiungen benachrichtigen, wenn zu erwarten ist, daß öffentlich-rechtlich geschützte nachbarliche Belange berührt werden. Einwendungen sind innerhalb von zwei Woche nach Zugang der Benachrichtigung bei der Bauaufsichtsbehörde schriftlich zu Protokoll vorzubringen.

(3) Die Benachrichtigung entfällt, wenn die zu benachrichtigenden Nachbarn die Lagepläne und Bauzeichnungen unterschrieben oder der Erteilung von Befreiungen schriftlich zugestimmt haben.

(4) Wird den Einwendungen nicht entsprochen, so ist die Entscheidung über die Befreiung dem Nachbarn zuzustellen. Wird den Einwendungen entsprochen, kann unter Abweichung von § 41 Abs. 1 Satz 1 des Verwaltungsverfahrensgesetzes auf die Zustellung der Entscheidung verzichtet werden.

Man sieht: Die Nachbarbeteiligung ist keine besonders starke Vorschrift. Zum einen handelt es sich nur um eine „Soll"-Vorschrift. Zum anderen sieht auch diese Vorschrift nur eine Nachbarbeteiligung vor, wenn von nachbarschützenden Vorschriften befreit wird. Die Regelungen in den einzelnen Landesbauordnungen unterscheiden sich teilweise, so daß die entsprechende Norm des jeweiligen Landes genau gelesen werden muß. Inwieweit eine Verletzung der Beteiligung eines Nachbarn zur Rechtswidrigkeit der Genehmigung führt, hängt ebenfalls vom Landesrecht[30] und zusätzlich von der Reichweite der Befreiung von nachbarschützenden Vorschriften im konkreten Fall ab.

347 Der Nachbar wird sich also oft selbst um die Wahrnehmung seiner Rechte kümmern müssen. Grundsätzlich ist es angeraten, bei Kenntnisnahme von dem beabsichtigten Bau zunächst beim Bauherrn und der Behörde nachzufragen, wie der Stand des Verfahrens ist. Oftmals ist es hilfreich, bei der Behörde die förmliche Beteiligung am Verfahren zu beantragen. Eine solche Beteiligung vermittelt einige Rechte, beispielsweise auf Beratung und Auskunft durch die Behörde, auf Anhörung und auf Akteneinsicht.[31]

348 Aber auch ohne förmliche Beteiligung steht der Nachbar nicht rechtlos da. Sobald die Baugenehmigung ergeht, kann er dagegen Widerspruch einlegen.

Dabei gelten folgende Fristen: Wird die Baugenehmigung dem Nachbarn bekanntgegeben, dann muß Widerspruch innerhalb eines Monats eingelegt werden (enthält die Baugenehmigung keine oder eine fehlerhafte Rechtsbehelfsbelehrung, verlängert sich diese Frist auf ein Jahr).

---

[30] Siehe zur Frage des Verhältnisses des § 13 Abs. 2 Satz 2 VwVfG zu den Landesbauordnungen und den sich daraus ergebenden Konsequenzen für die Rechtswidrigkeit bei unterlassener Beteiligung Finkelnburg/Ortloff, Öffentliches Baurecht, Band II, S. 252ff.

[31] Finkelnburg/Ortloff, Öffentliches Baurecht, Band II, S. 254.

Wird dem Nachbarn die Baugenehmigung dagegen nicht bekanntgegeben, läuft zunächst überhaupt keine Frist. Das ist auch ohne weiteres einsichtig: Man kann sich nicht gegen etwas wehren, was man gar nicht kennt.

349 Bei allen Fristen gibt es allerdings ein Korrektiv, die sogenannte Verwirkung. Einfach ausgedrückt: Wer sieht, daß ein anderer etwas tut, wogegen er vorgehen will, kann damit nicht lange warten. Es geht also beispielsweise nicht, daß die Nachbarin ruhig zusieht, bis der Rohbau steht, und dann dagegen Widerspruch einlegt. Hierfür gibt es keine trennscharfen Fristen, aber man sollte sich schnell um die Angelegenheit kümmern.

350 Will sich die Nachbarin gegen den Bau an ihrer Grundstücksgrenze oder in ihrer näheren Umgebung wehren, hat sie mehrere Möglichkeiten. Sie kann zivilrechtlich gegen den Bau vorgehen; allerdings wurde oben gezeigt, daß der zivilrechtliche Nachbarschutz weitgehend vom öffentlichen Recht und der Frage der öffentlich-rechtlichen Zumutbarkeit geprägt wird.[32]

351 Der klassische Weg ist der öffentlich-rechtliche: Widerspruch, Eilantrag, Klage.

Im öffentlich-rechtlichen Nachbarschutz wendet sich der Nachbar an die Behörde und verlangt von dieser die Überprüfung und ggf. die Aussetzung oder Rückholung der Baugenehmigung.

Hierfür muß er zunächst Widerspruch erheben. Das geht ganz formlos, es reicht im Prinzip eine Postkarte an die Behörde mit dem Satz aus, daß gegen den Nachbarbau Widerspruch eingelegt wird. Allerdings sollte der Widerspruch begründet werden, damit die Behörde überhaupt weiß, was den Nachbarn stört.

Wichtig ist, daß der Widerspruch fristgerecht eingelegt wird. Wurde die Baugenehmigung dem Nachbarn bekanntgemacht und enthält sie eine Rechtsbehelfsbelehrung, dann muß der Widerspruch innerhalb eines Monats nach Bekanntgabe eingelegt werden. In der Rechtsbehelfsbelehrung ist die Behörde genannt, bei der der Widerspruch eingelegt werden muß. Um die Monatsfrist zu wahren, reicht es aus, wenn der Widerspruch ohne Begründung fristgerecht eingelegt wird, die Begründung kann nachgereicht werden.

Die Monatsfrist ist leicht auszurechnen: Der letzte Tag der Frist ist der des gleichen Datums, nur einen Monat später. Wer am 12. 6. die Baugenehmigung mit Rechtsbehelfsbelehrung erhält, kann bis zum 12. 7. um 24 Uhr Widerspruch einlegen (bis zu diesem Zeitpunkt muß der Brief[33] aber tatsächlich bei der Behörde eingegangen sein). Fällt der letzte Tag der 1-Monats-Frist auf Samstag, Sonntag oder Feiertag, dann verlängert sich die Frist bis Mitternacht des darauffolgenden Werktags.

---

[32] Siehe oben Rz. 319ff.

[33] Der Widerspruch kann auch mündlich „zur Niederschrift" bei der Behörde eingelegt werden. Das bedeutet, daß ein Behördenmitarbeiter den mündlich vorgebrachten Widerspruch aufschreibt.

Ohne Rechtsbehelfsbelehrung beträgt die Frist ein Jahr ab Bekanntgabe. Allerdings kann in einem solchen Fall die Verwirkung wesentlich früher eintreten, man sollte sich also nicht allzulange Zeit lassen. Und ohne Bekanntgabe läuft überhaupt keine Frist, aber auch hier kann recht schnell Verwirkung eintreten.

352 In früheren Zeiten war der Rechtsschutz des Nachbarn besser ausgestaltet. Sobald gegen eine Baugenehmigung Widerspruch eingelegt wurde, mußte der Bauherr den Bau unterbrechen und die Entscheidung über den Widerspruch abwarten (Juristen sprechen in einem solchen Fall von der „aufschiebenden Wirkung" des Widerspruchs, womit gemeint ist, daß der Baubeginn aufgeschoben werden muß). Seit einigen Jahren versucht der Gesetzgeber, die Verfahren zu beschleunigen und gleichzeitig den Rechtsschutz zurückzuschrauben. Aus diesem Grund enthält § 212a BauGB seit 1. Januar 1998 eine Bestimmung, wonach Widerspruch und Klage gegen die Baugenehmigung grundsätzlich keine aufschiebende Wirkung mehr haben. Auch bei Einlegung des Widerspruchs kann der Bauherr also weiterbauen, und wenn man sich vor Augen hält, daß die Behörde oft mehrere Monate braucht, um über einen Widerspruch zu entscheiden, dann wird schnell klar, daß allein die Einlegung des Widerspruchs nicht sonderlich erfolgversprechend ist (denn wenn der Bau erst einmal steht, ist es sehr unwahrscheinlich, daß ein Abriß verfügt wird).

353 Aus diesem Grund ist es in den meisten Fällen erforderlich, gleichzeitig mit der Einlegung des Widerspruchs „die Herstellung der aufschiebenden Wirkung" des Widerspruchs zu beantragen. Auch das geht formlos und sollte zusammen mit dem Widerspruch erfolgen.

354 Dann gibt es mehrere Möglichkeiten: Stellt die Behörde die aufschiebende Wirkung her, muß der Bau unterbrochen werden. Lehnt sie die Herstellung der aufschiebenden Wirkung ab, kann weitergebaut werden. In diesem Fall (und in dem Fall, daß die Behörde überhaupt nicht reagiert) muß beim Verwaltungsgericht ein Antrag auf Herstellung der aufschiebenden Wirkung im Verfahren des einstweiligen Rechtsschutzes gestellt werden.

Auch das geht formlos, allerdings empfiehlt es sich hier, einen Anwalt einzuschalten. Das hat folgenden Grund: Gelingt es nicht, den Bau im Verfahren des einstweiligen Rechtsschutzes zu stoppen, hat sich die Sache meistens erledigt. Bis zu einer Hauptsacheentscheidung der Gerichte vergehen – je nach Bundesland – zwei bis vier Jahre, und dann steht das Haus längst. Es ist also wichtig, im Verfahren des einstweiligen Rechtsschutzes sehr sorgfältig die Argumente gegen den Bau vorzutragen und zu begründen. Leider ist das im einstweiligen Rechtsschutz auch noch besonders schwierig. Das Gericht muß nämlich in diesem Verfahren nicht von sich aus ermitteln, sondern die Nachbarin muß selbst alles vortragen, was gegen den Bau spricht. Und das kann sehr anspruchsvolle juristische oder gutachterliche Tätigkeit erfordern.

Man kann angesichts der langen Verfahrensdauer vor den Verwaltungsgerichten sagen, daß eine Vielzahl verwaltungsrechtlicher Streitigkeiten im einstweiligen Rechtsschutz entschieden wird und das eigentliche Hauptsacheverfahren keine Rolle mehr spielt. Wer im einstweiligen Rechtsschutz verliert, wird die Hauptsacheklage meistens nicht mehr weiterverfolgen.

355 Voraussetzung für einen Antrag auf Herstellung der aufschiebenden Wirkung des Widerspruchs im einstweiligen Verfahren vor dem Verwaltungsgericht ist außerdem immer, daß der Widerspruch auch tatsächlich eingelegt wurde. Ohne Widerspruch gibt es in den meisten Fällen keinen einstweiligen Rechtsschutz.

356 Oft kommt es vor, daß der – ablehnende – Widerspruchsbescheid ergeht, die Entscheidung im einstweiligen Rechtsschutz vor dem Verwaltungsgericht aber noch nicht gefallen ist. In diesem Fall ist eine weitere Frist ganz wichtig: Gegen den ablehnenden Widerspruchsbescheid muß **innerhalb eines Monats** Klage im Hauptsacheverfahren vor dem zuständigen Verwaltungsgericht erhoben werden. Diese Klage kann zunächst nur fristwahrend und ohne Begründung erhoben werden; wer das allerdings vergißt, verliert im Moment des Fristablaufs auch das Verfahren im einstweiligen Rechtsschutz, weil mit Ablauf der Klagefrist der Widerspruchsbescheid und damit auch die Baugenehmigung bestandskräftig geworden ist.

357 Man sieht: Es gibt im verwaltungsrechtlichen Nachbarschutz einige Tükken, deshalb dürfte es sich in den meisten Fällen empfehlen, einen Anwalt zu konsultieren. Die Anwalts- und Gerichtsgebühren im Nachbarrechtsstreit sind in der Regel nicht hoch, da die Verwaltungsgerichte einen einheitlichen und relativ niedrigen Streitwert zugrunde legen (der Streitwert steigt nur dann, wenn es dem Nachbarn auch darum geht, eine Wertminderung seines Grundstücks durch den benachbarten Bau zu verhindern).

9.5 Zusammenfassung

358

- Im zivilrechtlichen Nachbarschutz streiten sich die Nachbarn direkt miteinander, im öffentlich-rechtlichen Nachbarschutz wendet sich die Nachbarin an die Behörde
- Nachbarschutz setzt die Existenz eines subjektiven Rechts des jeweiligen Nachbarn voraus
- Im Bauplanungsrecht sind Festsetzungen zur Art der Nutzung generell nachbarschützend, zum Maß der Bebauung in der Regel nicht
- Das allgemeine Rücksichtnahmegebot ist eine Ausprägung des baurechtlichen Nachbarschutzes
- Die Regelungen zu den Abstandflächen sind nachbarschützend, die Reichweite des Nachbarschutzes richtet sich allerdings nach Landesrecht
- Nachbarschützende Normen gibt es auch außerhalb des Baurechts; Grundrechte vermitteln in der Regel unmittelbar keinen Nachbarschutz
- Der Rechtsschutz der Nachbarn wird von den Behörden und den Gerichten gewährt; häufig ist ein verwaltungsgerichtliches Eilverfahren erforderlich.

10. Kapitel
Die Baugenehmigung

Der Staat mißtraut seinen Bürgern. Zahlreiche Handlungen werden davon abhängig gemacht, daß vorher eine staatliche Behörde ihr Einverständnis gibt. So auch im Bauen. Die Mehrzahl der Bauvorhaben in Deutschland ist genehmigungspflichtig, es muß ein Genehmigungsverfahren durchgeführt werden, das mit der Erteilung oder der Versagung einer Baugenehmigung endet. **359**

Insbesondere Architekten müssen sich im Genehmigungsverfahren gut auskennen. Sie sind es in aller Regel, die die Anträge auf Baugenehmigung bei der Behörde einreichen, und sie sind verpflichtet, die Anträge so vorzubereiten, daß sie genehmigungsfähig sind. Außerdem sollten Architektinnen zumindest in den Grundzügen wissen, was zu tun ist, wenn das Genehmigungsverfahren nicht glatt über die Bühne geht.

Andererseits und noch einmal: Architekten sind keine Juristen. Bei rein rechtlichen Fragestellungen sollten sie sich zurückhalten. **360**

Zum einen laufen sie sonst Gefahr, mit dem Rechtsberatungsgesetz in Konflikt zu kommen, das die rechtliche Beratung den Juristen vorbehält. Bei unerlaubter Rechtsberatung riskieren Architekten außerdem den Verlust ihres Honoraranspruchs auch für ihre Architektentätigkeit, weil ein Vertrag, der gegen ein gesetzliches Verbot verstößt, nichtig ist.[1] **361**

Und zum anderen haften sie für alle Schäden aus einem falschen Rechtsrat, und zwar ohne daß die – auf die Architektenleistungen beschränkte – Berufshaftpflichtversicherung dafür aufkommt. **362**

In rechtlichen Fragen sollten sich Architekten daher mit Juristinnen beraten oder den Bauherrn darauf hinweisen, daß sie für die Beurteilung dieser Fragestellungen nicht kompetent seien.

Eines sei allerdings den Architektinnen ans Herz gelegt: Beachten Sie Fristen! Der Bescheid über eine Baugenehmigung mit Auflagen oder über die Versagung einer Baugenehmigung wird – wenn er eine ordnungsgemäße Rechtsbehelfsbelehrung enthält – nach einem Monat bestandskräftig, und dann wird es sehr schwer, überhaupt noch irgend etwas dagegen zu unternehmen. Einen wichtigen Teil der **anwaltlichen** Büroorganisation nimmt die Fristenkontrolle ein (nebenbei: Auch im Anwaltsbereich entstehen die meisten Haftungsfälle wegen Fristversäumnissen). Ein Architektenbüro ist kein Anwaltsbüro, eine derartige Fristenkontrolle wird es nicht geben. Jede Architektin und jeder Architekt sind gut beraten, zumindest für die Fristenkontrolle mit einem Anwaltsbüro zusammenzuarbeiten. **363**

---

[1] Siehe LG Köln, ZMR 1989, 96.

364 Das Verfahren, das zu einer Baugenehmigung führt, läßt sich ganz grob auf folgenden Nenner bringen: Der Bauherr legt der Genehmigungsbehörde Zeichnungen und Erläuterungen für den geplanten Bau vor. Die Behörde prüft – unter Heranziehung anderer Fachbehörden –, ob der geplante Bau mit den öffentlich-rechtlichen Vorschriften übereinstimmt. Bejaht sie dies, wird die Baugenehmigung ohne weiteres erteilt. Sind nur geringfügige Modifikationen erforderlich, wird der Bauherr entweder zur Nachbesserung bzw. Veränderung der Unterlagen aufgefordert, oder die Genehmigung wird mit Auflagen oder Nebenbestimmungen versehen. Bei gravierenderen Abweichungen von den öffentlich-rechtlichen Vorschriften wird die Baugenehmigung versagt.

365 Leider: Das Verfahren der Baugenehmigung ist in Deutschland nicht einheitlich ausgestaltet. Verwaltungstätigkeit – zu der das baurechtliche Genehmigungsverfahren gehört – ist Sache der Länder.[2]

Das Genehmigungsverfahren ist in den 16 Bauordnungen der Länder geregelt. Die Grundzüge des Verfahrens und der Genehmigungsvoraussetzungen sind zwar in allen Ländern gleich, in Fragen der Genehmigungsfreistellung und im Detail vieler anderer Regelungen gibt es aber Abweichungen, die für den Einzelfall ausschlaggebend sein können. Architektinnen sollten sich daher mit der jeweiligen Landesbauordnung vertraut machen.

10.1 Die Funktion des baurechtlichen Genehmigungsverfahrens

366 Welche Funktion hat die Baugenehmigung? § 69 Abs. 1 Satz 1 MBO deutet dies an:

§ 69 MBO. Baugenehmigung und Baubeginn

(1) Die Baugenehmigung ist zu erteilen, wenn dem Vorhaben keine öffentlich-rechtlichen Vorschriften entgegenstehen.

Die Baugenehmigung stellt also auf die Einhaltung der öffentlich-rechtlichen Vorschriften ab. Zur Abgrenzung öffentlich-rechtlicher von zivil- oder strafrechtlichen Vorschriften haben wir im 1. Kapitel eine kurze Erläuterung gegeben. Welche öffentlich-rechtlichen Vorschriften für das jeweilige Bauvorhaben eingehalten werden müssen, hängt von der Art des jeweiligen Vorhabens ab. Für ein Wohnhaus sind andere Vorschriften „einschlägig“ als für eine Sporthalle oder ein Einkaufszentrum.

367 Mit der Baugenehmigung wird in aller Regel auch etwas über die Nutzung des Gebäudes ausgesagt, in vielen Fällen ist das der entscheidende

---

[2] Siehe **Art. 30 GG, Funktionen der Länder**: „Die Ausübung der staatlichen Befugnisse und die Erfüllung der staatlichen Aufgaben ist Sache der Länder, soweit dieses Grundgesetz keine andere Regelung trifft oder zuläßt.“

Bestandteil der Genehmigung. Wird ein Wohnhaus genehmigt, dann darf es ohne weiteres zum Wohnen genutzt werden. Bei einer Gaststätte kann dies anders liegen: Zwar bezieht sich auch hier die Baugenehmigung auf das Gebäude und die Nutzung, zusätzlich bedarf es aber auch noch einer gaststättenrechtlichen Genehmigung, für die eine andere Behörde zuständig ist. Die Abgrenzung der Entscheidungskompetenzen zwischen Baugenehmigungsbehörde und Fachbehörden ist nicht immer einfach.[3] Als Faustformel kann gelten: Steht am Ende der Prüfung der Fachbehörde ein eigenständiger Bescheid, dann ist hierfür ausschließlich die Fachbehörde zuständig. Dagegen wird die Fachbehörde lediglich innerhalb des Baugenehmigungsverfahrens beteiligt, wenn ihre Stellungnahme (nur) Teil der Baugenehmigung wird. Man sollte sich also frühzeitig informieren, ob für das Vorhaben auch noch andere öffentlich-rechtliche Genehmigungen erforderlich sind.[4]

368 Die Funktion der Baugenehmigung besteht also darin, vor Baubeginn die Übereinstimmung des Vorhabens mit den „einschlägigen" öffentlich-rechtlichen Vorschriften zu kontrollieren. Der Staat verordnet demnach eine präventive Kontrolle. Da aber grundsätzlich das Bauen auf Grundstücken in Deutschland erlaubt ist, ist die Baugenehmigung nicht der entscheidende Akt, der zur Bebaubarkeit führt. Anders gesagt: Das Fehlen einer Baugenehmigung macht einen Bau zwar formell rechtswidrig (es fehlt das Verfahren), aber nicht materiell. Wer anfängt, ohne Baugenehmigung zu bauen, muß zwar mit Aufsichtsmaßnahmen der Behörde rechnen. Den Abriß eines „Schwarzbaus" kann die Behörde aber nur verlangen, wenn das Bauvorhaben den öffentlich-rechtlichen Vorschriften tatsächlich nicht entspricht.[5]

10.2 Genehmigungsbedürftige und genehmigungsfreie Vorhaben

369 Nicht für alle Bauvorhaben bedarf es einer Baugenehmigung. Im Zuge der allgemeinen Deregulierungs- und Beschleunigungsbemühungen wurden unterschiedliche Modelle der Vereinfachung in die Landesbauordnungen aufgenommen, die sich in ihren Details teilweise deutlich unterscheiden.[6]

---

[3] Vgl. Finkelnburg/Ortloff, Öffentliches Baurecht, Band II, S. 97ff.

[4] Die Frage, ob es schon eine Baugenehmigung geben kann, wenn auch noch eine andere Fachbehörde eine eigenständige Entscheidung treffen muß, ist umstritten und richtet sich teilweise nach Landesrecht, siehe zum ganzen Finkelnburg/Ortloff, Öffentliches Baurecht, Band II, S. 100ff.

[5] Finkelnburg/Ortloff, Öffentliches Baurecht, Band II, S. 170, m.w.N.

[6] Eine Länderübersicht über die einzelnen Verfahren enthält Finkelnburg/Ortloff, Öffentliches Baurecht, Band II, S. 86ff.

10.2.1 Grundsatz: Genehmigungsbedürftigkeit

370 Grundlegende Norm zur Genehmigungsbedürftigkeit ist § 61 Abs. 1 MBO:

§ 61 MBO. Genehmigungsbedürftige Vorhaben

(1) Die Errichtung, die Änderung, die Nutzungsänderung und der Abbruch baulicher Anlagen sowie anderer Anlagen und Einrichtungen, an die in diesem Gesetz oder in Vorschriften auf Grund dieses Gesetzes Anforderungen gestellt sind, bedürfen der Baugenehmigung, soweit in den §§ 62, 73 und 74 nichts anderes bestimmt ist.

Diese Regelungstechnik ist wie folgt zu verstehen: Jede bauliche Anlage[7] ist genehmigungspflichtig, es sei denn, es ist ausdrücklich etwas anderes geregelt.

371 Für die Frage der Genehmigungsbedürftigkeit ist zunächst zu untersuchen, ob eine bauliche Anlage vorliegt. Der Begriff ist in § 2 Abs. 1 MBO definiert:

§ 2 MBO. Begriffe

(1) Bauliche Anlagen sind mit dem Erdboden verbundene, aus Bauprodukten hergestellte Anlagen. Eine Verbindung mit dem Boden besteht auch dann, wenn die Anlage durch eigene Schwere auf dem Boden ruht oder auf ortsfesten Bahnen begrenzt beweglich ist oder wenn die Anlage nach ihrem Verwendungszweck dazu bestimmt ist, überwiegend ortsfest benutzt zu werden. Zu den baulichen Anlagen zählen auch:

1. Aufschüttungen und Abgrabungen,
2. Lagerplätze, Abstellplätze und Ausstellungsplätze,
3. Campingplätze, Wochenendplätze und Zeltplätze,
4. Stellplätze für Kraftfahrzeuge,
5. Gerüste,
6. Hilfseinrichtungen zur statischen Sicherung von Bauzuständen.

Wird hiernach das Vorliegen einer baulichen Anlage bejaht, ist zu prüfen, ob eine der im Gesetz genannten Ausnahmen von der Genehmigungspflicht vorliegt.

Genehmigungsfreiheit oder vereinfachtes Genehmigungsverfahren bedeuten allerdings nicht, daß die Anlage nicht die inhaltlichen baurechtlichen Anforderungen erfüllen muß. Widerspricht eine genehmigungsfreie Anlage dem Baurecht, dann ist sie rechtswidrig, und es kann Anpassung oder Abriß verlangt werden.

10.2.2 Ausnahme: Genehmigungsfreiheit

372 § 62 MBO enthält generell genehmigungsfreie Vorhaben. Die Musterbauordnung verweist auf eine Liste im Anhang, die meisten Landesbauordnun-

---

[7] Und auch die Änderung, Nutzungsänderung und der Abbruch, vgl. den Wortlaut der Norm!

gen nennen die genehmigungsfreien baulichen Anlagen direkt im Gesetz. Generell genehmigungsfrei sind in der Regel Anlagen, wenn von ihnen oder durch ihre Nutzung keine besondere Gefahr ausgeht und wenn sie zu keinen bodenrechtlichen Spannungen führen, also keine Planungsbedürftigkeit auslösen. Genehmigungsfrei sind beispielsweise Schuppen ohne Aufenthaltsräume, Werbetafeln, Gartenhäuschen oder Antennenanlagen, und zwar jeweils bis zu einer bestimmten Größe oder Funktion.

10.2.3 Ausnahme: Genehmigungsfreie Wohngebäude

373 Einige Landesbauordnungen unterscheiden bei **Wohn**gebäuden (teilweise auch bei anderen Nutzungsarten) zwischen solchen, für die ein vereinfachtes Genehmigungsverfahren erforderlich ist, und solchen, für die Genehmigungsfreiheit besteht. Voraussetzung für die Genehmigungs**freiheit** von Wohngebäuden ist in aller Regel, daß sie eine bestimmte Größe (Höhe des Gebäudes, Anzahl der Wohnungen) nicht überschreiten und daß sie im Geltungsbereich eines qualifizierten Bebauungsplans liegen. Unterschiedlich geregelt ist, ob der Bau vor Beginn lediglich angezeigt werden muß oder ob Bauvorlagen eingereicht werden müssen. § 64 BauO Mecklenburg-Vorpommern verlangt beispielsweise vor Baubeginn nur die Erklärung eines Entwurfsverfassers[8], daß der geplante Bau mit den öffentlich-rechtlichen Vorschriften übereinstimmt; die Bauzeichnungen müssen erst nach Abschluß des Baus bei der Behörde eingereicht werden. Dagegen müssen gemäß § 65 a BauO Rheinland-Pfalz bei genehmigungsfreien Wohngebäuden die kompletten Bauvorlagen einen Monat vor Baubeginn bei der Behörde eingereicht werden.

10.2.4 Ausnahme: Genehmigungsfreistellung

374 Einige Landesbauordnungen, beispielsweise § 56 a BauO Berlin, enthalten eine Norm zur Genehmigungs**freistellung**. Hier wird der Behörde etwa für Wohngebäude mit bis zu drei Vollgeschossen die Möglichkeit eingeräumt, eine Genehmigung zu verlangen. Verlangt sie die Genehmigung nicht – und liegen einige andere im Gesetz genannte Voraussetzungen vor –, dann kann ohne Genehmigung mit dem Bau begonnen werden.

10.2.5 Ausnahme: Vereinfachtes Genehmigungsverfahren

375 Im **vereinfachten** Baugenehmigungsverfahren werden für bestimmte Gebäude und beim Vorliegen bestimmter Voraussetzungen die bauplanungsrechtlichen Vorschriften gänzlich, die bauordnungsrechtlichen Vorschriften

---

[8] Zum Entwurfsverfasser siehe oben Rz. 303 ff. und unten Rz. 307.

dagegen nur in sehr begrenztem Umfang geprüft. Die Bauvorlagen müssen komplett eingereicht werden. Hinsichtlich derjenigen Vorschriften, die nicht geprüft werden, müssen die Entwurfsverfasser oder die beteiligten Sachverständigen Erklärungen abgeben, daß das Vorhaben diesen Vorschriften entspricht.

10.2.6 Rechtliche Konsequenzen aus der Einschränkung der Prüfung durch die Behörde

376 Einschränkung oder Wegfall der Genehmigungsbedürftigkeit bedeuten nicht, daß die öffentlich-rechtlichen Vorschriften nicht eingehalten werden müssen. Die Bedeutung liegt darin, daß die Behörde dies entweder nicht vorab oder gar nicht prüft. Stellt sich aber später heraus, daß ein Bau den öffentlich-rechtlichen Vorschriften zuwiderläuft, dann kann die Behörde alle Maßnahmen bis hin zur Abbruchverfügung ergreifen.

377 Die eingeschränkte oder weggefallene Prüfdichte der Behörde hat erhebliche Konsequenzen insbesondere für Architektinnen. Gemäß § 64 MBO (entsprechend in den einzelnen Landesbauordnungen) sind Architektinnen bauvorlageberechtigt und damit die Entwurfsverfasser, die in den meisten Fällen mit ihrer Unterschrift gegenüber der Behörde bestätigen, daß das Vorhaben den öffentlich-rechtlichen Vorschriften entspricht. Mit dem Wegfall der Genehmigungspflicht oder der Einschränkung der Prüfdichte verlieren die Architektinnen damit eine Kontrollinstanz, die Verantwortung ist also deutlich von der Behörde auf die Architektinnen verlagert worden. In den meisten Fällen der Genehmigungsfreiheit haben die Bauherren respektive Architektinnen auch gar nicht mehr die Möglichkeit, den Bau vorab von der Behörde überprüfen zu lassen. Der Vorteil des relativ schnellen Behördenverfahrens wird also erkauft mit einem erheblich höheren Maß an Unsicherheit und erheblich gewachsener Verantwortung (was dann auch zu entsprechenden Haftungsfolgen führen kann). Außerdem ist der Aufwand, sich vor der Antragstellung mit der Behörde abzustimmen, erheblich gestiegen.

378 Aber auch für die Rechtsposition des Bauherrn haben Wegfall oder Einschränkung der Prüfungskompetenz Konsequenzen: Die Erteilung einer Baugenehmigung verbessert die Rechtsposition des Bauherrn erheblich. Selbst wenn sich die Behörde geirrt hat, kann sie nur noch unter bestimmten Voraussetzungen – und oft nur gegen Entschädigung – von der einmal genehmigten Position wieder herunter. Ohne oder nur mit inhaltlich eingeschränkter Baugenehmigung kann sich der Bauherr später dagegen nicht darauf berufen, die Behörde habe den Bau so genehmigt.[9] Das Nichtstun der

---

[9] BVerwG, NVwZ 1998, 46; VG München, 5. 8. 1997, AZ M 1 SN 97.3909: „Ergeht eine Baugenehmigung nach Art 80 BayBO (BauO BY) im vereinfachten Verfahren, so erstreckt sich die Feststellungswirkung der Baugenehmigung grundsätzlich nur auf die zwingend in diesem Verfahren zu prüfenden Bestimmungen; (...)".

Behörde – auch bei nachträglicher Vorlage der Bauunterlagen – führt nämlich nicht dazu, daß der Bau in dieser Form als genehmigt gilt.

10.3 Die Erteilung der Baugenehmigung

379 Das Verfahren zur Erteilung der Baugenehmigung richtet sich weitgehend nach den Verwaltungsverfahrensgesetzen der Länder; es wird ergänzt durch die verfahrensrechtlichen Bestimmungen der Landesbauordnungen, etwa durch besondere Vorschriften zur Nachbarbeteiligung oder zur Zustellung der Genehmigung.

10.3.1 Der übliche Verfahrensweg

10.3.1.1 Zuständige Genehmigungsbehörden

380 Im Gegensatz zur Bebauungsplanung ist die Genehmigung von Bauvorhaben keine Selbstverwaltungsangelegenheit[10] der Kommunen, sondern eine staatliche Aufgabe, die von den Ländern wahrgenommen wird. Die Länder haben in der Regel die unteren Bauaufsichtsbehörden bei den Landkreisen und kreisfreien Städten mit dem Genehmigungsverfahren beauftragt. Die Zuständigkeit für die Genehmigungserteilung ergibt sich aus den Landesbauordnungen (außer in Berlin und Hamburg, die eigene Zuständigkeitsgesetze verabschiedet haben). Für kreisangehörige Gemeinden muß der Antrag beim Landkreis eingereicht werden. In kreisfreien Städten sind die Bauordnungsämter zuständig, die hier aber nicht als Teil der Stadtverwaltung, sondern als Teil der Landesverwaltung handeln (siehe oben Rz. 37).[11]

10.3.1.2 Der Bauantrag

381 Das Verfahren zur Erteilung einer Baugenehmigung wird mit der Einreichung des Antrags bei der Genehmigungsbehörde eingeleitet.

§ 63 MBO enthält die Anforderungen an den Bauantrag und die Bauvorlagen:

§ 63 MBO. Bauantrag und Bauvorlagen

(1) Der Bauantrag ist schriftlich bei der unteren Bauaufsichtsbehörde einzureichen.

(2) Mit dem Bauantrag sind alle für die Beurteilung des Bauvorhabens und die Bearbeitung des Bauantrags erforderlichen Unterlagen (Bauvorlagen) einzureichen. Es kann gestattet werden, daß einzelne Bauvorlagen nachgereicht werden.

(3) In besonderen Fällen kann zur Beurteilung der Einwirkung der baulichen Anlagen auf die Umgebung verlangt werden, daß die bauliche Anlage in geeigneter Weise auf dem Grundstück dargestellt wird.

---

[10] Zum Begriff siehe Glossar im Anhang.

[11] Finkelnburg/Ortloff, Öffentliches Baurecht, Band II, S. 65.

(4) Der Bauherr und der Entwurfsverfasser haben den Bauantrag, der Entwurfsverfasser die Bauvorlagen zu unterschreiben. Die von den Sachverständigen nach § 55 bearbeiteten Unterlagen müssen auch von diesen unterschrieben sein. Ist der Bauherr nicht Grundstückseigentümer, so kann die Zustimmung des Grundstückseigentümers zu dem Bauvorhaben gefordert werden.

(5) Treten bei einem Bauvorhaben mehrere Personen als Bauherren auf, so kann die Bauaufsichtsbehörde verlangen, daß ihr gegenüber ein Vertreter bestellt wird, der die dem Bauherrn nach den öffentlich-rechtlichen Vorschriften obliegenden Verpflichtungen zu erfüllen hat.

Wie die im Gesetz genannten Bauvorlagen auszusehen haben, ergibt sich aus den Bauvorlagenverordnungen der einzelnen Länder.[12] In diesem Zusammenhang sei aber darauf hingewiesen, daß die Bauvorlagenverordnungen lediglich den Begriff der für die Beurteilung des Bauvorhabens **erforderlichen** Unterlagen aus der Landesbauordnung konkretisieren dürfen. Im Zweifelsfall ergibt sich der Umfang der Bauunterlagen also daraus, ob sie für die genehmigungsrechtliche Beurteilung des Bauvorhabens nötig sind.

Bauvorlagen dürfen in den meisten Fällen nur von bauvorlageberechtigten Personen erstellt werden (siehe oben Rz. 303). Die Bestimmungen zur Bauvorlageberechtigung enthält § 64 MBO (bzw. die entsprechenden Normen in den Landesbauordnungen).

Eine wichtige Formalie: Die Bauvorlagen müssen von den im Gesetz genannten Personen, also auch den Entwurfsverfassern, **unterschrieben** sein.

382 Mit der Einreichung des Bauantrags wird das Verwaltungsverfahren eingeleitet. Allerdings gilt dies nicht, wenn die Bauvorlagen mangelhaft oder unvollständig sind:

§ 66 MBO. Behandlung des Bauantrags

(2) Die Bauaufsichtsbehörde kann den Bauantrag zurückweisen, wenn die Bauvorlagen unvollständig sind oder erhebliche Mängel aufweisen.

Die Frage der Unvollständigkeit bzw. Mangelhaftigkeit der Bauvorlagen spielt vor allem in denjenigen Ländern eine Rolle, in denen nach einem bestimmten Zeitraum eine Genehmigungsfiktion eintritt. Im **vereinfachten Genehmigungsverfahren** enthalten die Landesbauordnungen einiger Länder die Bestimmung, daß ein bis drei Monate nach Eingang der vollständigen Unterlagen die Genehmigung als erteilt gilt, wenn sie nicht vorher versagt wurde. Diese Frist beginnt allerdings nur zu laufen, wenn die Unterlagen vollständig sind. Es ist rechtlich umstritten, ob die Behörde frühzeitig darauf hinweisen muß, daß nach ihrer Ansicht die Unterlagen nicht vollständig sind. Zwar läßt sich die Frage, ob die Unterlagen vollständig waren

[12] Zum Beispiel „Verordnung über Bauvorlagen und bautechnische Prüfungen" (Bauprüfverordnung – BauprüfVO) vom 3. 4. 1998 des Landes Mecklenburg-Vorpommern; „Verordnung über Bauvorlagen im bauaufsichtlichen Verfahren" (Bauvorlagenverordnung – BauVorlV) vom 19. 12. 1997 des Landes Brandenburg.

und dadurch die Genehmigungsfiktion eingetreten ist, gerichtlich überprüfen. Angesichts der Verfahrensdauer vor den Verwaltungsgerichten ist damit aber jeder Beschleunigungseffekt dahin. Bauherren und Entwurfsverfasserinnen sei daher geraten, in denjenigen Fällen, in denen eine Genehmigungsfiktion nach Zeitablauf in Frage kommt, besonders sorgfältig darauf zu achten, daß die Unterlagen vollständig sind, und dies auch entsprechend nachweisbar zu machen (zum Beispiel durch Zeugen, die den Umfang der eingereichten Unterlagen bestätigen können).

10.3.1.3 Das behördliche Verfahren bis zur Entscheidung

383 Nach Eingang des Bauantrags mit den vollständigen Bauvorlagen prüft die Behörde zunächst, wer an der Entscheidungsfindung zu beteiligen ist.

§ 66 MBO. Behandlung des Bauantrags

(1) Bedarf die Erteilung der Baugenehmigung nach landesrechtlichen Vorschriften der Zustimmung oder des Einvernehmens einer anderen Behörde oder Dienststelle, so gilt diese als erteilt, wenn sie nicht zwei Monate nach Eingang des Ersuchens unter Angabe der Gründe verweigert wird. Stellungnahmen anderer Behörden oder Dienststellen können im bauaufsichtlichen Verfahren unberücksichtigt bleiben, wenn sie nicht innerhalb eines Zeitraums von sechs Wochen nach Aufforderung zur Stellungnahme bei der Bauaufsichtsbehörde eingehen.

384 Beispielsweise muß die Gemeinde bei Bauvorhaben im unbeplanten Innenbereich, im Außenbereich, bei Genehmigungserteilung über Ausnahmen und Befreiungen und bei Genehmigungsanträgen während der Aufstellung eines B-Plans zustimmen; ohne das Einvernehmen der Gemeinde darf die Genehmigung in diesen Fällen nicht erteilt werden[13] (siehe § 36 BauGB). Nach Landesrecht kann bei Genehmigungen im Außenbereich auch die Zustimmung der höheren Verwaltungsbehörde erforderlich sein. § 66 Abs. 1 Satz 1 MBO bestimmt, daß die Zustimmung derjenigen Behörden, deren Einvernehmen erforderlich ist, nach zwei Monaten als erteilt gilt, wenn diese nicht rechtzeitig die Zustimmung verweigern und dies begründen (Zustimmungsfiktion).

385 In der Regel werden nicht nur diejenigen Behörden beteiligt, die zustimmen müssen, sondern auch andere Fachbehörden oder Dienststellen. Diese sollen sich innerhalb von sechs Wochen äußern. Da es aber auf ihre Zustimmung nicht zwingend ankommt, kann die Genehmigungsbehörde nach Ablauf von sechs Wochen deren Stellungnahmen einfach unberücksichtigt lassen.

386 Für die Dauer der Behandlung des Bauantrags im normalen, nicht im vereinfachten Genehmigungsverfahren durch die Genehmigungsbehörden gibt

---

[13] Verweigert die Gemeinde rechtswidrig das Einvernehmen, darf die nach Landesrecht zuständige Behörde das verweigerte Einvernehmen ersetzen, siehe § 36 Abs. 2 S. 3 BauGB; das führt dazu, daß die Gemeinde gegen die Genehmigung klagen muß, wenn sie der Ansicht ist, ihre Verweigerung sei rechtmäßig.

es in den Landesbauordnungen keine ausdrücklichen Fristen. Allerdings enthält beispielsweise die BauO Berlin in § 60 Abs. 1 die Bestimmung, daß nach Eingang aller Stellungnahmen binnen sechs Wochen über den Bauantrag zu entscheiden ist. Das bedeutet im Normalfall, daß nach 12 bis 14 Wochen eine Entscheidung getroffen werden soll. Die Nichteinhaltung dieser Frist führt allerdings nicht zu einer Genehmigungsfiktion, sondern kann lediglich Amtshaftungsansprüche auslösen, wenn dem Bauherrn durch die schuldhafte Verzögerung nachweislich ein Schaden entsteht.[14]

387 Die Baufrau kann den Prüfungsaufwand für die Baugenehmigung dadurch reduzieren, daß sie für bestimmte bautechnische Elemente Typenprüfungen und für bestimmte Teile des Bauvorhabens Bescheinigungen von amtlich anerkannten Sachverständigen vorlegt (siehe § 66 Abs. 3 und 4 MBO).

388 Für die Beurteilung schwieriger Fälle ist auch die Behörde oft auf externen Sachverstand angewiesen. In einigen Landesbauordnungen ist geregelt, daß die Behörde in diesem Fall auf Kosten des Bauherrn Sachverständige heranziehen kann (siehe zum Beispiel § 60 Abs. 4 BauO Berlin). Auch für nicht so schwierige Bauvorhaben können Sachverständige beigezogen werden, was die Entscheidung erheblich beschleunigen kann; allerdings muß hier der Bauherr zustimmen, daß er die Kosten dieser Sachverständigen übernimmt.

10.3.1.4 Die Entscheidung über die Baugenehmigung

389 Die Genehmigungsbehörde entscheidet am Ende des Verfahrens über die Erteilung der Baugenehmigung.

§ 69 MBO. Baugenehmigung und Baubeginn

(1) Die Baugenehmigung ist zu erteilen, wenn dem Vorhaben keine öffentlich-rechtlichen Vorschriften entgegenstehen. Die Baugenehmigung bedarf der Schriftform; sie ist nur insoweit zu begründen, als von nachbarschützenden Vorschriften befreit wird und der Nachbar der Befreiung nicht zugestimmt hat.

390 Bei der Baugenehmigung handelt es sich um einen Verwaltungsakt.[15] Die Genehmigung wird schriftlich erteilt. Nach den meisten Landesbauordnungen muß sie nur dann begründet werden, wenn von nachbarschützenden Belangen abgewichen wird und der Nachbar nicht vorab zugestimmt hat. Der Grund hierfür liegt darin, daß der Nachbar die Möglichkeit haben soll, die Genehmigung zu prüfen und ggf. gerichtlich dagegen vorzugehen; dazu muß er wissen, mit welcher Begründung von nachbarschützenden Vorschriften abgewichen wurde.

391 Die Baugenehmigung wird zum Zeitpunkt ihrer Bekanntgabe wirksam.[15] Manche Landesbauordnungen sehen hierfür die förmliche Zustellung (per

---

[14] Finkelnburg/Ortloff, Öffentliches Baurecht, Band II, S. 114.

[15] Zum Begriff siehe Glossar im Anhang.

Postzustellungsurkunde) vor, in anderen Ländern reicht die schlichte Kenntnisnahme durch den Bauherrn.

392 Wurden die Nachbarn am Genehmigungsverfahren beteiligt, indem sie beispielsweise um die Zustimmung zur Abweichung von nachbarschützenden Vorschriften gebeten wurden, dann muß ihnen die Baugenehmigung ebenfalls zugehen.[16] Aber auch in vielen anderen Fällen empfiehlt es sich, den Nachbarn die Baugenehmigung bekanntzugeben, da mit dieser Bekanntgabe (und bei ordnungsgemäßer Rechtsmittelbelehrung) die Frist für Widerspruch und Klage zu laufen beginnt. Das ist vor allem im Interesse des Bauherrn, da dieser nach Ablauf der Fristen sicher sein kann, daß sich die Nachbarin nicht gegen die Genehmigung wendet; denn nach Ablauf der Widerspruchsfrist wird die Baugenehmigung bestandskräftig.[17] Erhält der Nachbar die Baugenehmigung dagegen nicht, dann beginnen die Fristen auch nicht zu laufen; dem Bauherrn kann es dann passieren, daß die Nachbarin erst einige Monat nach Erteilung der Genehmigung einen Baustopp verlangt. Der Bauherr sollte also die Behörde auffordern, die Genehmigung auch der Nachbarin bekanntzumachen.

393 Fällt die Entscheidung der Behörde negativ aus, so hat sie dies ebenfalls dem Bauherrn schriftlich bekanntzugeben. Ein ablehnender Verwaltungsakt muß immer begründet werden.[18] Außerdem enthält der ablehnende Bescheid in der Regel eine Rechtsbehelfsbelehrung, wonach gegen den Bescheid binnen eines Monats nach Bekanntgabe Widerspruch erhoben werden kann. Ist die Rechtsbehelfsbelehrung fehlerhaft oder fehlt sie ganz, dann verlängert sich die Frist für den Widerspruch auf ein Jahr.

10.3.1.5 Nebenbestimmungen

394 Die Baugenehmigung kann – wie alle Verwaltungsakte – mit Nebenbestimmungen versehen werden. Nebenbestimmungen sind Auflagen, Bedingungen, Widerrufsvorbehalte und Befristungen.

Da es sich bei der Baugenehmigung um eine gebundene[17] Verwaltungsentscheidung handelt, steht es nicht im Belieben der Behörde, welche Nebenbestimmungen sie der Genehmigung hinzufügt. Im Prinzip darf sie mit der Nebenbestimmung nur das verlangen, was der Bauherr bereits aufgrund der Verpflichtung zur Einhaltung der öffentlich-rechtlichen Vorschriften erfüllen muß.

Der zulässige Inhalt von Nebenbestimmungen ist gerade im Baurecht ein juristisch hoch umstrittenes Thema.[19] Daher soll hier nur der Grundsatz

---

[16] Dies ergibt sich aus § 41 Abs. 1 Satz 1 des Verwaltungsverfahrensgesetzes; siehe auch Finkelnburg/Ortloff, Öffentliches Baurecht, Band II, S. 115.

[17] Zum Begriff siehe Glossar im Anhang.

[18] Siehe § 39 Abs. 1 Satz 1 Verwaltungsverfahrensgesetz.

[19] Vgl. zum Ganzen die Darstellung bei Finkelnburg/Ortloff, Öffentliches Baurecht, Band II, S. 134ff.

dargestellt werden: Nebenbestimmungen sind jedenfalls dann zulässig, wenn durch ihre Einhaltung ein vorher nicht genehmigungsfähiges Vorhaben genehmigungsfähig wird.[20]

Ein Beispiel: Eine Spielhalle ist wegen der von ihr ausgehenden Störungen insbesondere durch den an- und abfahrenden Verkehr und wegen der Empfindlichkeit der Umgebung an sich nicht genehmigungsfähig. Wird die Öffnungszeit aber beschränkt, dann sind die Auswirkungen noch nachbarschaftsverträglich. Die Genehmigungsbehörde kann entweder den Bauantrag ablehnen, oder sie kann dem Bauantrag mit der Auflage stattgeben, daß die Spielhalle nur zu bestimmten, genau festgelegten Zeiten geöffnet wird.[21] Würde dagegen die Umgebungsbebauung eine Nutzung ohne derartige Einschränkungen zulassen, dann wäre die Auflage rechtswidrig und könnte gerichtlich angefochten werden.

Anders liegt der Fall, wenn die Erteilung der Baugenehmigung ausnahmsweise im Ermessen[22] der Behörde steht. In diesem Fall ist die Behörde wesentlich freier in der Beifügung von Nebenbestimmungen. Der dahinterstehende Gedanke: Wenn der Antragsteller keinen Anspruch auf Erteilung der Baugenehmigung hat, der Antrag auf Baugenehmigung also rechtmäßig abgelehnt werden könnte, dann kann es keine Beeinträchtigung des Rechts des Antragstellers sein, wenn er statt der Ablehnung eine Genehmigung mit Nebenbestimmungen erhält. Der Antragsteller kann dann immer noch entscheiden, ob er die Genehmigung ausnutzen will oder nicht.[23]

10.4 Rechtswirkungen der Baugenehmigung

10.4.1 Feststellende Wirkung

395 Es wurde bereits oben darauf hingewiesen, daß die Baugenehmigung die Übereinstimmung des Bauvorhabens mit den öffentlich-rechtlichen Vorschriften bescheinigt. Insofern hat sie einen feststellenden Teil.

10.4.2 Verfügende Wirkung: Baubeginn

396 Daneben gibt es einen verfügenden Teil, der sich beispielsweise aus § 69 Abs. 6 MBO ergibt. Danach ist die Baugenehmigung gleichzeitig die Freigabe für den Baubeginn.

10.4.3 Bindungswirkung

397 Die Baugenehmigung räumt dem Bauherrn außerdem eine verbesserte Rechtsposition ein, die nach Ablauf der Rechtsmittelfristen nur noch unter

---

[20] Siehe § 36 des Verwaltungsverfahrensgesetzes.
[21] Beispiel nach OVG Bremen, BRS 47 Nr. 206.
[22] Zum Begriff siehe Glossar im Anhang.
[23] Siehe hierzu BVerwG, BRS 20 Nr. 139.

engen Voraussetzungen wieder ausgeräumt werden kann. Diese Bindungswirkung der Baugenehmigung wirkt in gewissem Umfang auch gegenüber späteren Änderungen des Baurechts, sie vermittelt insofern Bestandskraft.[24]

10.4.4 Nachbarrechtliche Wirkungen

398 Auch gegenüber betroffenen Nachbarn[25] hat die Baugenehmigung erhebliche Rechtswirkungen. Sie kann nämlich – von Ausnahmefällen abgesehen – nur innerhalb der Rechtsmittelfrist angefochten werden. Das bedeutet: Legt die Nachbarin nicht innerhalb der Rechtsmittelfrist (bei ordnungsgemäßer Rechtsmittelbelehrung und Bekanntgabe an den Nachbarn ein Monat) Widerspruch ein, dann wird die Genehmigung ihr gegenüber bestandskräftig, und zwar weitgehend unabhängig davon, ob sie rechtmäßig oder rechtswidrig ist.[26]

399 Entsprechend § 69 Abs. 4 MBO bestimmen die Landesbauordnungen außerdem, daß die Baugenehmigung „unbeschadet" der privaten Rechte Dritter erteilt wird. Das bedeutet: Die Genehmigungsbehörde bescheidet nur die Übereinstimmung des Bauvorhabens mit den öffentlich-rechtlichen Vorschriften. Zivilrechtliche Fragen prüft sie grundsätzlich nicht. Für die Baugenehmigung kommt es also nicht darauf an, ob der Bauherr der Eigentümer des Grundstücks ist oder ob es etwa einen binden Vertrag mit dem Nachbarn gibt, daß auf dem Grundstück nicht gebaut werden darf.

Das heißt aber auch: Die Baugenehmigung ändert an den entgegenstehenden privaten Rechten Dritter nichts. Hat ein Nachbar beispielsweise aufgrund eines Vertrags ein Abwehrrecht gegen das geplante Bauvorhaben, dann kann er dies auch nach Erteilung der Baugenehmigung ohne weiteres durchsetzen.[27]

Allerdings ist es den Behörden nicht völlig verwehrt, entgegenstehendes Privatrecht in ihre Entscheidung einzubeziehen. Wenn völlig klar ist, daß wegen entgegenstehender privater Rechte Dritter der Bau nicht errichtet werden kann, dann muß die Genehmigungsbehörde den Bauantrag nicht prüfen, sondern kann ihn schon aus diesem Grund ablehnen. Häufiger Fall: Der Antragsteller ist nicht Eigentümer des Grundstücks, die Eigentümerin verweigert kategorisch den Verkauf der Fläche. Allerdings darf sich die Behörde nur in den Fällen, in denen „offensichtlich" private Rechte unüberwindbar entgegenstehen, darauf berufen.[28]

---

[24] Finkelnburg/Ortloff, Öffentliches Baurecht, Band II, S. 129; zum Begriff der Bestandskraft siehe Glossar im Anhang.

[25] Zum Rechtsschutz des Nachbarn siehe Kapitel 9.

[26] Finkelnburg/Ortloff, Öffentliches Baurecht, Band II, S. 135 f.

[27] Vgl. Finkelnburg/Ortloff, Öffentliches Baurecht, Band II, S. 123 f.

[28] BVerwGE 42, 115/116 = NJW 1973, 1518.

10.5 Der Bauvorbescheid

400 Die Erarbeitung eines kompletten Bauantrags ist zeitaufwendig und teuer. Oftmals ist nicht klar, ob und was gebaut werden darf. Insbesondere bei schwierig zu beurteilenden Fragen – beispielsweise der des Einfügens in den Bebauungszusammenhang – kann die ganze Arbeit umsonst gewesen sein, wenn die Behörde bzw. die Gerichte eine andere Auffassung als der Bauherr haben.

Aus diesem Grund enthalten alle Landesbauordnungen die Möglichkeit, mit Hilfe einer Bauvoranfrage einen sogenannten Vorbescheid zu beantragen.[29]

§ 65 MBO. Vorbescheid

(1) Vor Einreichung des Bauantrags kann auf schriftlichen Antrag des Bauherrn zu einzelnen Fragen des Bauvorhabens ein schriftlicher Bescheid (Vorbescheid) erteilt werden. Der Vorbescheid gilt drei Jahre. Die Frist kann auf schriftlichen Antrag jeweils bis zu einem Jahr verlängert werden.

401 Mit dem Antrag auf Bauvorbescheid können **einzelne** Fragen der Baugenehmigung vorab entschieden werden. Das Gesetz sagt nichts darüber aus, welche Fragen dies sind. Hier gibt es auch keine Beschränkungen, allerdings muß die vorgelegte Frage überhaupt beurteilungsfähig sein. Beispielsweise können statische Fragen nur beschieden werden, wenn weitgehend konkrete Bauunterlagen vorgelegt werden.

In der Regel wird eine Bauvoranfrage gestellt, um herauszufinden, ob dem Bauvorhaben **planungs**rechtliche Hindernisse entgegenstehen.[30] Um die planungsrechtliche Zulässigkeit eines Vorhabens beurteilen zu können, braucht die Behörde diejenigen Informationen, die nach Bauplanungsrecht eine Rolle spielen, also über die Art und das Maß der geplanten Nutzung. Hierfür reichen oftmals Grobzeichnungen und einige wenige Angaben zur Nutzung aus.

402 Beim Bauvorbescheid prüft die Behörde nur das, was ihr vorgelegt wird, und daran orientieren sich dann auch Aussagekraft und Bindungswirkung des Vorbescheids.[31] Soweit der Vorbescheid Aussagen enthält, sind diese für zwei bis maximal fünf Jahre bindend. Es handelt sich also um einen vorweggenommenen Teil der Genehmigung, der die Genehmigungsbehörde und alle anderen Beteiligten bindet.

Ein Beispiel: In einer Bauvoranfrage wird Bescheidung dahingehend beantragt, ob ein bestimmtes Grundstück mit einem zweigeschossigen Wohn-

---

[29] Vgl. Finkelnburg/Ortloff, Öffentliches Baurecht, Band II, S. 138ff.

[30] Ergeht ein positiver Bauvorbescheid nur zu planungsrechtlichen Fragen, spricht die Rechtsprechung von einer „Bebauungsgenehmigung" im Unterschied zur vollumfänglichen „Baugenehmigung", vgl. BVerwGE 70, 227 = NVwZ 1985, 563.

[31] Finkelnburg/Ortloff, Öffentliches Baurecht, Band II, S. 140.

haus bebaut werden kann. Es ergeht ein positiver Vorbescheid. Im anschließenden Genehmigungsverfahren ist die Behörde an diese Aussage gebunden, sie kann also den Bauantrag nicht mit der Begründung verweigern, eine Wohnbebauung oder Zweigeschossigkeit seien dort nicht zulässig. Allerdings kann sie den Antrag wegen Überschreitung der Grundflächenzahl oder der Abstandflächen, wegen Nichteinhaltung einer Baugrenze oder wegen verunstaltender Wirkung ablehnen, denn dazu enthält der Vorbescheid nichts.

403 Der Bauvorbescheid entfaltet Rechtswirkung auch gegenüber dem Nachbarn. Wird der Vorbescheid dem Nachbarn bekanntgegeben und enthält er eine ordnungsgemäße Rechtsmittelbelehrung, dann ist der Vorbescheid nach Ablauf der Rechtsmittelfrist bestandskräftig. Er bindet den Nachbarn dann in den Grenzen dessen, was er regelt. Der Nachbar kann also nicht so lange warten, bis die endgültige Baugenehmigung erteilt ist, sondern er muß ggf. schon gegen den Bauvorbescheid vorgehen.

10.6. Rechtsanspruch und Ermessen

404 Bei der Baugenehmigung handelt es sich in den meisten Fällen um eine sogenannte gebundene Entscheidung.[32] Wer alle Voraussetzungen erfüllt, hat im Normalfall einen Anspruch auf Erteilung der Baugenehmigung. Versagt die Behörde die Genehmigung oder bleibt sie untätig, kann der Anspruch gerichtlich durchgesetzt werden.

In manchen Fällen steht allerdings die Erteilung der Baugenehmigung im Ermessen der Behörde. Ermessensvorschriften enthalten sowohl das Bauplanungsrecht als auch das Bauordnungsrecht.

10.6.1 Ermessen bei ausdrücklich vorgesehenen Ausnahmen

405 Im Bauplanungsrecht enthält zunächst § 31 Abs. 1 BauGB eine Ausnahmeregelung.

§ 31 BauGB. Ausnahmen und Befreiungen

(1) Von den Festsetzungen des Bebauungsplans können solche Ausnahmen zugelassen werden, die in dem Bebauungsplan nach Art und Umfang ausdrücklich vorgesehen sind.

Diese Norm bezieht sich in erster Linie auf die in der BauNVO geregelte Ausnahmebebauung. Die BauNVO enthält für die meisten Gebietstypen in Absatz 2 eine Regelbebauung, in Absatz 3 eine Ausnahmebebauung (siehe oben Rz. 127ff.). Während auf die Genehmigung von Bauvorhaben, die un-

---

[32] Zum Begriff siehe Glossar im Anhang.

ter die Regelbebauung fallen, ohne weiteres ein Rechtsanspruch besteht, liegt die Zulassung der unter die Ausnahmebebauung fallenden Bauvorhaben im Ermessen der Genehmigungsbehörde.

Ob überhaupt Ausnahmen zugelassen werden sollen, entscheidet die Kommune im Rahmen der Bebauungsplanung. Sie kann nämlich bestimmte Ausnahmen im B-Plan ausschließen (siehe § 1 Abs. 5 bis 9 BauNVO) oder von zusätzlichen Voraussetzungen abhängig machen.

Die Entscheidung, ob die Ausnahmeregelung dann für das konkrete Bauvorhaben anwendbar ist, liegt im Ermessen der Genehmigungsbehörde. Die Gemeinde wird an dieser Entscheidung zwar beteiligt, hat aber nicht das letzte Wort.

Die Bedeutung und die Handhabung des Ermessens werden im verwaltungsrechtlichen Glossar dargestellt. Auf eine knappe Formel gebracht bedeutet Ermessen ähnlich wie Abwägung,[33] daß die Behörde eine vernünftige, nachvollziehbare und begründete Entscheidung treffen muß. Diese Entscheidung kann, sofern sie die Anforderungen an das Verfahren und an die Begründung erfüllt, für oder gegen den Antragsteller ausgehen. Gerichtlich überprüfbar ist nur der äußere Rahmen der Ermessensfindung, in aller Regel nicht die Ermessensentscheidung selbst. Die Rechtsposition des Antragstellers ist also wesentlich schwächer als in den Fällen, in denen die Bebauung ohne Berufung auf eine Ausnahmevorschrift beantragt wird.

407 Ausnahmeregelungen finden sich außerdem auch im Bauordnungsrecht.

§ 67 MBO. Ausnahmen und Befreiungen

(1) Die Bauaufsichtsbehörde kann Ausnahmen von Vorschriften dieses Gesetzes und von Vorschriften aufgrund dieses Gesetzes, die als Sollvorschriften aufgestellt sind oder in denen Ausnahmen vorgesehen sind, gestatten, wenn die Ausnahmen mit den öffentlichen Belangen vereinbar sind und die festgelegten Voraussetzungen vorliegen.

(2) Weiter können Ausnahmen von den Vorschriften der §§ 25 bis 49 gestattet werden

1. zur Erhaltung und weiteren Nutzung von Baudenkmälern, wenn nicht erhebliche Gefahren für Leben und Gesundheit zu befürchten sind,
2. bei Modernisierungsvorhaben für Wohnungen und Wohngebäude und bei Vorhaben zur Schaffung von zusätzlichem Wohnraum durch Ausbau, wenn dies im öffentlichen Interesse liegt und die öffentliche Sicherheit und Ordnung nicht gefährdet werden, insbesondere, wenn Bedenken wegen Brandschutzes nicht bestehen.

Auch hier liegt dann die Erteilung der Baugenehmigung im Ermessen der Behörde, wobei sich das Ermessen aber nur auf diejenigen Teile der Genehmigung bezieht, für die die Geltung der Ausnahmevorschrift beansprucht wird.

---

[33] Siehe zur Abwägung oben Rz. 60.

10.6.2 Ermessen bei Befreiungen von an sich zwingenden Vorschriften

408 Ist das Bauvorhaben weder über die Regelfestsetzungen des Bebauungsplans noch über Ausnahmefestsetzungen (bzw. über entsprechende Vorschriften der Bauordnung) genehmigungsfähig, besteht schließlich die Möglichkeit, die Genehmigung über eine **Befreiung** von den entgegenstehenden Festsetzungen oder Vorschriften zu erreichen.

409 Im Bauplanungsrecht enthält § 31 Abs. 2 BauGB die Voraussetzungen für eine Befreiung:

§ 31 BauGB. Ausnahmen und Befreiungen

(2) Von den Festsetzungen des Bebauungsplans kann befreit werden, wenn die Grundzüge der Planung nicht berührt werden und

1. Gründe des Wohls der Allgemeinheit die Befreiung erfordern oder
2. die Abweichung städtebaulich vertretbar ist oder
3. die Durchführung des Bebauungsplans zu einer offenbar nicht beabsichtigten Härte führen würde

und wenn die Abweichung auch unter Würdigung nachbarlicher Interessen mit den öffentlichen Belangen vereinbar ist.

Neben den im Gesetz genannten Voraussetzungen muß es sich um einen atypischen Fall handeln, der sich deutlich von den „Normalfällen“ unterscheidet. Für die Frage der Atypik kommt es dabei nur auf städtebauliche Gründe an, es könnte also beispielsweise eine besonders schwierige soziale Situation nicht ins Feld geführt werden. Liegen alle gesetzlichen Voraussetzungen einschließlich der Atypik vor, dann ist der Genehmigungsbehörde wiederum die Entscheidung nach Ermessen eröffnet (siehe auch Rz. 127ff.).

410 Auch das Bauordnungsrecht enthält eine Befreiungsvorschrift:

§ 67 MBO. Ausnahmen und Befreiungen

(3) Die Bauaufsichtsbehörde kann von zwingenden Vorschriften dieses Gesetzes oder von zwingenden Vorschriften aufgrund dieses Gesetzes auf schriftlichen und zu begründenden Antrag befreien, wenn

1. Gründe des Wohls der Allgemeinheit die Abweichung erfordern oder
2. die Durchführung der Vorschrift im Einzelfall zu einer offenbar nicht beabsichtigten Härte führen würde und die Abweichung mit den öffentlichen Belangen vereinbar ist; eine nicht beabsichtigte Härte liegt auch dann vor, wenn auf andere Wiese dem Zweck einer technischen Anforderung in diesem Gesetz oder in Vorschriften aufgrund dieses Gesetzes nachweislich entsprochen wird.

Genau wie im Bauplanungsrecht muß hier ein atypischer Fall gegeben sein.[34] Da es sich beim Bauordnungsrecht in erster Linie um Fragen der Bausicherheit handelt, wird die Atypik vorwiegend darin bestehen, daß aufgrund besonderer Bauausführung oder besonderer Bauverhältnisse bestimmte Anforderungen aus der Bauordnung nicht verlangt werden müssen.

---

[34] BVerwG, NJW 1991, 3293; Finkelnburg/Ortloff, Öffentliches Baurecht, Band II, S. 8.

10.6.3 Kein Antrag auf Ermessensentscheidung erforderlich

411 Auf der Grundlage eines Bauantrags prüft die Genehmigungsbehörde auch ohne besonderen Antrag, ob das Bauvorhaben über eine Ausnahmeregelung oder sogar über eine Befreiung genehmigt werden kann. Allerdings tut der Antragsteller gut daran, die Behörde auf alle Aspekte hinzuweisen, die für eine solche Entscheidung eine Rolle spielen können.

10.7 Zusammenfassung

412
- Im Verfahren der Baugenehmigung wird die Übereinstimmung des Vorhabens mit den öffentlich-rechtlichen Vorschriften überprüft.
- In den Landesbauordnungen sind bestimmte Vorhaben in unterschiedlichem Umfang von der Genehmigungspflicht befreit.
- Die Erteilung oder Ablehnung der Genehmigung ist keine Angelegenheit der kommunalen Selbstverwaltung. Zuständig sind in der Regel die Landkreise und kreisfreien Städte.
- Form und Inhalt des Bauantrags richten sich nach den Bauvorlagenverordnungen der einzelnen Länder.
- Die Behörde prüft den Bauantrag, beteiligt andere Behörden und entscheidet dann.
- Die Baugenehmigung kann mit Nebenbestimmungen versehen werden, wenn dadurch die Genehmigungsfähigkeit des Bauvorhabens hergestellt wird.
- Die Baugenehmigung hat eine verfügende Wirkung (Baubeginn), eine feststellende Wirkung (Übereinstimmung des Vorhabens mit den öffentlich-rechtlichen Vorschriften), eine Bindungswirkung für die Behörde sowie – nach Ablauf der Rechtsmittelfrist – Bindungswirkung für den Nachbarn.
- Mit dem Instrument des Bauvorbescheids können einzelne Fragen über die Zulässigkeit des Bauvorhabens vorab und vereinfacht geprüft werden.
- Auf die Baugenehmigung besteht im Normalfall ein Rechtsanspruch; in manchen Fällen – insbesondere bei erforderlichen Ausnahmen oder Befreiungen – hat die Genehmigungsbehörde Ermessen.

Anhang
Verwaltungsrechtliche Grundbegriffe, Aufbau der Gerichtsbarkeit, Umgang mit juristischer Literatur

1. Verwaltungsrechtliche Grundbegriffe

413 **Abwägung:** Aufgabe und Ziel der Abwägung ist es, insbesondere bei der Planung einen Ausgleich zwischen divergierenden Interessen zu finden. Da es sich bei fast allen Planungen um komplexe, rechtlich nur teilweise regelbare Vorgänge handelt, überprüfen die Gerichte lediglich den Abwägungsvorgang. Dazu gehört die vollständige Ermittlung des Sachverhalts und der entscheidungserheblichen Belange, die nachvollziehbare Wertung der einzelnen Belange sowie eine nachvollziehbare Gewichtung der Belange in ihrem Verhältnis zueinander. Innerhalb dieses Rahmens hat die Verwaltung einen Abwägungsspielraum, der gerichtlich nicht überprüft wird. Die Verwaltung hat in diesem Rahmen die sogenannte Letztentscheidungskompetenz.

414 **Anspruch, Rechtsanspruch:** Das Bürgerliche Gesetzbuch definiert den Anspruch in § 194 Abs. 1 als das „Recht, von einem anderen ein Tun oder Unterlassen zu verlangen". Ein Rechtsanspruch kann mit gerichtlicher Hilfe und Zwangsmitteln durchgesetzt werden.

415 **Baugenehmigung:** Mit der Baugenehmigung wird durch die → Behörde festgestellt, daß das beantragte Vorhaben dem öffentlichen Recht entspricht; gleichzeitig wird der Baubeginn zugelassen. Die Baugenehmigung ergeht als → Verwaltungsakt und in den meisten Fällen als → gebundene Entscheidung.

416 **Behörde, Verwaltung:** Nach § 1 Abs. 1 VwVfG ist Behörde jede Stelle, die Aufgaben der öffentlichen Verwaltung wahrnimmt. Der Behördenbegriff ist also sehr weit.

417 **Bestandskraft:** → Baugenehmigung und andere → Verwaltungsakte werden (weitgehend) bestandskräftig, wenn die Rechtsmittelfristen abgelaufen sind. Bei ordnungsgemäßer Bekanntmachung und Rechtsmittelbelehrung ergeht die Bestandskraft einen Monat nach Bekanntmachung oder Zustellung. Ein Nachbar, der sich gegen die Baugenehmigung auf dem Nachbargrundstück wehren will, muß innerhalb eines Monats nach Bekanntgabe/Zustellung der Genehmigung Widerspruch einlegen. Nach Ablauf dieser Frist kann er gegen die Genehmigung nicht mehr vorgehen. Der Grund für die Bestandskraft liegt darin, daß ab einem bestimmten Zeitpunkt Rechtssicherheit eintreten soll. Auch ein rechtswidriger Verwaltungsakt wird grundsätzlich bestandskräftig. In einigen eng begrenzten Ausnahmefällen hat die → Behörde die Möglichkeit, einen an sich bestandskräftigen Verwaltungsakt zurückzunehmen bzw. zu widerrufen – allerdings in der Regel nur, wenn sie dafür Entschädigung leistet.

418 **Bestandsschutz:** Gerade im Baurecht gibt es oftmals Rechtsänderungen, die ein früher legales Bauvorhaben nunmehr illegal machen würden. Nach den Grundsätzen des baurechtlichen Bestandsschutzes bleibt aber ein einmal rechtmäßiges Bauvorhaben gegenüber nachfolgenden Rechtsänderungen weitgehend immun, der Inhaber des Rechts kann sich eben auf den Bestandsschutz berufen. Das geht so weit, daß auch ein zunächst rechtswidrig errichteter Bau, der irgendwann einmal – wegen späterer rechtlicher oder tatsächlicher Änderungen – rechtmäßig geworden ist, nunmehr ab diesem Zeitpunkt Bestandsschutz genießt.

419 **Ermessen:** Ähnlich wie bei der → Abwägung hat auch hier die → Behörde in einem bestimmten Rahmen Letztentscheidungskompetenz. Allerdings liegt der Grund für diese Behördenkompetenz nicht wie bei der planerischen Abwägung darin, daß der Vorgang an sich zu kompliziert ist und deshalb rechtlich nicht bis ins einzelne festgelegt werden kann. Vielmehr ist die Einräumung von Ermessen (nur) eine zulässige gesetzgeberische Entscheidung im Rahmen der Gewaltenteilung. Ermessen ist immer anzunehmen, wenn das Gesetz das Wort „kann“ enthält, in eingeschränktem Maße außerdem auch, wenn das Gesetz das Wort „soll“ verwendet. Ermessen bedeutet aber nicht Behördenwillkür; auch Ermessensentscheidungen können rechtlich überprüft werden. Die Maßstäbe ähneln denen der Abwägungskontrolle. Die Behörde muß also den Sachverhalt richtig ermittelt haben und mit nachvollziehbarer Begründung zu einer vertretbaren Entscheidung kommen.

420 **Gebundene Entscheidung:** Im Gegensatz zum → Ermessen und zur → Abwägung hat die → Behörde bei sogenannten gebundenen Entscheidungen keinen Entscheidungsspielraum. Liegen die Tatbestandsvoraussetzungen der Norm vor, ist die Behörde an die Rechtsfolge gebunden („Wenn-dann-Prinzip“). Die meisten Entscheidungen im Baurecht sind gebundene Entscheidungen, es gibt also – beim Vorliegen aller Voraussetzungen – einen gerichtlich durchsetzbaren → Anspruch gegenüber der Behörde.

421 **Kommunen:** Hierunter fallen die Gemeinden und Städte, daneben die Landkreise als Gemeindeverbände sowie in manchen Ländern die Bezirke. Kommunen nehmen Aufgaben im eigenen Wirkungskreis im Rahmen ihrer Selbstverwaltung wahr; daneben erfüllen sie auch Aufgaben des übertragenen Wirkungskreises, werden also quasi als verlängerter Arm der Landes- oder Bundesverwaltung tätig.

422 **Rechtsverordnungen:** Bindende Normen, die von der → Verwaltung – oftmals von den Ministerien – erlassen werden. Voraussetzung ist die Ermächtigung zum Erlaß derartiger Verordnungen durch ein Gesetz des Parlaments (Bundes- oder Landtag). In diesem Ermächtigungsgesetz muß hin-

reichend genau bestimmt sein, was die Verwaltung per Rechtsverordnung regeln darf.

Satzungen: Körperschaften des öffentlichen Rechts, insbesondere → Kommunen, aber beispielsweise auch die Handwerks- oder Architektenkammern, haben das Recht, im Rahmen ihrer sachlichen Zuständigkeit ihre eigenen Angelegenheiten per Satzung zu regeln. Satzungen sind also das Selbstverwaltungsrecht der öffentlich-rechtlichen Körperschaften. Sie sind bindend, allerdings beschränkt auf den jeweiligen Anwendungsbereich. Satzungen gibt es daneben auch im Zivilrecht, beispielsweise bei Vereinen. 423

Selbstverwaltungsgarantie: Die Gemeinden – und in bestimmtem Umfang auch die Landkreise und Bezirke – haben gemäß Art. 28 Abs. 2 GG das Recht, ihre eigenen Angelegenheiten selbst zu regeln. Die Entscheidungen hierüber trifft das für die Selbstverwaltung zuständige Organ, also die Gemeindevertretung bzw. der Kreis- oder Bezirkstag. In das Recht auf Selbstverwaltung darf zwar durch Bundes- oder Landesgesetz eingegriffen werden, der Kern muß aber unangetastet bleiben. Zu den Kernbereichen der gemeindlichen Selbstverwaltung gehört die Aufstellung von Bauleitplänen. Auch andere Körperschaften des öffentlichen Rechts – beispielsweise die Kammern – haben ein Recht auf Selbstverwaltung. 424

Subjektives Recht: Im öffentlichen Recht kann nur derjenige die gerichtliche Überprüfung staatlichen Handelns verlangen, der sich auf ein ihm zustehendes subjektives öffentliches Recht berufen kann. Das setzt in der Regel voraus, daß er zu einem von der Allgemeinheit abgrenzbaren Personenkreis gehört und in – über eine allgemeine Betroffenheit hinausgehender – Intensität von dem entsprechenden staatlichen Akt berührt ist. Außerdem darf die Norm, aus der sich das subjektive Recht ergeben soll, nicht ausschließlich im Interesse der Allgemeinheit ergangen sein. 425

Träger öffentlicher Belange: → Behörden, aber auch sonstige Institutionen, deren Aufgabenbereich die Wahrnehmung öffentlicher Interessen mit umfaßt. Die sogenannten TÖBs sind bei der Bauleitplanung zu beteiligen. 426

Unbestimmte Rechtsbegriffe: Rechtliche Begriffe, die in allgemeiner Form bestimmte Tatbestandsmerkmale beschreiben und im Einzelfall konkretisiert werden müssen (zum Beispiel „einfügen"). Die Konkretisierung erfolgt nach den Regeln juristischer Auslegung, es werden also die Gesetzesgeschichte, die Begründung des Gesetzes, der Sachzusammenhang und der Regelungszweck untersucht. Das letzte Wort bei der Konkretisierung unbestimmter Rechtsbegriffe haben die Verwaltungsgerichte, nicht die → Behörden. 427

Verhältnismäßigkeitsgrundsatz: Jedes staatliche Handeln, das die Freiheit seiner Bürgerinnen und Bürger beschneidet, unterliegt der Kontrolle durch den Verhältnismäßigkeitsgrundsatz. Dieser Grundsatz verlangt drei Prüfschritte: Der Eingriff muß **geeignet** sein, um ein legitimes Ziel zu erreichen. Der Eingriff muß zu dem verfolgten Ziel in **angemessener Relation** stehen, einschneidende Freiheitsbeschränkungen zur Erreichung lediglich 428 eines untergeordneten Ziels sind also nicht zulässig. Und der Eingriff muß **erforderlich** sein, was bedeutet, daß kein anderes, gleich geeignetes, aber weniger einschneidendes Mittel zur Verfügung stehen darf.

429 **Verwaltungsakt:** Der – abgekürzt – VA ist die Grundform der behördlichen Einzelfallentscheidung. Er ist definiert in § 35 VwVfG. Grundmerkmale sind der Einzelfallbezug und die unmittelbare Rechtswirkung nach außen. Damit unterscheiden sich VAe von Rechtsnormen (nicht auf den Einzelfall ausgerichtet) und von lediglich behördeninternen Akten oder Handlungen (keine unmittelbare Rechtswirkung nach außen).

430 **Wirksamkeit:** Die Baugenehmigung wird in aller Regel in dem Moment „wirksam", in dem sie dem Adressaten, also dem Bauherrn, zugeht oder bekanntgemacht wird. Ab diesem Augenblick entfaltet die Genehmigung – wie die meistem anderen → Verwaltungsakte auch – ihre Rechtswirkungen. Der Bauherr kann anfangen zu bauen, das Recht als solches ist in der Welt. Die Wirksamkeit ist allerdings streng zu unterscheiden von der → Bestandskraft; letztere tritt erst ein, wenn es gegen den Verwaltungsakt keine Rechtsmittel mehr gibt.

2. Der Aufbau der Gerichtsbarkeit

Entsprechend den drei Teilbereichen des Rechts (Zivilrecht, Strafrecht, Öffentliches Recht) gibt es auch drei Gerichtszweige: Zivilgerichte, Strafgerichte, Verwaltungsgerichte. **431**

Zivil- und Strafgerichte sind vierstufig aufgebaut. Die unterste Ebene sind die Amtsgerichte (AG in Zivil- oder Strafsachen), danach kommen die Landgerichte (LG), die Oberlandesgerichte (OLG) und der Bundesgerichtshof (BGH). Das AG in Zivilsachen ist die Eingangsinstanz für Streitigkeiten unter 10000.– DM sowie für einige Sonderrechtsgebiete, zum Beispiel Mietrecht oder Familienrecht (hier unabhängig vom Streitwert). In Strafsachen sind die AGe die erste Instanz für die weniger schweren Fälle. **432**

Die Verwaltungsgerichtsbarkeit ist dreistufig aufgebaut. Die unterste Ebene bilden hier die Verwaltungsgerichte (VG), danach kommen die Oberverwaltungsgerichte (OVG) und das Bundesverwaltungsgericht (BVerwG). In den meisten Ländern (außer in den Stadtstaaten) gibt es mehrere VGe, die jeweils für einen bestimmten Bezirk zuständig sind. Jedes Bundesland verfügt nur über ein OVG (die in Bayern, Baden-Württemberg und Hessen Verwaltungsgerichtshöfe – VGH – heissen). Das BVerwG ist die letzte Instanz auf Bundesebene (das Bundesverfassungsgericht – BVerfG – ist keine zusätzliche Instanz, sondern nur dann zuständig, wenn es um spezifische Grundrechtsfragen geht) **433**

Die VGe sind für die meisten öffentlich-rechtlichen Streitigkeiten die Eingangsinstanz. Für das Baurecht ist lediglich darauf hinzuweisen, daß bei Normenkontrollklagen gegen Bebauungspläne die OVGe die Eingangsinstanz sind. Das BVerwG ist nur für einige besonders wichtige Verfahren erste und letzte Instanz, zum Beispiel für eine Reihe überörtlicher Planungen. **434**

Bei gerichtlichen Verfahren ist zu unterscheiden zwischen Hauptsacheverfahren und Eilverfahren. Im Hauptsacheverfahren wird die Angelegenheit umfassend ermittelt und geprüft, im Eilverfahren wird nur eine summarische Ermittlung der Tatsachen vorgenommen und auch nur eine vorläufige Entscheidung bis zum Abschluß des Hauptsacheverfahrens getroffen. Hauptsacheverfahren dauern vor den VGen zwischen zwei und vier Jahre, Entscheidungen in Eilverfahren kann es – je nach Eilbedürftigkeit – auch innerhalb weniger Stunden, Zwischenverfügungen auch innerhalb weniger Minuten geben. **435**

Im **Hauptsacheverfahren** wird in den meisten Fällen vor dem VG als Eingangsinstanz Klage erhoben; gegen die Entscheidung des VG kann vor dem OVG – unter bestimmten Voraussetzungen – Berufung eingelegt werden. Die Berufung ist eine zweite Tatsacheninstanz, das bedeutet, daß der Sachverhalt noch einmal zur Prüfung des Gerichts gestellt werden kann. Gegen die Entscheidung des OVG ist – wieder unter bestimmten Voraus- **436** setzungen – die Revision zum BVerwG zulässig. In der Revision werden tatsächliche Fragen – also der Sachverhalt – nicht mehr geprüft, hier geht es nur noch um Rechtsfragen.

437 Im **Verfahren des einstweiligen Rechtsschutzes** – im Baurecht besonders häufig, wenn sich Dritte gegen Baugenehmigungen wenden – kann ein Eilantrag beim VG gestellt werden (gegen B-Pläne im Normenkontrollverfahren ist auch bei Eilverfahren das OVG die Eingangs- und Schlußinstanz). Gegen die Entscheidung des VG im Eilverfahren kann Beschwerde beim OVG eingelegt werden, die aber nur unter bestimmten Voraussetzungen zugelassen werden muß. Eine dritte Instanz gibt es im Eilverfahren nicht.

Vor dem VG kann sich jeder selbst vertreten, es besteht kein Anwaltszwang. Beim OVG und beim BVerwG müssen dagegen Anwälte beauftragt werden. Im Zivilrecht herrscht Anwaltszwang ab dem LG.

Der Aufbau der Gerichtsbarkeit

Zivilgerichte	**Strafgerichte**	**Verwaltungsgerichte**
AG in Zivilsachen	AG in Strafsachen	VG
LG in Zivilsachen	LG in Strafsachen	(keine vergleichbare Instanz)
OLG in Zivilsachen	OLG/KG in Strafsachen	OVG/VGH
BGH in Zivilsachen	BGH in Strafsachen	BVerwG

Abbildung 11a: In **Zivilsachen** sind die Amtsgerichte (AG) Eingangsinstanz für Streitigkeiten mit einem Wert von bis zu 10.000.– DM, außerdem für einige Gebiete unabhängig vom Wert (zum Beispiel im Familien- oder Mietrecht). Ist das AG Eingangsinstanz, geht die Berufung zum Landgericht (LG). Ist das LG Eingangsinstanz (über 10.000.– DM Streitwert), dann geht die Berufung zum OLG (in Berlin heißt das O), die Revision zum Bundesgerichtshof (BGH).
In **Strafsachen** sind die Amtsgerichte Eingangsinstanz für minder schwere Delikte, die Landgerichte für die meisten schwereren Delikte, die Oberlandesgerichte nur für einige Sonderdelikte.
In **Verwaltungssachen** sind die Verwaltungsgerichte (VG) Eingangsinstanz für die meisten Angelegenheiten, die Oberverwaltungsgerichte (OVG) nur für einige konkret im Gesetz benannte Fälle (beispielsweise Normenkontrollklagen gegen Bebauungspläne). Seit kurzem ist in manchen Fällen, beispielsweise für den Autobahnbau, das Bundesverwaltungsgericht (BVerwG) die Eingangs- und Schlußinstanz. Ist das VG Eingangsinstanz, dann geht die Berufung zum OVG, die Revision zum BVerwG. Ist das OVG (in Bayern und Baden-Württemberg heißt das OVG Verwaltungsgerichtshof/VGH) die Eingangsinstanz, gibt es keine Berufung, sondern nur die Revision zum BVerwG. Ist das BVerwG Eingangsinstanz, gibt es überhaupt keine weitere Instanz.

3. Hinweise zum Umgang mit juristischer Literatur

Juristen müssen sich ständig mit Gerichtsentscheidungen und der Meinung anderer Juristinnen auseinandersetzen. Aus diesem Grund gibt es ein recht einfach zu durchschauendes System, um bestimmte Informationen aufzufinden. **438**

Eine wichtige Quelle für die juristische Arbeit sind die **Entscheidungssammlungen** der Gerichte. Die Bundesgerichte veröffentlichen die meisten Entscheidungen in ihren Entscheidungssammlungen, die Obergerichte einen geringeren Teil. Die für das öffentliche Recht wichtigsten Entscheidungssammlungen sind die des BVerfG und des BVerwG. Die Entscheidungen werden wie folgt zitiert: „BVerfGE 58, 300". BVerfG ist die Abkürzung für das Bundesverfassungsgericht, das große E steht hier für Entscheidungssammlung, dahinter kommt die Nummer des Bands und die Seite. Die Entscheidungssammlungen stehen in nahezu allen juristischen Bibliotheken. **439**

Eine weitere wichtige Informationsquelle sind **Kommentare**. Das sind Erläuterungen zu einzelnen Gesetzen, die sich streng an den jeweiligen Paragraphen orientieren. Kommentare werden wie folgt zitiert: „Battis/Krautzberger/Löhr, BauGB, § 1 Rz. 7". Das bedeutet, daß die entsprechende Fundstelle unter der Kommentierung von § 1 des Kommentars zum Baugesetzbuch von Battis/Krautzberger/Löhr zu finden ist, und zwar bei der Randziffer 7. **440**

Die dritte wichtige Informationsquelle sind **juristische Fachzeitschriften**. Diese Zeitschriften sind so aufgebaut, daß jeweils ein Jahrgang komplett durchnumeriert wird. „NVwZ 1998, 123" bedeutet also: Neue Zeitschrift für Verwaltungsrecht, Jahrgang 1998, S. 123. **441**

Keine juristischen Besonderheiten gibt es bei **Monographien**. Sie werden – wie andere Literatur auch – nach Autor, Titel, Erscheinungsort und Erscheinungsjahr zitiert. **442**

Wer auf der Suche nach juristischer Literatur ist, kann in den Bibliotheken der Gerichte, vieler Behörden sowie der juristischen Fachbereiche an den Universitäten fündig werden. Nicht alle Bibliotheken von Gerichten und Behörden sind öffentlich, man sollte sich dort vorher erkundigen. Im öffentlichen Baurecht empfehlen sich speziell die Bibliotheken der Verwaltungsgerichte. Allerdings handelt es sich bei juristischen Bibliotheken fast ausnahmslos um Präsenzbibliotheken, man kann in der Regel also keine Bücher oder Zeitschriften ausleihen. **443**

Übersicht über im Text wörtlich zitierte Normen

(die Zahlen bezeichnen die Randziffern)

(Hinweis: Der Text gibt den aktuellen Stand der Normen zum Zeitpunkt des Manuskriptabschlusses wieder; es empfiehlt sich jedoch, die Normen auf später vorgenommene Gesetzesänderungen zu kontrollieren).

Baugesetzbuch:

BauGB, § 1 VI	60
BauGB, § 1	40
BauGB, § 10 I	79
BauGB, § 11	87
BauGB, § 12	83
BauGB, § 123 I	200
BauGB, § 124	204
BauGB, § 127 II	207
BauGB, § 128	209
BauGB, § 129 I	210
BauGB, § 131	212
BauGB, § 136	219
BauGB, § 137	223
BauGB, § 138 I	222
BauGB, § 140	218
BauGB, § 141	220
BauGB, § 144	226
BauGB, § 145 II	228
BauGB, § 147	233
BauGB, § 148	234
BauGB, § 153 I, II	231
BauGB, § 154 I, II	231
BauGB, § 165 II	238
BauGB, § 172 III	241
BauGB, § 172 IV	243
BauGB, § 172 S. 1,2	240
BauGB, § 172 V	244
BauGB, § 177 IV	247
BauGB, § 180	235
BauGB, § 181	237
BauGB, § 1a	65
BauGB, § 2 I 1	22
BauGB, § 214 III 2	64
BauGB, § 3	72
BauGB, § 31 I	405
BauGB, § 31 II	130
BauGB, § 31 II	409
BauGB, § 34 I	148
BauGB, § 34 II	169
BauGB, § 34 IV 1	157
BauGB, § 35 I	177
BauGB, § 35 II, III	184
BauGB, § 5	52
BauGB, § 9	94

Baunutzungsverordnung:

BauNVO, § 15 I	332
BauNVO, § 15	131
BauNVO, § 2 I	123
BauNVO, § 5 I	110
BauNVO, § 7 I	113
BauNVO, § 8 I	118
BauNVO, § 9 I	120

Bauordnung Baden-Württemberg:

BauO BW, § 2 VI	257
BauO BW, § 9 I 2	342

Übersicht

Bürgerliches Gesetzbuch:

BGB, § 906 320

Bundes-Immissionsschutzgesetz:

BImSchG, § 3 I Nr. 1 187

Bundes-Naturschutzgesetz:

BNatSchG, § 8 I, III 66
BNatSchG, § 8 II 4 66

Grundgesetz:

GG, Art. 28 II 1 23
GG, Art. 30 33

Musterbauordnung:

MBO, § 12 252
MBO, § 18 290
MBO, § 2 I 371
MBO, § 2 III 254
MBO, § 2 IV 255
MBO, § 2 VI 256
MBO, § 3 I 252
MBO, § 4 I 259
MBO, § 44 II 287
MBO, § 45 I 289
MBO, § 46 I 293
MBO, § 46 IV 294
MBO, § 48 296
MBO, § 53 301
MBO, § 54 III 305
MBO, § 54 302
MBO, § 55 303
MBO, § 56 I 310
MBO, § 57 313
MBO, § 6 I 261
MBO, § 6 II 274
MBO, § 6 III 276
MBO, § 6 IV 266
MBO, § 6 V 269
MBO, § 6 VI 272
MBO, § 6 VII 270
MBO, § 6 X 278
MBO, § 6 XI 279
MBO, § 61 I 370
MBO, § 63 381
MBO, § 64 I, II 304
MBO, § 65 I 400
MBO, § 66 I 383
MBO, § 66 II 382
MBO, § 67 I, II 407
MBO, § 67 III 410
MBO, § 68 346
MBO, § 69 I 366
MBO, § 7 I 275
MBO, § 9 I 282
MBO, § 9 II 283

Planzeichenverordnung:

PlanzV, § 1 145
PlanzV, § 2 145

Raumordnungsgesetz:

ROG, § 1 44
ROG, § 3 Nr. 2 47
ROG, § 3 Nr. 3 46
ROG, § 4 I 1 47
ROG, § 4 II 46

Strafgesetzbuch:

StGB, § 319 316

Stichwortverzeichnis

(die Zahlen bezeichnen die Randziffern)

Abgeschlossenheit, Anforderungen 291
Abhilfe 78
Ablehnung der Baugenehmigung 393
Ablöse von Stellplätzen 298
Abrundungssatzung, Innenbereich 157, 176
Abstandflächen 260 ff.
– Ausnahmen 261
– beidseitige Einhaltung 276
– Berechnung der Wandhöhe 267
– Berechnung 266
– B-Plan 262
– Dächer und Giebel 268
– Erker und Balkone 270
– Funktion 260
– Lage 274
– Nachbarschutz 335 ff.
– Pflicht zur Einhaltung 261
– Schmalseitenprivileg 272
– Tiefe 269
– Überdeckung 277
– Übernahme auf Nachbargrundstück 275
– unbeplanter Innenbereich 265
– Verhältnis zum Planungsrecht 264
– vorhandene Bebauung 263
– zulässige Bauten 278
– Zulässigkeit von Garagen 279
Abwägung 60 ff.
– Fehlerlehre 62
– gerichtliche Überprüfung 61
Abwägungsausfall 63
Abwägungsdefizit 63
Abwägungsdisproportionalität 63
Abwägungsfehleinschätzung 63
Abwägungsfehler, Konsequenzen 64
Allgemeines Rücksichtnahmegebot 332
Allgemeines Wohngebiet 104
– Ausnahmebebauung 105
Amtsgericht 432
Anerkannte Regeln der Baukunst/Bautechnik 11
Anregungen
– Behandlung 78
– B-Plan 75
Anspruch, Begriff 414
Antrag
– auf Ermessensentscheidung 411
– auf Herstellung der aufschiebenden Wirkung 353
Anwaltszwang 91, 437
Anwendung BauNVO, unbeplanter Innenbereich 169
Anzahl der Stellplätze 297
Architekt(in) 306
– und Bauleiter(in) 312
– und Bauvorlageberechtigung 304
– und Bauvorlagen 381
– Beratungspflicht 89
– und Entwurfsverfasser(in) 303 ff.
– und Fachplaner(in) 309
– und Fristen 363
– und Genehmigungsverfahren 359
– Konsequenzen aus der Einschränkung der behördlichen Prüfung 377
– Objektüberwachung 312

– Rechtsberatung und Haftung 362
– Sachkunde 303
– Sachkundenachweis 305
– und Rechtsberatung 360
– Verantwortung 303 ff.
– Vollständigkeit der Pläne 307
Atypik, Befreiung 130
Aufbau der Verwaltungsgerichte 431 ff.
Aufenthaltsräume 284 ff.
– Abgrenzung 285
– ausreichende Grundfläche 286
– Beleuchtung und Belüftung 287
– Dachgeschoß 294
– Höhe 255, 296
– im Keller 293
– und Wohnungen 252
Auflage zur Baugenehmigung 394
Aufschiebende Wirkung 352
– Eilverfahren 354
Aufstellungsverfahren, B-Plan 71 ff.
Auskunftspflicht, Sanierung 222
Auslegung, B-Plan 74
Ausnahmebebauung 99
– Dorfgebiet 112
– Entscheidung der Behörde 406
– und Ermessen 406
– Gewerbegebiet 119
– Industriegebiet 121
– Kerngebiet 115
– Mischgebiet 109
Ausnahmen
– BauNVO 127 ff.
– Bauordnungsrecht 407
– und Befreiungen 405 ff., 408
– und Ermessen 405
Außenbereich 171 ff.
– Abgrenzung 173 ff.
– Grundsätze 171
Außenbereichsinseln im Innenbereich 175
Auswechslung sachkundiger Personen 305
Bauantrag 381
– Beginn des Verfahrens 382
– Vollständigkeit 382
Bauaufsichtsbehörde 37, 252
Baubeginn 396
Baugenehmigung 30, 359 ff.
– Ablehnung 393
– Auflage 394
– und Baubeginn 396
– Bedingung 394
– Befristung 394
– Begriff 415
– Begründungspflicht 390, 393
– Bekanntgabe 391
– Beteiligung anderer Behörden 385
– und Bindungswirkung 397
– Dauer des Verfahrens 386
– und Eigentümer 399
– Einvernehmen der Gemeinde 384
– Entscheidung 389 ff.
– Erteilung 379 ff.
– Fehlen 368
– Genehmigungsfiktion 382
– Länderrecht 365
– und Nachbarrecht 398
– Nebenbestimmungen und Ermessen 394
– Nebenbestimmungen 394
– und Nutzungsgenehmigung 367
– und private Rechte Dritter 399
– Rechtswirkungen 395 ff.
– sachliche Zuständigkeit 367
– Verfahren 364
– Verfahrensweg 380 ff.
– und Verwaltungsakt 390
– Widerrufsvorbehalt 394
– Wirksamkeit 391
– Zulässigkeit von Nebenbestimmungen 394
– Zuständigkeiten 380
– Zustellung an die Nachbarn 392
– Zustellung 391
Baugenehmigungsverfahren, Funktion 366 ff.

Baugrenze 144
Bauherr(in) 301 ff.
– Anzeigen und Nachweise 302
– Beauftragung sachkundiger Personen 302
– Konsequenzen aus der Einschränkung der behördlichen Prüfung 378
– Verantwortung 301
– Verpflichtungen 302
Bauleiter(in) 312 f.
– Anforderungen 313
– HOAI 312
Bauleitplanung
– Aufgabe 40
– und Umweltschutz 65 ff.
Bauliche Anlagen
– Begriff 371
– Höhe 139
Baulinie 144
Baulücken 153
Baumassenzahl 137
BauNVO 97 ff.
– Anwendung unbeplanter Innenbereich 169
– Aufbau 99
– Ausnahmebebauung 99
– Ausnahmen 127 ff.
– Befreiungen 127 ff.
– Gebietstypen 98
– Grundgedanke 100
– Obergrenzen 141
– Regelbebauung 99
– Regelungstechnik 127 ff.
– Übernahme in B-Plan 129
– Zweckbestimmung 99
Bauordnungsrecht 249 ff.
– allgemeine Anforderungen 252
– Anforderungen an die Bauausführung 252
– Ausnahmen und Befreiungen 407
– das Grundstück und seine Bebauung 252
– die am Bau Beteiligten 252
– Gestaltungsnormen 252
– Haustechnische und Feuerungsanlagen 252
– Ordnungswidrigkeiten 252
– Regelungsumfang 250
– Treppen, Rettungswege, Aufzüge, Öffnungen 252
– Überblick 251 f.
– Wände, Decken und Dächer 252
Bauplanungsrecht 21
Bauprodukte und Bauarten 252
Baurecht 18 ff.
– Baustelle, Sicherheit 311
– Verantwortung 311
Bauvoranfrage 400
Bauvorbescheid 400 ff.
– Bindungswirkung 402
– nachbarrechtliche Wirkung 403
– Regelungsinhalt 401
Bauvorlageberechtigung und Architekt(in) 304
Bauvorlagen 381
Bauvorlagenverordnung 381
Bauweise 143
Bebauungsgenehmigung 401
Bebauungstiefe 144
Bebauungszusammenhang 149 ff.
Bedingte Baugenehmigung 394
Beeinträchtigung des Ortsbilds, unbeplanter Innenbereich 168
Beeinträchtigung öffentlicher Belange, Außenbereich 182, 186
Befähigungsnachweise 305
Befangenheit 79
Befreiung, Atypik 130
Befreiungen
– und Ausnahmen 408
– BauNVO 127 ff.
– Bauordnungsrecht 410
Befristung der Baugenehmigung 394
Begründung der Baugenehmigung 390, 393
Behörde, Begriff 31, 416

Beitragsfähiger
Erschließungsaufwand 208, 210
Bekanntgabe der Baugenehmigung 391
Bekanntmachung, ortsübliche 80
Beleuchtung von Aufenthaltsräumen 287
Belüftung von Aufenthaltsräumen 287
Beratungspflicht, Architekt(in) 89
Berechnung der Abstandflächen 266
Bescheidung 78
Bescheinigung amtlich anerkannter Sachverständiger 387
Besonderes Städtebaurecht 215 ff.
Besonderes Wohngebiet 106
Bestandskraft, Begriff 417
Bestandsschutz, Außenbereich 190 f.
Beteiligung
– der Betroffenen, Sanierung 223
– der Nachbarn 346
– der Öffentlichkeit 71 ff.
Bibliotheken, juristische 443
Bindungswirkung
– der Baugenehmigung 397
– des Bauvorbescheids 402
Bodenrechtliche Spannung, Innenbereich 162
B-Plan 58 ff.
– und Abstandsflächen 262
– Abwägung 60 ff.
– Änderung 78
– Anregungen 75
– Auslegung 74
– Bekanntmachung 80
– Einwendungen 75
– und Erschließung 197
– Festsetzungsmöglichkeiten 94 ff
– gerichtliche Überprüfung 91
– Inhalt 59, 94 ff.
– Inkrafttreten 80
– Inzidentkontrolle 91
– private Beteiligung 82 ff.
– Rechtsschutz 91
– Sicherungsinstrumente 81
– vorhabenbezogener 83
– Wirksamkeit 80
Bundesgerichtshof 432
Bundesverfassungsgericht 433
Bundesverwaltungsgericht 433
Bürgerbeteiligung
– formelle 74
– frühzeitige 73

Campingplätze 124

Dachgeschoß, Aufenthaltsräume 294
Datenerhebung, Sanierung 222
Dauer des Genehmigungsverfahrens 386
DIN 4109, Schallschutz im Hochbau 13, 290
Dorfgebiet 110
– Ausnahmebebauung 112
Durchführungsvertrag 84

Eigenart
– der Landschaft, Außenbereich 188
– der näheren Umgebung, Innenbereich 160
Eigentümer und Baugenehmigung 399
Eilverfahren 437
– aufschiebende Wirkung 354
Einfügen 158 ff.
Eingriff, Eigentum 93
Eingriffsregelung
– und Bauleitplanung 67
– Naturschutzrecht 66
Einkaufszentren 126
Einschränkung der behördlichen Prüfung 376
Einstweiliger Rechtsschutz 354, 437
Einvernehmen der Gemeinde 384
Einwendungen, B-Plan 75

Entgegenstehende öffentliche Belange, Außenbereich 182
Entschädigung, BauGB 90
Entscheidungssammlungen 439
Entwicklungsmaßnahmen 215 ff., 238
Entwurfsverfasser(in) 303 ff.
– und Architekt(in) 303 ff.
– Erfahrung 304, 306
– und Fachplaner 309
– Sachkunde 304
Erhaltung der Stadtgestalt 241
Erhaltungsmaßnahmen 215 ff., 240 ff.
Erhaltungssatzung 240 ff.
– Bestandsschutz 244
Erholungsgebiet 124
Ermessen 406
– kein Antrag erforderlich 411
– und Ausnahmen 405
– Begriff 419
– und Rechtsanspruch 404 ff.
Erschließung 193 ff.
– als Genehmigungsvoraussetzung 196 f.
– Angebot eines Dritten 203
– Aufgaben der Gemeinde 200
– Außenbereich 183
– Begrenzung der Beiträge 207 ff.
– Begriffe 194 ff., 199
– Beiträge 198
– und B-Plan 197
– Entstehung der Beitragspflicht 213
– Innenbereich 166
– Kostentragung 206 ff.
– Rechtsanspruch 201 ff.
– Verpflichtete 213
– Verpflichtung zur 202
– Verteilungsgerechtigkeit 212
– Verteilungsmaßstab 212
– im weiteren Sinn 195
– Zeitpunkt der Beitragspflicht 213
Erschließungsanlagen
– beitragsfähige 207 ff.
– Herstellung 205
Erschließungsaufwand, Erforderlichkeit 210
Erschließungsbeiträge, Zahlungsmodalitäten 213
Erschließungsbeitragssatzung 211
Erschließungsvertrag 204
Europäisches Naturschutzrecht 68 ff.
Europarecht 5
Externe Sachverständige 388

Fachbehörden und Baugenehmigung 367
Fachplaner(in) und Architekt(in) 309
Fachzeitschriften, juristische 441
Fehlende Baugenehmigung 368
Fehlender Vergleichsrahmen, Innenbereich 163
Ferienhäuser 124
Festlegung des Sanierungsgebiets 225
Flora-Fauna-Habitat-Richtlinie 68
FNP 51 ff.
– Aufgabe und Inhalt 52 f.
– Rechtsnatur 54 ff.
Folgekostenvertrag 88
Formelle Bürgerbeteiligung 74
Freiflächen 281 ff.
Fristen
– Pflichten der Architekten 363
– Verwirkung 349, 351
Frühzeitige Bürgerbeteiligung 73

Garagen 295 ff.
– Zulässigkeit in Abstandflächen 279
Gebäude geringer Höhe 253 f.
Gebietstypen, BauNVO 98
Gebote, städtebauliche 215 ff., 245 ff.

Gebundene Entscheidung, Begriff 420
Gefahr, Definition 250
Gefahrenabwehr 250
Genehmigungsbedürftigkeit 369 ff.
Genehmigungsfiktion 382
Genehmigungsfreiheit 369 ff., 372
Genehmigungsfreistellung 374
Genehmigungsverfahren
- Funktion 366 ff.
- vereinfachtes 375
Genehmigunsgfreie Wohngebäude 373
Geschlossene Bauweise 143
Geschoßflächenzahl 136
Gesunde Wohn- und Arbeitsverhältnisse, Innenbereich 167
Gewerbegebiet 117
- Ausnahmebebauung 119
GFZ 136
Grundflächenzahl 135
Grundgesetz 4
GRZ 135

Haftung der Gemeinde 89
Handwerker 310 f.
Hauptsacheverfahren 436
- Klagefrist 356
Hinterlandbebauung 165
Hochhäuser 253 f.
Höhe
- baulicher Anlagen 139
- des Geländes 253, 257

Immissionsschutz 320
Industriegebiet 120
- Ausnahmebebauung 121
Inhalt, B-Plan 94 ff.
Innenbereich
- und Abstandflächen 265
- unbeplanter 147 ff.
Innenraum, Höhe 255

Katalog § 9 BauGB 95
Keller, Aufenthaltsräume 293
Kerngebiet 113
- Ausnahmebebauung 115
Kinderspielplätze 281 ff., 283
- Bedarf 283
- Eignung für Kleinkinder 283
- Gemeinschaftsanlage 283
- Gesundheitserfordernisse 283
- Kostentragung 283
Klagefrist 356
Kleinsiedlungsgebiet 123
Kommentare 440
Kommunen 421
- und Bauplanungsrecht 22 ff.
- und Landesverwaltung 37
Kontaminierte Flächen 89
Kreisfreie Städte 37

Land- oder forstwirtschaftliche Betriebe 178
Landgericht 432
Landkreise 37
Lärm 95, 187
Lichte Höhe 258
Luft 95, 187

Maß der baulichen Nutzung 134 ff.
- Vorgaben in der BauNVO 140
Maßstabbildung, Umgebungsbebauung 151
MBO 251
Milieuschutz 242
Mischgebiet 107
- Ausnahmebebauung 109
Mißstände, städtebauliche 219
Mittlere Geländehöhe 257
Mitwirkungsrecht, Sanierung 223
Modernisierungs- und Instandsetzungsgebote 247
Musterbauordnung 251

Nachbar(in), Begriff 324
Nachbarrecht 318 ff.

– und Baugenehmigung 398
– und Bauvorbescheid 403
Nachbarschutz 319 ff.
– Abstandflächen 335 ff.
– Abstandflächen, objektivrechtlicher Charakter 338
– Art der Bebauung 326
– aufschiebende Wirkung 352
– bei Ausnahmen und Befreiungen 329
– Außenbereich 331
– Bauordnungsrecht 334 ff.
– Bauplanungsrecht 325 ff.
– Bauweise 328
– Beteiligung der Nachbarn 346
– Brandschutz 340
– Einfügensbegriff 330
– Freiflächen BauO BW 342
– gegenüberliegende Abstandflächen 336
– Grundrechte 344
– Maß der Bebauung 327
– Mieter(in) 324
– Nichteinhaltung der eigenen Abstandfläche 337
– öffentliches Baurecht 325 ff.
– öffentlich-rechtlich 319 f.
– Rechtsschutz 345 ff.
– Schallschutz 341
– sonstiges Recht 343 f.
– überbaubare Grundstücksflächen 328
– unbeplanter Innenbereich 330
– Verfahren 351
– Widerspruchsfristen 348, 351
– zivilrechtlich 319 f.
Nachweis der Sachkunde 305
Nähere Umgebung, Innenbereich 159
Naturschutz, Außenbereich 188
Naturschutzrecht
– Eingriffsregelung 66
– europäisches 68 ff.
Nebenbestimmungen
– zur Baugenehmigung 394
– und Ermessen 394
– Zulässigkeit 394
Negative Vorbildwirkung, Innenbereich 164
Nicht privilegierte Vorhaben
– Außenbereich 184
– Zulassung 185
Normenhierarchie 4
Normenkontrollklage 91
Notwendige Stellplätze 296
Nutzungsgenehmigung 367

Obergrenzen, BauNVO 141
Oberirdische Geschosse 253
Oberlandesgericht 432
Oberverwaltungsgericht 433
Objektives und subjektives Recht, Unterscheidung 321
Objektüberwachung 312
Offene Bauweise 143
Öffentliche Belange, Außenbereich 182
Öffentliches Baurecht 20
Öffentliches Recht 16
Öffentlichkeitsbeteiligung 71 ff.
Ortsbild, Beeinträchtigung, Innenbereich 168
Ortsgebundene gewerbliche Betriebe 179
Ortsteil 155
– zusammenhängender 149 ff.
Ortsüblichkeit 320

Parlamentsgesetz 6, 9
Plan 28
– Vollständigkeit 307
Planaufstellung, Verfahren 71 ff.
Planerische Zurückhaltung 132
Plansicherung 81
Planung, Mehrstufigkeit 41
Planverwirklichungsvertrag 88
Planzeichen 145

Planzeichenverordnung 145
Private Beteiligung, B-Plan 82 ff.
Private Rechte Dritter und Baugenehmigung 399
Privates Baurecht 19
Privatrecht 15
Privilegierte Vorhaben 177 ff.

Raumordnung 42
- Aufgabe und Leitvorstellung 44
- Bindungswirkung 46, 47
- Grundsätze 46
- Verfahren 49
- Ziele 47
Recht 2
- und Ermessen 404 ff.
Rechtsanspruch
- Begriff 414
Rechtsquelle 3
Rechtsschutz
- B-Plan 91
- der Nachbarin 345 ff.
Rechtsverordnung, Begriff 7, 422
Rechtswidrigkeit, materielle und formelle 368
Rechtswirkungen der Baugenehmigung 395 ff.
Regelbebauung, BauNVO 99
Regelungsinstrumentarien des Baurechts 27 ff.
Regelungstechnik § 35 BauGB 172
- BauNVO 127 ff.
Reines Wohngebiet 101
- Ausnahmebebauung 102
- Kritik 103
Relativ außenbereichsgebundene Vorhaben 180
Rücksichtnahmegebot 131 ff., 332
- Drittschutz 133
- Ermessen 133
- Festsetzungen im B-Plan 132
- Grundgedanke 333

Sachkunde, Nachweis 305
Sachverständige, externe 388
Sanierung 217 ff.
- Abschöpfung des Mehrwerts 231
- Auskunftspflicht 222
- Baumaßnahmen 234
- Berechnung von Ausgleich und Entschädigung 231
- Beschluß über Beginn der Untersuchungen 224
- Beteiligung der Betroffenen 223
- Datenerhebung 222
- Festlegung des Sanierungsgebiets 225
- Finanzierung 235
- Genehmigungspflicht 226
- Grundstücksverkauf 226
- Härtefallklausel 230
- Konkretisierung der Ziele 228
- Miet- und Pachtverträge 226
- Mitwirkungsrecht 223
- Ordnungsmaßnahmen 233
- Sozialplan und Härteausgleich 235
- städtebauliche Mißstände 219
- Umsetzung der Ziele 232 ff.
- Versagung der Genehmigung 228
- Verzicht auf Entschädigung 229
- vorbereitende Untersuchungen 220
- Vorbereitung 218
- Wertsteigerung 226, 231
- Ziele 225, 228
- Zurückstellung von Baugesuchen 224
- Zuständigkeit der Gemeinde 227
Sanierungsmaßnahmen 215 ff., 217
Sanierungssatzung 225 f.
Sanierungsträger 221
Satzung
- Begriff 8, 423
- Innenbereich 157
Satzungsbeschluß 79

Schadensersatz, vorhabenbezogener B-Plan 86
Schädliche Umwelteinwirkungen, Außenbereich 187
Schallschutz
– im Hochbau, DIN 4109 13, 290
– von Wohnungen 290
Schmalseitenprivileg 272
Selbstverwaltung 36
Selbstverwaltungsgarantie, Begriff 424
Sicherheitsanforderungen
– Strafrecht 316
– Zivilrecht 315
Sicherung der Bauleitplanung 81
Sondergebiet, sonstiges 125
Splittersiedlung 155
– Außenbereich 189
Städtebauliche Entwicklungsmaßnahmen 238
Städtebauliche Gebote 215 ff., 245 ff
– Zumutbarkeit 246
Städtebauliche Mißstände 219
Städtebaulicher Vertrag 87
Stellplätze 295 ff.
– Ablöse 298
– Anzahl 297
– Grundsatz 296
– Landesregelungen 299
– notwendige 296
Strafrecht 17
Subjektive Rechte 322
Subjektives Recht, Begriff 425

Technische Baubestimmungen 13
– und Unternehmer(in) 310
Technische Normen 11
Träger öffentlicher Belange, Begriff 77, 426
Typenprüfungen 387

Übereinstimmung Genehmigungs- und Ausführungsplanung 308
Umfang des Erschließungsaufwands 209
Umgebungsbebauung 151
Umwandlung von Miet- in Eigentumswohnungen 243
Umweltschutz und Bauleitplanung 65 ff.
Unbeplanter Innenbereich 147 ff.
– Anwendung BauNVO 169
Unbestimmte Rechtsbegriffe, Begriff 427
Unternehmer(in) 310 f.
– Verantwortung 310

Veränderungssperre 81
Verantwortung
– der am Bau Beteiligten 301
– der Unternehmer(in) 310
Vereinfachtes Genehmigungsverfahren 375
Vereinfachtes Verfahren, Änderung B-Plan 78
Verfahren der Baugenehmigung 364
Verfassung 4
Vergleichsrahmen, fehlender, Innenbereich 163
Verhältnismäßigkeitsgrundsatz, Begriff 428
Verkehrssicherungspflicht 315
Verkehrswegeanbindung 259
Vertrag, städtebaulicher 87
Verträge 29
Verwaltung, Begriff 416
Verwaltungsakt
– und Baugenehmigung 390
– Begriff 429
Verwaltungsaufgaben
– Bund 32
– Kommunen 35
– Länder 33 f.
Verwaltungsgericht 433
Verwaltungsgerichte, Zuständigkeit 434
Verwaltungsgerichtshof 433
Verwaltungsrecht 16

Verwaltungsrechtliche Grundbegriffe 413 ff.
Verwaltungsverfahren 252
Verwirkung von Fristen 349, 351
Vogelschutz-Richtlinie 68
Vollgeschosse 253, 255
– Höhe 255
– Zahl 138
Vorbereitende Untersuchungen 220
Vorbereitung der Sanierung 218
Vorhaben- und Erschließungsplan 83
Vorhabenbezogener B-Plan 83
Vorhabenträger 84
Vorhandene Bebauung und Abstandflächen 263

Wärmeschutz von Wohnungen 290
Widerrufsvorbehalt bei der Baugenehmigung 394
Widerspruch, Fristen 348, 351
Windkraftanlagen 125, 181
Wirksamkeit
– der Baugenehmigung 391
– Begriff 430
Wochenendhäuser 124
Wohngebiet
– allgemeines 104
– Ausnahmebebauung 105
– besonderes 106
– reines 101
– Ausnahmebebauung 102
– Kritik 103
Wohnungen 284 ff., 288 ff.
– Abgeschlossenheit 289
– Abstellplätze 292
– Abstellräume 292
– Begriff 288
– Durchlüftung 292
– gemeinschaftliche Trockenräume 292
– Küchen und Kochnischen 292
– Schallschutz 290
– Unverletzlichkeit 289
– Wärmeschutz 290

Zahl der Vollgeschosse 138
Zivilrecht 15
Zurückstellung von Baugesuchen 81
Zusammenhängend bebauter Ortsteil 149 ff.
Zusammensetzung der Wohnbevölkerung 243
Zuständigkeiten der Baugenehmigungsbehörden 380
Zustellung der Baugenehmigung 391
Zweckbestimmung, BauNVO 99